北京市社会科学理论著作出版基金资助

Legislative Research on
Marriage and Family Law in Chinese Civil Code

民法典之
婚姻家庭编立法研究

主　编　夏吟兰　薛宁兰

撰稿人　（以撰写章节先后为序）

夏吟兰　邓　丽　毋国平　罗满景
何俊萍　马忆南　吕春娟　许　莉
薛宁兰　陈　汉　王歌雅　罗　玲

北京大学出版社
PEKING UNIVERSITY PRESS

图书在版编目(CIP)数据

民法典之婚姻家庭编立法研究/夏吟兰,薛宁兰主编. —北京:北京大学出版社,2016.8

ISBN 978-7-301-27300-5

Ⅰ. ①民… Ⅱ. ①夏… ②薛… Ⅲ. ①婚姻法—立法—研究—中国
Ⅳ. ①D923.901

中国版本图书馆 CIP 数据核字(2016)第 170154 号

书　　名	民法典之婚姻家庭编立法研究 Minfadian zhi Hunyin Jiating Bian Lifa Yanjiu
著作责任者	夏吟兰　薛宁兰　主编
责任编辑	罗　玲
标准书号	ISBN 978-7-301-27300-5
出版发行	北京大学出版社
地　　址	北京市海淀区成府路 205 号　100871
网　　址	http://www.pup.cn
电子信箱	law@pup.pku.edu.cn
新浪微博	@北京大学出版社　@北大出版社法律图书
电　　话	邮购部 62752015　发行部 62750672　编辑部 62752027
印 刷 者	三河市博文印刷有限公司
经 销 者	新华书店
	965 毫米×1300 毫米　16 开本　24.5 印张　389 千字
	2016 年 8 月第 1 版　2016 年 8 月第 1 次印刷
定　　价	62.00 元

目　录

下编 婚姻家庭法内部架构及具体制度研究

前　言

《民法典之婚姻家庭编立法研究》书稿是2009年度国家社科基金项目"民法典体系中的婚姻家庭法新架构研究"（项目编号09BFX038）的结项成果。本书的出版又得到了北京市社会科学理论著作出版基金的资助。

2001年修订的《婚姻法》是我国当前婚姻家庭领域的基本法和主干法，其在1980年《婚姻法》的基础上进一步发展和完善了我国的婚姻家庭立法，对新情境、新状况和新问题有所回应，加强了对公民的婚姻家庭权益的保护，有利于婚姻家庭和全社会的文明进步。但是，囿于当时的社会形势、立法规划和立法技术等，这部法律仍然留下了许多重要的立法空白，存在体系不完整、制度有缺漏、制度设计不当以及缺乏可操作性等问题，较之法律规范的科学性、系统性、全面性、实用性、先进性、前瞻性等要求仍有很大距离。

我国2001年修订的《婚姻法》出台后的十多年间，最高人民法院为填补和充实其相关规定先后发布了三个重要的司法解释文件，在增进立法解读和便捷司法操作的同时也引发了社会层面的高度关注和极大争议。这使得2001年修订的《婚姻法》的实施和实践始终处于公众视野和学界关切之中。时至今日，经过司法和执法层面的多方尝试、多重检验和多番磨砺，理论界和实务界对于2001年修订的《婚姻法》自身制度体系的不足有了更加清醒的认识和反思，对于婚姻法与民法总则、物权法、侵权责任法等相关民事法律规范的关系也有了新的思考和积累。

近几年来《中华人民共和国物权法》（2007年3月）、《中华人民共和国侵权责任法》（2009年12月）和《中华人民共和国涉外民事关系法律适用法》（2010年10月）三部重要的调整民事法律关系的法律的次第出台昭示着我国法律界已着眼全局切实完善民事法律体系，并积蓄力量着手筹备和实施制定民法典这一宏大的立法工程。2014 年中国共产党十八届四中全会决定编纂民法典，目前制定民法典的立法任务已列入全国人大立法规划。

我们在国家社科基金的支持下适时启动了“民法典体系中的婚姻家庭法新架构研究”项目，旨在对婚姻家庭法的特定地位、婚姻家庭法和民法其他部门法的关系以及婚姻家庭法的内部制度结构等问题展开深入研究，全面总结我国 2001 年修订的《婚姻法》的得与失，精准把握婚姻家庭法律制度的架构与定位，不仅为现行婚姻家庭法律制度的修改和完善做足、做好立法思想和立法理论上的准备工作，也为将来婚姻法律制度回归民法、纳入民法典做好立法规划和立法技术上的论证工作。

本项目被批准后，项目组多次召开主要成员会议，确立了项目的研究框架、研究方法、阶段性研究成果的产出规划。项目分三个阶段完成：第一阶段完成资料收集和调研工作，第二阶段发布调查研究报告和文献研究报告，第三阶段完成项目研究总报告（专著）的撰写。通过对研究步骤、研究内容和执行方式的宏观指导和具体调控，整个项目研究有序进行，成效显著，取得了预期的研究成果和研究效益。

从内容来说，项目研究主要分为两个层面：一是从外部探讨婚姻家庭法与民法总则、物权法、侵权责任法等其他民事部门法之间的关系；二是从内部探讨婚姻家庭法的逻辑架构及具体制度。

从形式来说，研究成果主要表现为三个方面：一是前期研究报告，包括调查研究报告和文献研究报告。这部分内容曾以专题研究的形式集中发表于核心期刊《法学论坛》（2011 年第 2 期），包括《现代大陆法系亲属法之发展变革》《当代英美家庭法的新发展与新思潮》《我国夫妻财产制立法若干问题探讨》《离婚救济制度：实践与反思》诸文。二是在中国婚姻家庭法学研究会年刊《家事法研究》（2011 年卷）中发表了调研报告的部分内容《论夫妻共同财产的认定与分割——以三市离婚案件调查数据分析为路径》。三是结项研究报告，即以专著形式撰写《民法典之婚姻家庭编立法研究》。经过不断讨论和调整，整部专著分为上下两编，上编为“婚姻家庭法与民法典相关部分之关系研究”，由五章构成；下编为“婚姻家庭法内部架构及具体制度研究”，由七章构成。

《民法典之婚姻家庭编立法研究》是在实证调研、比较法分析基础之上对婚姻家庭法在民法典中的外部体系及内部架构的全景式、全方位、立体化的研究专著。与以往的研究相比，本研究成果第一次全景式、体系化、多层次，从实践到理论、从微观到宏观对我国婚姻家庭法在民法典中的体例、地位、关系，以及我国婚姻家庭法律自身的体系化、制度化进行了深入的实证研究、比较研究与理论探讨。为了兼顾广度和深度，我们采取了多重视角、多种方法来展开研究：既有实证调查研究也有文献资料分析，既有整体框架规划也有具体制度考量；既有面向他国的比较法研究，也有面向本土的微规则剖析；既探讨婚姻家庭法与民法总则、物权法、侵权法等其他民事部门法之间的关系，也从内部探讨婚姻家庭法自身的逻辑自洽、制度完善。

一、实证研究与比较研究成果

在北京、上海、哈尔滨三市基层法院对一审案卷的抽样调查表明，我国婚姻法的大多数规范立足于中国实际，符合公平正义原则，与国际家庭法的发展趋势相一致，但也存在法定离婚理由的例示规定与现实存在差距，适用率低；现实生活中的夫妻财产形式多元化，法律规范捉襟见肘；离婚救济制度过于简约，条件苛刻，适用受限等问题。

第一，法定离婚理由的例示规定与现实存在差距，适用率低。原告提起离婚的理由排在前三位的分别是“性格不合，没有共同语言”“婚前缺乏了解，婚后矛盾不断”“因感情不和分居满二年”，显然，婚姻法对感情破裂列举的情形与社会现实存在一定的距离。

第二，现实生活中的夫妻财产形式多元化，法律规范捉襟见肘。在夫妻共同财产认定问题上，即使司法解释对我国现行《婚姻法》第 17、18 条的兜底条款进行了细化，现实生活中其他应归夫妻共有或一方所有的财产仍呈现出多元化的特点，法官难以确认，所以进一步探讨和完善夫妻共同财产的认定规则非常必要。

第三，离婚救济制度过于简约，条件苛刻，适用受限。司法实践中，离婚救济制度面临二低一高：离婚救济适用比例较低，请求离婚救济的数额较低，请求离婚救济的主体女性占比高。这意味着我们在评估离婚救济制度的功用、完善离婚救济制度设计、普及离婚救济权益意识等方面还有很多工作要做。

通过对两大法系立法体例的比较研究，我们发现，大陆法系亲属法和英美法系家庭法的发展呈现出较为一致的发展趋势，即法律渊源的多元化、国际趋同化程度加强，法律属性方面表现出公权力干预渐多、注重社会权利和家庭福利的倾向，法律理念方面更加推崇实质正义、更加注重维护家庭稳定及保护儿童利益。这种趋同性体现出婚姻家庭法的发展方向，值得我们在修改和完善婚姻家庭法的过程中慎思明辨、为我所用，以期对我国婚姻家庭法的宏观定位及制度设计提供有益的借鉴和启发。

二、婚姻家庭法与其他民事部门法关系研究成果

婚姻家庭法在民法体系中具有相对独立性。我们坚持婚姻家庭法归属于民法但具有相对独立性的基本论断。无论从我国民法的调整对象，还是从公私法的理论体系划分而言，婚姻家庭法作为民法体系中的部门法，不仅有利于维护私法体系的完整性，也有利于婚姻家庭法保持平等、自由、公正的价值导向和制度走向。但我们必须清醒地认识到婚姻家庭法与其他民法规范相比较所具有的固有特点：基于两性关系和血缘关系而产生的亲属身份关系，以及与伦理道德、风俗习惯密切相关。尤其在现代社会，婚姻法具有私法公法化的趋势，为了保护婚姻家庭关系中的弱者利益，国家公权力逐渐加大了对婚姻家庭关系的干预，因此，婚姻家庭法在民法体系中具有相对独立的性质。

婚姻家庭法与民法总则及其他部门法的关系是共性与个性、一般与特殊的关系。婚姻家庭法在归位于民法典时要特别注意妥善处理其与民法总则、物权法和侵权责任法的关系。

以民法总则与婚姻家庭法的关系来说，一方面，民法总则的建构应尽量着眼于对身份法和财产法的共同提炼和概括，避免过于偏重财产法的思维方式和价值取向，并包容分领域的例外规则和补充规则，尤其是在以身份关系为基础的婚姻家庭法领域；另一方面，婚姻家庭法对于自身的伦理特质和价值需求应有明确的认识和定位，不惮于在涉及身份关系及存在独特价值追求的具体制度中突破民法总则的抽象规则，力求在民法典的框架下做到身份法的独立自洽，同时又与财产法保持良好的衔接关系。

婚姻家庭法与物权法的关系，正是身份法与财产法关系的折射，或者我们可以将之具体到婚姻财产法与一般财产法的维度以展开更具针对性的讨论。基于婚姻关系的本质，婚姻财产法和一般财产法各在其位、各有其规，但从财产本身的流转性和现实生活的复杂性来看，一般财产关系和婚姻财

产关系需要互相衔接，由此，一般财产法规则不可避免地会影响婚姻财产法具体规则的形成，即一般财产法规则会在婚姻关系特性的作用下改变其构成，最终形成婚姻财产法的独特规则，但机械、专断地将一般财产法规则直接适用于婚姻财产关系是不可取的。

婚姻家庭法与侵权责任法，在法律关系的层次、调整对象的特点和调整方式的伦理性强度等方面都存在较大的差异，自然各立门户，形成民法体系中的不同部门法，但两者对婚内侵权行为的规制存在交叉和重叠。婚姻家庭当事人理应享有一般民事主体的民事权益，并在民事权益受到损害时有权寻求侵权责任法上的救济，但是考虑到婚内侵权行为的特殊性，可以遵循侵权责任法的制度原理和一般规则立足于婚姻家庭法律体系对婚内侵权行为进行规范和规制，以实现婚姻家庭法律制度的科学完备和婚姻家庭法与其他民事部门法的协调一致。

三、婚姻家庭法内部架构及具体制度研究成果

我国应当制定一部完整统一的婚姻家庭法。在整体架构方面，我们提出应当制定一部完整统一的婚姻家庭法律，将现行《婚姻法》的名称修改为《婚姻家庭法》，体现在民法典中即为“婚姻家庭编”，此编内容要增设亲属通则、整合监护制度、纳入收养制度等，形成“总则、亲属通则、结婚制度、夫妻关系、离婚制度、父母子女关系、收养、其他家庭成员、监护”共计九章的体例结构。

在完善婚姻家庭法的具体制度方面，项目组根据实证研究、比较研究及制度研究的结果，主要发现了以下问题并提出相应立法和修法建议：

（1）关于婚姻成立要件的设定，应尊重中国传统的文化背景及大众的心理情感价值观，故同性婚姻短期内尚不宜列入法律规范，事实婚姻应附条件予以承认，存在婚姻登记瑕疵的婚姻应以是否符合结婚实质要件为标准考量是否赋予其婚姻效力，同居关系应考虑作为类婚姻关系适度规范与保护。

（2）夫妻人身关系除现行《婚姻法》规定的姓名权、人身自由权、住所权、生育权以外，根据当代各国夫妻人身权利义务制度的发展，我国应从保护人权的高度，增加赋权性规定，扩大配偶权利的保护范围。

（3）我国法定的夫妻婚后所得共同财产制存在共同财产及共同债务认

定规则不明晰、欠缺共同财产管理规则、缺少共同财产制的退出机制等问题,应从明确共同财产范围、增设共同财产管理规则、创设夫妻非常财产制、明晰共同债务认定和清偿制度等方面予以完善。

(4) 我国现行《婚姻法》关于夫妻财产契约制的规定较为粗放,司法实践中认识不一,应在厘清夫妻财产契约的特征、性质等理论问题的基础上,结合相关立法例的比较,进一步明确缔约当事人的主体资格、夫妻财产制契约的内容和效力、夫妻财产制契约的公示方法等问题。

(5) 当前我国关于父母子女关系的立法过于分散,甚至存在抵触和冲突,应整合监护制度、收养制度等统一规定于民法典婚姻家庭编中,在制度设计上应全面引入"子女最佳利益原则",以此原则审视、扬弃旧有规则,解决各方权益冲突,应对新型利益诉求等,但在个别问题上仍应考虑我国传统文化和社会习俗的影响,不宜过于超越社会现实。

(6) 我国现行的裁判离婚标准是"夫妻感情确已破裂",而离婚理由的立法理念则从彻底的破裂主义向兼采过错主义和破裂主义倾斜,立法模式也从概括式改为概括规定加例示情形。但实践中仍然存在裁判标准过于模糊、不可预期,例示情形的选择不够科学,加重原告的举证压力等问题,应当以"关系破裂说"取代"感情破裂说",并以此为基础,根据社会现实与审判实践经验对例示情形重新考量。

(7) 夫妻共同财产分割与共同债务清偿应统一于离婚财产清算制度,建构离婚财产清算制度应兼顾道德上的合理性与法律上的公正性,其价值理念应体现保障人格尊严、追求性别关怀、崇尚意思自治、维护婚姻秩序、促进社会公正。

(8) 由于传统文化的影响、社会性别的差异和制度设计的局限,我国离婚救济制度在司法实践中存在适用比例较低、救济数额较低、救济主体多为女性等隐忧,要提升其适用功能,需在超越公与私二元对立格局以及社会性别建构的基础上,完善离婚救济制度的适用基础,弘扬离婚救济制度的正义价值。

四、本书研究的主要特点

第一,实务研究与理论研究相结合,既注重第一手资料的收集,也注重理论的广度与深度。法律研究也是对策研究,必须立足中国国情、社情,了解制定法在审判实践中的运用情况。项目组按照定量分析、定性分析的要求，采取抽样调查的社会学方法，并参考引介社会学及婚姻法学界的其他调查数据，对我国现行《婚姻法》相关制度如法定离婚理由、夫妻财产制类型、夫妻共同财产认定、离婚夫妻共同财产分割原则、离婚救济措施的实际效用等进行了专项考察。在分析调查数据的基础上，我们对相关制度的利弊优劣进行了横向与纵向的比较研究和理论探讨，并有针对性地提出了修改和完善婚姻家庭法的立法建议。

第二，宏观研究与微观研究相结合，既关注宏大的体系化建构，也关注具体制度的发展完善。在民法法典化的大背景下，婚姻法在民法典中的地位与体例架构是一个涉及身份法与财产法、人法与物法关系之立法蓝图的宏观问题。本项目从民法典体系中婚姻家庭法的相对独立性、婚姻家庭法与民法总则的关系、婚姻财产法与一般财产法的关系以及婚姻家庭法与侵权责任法的关系四个方面进行了比较全面深入的探讨与论述。对于婚姻家庭的具体制度，本项目则从体例架构、结婚制度、夫妻人身关系、夫妻财产制度、亲子关系、离婚制度等方面进行了全面的分析反思，并针对理论与实践中的难点、热点问题提出了制度性建构之路径。

第三，比较研究与国情研究相结合，既关注国际社会婚姻家庭制度的发展也关注中国社会的基本国情。本项目的研究表明，大陆法系亲属法和英美法系家庭法的发展呈现出较为一致的发展趋势，即法律渊源的多元化、法律属性的公权力化、注重社会权利和家庭福利、更加注重维护家庭稳定及保护儿童利益。这种趋同性体现出婚姻家庭法的发展方向。在修改与完善我国婚姻家庭法时，我们既要考虑婚姻家庭法的国际趋同性，追求性别关怀、实现儿童权利优先，也要在具体制度的设计与构建中，尊重中国本土的婚姻习俗与生活习惯，尊重中国的立法传统，使婚姻家庭立法真正达到情理法的内在统一。

第四，前沿理论研究与立法、司法建议相结合，既关注婚姻家庭法的前沿理论问题，也在理论研究的基础上对现有法律规范进行重构。本项目研究直面婚姻家庭立法和司法中的前沿问题，对于同性恋关系、同居关系、事实婚姻关系、夫妻忠实义务、生育权等争议较大的身份关系问题进行了深入的探讨，对于亲子关系的确认、夫妻财产契约的设立、夫妻法定财产制的范围、管理以及离婚财产清算、离婚救济制度等则在对现有法律规范深度反思的基础上进行了重构。

《民法典之婚姻家庭编立法研究》是对婚姻家庭法与民法总则及民法其他部门法之关系的进一步梳理与思考，是对我国婚姻家庭法律研究的一次全面总结和提升，同时也是婚姻家庭法学界面向民法典的编撰发出的声音，相信我们提供的建议和思考将成为我国立法机关制定民法典、修改和完善现行《婚姻法》的参考文献，并终将汇入中国婚姻家庭立法的历史长河，助力中国进一步完善社会主义法律体系。

本书撰写分工如下（按撰写内容先后排序）：

夏吟兰：前言、第一章、第五章第一节、第六章、后记

邓丽：第二章、第五章第二节

毋国平：第三章

罗满景：第四章

何俊萍：第五章第一节、第九章第一节

马忆南：第五章第二节、第八章、第十二章第一节

吕春娟：第七章

许莉：第九章第二节、第十一章第二节

薛宁兰：第十章第一、二、三节，第十一章第一、二节

陈汉：第十章第四节

王歌雅：第十一章第二节，第十二章第二、三节

罗玲：第十二章第一节

夏吟兰

2015 年 9 月 30 日

上编

婚姻家庭法与民法典相关部分之关系研究

第一章　民法典体系中婚姻家庭法的相对独立性

在中国民法法典化的进程中，对于婚姻家庭法[①]在民法体系中的地位与作用，婚姻家庭法与民法总则、物权法、侵权责任法等其他民事法律规范的关系等问题一直有各种不同的声音。本章旨在通过分析新中国婚姻法在民法体系中地位之演进变化，婚姻家庭法调整对象的伦理属性，婚姻家庭法与民法其他部门法之区别，以及婚姻家庭法所兼具的公法属性论证婚姻家庭法在民法体系中所具有的相对独立性。民法典体系下的婚姻家庭法的修订应当充分考量其立法的价值定位，重视和维护婚姻家庭关系的价值观和伦理属性，以促进和保障婚姻家庭功能的有效发挥。

一、新中国婚姻法经历了从独立法律部门到回归民法典体系的进程

新中国成立至今，婚姻法在民法体系中的地位可以划分为三大历史阶段：第一个历史阶段是 1950 年《婚姻法》颁布之后的独立法律部门时期；第二个历史阶段是 1986 年《民法通则》颁布之后对婚姻法的地位引起广泛讨论时期；第三个历史阶段是 21 世纪初立法机关再次组织学者进行民法典草案的编纂和讨论，婚姻家庭法作为民法典的组成部分成为主流观点时期。

（一）1950 年《婚姻法》标志着婚姻法作为独立法律部门的地位

1950 年《婚姻法》是新中国成立之后，废除了国民政府时期颁布的“六

---

① 我国婚姻家庭法领域的基本法是现行《婚姻法》，但学界普遍认为，《婚姻法》无法涵盖其调整的对象——婚姻家庭关系，应当改为《婚姻家庭法》。故本书只在涉及现行《婚姻法》或 1950 年《婚姻法》、1980《婚姻法》时使用“婚姻法”，其余均使用“婚姻家庭法”。

法全书"和"伪法统"后颁布的第一个重要的基本法律，肩负着新中国法律"废旧立新"的法律拓荒者的重任。此时，作为社会主义阵营的中国在立法体系和法学理论上全面学习苏联的模式。1950 年 5 月 1 日起施行的《中华人民共和国婚姻法》，以革命根据地的《中华苏维埃共和国婚姻法》为基础，在立法体例上效仿苏俄婚姻家庭法典，将调整婚姻家庭关系的法律从民法中分离出来，作为一个独立的法律部门。

1917 年 11 月 7 日苏联革命胜利以后，于 1918 年 9 月 16 日颁布了《户籍登记与婚姻、家庭及监护法典》，它是大陆法系第一部从民法典中独立出来的婚姻家庭法典，包括婚姻关系、亲子关系以及其他亲属间的关系、监护、保佐、户籍登记等内容。这一立法模式曾被视为社会主义婚姻家庭立法模式，并在"二战"后的社会主义阵营的国家中被普遍效仿[①]。

苏联学者认为，家庭法脱离传统民法体系的主要原因，一是调整对象不同。民法的调整对象主要是财产关系，而家庭法调整的对象主要是婚姻、血缘、收养及收留教养儿童而发生的亲属关系。二是调整范围不同。在社会主义国家的家庭中，财产关系不是主要的和基本的关系，虽然家庭还保有一些经济职能，但它不是社会的基本经济单位，因此，处理婚姻家庭关系需要一些与民法规范不同的规范。家庭法权关系代表着人身与财产法权关系的密切结合，父母、子女间的抚养关系与血统关系相连，夫妻间的财产关系则与婚姻关系相连，对于这些法权关系，不能离开人身关系来研究它们。由于婚姻家庭关系是如此的特殊，因此不能把它划归为由民法所调整的财产关系和人身非财产关系。[②] 简而言之，他们认为计划经济体制下的家庭已经丧失经济职能，与社会经济生活无关，婚姻家庭关系不是商品经济关系，不能划归民法的调整范畴，因而在立法体例和学科设置上均称之为婚姻家庭法。[③]

中国的法学界受此影响深远，在《民法通则》出台之前，婚姻家庭法一直

---

① 如 1947 年之后先后颁布的《德意志民主共和国家庭法典》《罗马尼亚人民共和国家庭法典》及《保加利亚人民共和国人与家庭法》等。

② 〔苏联〕斯维尔特洛夫：《苏维埃婚姻—家庭法》，方成译，作家书屋 1954 年版，第 30—31 页。

③ 参见巫昌祯、夏吟兰主编：《婚姻家庭法学》，中国政法大学出版社 2007 年版，第 27 页。

被认为是独立的法律部门，1950 年《婚姻法》和 1980 年《婚姻法》也都是以独立法律部门的基本法形式存在的。中国有学者在论及婚姻家庭法在不同法律体系中的地位时认为，以苏联为代表的社会主义婚姻家庭法律反映了婚姻家庭立法从身份到契约的运动。以婚姻家庭法为主要内容的亲属法之所以成为资产阶级民法的附庸，这同他们把婚姻家庭关系从属于私有财产关系，把亲属法上的许多行为看成契约行为是分不开的。在社会主义制度下，婚姻家庭关系主要是一种具有特殊性质的人身关系。当然，这种人身关系是由享有平等权利、处于平等地位的社会成员因婚姻家庭而发生的，因此，社会主义的婚姻家庭关系同奴隶制、封建制下的人身依附关系有着本质的区别。[①]

（二）1986 年《民法通则》的颁布引起对婚姻法地位的广泛讨论

1986 年 4 月 12 日《中华人民共和国民法通则》颁布，以概括的形式彰显了该法对部分婚姻家庭关系的确认、对婚姻家庭基本权利的保护。该法第 2 条明确规定："中华人民共和国民法调整平等主体的公民之间、法人之间、公民和法人之间的财产关系和人身关系。"第 103 条规定："公民享有婚姻自主权，禁止买卖、包办婚姻和其他干涉婚姻自由的行为。"第 104 条第 1 款规定："婚姻、家庭、老人、母亲和儿童受法律保护。"此后，对于婚姻法是否应当作为民法体系的组成部分，在学界展开了广泛的讨论，主要有两种完全对立的观点。有学者认为：《民法通则》颁布以后，婚姻家庭法与民法的关系在立法体制上得到了解决，确定了婚姻家庭法作为民法的组成部分。毋庸置疑，婚姻法领域中的人身关系和财产关系，正是发生在作为平等主体的公民之间的。《民法通则》列举的民事权利包括婚姻自由等权利，同时该法还在第八章规定了涉外婚姻家庭关系的法律适用问题，由此可见，从我国的立法体制来看，婚姻法是广义的民事法律的组成部分。[②] 但也有学者认为：婚姻法作为独立法律部门是我国的立法传统，应当予以坚持。[③] 甚至有学者认为，在有关婚姻法在法律体系中的地位的已有研究中，尤其是婚姻法私法论中，存在论证谬误、研究视角单一以及脱离社会实际生活等可商榷之处，故导致

① 杨大文主编：《婚姻法学》，中国人民大学出版社 1987 年版，第 15—16 页。

② 同上书，第 52 页。

③ 李洪祥：《我国亲属法应当回归未来民法典》，载《吉林大学社会科学学报》2011 年第 2 期。

说服力不足。[①]

中国近现代的民事立法以大陆法系为蓝本[②]，民法法典化是中国近现代以来法律人的追求，婚姻家庭法作为民法典的组成部分是大陆法系民法典的传统。大陆法系民法典主要渊源于罗马法的《法学阶梯》与《学说汇纂体系》，并在近现代欧洲逐渐发展为以《法国民法典》为代表的法学阶梯体系派和以《德国民法典》为代表的潘得克吞体系派，在此基础上发展起来的《瑞士民法典》《意大利民法典》《荷兰民法典》等法典兼具体例完整、逻辑严密、注重法律伦理、保护家庭关系的人法优先的特点，它们均将亲属法作为民法典体系中的重要章节。

大陆法系亲属法在民法典体系中始终占有重要地位，现代意义上的民法亲属编已不再视婚姻关系为金钱关系的附庸、将子女作为家长权利的客体，而是在逻辑结构和法律规定方面逐渐发展为以权利主体为本位，突出“人”的地位和尊严，保护婚姻家庭关系中的弱者利益，并将关于人和家庭的法律置于财产法之前，凸显人法的重要性。[③] 而这也正符合我国婚姻家庭法的宗旨和目标。

（三）21世纪初的民法典草案编纂活动基本确立了婚姻法回归民法典的路径

2002年全国人大法工委组织编写的民法典草案[④]以及不同学者团队出版的不同版本的民法典草案建议稿[⑤]都将婚姻法作为独立篇章。尽管对章节体系的安排仍有不同意见，但婚姻家庭法作为民法典的组成部分已经为

---

① 巫若枝：《三十年来中国婚姻法“回归民法”的反思——兼论保持与发展婚姻法独立部门法传统》，载《法制与社会发展》2009年第4期。

② 1910年完成的《大清民律草案》，是中国以大陆法系民法典为蓝本制定的第一部民法法典式立法，标志着中国民法现代化进程的开端，并为1926年北洋政府的《中华民国民律草案》、1930年南京国民政府的《民法典》所承继。新中国之后的民法法典化进程仍在路上，尚未完成。

③ 《意大利民法典》与《荷兰民法典》均将“人与家庭法”列为民法典的第一章。

④ 巫昌祯会长带领中国法学会婚姻法学研究会的团队起草了民法典草案中的“婚姻家庭编”与“继承编”。

⑤ 参见有关民法典草案的三个版本：中国民法典立法研究课题组（课题组负责人梁慧星）：《中国民法典草案建议稿》，法律出版社2003年版；王利明主编：《中国民法典草案建议稿及说明》，中国法制出版社2004年版；徐国栋主编：《绿色民法典草案》，社会科学文献出版社2004年版。

学术界的大多数学者和立法部门所认同。江平教授在《制订民法典的几点宏观思考》一文中指出："传统世界大陆法系民法典均包含亲属编，这是因为民法所调整的市民社会关系中包含两大类物质生活：一类是人类为了满足自身生产物质需求的经济关系，一类是人类为了使自身能得到种的延续的婚姻家庭关系，而且这两类均属于民法所调整的平等主体之间的关系。"[①]梁慧星教授也认为："民法调整民事生活关系，或者说民法是调整民事生活关系的基本法。——民事生活可分为两个领域，一个是经济生活，另一个是家庭生活。如果讲关系，一个是经济生活关系，另一个是家庭生活关系。"[②]婚姻家庭法学者也大多持支持的态度，如巫昌祯教授认为：在 2001 年修改婚姻法的过程中，经过酝酿，(婚姻法学者与立法机关)在两个问题上达成了共识：一是采用立法部门提出的思路——两步到位，二是婚姻家庭法将作为民法的一个部分——回归民法。[③] 杨大文教授也认为：民法通则问世后，已从立法体制上将婚姻家庭法作为民法的组成部分。婚姻家庭关系是作为平等主体的自然人之间的人身关系和财产关系，自应列入民法的调整对象。[④]

婚姻家庭法在法律体系上归位于民法，反映了婚姻家庭法与民法的本质联系和逻辑关系。婚姻法与民法在本质上都属于私法，调整的是平等主体之间的人身关系和财产关系，换言之，其调整的对象是私人之间所发生的以主体私人利益或独立自我利益为内容的"私的关系"。其重要作用之一是建立权利体系，确认和保障公民私权。[⑤] 在这个意义上我们可以说，婚姻家庭法和民法的一切制度都是以权利为轴心建立起来的，民法所规定的权利的主体、行使权利的方式、权利的种类、权利保护的方式、权利保护的时间限制等总则性规定，适用于婚姻家庭法，对婚姻家庭法具有包容性。因此，无论从我国民法的调整对象，还是从公私法的理论体系划分而言，婚姻法作为民法体系中的部门法，不仅有利于维护私法体系的完整性，也有利于婚姻法保持平等、自由、公正的价值导向和制度走向。

---

① 江平：《制订民法典的几点宏观思考》，载《政法论坛(中国政法大学学报)》1997 年第 3 期。

② 梁慧星：《中国为民法典而斗争》，法律出版社 2002 年版，第 28 页。

③ 巫昌祯：《民法法典化与离婚制度的完善》，载《山东大学法律评论》2003 年第 1 辑。

④ 杨大文主编：《婚姻法学》，中国人民大学出版社 1987 年版，第 52 页。

⑤ 参见江平主编：《民法学》，中国政法大学出版社 2007 年版，第 3—4 页。

尽管民法典草案的编纂活动基本确立了婚姻法回归民法的路径，但对婚姻家庭法在民法典体系中的地位以及体系架构甚至具体内容又有不同的安排和表述。① 在我国民法典体系中如何确定婚姻家庭法的地位，如何彰显婚姻家庭法的身份法特点，充分考虑人法的特殊属性，而不以商品经济的财产法规则直接适用于婚姻家庭法领域，是婚姻家庭法学者必须面对的课题。

二、婚姻家庭法调整对象的伦理属性决定其在民法体系中的相对独立性

婚姻家庭法与民法调整的对象虽然都是平等的民事法律主体之间的关系，但婚姻家庭法所调整的对象与一般的民事主体关系不同，是人伦关系，具有鲜明的伦理性，且伦理道德与法律规范相互影响，相互作用。

（一）婚姻家庭法的伦理价值是由婚姻家庭关系的属性所决定的

婚姻家庭法所调整的对象是婚姻关系和家庭关系。婚姻家庭是以两性关系与血缘联系为自然条件而形成的社会关系，是人类社会最基本的社会关系，具有自然属性与社会属性，因两性关系而产生的自然繁衍以及亲属间的血缘联系是人类社会得以延续和发展的最基本的人伦关系和社会基础。

婚姻家庭的自然属性是婚姻家庭赖以形成的自然因素。这些因素是与生俱来、客观存在、难以改变的，因而，自然因素是婚姻家庭关系内在的、固有的因素，是婚姻家庭关系形成的必要条件，也是婚姻家庭关系与其他社会关系相区别的重要标志之一。因自然属性而形成的自然选择规律以及人伦秩序对于婚姻家庭的发展有着不容忽视的作用。人类通过对自然选择规律的认识，逐步排除了直系血亲和旁系血亲间的近亲结婚，使两性关系和血缘关系的社会形式渐次从低级向高级发展，并确立了婚姻家庭制度。②

但人类社会与动物世界的根本区别不在于自然属性，而在于社会属性。人不是单个人固有的抽象物，是具有社会性的。人的社会属性决定了婚姻家庭关系的社会属性，决定了婚姻家庭制度的发展方向，推动了婚姻家庭制

---

① 参见有关民法典草案的三个版本：中国民法典立法研究课题组（课题组负责人梁慧星）：《中国民法典草案建议稿》，法律出版社 2003 年版；王利明主编：《中国民法典草案建议稿及说明》，中国法制出版社 2004 年版；徐国栋主编：《绿色民法典草案》，社会科学文献出版社 2004 年版。

② 参见〔德〕恩格斯：《家庭、私有制和国家的起源》，张仲实译，人民出版社 1956 年版，第 28—80 页。

度在阶级社会不断地从低级向高级发展。婚姻家庭关系是社会的产物，同社会物质关系、思想社会关系有着密切的联系。以夫妻关系为例，从母权制社会原始的尊崇女权、男性走婚发展至父权制社会的男尊女卑、一夫多妻，再演进至现代社会法律上的男女平等、一夫一妻，可以看出婚姻家庭制度是每一社会、每一时代的风俗习惯、伦理道德和法律规范化了的人类两性结合与血缘关系的社会形式。“就思想的社会关系而言，作为婚姻家庭关系主体的个人，是被感情、道德及法律等因素联结在一起的。婚姻家庭中的这些因素绝不是孤立存在的。一般而言，这些属于思想社会关系的因素直接或间接地反映了物质社会关系的要求，它们是同一定社会的上层建筑、意识形态相适应的。”[①]有关婚姻家庭关系的伦理性是性爱与亲情的自然人伦关系受到社会认可并得到社会保护而确立的亲属身份关系的规则和行为规范，因此，它是由婚姻家庭的自然属性与社会属性共同决定的。

（二）伦理性是婚姻家庭法的鲜明特征

人类社会的亲属身份、人伦秩序在法律出现之前是由自然选择规律进化而成，继而由伦理道德调整，逐渐演进上升为由法律调整。正如我国台湾学者陈棋炎所说：“亲属的身份共同生活关系秩序，是法律以前之人伦秩序的存在，至于法律乃不过是以这些实在的人伦秩序为所与的东西，而加以法律上规定而已。”[②]伦理性是婚姻家庭法的鲜明特征，且伦理道德与法律规范相互影响，相互作用。

第一，婚姻家庭法的调整对象具有伦理性。婚姻家庭法的调整对象是夫妻关系、父母子女关系、兄弟姐妹关系、祖孙关系等具有爱情或亲情的家庭成员间的亲属身份关系。婚姻家庭是基于自然法则而发生的社会关系，婚姻家庭成员间的亲属身份关系是社会最基本的伦理关系。夫妻之间相亲相爱、相濡以沫、相互尊重、相互扶持；亲属之间血脉相连、亲情相交，舐犊之情、天伦之乐是人世间最美好、最牵动人心的情感，最原始、最基本的伦理规则。尊敬和赡养老人，抚养和教育子女，扶助缺乏劳动能力、没有经济来源的家庭成员是为人类历史上大多数国家所尊崇的伦理道德和善良习俗。婚姻家庭法律调整对象的伦理性决定了婚姻家庭法律必须具有人文关怀、人

---

① 杨大文主编：《婚姻家庭法》（第 3 版），中国人民大学出版社 2006 年版，第 6 页。

② 陈棋炎：《亲属、继承法基本问题》，台湾三民书局 1980 年版，第 134 页。

本主义的伦理性特点。

第二，婚姻家庭法与婚姻家庭伦理道德具有一致性。在任何社会中，不同主体（人或人群）的道德之间既有差异性又有共同性。这种共同性决定了每一社会都有一种占主导地位的道德观念和道德标准。每一社会的道德与该社会占主导地位的道德之间都有十分密切的关系。它们在内容上相互渗透，在功能上相辅相成，共同发挥着调整社会关系和维护社会秩序的作用。[①]在人类社会漫长的历史进程中，婚姻家庭关系始终是社会的最基本单位，历经自然选择规律、伦理道德及法律规范的调整，可以说有关婚姻家庭的法律规范，肇始于伦理道德，且与伦理道德规范相一致。婚姻家庭法是法律化的道德、道德化的法律，二者相辅相成，互相促进。古今中外，人们的婚姻家庭问题既受道德规范的调整，又受法律规范的调整。因为婚姻家庭问题不是纯粹的"私事"，而是带有社会意义的大事，它关系到民族的兴旺、社会的进步和人类的文明。在婚姻家庭中，道德是基础，法律是保障。婚姻家庭法律的主要特色之一，就在于它具有鲜明的伦理性。法律上的每项规定，也是道德要求。[②]

第三，婚姻家庭伦理道德对婚姻家庭立法具有补充性。在现代社会，法律是调整婚姻家庭关系具有强制效力的重要手段，但婚姻家庭关系涉及伦理亲情，错综复杂，法律不可能解决所有的婚姻家庭问题，法律不是万能的。法律与道德相辅相成，共同调整婚姻家庭关系，有助于婚姻家庭关系的稳定。而且，一个社会的法律，不管我们如何界定，它与包括道德伦理规范在内的其他社会规范之间，始终具有某种深刻的支持关系。[③] 法律调整的范围相对于道德而言更为狭窄，法律制定的规范往往是人们必须遵守的最基本的道德规范，这些最基本的道德规范上升为法律，依靠法律的强制性履行，以确保社会的基本秩序。同时，对婚姻家庭生活中法律未规定或不适宜规定的部分，由伦理道德进行调整，依靠社会舆论制约和个人内心的坚守自觉自愿地履行。任何时代、任何国家，婚姻家庭法律都不是万能的，不能解决

---

① 葛洪义主编：《法理学》，中国政法大学出版社 1999 年版，第 144 页。

② 巫昌祯、李忠芳：《民法典婚姻家庭编通则一章的具体设计》，载《中华女子学院学报》2002 年第 4 期。

③ 何俊萍：《论婚姻家庭领域道德调整与法律调整的关系——兼谈对婚外恋的道德调整和法律调整》，载《政法论坛》2000 年第 3 期。

所有问题。立法中未规定或不能规定的问题，由伦理道德加以调整。因此，婚姻家庭伦理道德对婚姻家庭立法具有补充性，二者相辅相成，共同调整婚姻家庭关系。

（三）我国婚姻家庭法中所蕴含的伦理道德

我国婚姻法充分体现了我国现代社会婚姻家庭关系中占据主流的伦理道德观念。新中国成立后颁布的1950年《婚姻法》彻底废除了以“包办买卖婚姻、一夫一妻多妾、男尊女卑、夫权统治、家长专制、漠视子女利益”[①]为特征的宗法家族制度，向全世界庄严宣告中国婚姻家庭制度的新时代已经来临，“婚姻自由、一夫一妻、男女平等、保护妇女儿童合法权益”四大原则从此成为中国婚姻家庭立法的基本旋律，成为婚姻家庭主流的伦理道德观念。特别是2001年修订的《婚姻法》，将“夫妻应当互相忠实，互相尊重；家庭成员间应当敬老爱幼，互相帮助，维护平等、和睦、文明的婚姻家庭关系”作为倡导性条款明确在总则当中，体现了婚姻家庭立法试图通过在法律上肯定主流的伦理道德观念，引领婚姻家庭伦理道德观念的发展趋势。从这个意义上讲，我国的婚姻家庭法律对婚姻家庭伦理道德的发展具有导向性作用。

婚姻家庭中的夫妻、父母子女、兄弟姐妹、祖孙关系等家庭成员关系是人类社会最原始、最基本的社会关系，是一切社会关系赖以形成的基础，如何确定夫妻之间以及家庭成员之间的权利义务关系，不仅事关婚姻家庭关系的稳定与和谐，涉及当事人个人身份关系的变更与幸福，也事关社会制度的稳定与和谐，涉及社会公共利益与社会的幸福指数，是“中国梦”的重要内容之一。现代社会的婚姻家庭制度，根植于人格独立、婚姻自由，但仍然具有维护人伦秩序、抚养子女健康成长、赡养老人安度晚年的社会性功能。婚姻家庭法就是要发挥法律的导向与指引功能，通过明确婚姻双方和家庭成员的责任，进一步弘扬文明进步的婚姻家庭伦理道德观念，维护社会主义婚姻家庭制度。

家庭是以婚姻、血缘和共同生活为纽带而形成的亲属团体，具有同财共居的特点。家庭成员在情感、生活和工作等方面互相关心、互相帮助、互相支持、互敬互爱，是中华民族的传统美德，也是家庭对个人、对社会所承担的不可替代的重要职能。维护平等、和睦、文明的婚姻家庭关系既是对婚姻家

---

① 马起：《中国革命与婚姻家庭》，辽宁人民出版社1959年版，第65—68页。

庭关系进行法律调整的出发点,也是这种法律调整所追求的伦理价值目标。[①] 因此,在坚持人格独立的前提下,我国婚姻法所设立的以人身关系为前提的财产关系均以有利于夫妻、亲子以及其他家庭成员共同生活的团体主义为价值追求。夫妻之间、父母子女之间有相互扶养的义务,且为无条件的生活保持义务,扶养人必须在自己的能力范围之内履行义务,确保被扶养人与自己的生活水平相当。法定继承制度与扶养制度密切相关,第一顺位的法定扶养人父母、子女、夫妻是第一顺序法定继承人,第二顺位的法定扶养人兄弟姐妹、祖父母、外祖父母为第二顺序法定继承人。夫妻间的法定财产制为婚后所得共同制,其设立的目的是为了维持夫妻和家庭的共同生活、鼓励夫妻间相互扶助、同甘共苦,增强家庭的凝聚力,实现家庭养老育幼的经济职能。显然,亲属之间的身份关系不是出于功利目的而创设和存在的,而由亲属身份所派生的财产关系也不体现直接的经济目的,它所反映的主要是家庭成员共同生活和家庭职能的要求,不具有等价有偿的性质,更强调夫妻之间、家庭成员之间是利益共同体,提倡分享、利他和奉献精神。

我国婚姻法所体现和蕴含的伦理道德观念是被社会所普遍认可的最基本的伦理道德观念,是每个社会成员都应当遵守的有关婚姻家庭关系的核心价值,我们应当进一步完善婚姻家庭法律,强化公权力的介入力度,严格执法,保护婚姻家庭关系;同时,还应加大伦理道德的社会监督作用,从而强化人们坚守婚姻家庭伦理道德底线的内心信念。

三、婚姻家庭法与民法其他部门法之区别决定其在民法体系中的相对独立性

婚姻家庭法作为民法典的组成部分,宏观上与民法联系紧密:在调整对象的外延上,婚姻家庭法与民法具有同一性;在调整对象的内涵上,婚姻家庭法与民法具有一致性,两者构成了“私法”的完整内容;在法的作用上,婚姻家庭法与民法具有统一性;在现代市民社会中,身份关系渐趋弱化,婚姻家庭法在原则上不断向民法靠近。[②] 的确,民法的调整对象、基本原则、一般性规范等宏观抽象、具有指导性的立法理念和价值取向决定了民法与婚姻

---

① 夏吟兰主编:《婚姻家庭继承法》,高等教育出版社 2010 年版,第 48—49 页。

② 杨大文、马忆南:《新中国婚姻家庭法学的发展及我们的思考》,载《中国法学》1998 年第 6 期。

家庭法的基本关系。

但是，婚姻家庭法与民法的其他部门法如物权法、合同法、侵权行为法等则是并列的关系，是共性与个性、一般与特殊的关系。作为调整亲属身份关系的法律，与其他财产法相比，婚姻家庭法具有身份法的固有特点，这也决定了婚姻家庭法在民法体系中的相对独立性。如果我们将私法体系大致划分为身份法与财产法两大类，那么，作为身份法的婚姻家庭法与作为财产法的民法其他部门法的区别有三：

（一）调整对象的主体与适用原则不同

婚姻家庭法与民法其他部门法的首要区别是调整对象的主体与适用原则的不同。婚姻家庭法所调整的主体是具有特定亲属身份关系的主体，他们之间因身份关系的存在而产生的权利义务关系包括人身关系和财产关系；因身份关系而产生的财产关系，是以身份关系为基础，从属于身份关系的，是身份关系所引起的相应法律后果。以夫妻财产制为例，夫妻关系的缔结是夫妻财产制度产生的前提，夫妻关系的解除也必然导致夫妻财产制度的终结。尽管现代社会财产关系在亲属关系中的重要性提高，但财产关系依附于身份关系的本质并未发生变化。“亲属的身份是与特定的身份人所结合之固有的法律上地位。而身份权系仅渊源于此种地位，而别无其他发生原因（譬如：让与、继承）者，是故身份权自无为身份行为之客体之性格，反而在身份法秩序上，宁可说是带有主体的性格者也。然财产法上之物，是与财产法上之人，在本质上，两无关联的外在的存在，故其应为财产法上行为之客体，亦属当然。”①

婚姻家庭法的基本原则不仅要保护婚姻的自由、公平、自愿，也要保护男女平等、保护弱者利益。身份关系的发生、变动、消灭取决于感情、血缘、习俗及法律规定，夫妻关系、亲子关系以及收养关系概莫能外。如基于出生而产生的亲子血缘关系，非一方死亡不得解除。具有特定亲属身份关系的当事人具有相互间的扶养关系，大多同财共居，有共同利益，是利益共同体。因此，身份法上的权利义务关系不能依当事人意志随意处分，不以利害得失为转移。如夫妻之间、亲子之间的法定扶养义务既不可抛弃也不得转让，当事人之间不得以契约的方式相互免除扶养义务。身份法中强制性规范较

---

① 陈棋炎：《亲属、继承法基本问题》，台湾三民书局1980年版，第12页。

多，国家为保护家庭中弱者的利益、实现实质正义，公权力的干预范围较广且深。而民法所调整的主体是一切具有平等属性的自然人和法人，一般财产法规范的是财产的归属和利用关系，因此，民法中的一般财产关系以私权神圣、公平自愿、自由平等为原则，反映了市场经济条件下，民事主体间商品交换的需求具有等价有偿的性质。

（二）社会功能与性质不同

婚姻家庭法与民法其他部门法的第二个区别是社会功能与性质的不同。婚姻家庭法具有调整对象的伦理性与相对稳定性的特征，婚姻家庭法的伦理性是由婚姻家庭关系所固有的伦理性决定的。夫妻相爱、父慈子孝、天伦之乐是基于人性的伦理关系，是人的本性使然。受道德观念、民族习惯、文化传统等因素的影响较多，它不同于以物质利益交换为目的的经济关系，具有深刻的精神内涵和人本主义的伦理色彩，而这种伦理性决定了婚姻家庭关系具有相对稳定性。婚姻家庭法的社会功能是婚姻家庭在人类生活和社会发展方面所发挥的作用，包括生育、教育、扶养以及消费生产等经济功能。与其他财产法律关系相比，婚姻家庭法律关系是稳定或相对稳定的，因为它是以两性结合和血缘联系为自然条件的社会关系，是一种长期的或永久的伦理结合，而不是基于利益的短暂结合。

亲属之间具有固定的身份和称谓，夫妻、父母子女、兄弟姐妹等身份和称谓的稳定性保障了社会关系的稳定性。亲属间的血缘联系只能基于出生、死亡的事件而发生、终止，不能通过法律行为或其他途径而人为地设立或解除。同时，婚姻是以永久共同生活为目的的，而不应当是短暂的利益交换。直至今日，《德国民法典》仍然明确规定：婚姻是对于终身而缔结的，共同生活的义务就包含为了双方的共同生活能够得以维持和改善而应尽的一切义务。[①] 因此，当事人之间的意思自治受到法律规定的限制。婚姻关系和法律拟制血亲关系的建立和解除必须严格按照法律规定的实质要件和形式要件，其形式要件的设立除了要确保当事人意思表示自由之外，更要保证当事人法律关系的相对稳定性，如收养关系原则上在被收养人成年之前不得解除，婚姻关系的解除即使双方意思表示一致也必须经过婚姻登记机关或

---

① 《德国民法典》(第 2 版)，陈卫佐译注，法律出版社 2006 年版，第 1353 条。下文若无特别说明，所引《德国民法典》均为此版本，不再一一注明。

者法院的批准，当事人自行解除不产生法律效力。如《法国民法典》规定，无论是一方要求离婚还是双方协议离婚，法官均应当进行和解，且不考虑当事人意愿。一般情况下，法官在调解时应当给当事人不超过 8 天的考虑期，如果法官认为必要，还可将考虑期延长至最多 6 个月，并应当在考虑期内进行新的和解尝试。[①] 而一般财产关系具有任意性，以“意思自治”为特点。民法财产法领域中的法律规范，以保护个人财产利益、保护当事人意思自治为宗旨，以物质利益交换为目标，财产的移转、变动可以依当事人的意思自行变更，频繁变动，如在市场经济条件下，个人所有的各类动产或不动产，原则上均可以自由处分，多次变更财产所有权人。因此，财产关系的发生、变动、消灭完全取决于个人意思，只要符合意思自由、等价有偿、利益交换的商品经济规则，当事人之间即可达成协议，并受法律保护，国家公权力干预较少。

（三）设立权利义务关系的目的与立法理念不同

婚姻家庭法与民法其他部门法的第三个区别是设立权利义务关系的目的不同。婚姻家庭法所设立的夫妻之间、亲子之间以及其他家庭成员之间的权利义务关系反映了家庭的经济职能以及家庭成员之间共同生活的需要，以养老育幼、相互扶助为目的，是婚姻家庭法伦理性在法律规范中的体现。因此，婚姻家庭法所调整的亲属之间的权利义务关系具有关联性，主要表现在两个方面：一是权利的行使与义务的履行具有同一性。某些调整亲属身份的权利义务紧密结合，难以区分。例如父母对未成年子女的抚养教育既可以视为父母的权利，也可以视为父母的义务，父母对子女抚养教育权利的行使与抚养教育义务的履行具有同一性。二是权利义务关系不具有对价性。基于亲属身份而产生的权利和义务相一致，但不是等价交换，不具有对价性。例如夫妻之间、父母子女之间均有相互扶养的义务，但他们之间物质上的扶养不对等、不对价，夫扶养妻不以妻曾扶养夫为条件，子女赡养父母不以父母曾抚养子女为条件，而扶养费的数额不考虑双方各自支付的数额是否相等、是否对价，只考虑受扶养方的需要程度和扶养方的支付能力。因此，可以说婚姻家庭法律中的某些权利是具有义务性的权利，某些义务又是具有权利性的义务，归根结底，这是由婚姻家庭法的伦理性、家庭生活共

① 参见《法国民法典》，罗结珍译，北京大学出版社 2010 年版，第 251、252 条。下文若无特别说明，所引《法国民法典》均为此版本，不再一一注明。

同性的客观要求决定的。在民法财产法领域，反映的是市场经济规律下的民事主体的商品交换的需求，以占有、使用、收益、处分为目的，具有等价有偿的性质。因此，同一法律关系的权利义务一般都具有对价关系，其实质是主体双方的利益交换，权利和义务的区分十分明显。[①]

显然，婚姻家庭法与财产法的重要区别在于立法理念的不同，财产法的立法理念是个人本位下的个人主义，最大限度地保护个人利益，实现个人价值；而婚姻家庭法的立法理念则是人格独立下的团体主义，在保障个人利益的同时要维护婚姻家庭关系的稳定，实现婚姻家庭的功能。尽管在现代社会，父母子女、夫妻双方各自都是独立的主体，但是无论法律还是道德都应当认同婚姻家庭关系是一个伦理的共同体，是不分彼此，为了对方和子女需要作出牺牲和奉献，具有利他主义精神的团体。倡导婚姻家庭关系和婚姻家庭立法的团体主义符合中国人对婚姻的期待[②]、符合中国现实的经济条件，有利于维护婚姻共同体的稳定，有利于发挥家庭养老育幼的功能。

综上所述，婚姻家庭法与民法体系中其他部门法之间的关系是共性与个性、一般与特殊的关系。作为民法体系共同规则的民法总则中规定的基本原则及一般性规范在体例和内容上应当涵摄包容婚姻家庭法领域，但婚姻家庭法的特殊性又决定了它在民法体系中的相对独立地位。在制定我国民法典的大背景下，对婚姻家庭法与民法总则及其他部门法之间的关系应当展开系统性的宏观考察与微观解析，充分考虑亲属身份关系的特殊性，在不违反民法基本原则与一般规范的基础上，婚姻家庭法应当根据其特殊属性制定符合其特性的基本原则、身份法规则及财产法规则，并保持与民法体系的逻辑完整、结构合理、条理分明、内容自洽。

四、婚姻家庭法所兼具的公法属性决定其在民法体系中的相对独立性

婚姻家庭法既要保护公民的个人自由和家庭自治，也要维护婚姻家庭领域的善良风俗与公共秩序，维护家庭的稳定与社会的和谐。与财产法相比，婚姻家庭法律自古以来就承担着确认主流伦理道德、维护家庭伦常秩序

---

① 杨大文主编：《亲属法》，法律出版社 1997 年版，第 31—33 页。

② 多项调查表明，我国有 95%以上的夫妻在婚姻关系中适用婚后所得共同财产制，参见夏吟兰、薛宁兰：《论夫妻共同财产的认定与分割——以三市离婚案件调查数据分析为路径》，载夏吟兰、龙翼飞主编：《家事法研究》(2011 年卷)，社会科学文献出版社 2011 年版。

和社会公共利益的使命与责任。

（一）国家公权力介入家庭自治的正当性基础

家庭自治源于民法以人为本、个人自治、自己责任的理念。民法的传统理念主要体现为个人本位与权利本位，对个体的人文关怀是民法的终极目标。卡尔·拉伦茨在《德国民法通论》中指出：对整个法律制度来说，伦理学上的人的概念须臾不可或缺，这一概念的内涵是，人依其本质属性，有能力在给定的各种可能性的范围内，自主地和负责地决定他的存在和关系，为自己设定目标并对自己的行为加以限制。拉伦茨对于“人”的认识与“权利”的概念密切相关，在他看来，法律意义上的人可以看做是其享有的“权利范围”的核心，不能在理念上把人简单地从他的权利范围中分离出来。[①] 因此，一个人之所以拥有“自己决定权”乃是因为，一个智力健全的人是一个理性的人，每一个人都具有独立的人格，对自己的行为和利益具有独立的判断能力与决策能力，每一个人都是自己利益最大化的最佳判断者和决策者。[②]

家庭自治以个人自治为基础，是保护个人隐私权的自然延伸。家庭是由具有婚姻、血缘等亲属关系的家庭成员组成的，他们之间具有法定的权利义务，除此之外的家庭事务主要与家庭内部的成员有关。他们有权决定家庭内部事务，用他们认为恰当的方式维护爱情、亲情，确定家庭及每个成员的最大利益，追求家庭生活的幸福圆满，并保留适度的家庭生活隐私权。正是基于这样的理念，我国 1980 年《婚姻法》和 2001 年修订的《婚姻法》及 2003 年《婚姻登记条例》都在不断地扩大公民的婚姻自由权利，赋予婚姻当事人更多的自治选择权利，如设立约定财产制、个人特有财产制，简化结婚登记、离婚登记的程序，淡化婚姻登记的行政管理色彩，尊重当事人的意思自由。

婚姻自由、家庭自治是公民个人的权利，但是婚姻家庭关系不仅仅涉及个人的利益，也不能仅以追求个人幸福为最终目标。迄今为止，就世界范围而言，婚姻家庭仍然承担着繁衍人口、养老育幼、组织生产与消费的职能，在社会生产与社会生活中发挥着重要的作用。因此，国家出于平衡当事人利

---

① 〔德〕卡尔·拉伦茨：《德国民法通论》（上册），王晓晔、邵建东、程建英、徐国建、谢怀栻译，法律出版社 2003 年版，第 34—37 页。

② 周安平：《社会自治与国家公权》，载《法学》2002 年第 10 期。

益、保护家庭中的弱者、维护婚姻家庭关系稳定的目的，通过公权力对婚姻家庭领域进行规范，确立缔结和解除婚姻的条件与程序，规定家庭成员之间的权利与义务，建立亲权与监护制度，对家庭自治进行适当限制，具有正当性基础。

婚姻家庭制度必然体现国家的意志，承载着社会利益的价值判断。特别是自20世纪中期以来，一场旨在推进婚姻自由、两性平等、家庭民主、保护儿童最佳利益的婚姻家庭立法改革席卷全球，并推进了各国及国际社会对婚姻家庭关系中弱者利益的进一步关切，国家公权力强化了对家庭自治领域介入的力度。

（二）国家有尊重家庭价值、保护家庭中弱者利益的责任和义务

自1948年联合国颁布世界人权宣言以来，国际社会在一系列国际条约及文件中强调，婚姻家庭权利不仅是民事权利更是公民的基本人权，国家有尊重家庭价值、保护家庭中弱者利益的责任和义务。

联合国在《世界人权宣言》《公民权利和政治权利国际公约》《经济、社会及文化权利国际公约》《关于婚姻的同意、结婚最低年龄及婚姻登记的公约》《消除对妇女一切形式歧视公约》《儿童权利公约》《北京宣言》及其《行动纲领》等国际文件中，对婚姻家庭在社会中的地位、作用以及一国公民在婚姻家庭中的权利作出了明确规定，强调国家有尊重、保护家庭，保护母亲以及妇女、儿童的婚姻家庭权利的义务和责任。例如，《世界人权宣言》《经济、社会及文化权利国际公约》以及《公民权利和政治权利国际公约》均明确规定：家庭是天然的和基本的社会单元，应受到社会和国家的保护。[①]《消除对妇女一切形式歧视公约》在序言中规定：念及妇女对家庭的福利和社会的发展所作出的巨大贡献一直没有充分受到公认，又念及母性的社会意义以及父母在家庭中和在养育子女方面所负任务的社会意义，并理解到妇女不应因生育的任务而受到歧视，因为养育子女是男女和整个社会的共同责任，进一步强调了国家在保护妇女婚姻家庭权利事项上的责任，要求缔约国应采取一切适当措施，消除在有关婚姻和家庭关系的一切事项上对妇女的歧视。

家庭是社会的基本单位，是社会凝聚和社会融合的主要力量，几乎所有

---

① 《世界人权宣言》第16条第3款；《经济、社会及文化权利国际公约》第10条第1款，《公民权利和政治权利国际公约》第23条第1款。

的人都生活在家庭中，无论贫穷还是富有，无论已婚还是未婚，出生后都需要抚养教育，年老时都需要赡养照顾，即使社会物质极大丰富，血浓于水的情感交流、亲情相依的天伦之乐仍然是社会供养所无法替代的。婚姻至今仍然是维持人类社会繁衍发展的基本形式，家庭是人类生长和生活的重要场所，也是决定其生活幸福和生活质量的重要载体，因此，婚姻家庭权是与生存权、发展权密不可分的基本人权，当然也是人权最重要的内容之一。为了保障在家庭中弱势一方婚姻家庭权利的实现，国家应当采取立法、司法、行政等一切措施，适度介入家庭生活，保护家庭成员的基本人权，特别是妇女、儿童、老人免受虐待、遗弃、家庭暴力的权利，并应当为他们提供有效的救济途径和救济措施。

因此，现代各国的婚姻家庭法一般都兼具公法属性，重视国家公权力的干预，以实现两性的实质平等，保护子女最佳利益。但需要注意的是，对婚姻家庭关系，国家公权力既要适度介入，保护家庭成员的基本人权，又要尊重个人的生活自由，给家庭自治以适当的空间。应当如何界定国家介入家庭自治的限度是婚姻家庭法与人权法的重要议题。欧洲人权法院在其判例中强调，对私生活加以国家干预或限制只是例外，而且可以接受的例外只能是:(1) 法律明确规定的;(2) 民主社会所必需的;(3) 干预的方法与立法目的相称。[①] 国家公权力对家庭自治的干预应当遵守法定原则，对婚姻家庭关系的介入只能通过明确的和正当的立法来加以规定，没有法律依据，不得非法干预。同时，在干预的正当理由和实现干预的措施之间，应当遵守相称性原则，其干预必须适度，不能过当。换言之，法律在作出对婚姻家庭关系进行干预的法律规定时，必须要考虑其必要性与可行性，以达到有利于维护婚姻家庭关系自由、平等、公正的目的。

我们坚持婚姻家庭法归位于民法但具有相对独立性的基本论断。无论从我国民法的调整对象，还是从公私法的理论体系划分来看，婚姻家庭法作为民法体系中的部门法，不仅有利于维护私法体系的完整性，也有利于婚姻家庭法保持平等、自由、公正的价值导向和制度走向。但我们必须清醒地认识到婚姻家庭法与其他民法规范相比较所具有的固有特点，即基于两性关

---

① 参见宋豫主编:《国家干预与家庭自治:现代家庭立法发展方向研究》，河南人民出版社 2011 年版，第 11 页。

系和血缘关系而产生的亲属身份关系，以及与伦理道德、风俗习惯密切相关。尤其在现代社会，婚姻家庭法具有私法公法化的趋势，兼具社会法的功能，为了保护婚姻家庭关系中的弱者利益，国家公权力逐渐加大了对婚姻家庭关系的干预。在民法法典化的进程中，民法总则的建构应尽量着眼于对身份法和财产法的共同提炼和概括，避免过于偏重财产法的思维方式和价值取向，并包容分领域的例外规则和补充规则，尤其是在以身份关系为基础的婚姻家庭法领域。同时，婚姻家庭法对于自身的伦理特质和价值需求应有明确的认识和定位，不惮于在涉及身份关系及存在独特价值追求的具体制度中突破民法总则的抽象规则，力求在民法典的框架下做到身份法的独立自洽，同时又与财产法保持良好的衔接关系。

第二章　婚姻家庭法与民法总则的协调立法

在我国婚姻家庭法律体系的构建和婚姻家庭法学研究的推进中，围绕着婚姻法与民法的关系（尤指婚姻法与民法总则的关系）历来有立场不一的各种论争和思考。考量婚姻法与民法的关系，可以从多个角度进行，选择不同的角度就意味着在不同的范畴、不同的预设、不同的方法下得出不同的论断。从部门法的划分来说，婚姻法既可归属于大民法的范畴又可自成一体、自立门派；从法律架构的安排来说，有民法典传统的大陆法系国家大多把婚姻法吸纳于各国民法典之中。[①] 而从民法典的结构和内容来说，婚姻法与民法的关系又可具体析分为婚姻法与民法总则的关系、婚姻法与物权法的关系、婚姻法与侵权行为法的关系，等等。但我们也要看到，不同的分析框架之间互有联系、难以遽分，比如在制度层面展开的对婚姻法与民法总则两者关系的探讨和定位往往又直接映射到婚姻法与民法在法律部门层面的关系。本章的论题就在这样一个微妙的背景下展开，在法律制度与法律部门两个不同层面之间穿插往来，所以首先要厘清基本概念、明确理论预设。

---

① 《俄罗斯联邦民法典》例外，它不包含婚姻家庭法的内容。这里还要着重说明的是，之所以单在大陆法系国家范围内作论断，自然是因为大陆法系国家有编纂民法典的传统，有此法律传统才有安排法律架构之必要。若严格从本章论题“婚姻家庭法与民法总则”两者关系出发，论域还可进一步缩小至大陆法系潘得克吞立法模式，因为只有在这一立法模式下，民法典才设总则编，才会产生民法总则与婚姻法的关系。但如果深入探讨制度层面的协调与衔接，似以放宽论域至大陆法系为宜，此中考量请容在下文“概念界定”部分详论。

第一节　概念界定与理论预设

一、概念界定

关于婚姻家庭法律制度，我国法学界有多种指称，或全面表述为“婚姻家庭法”，或简约概括为“婚姻法”，或用大陆法系的“亲属法”指代，或用英美法系的“家庭法”相称。但总的来说，用“婚姻法”通称婚姻家庭法律制度较为普遍。这应该有实证法层面的原因：1950 年我国婚姻家庭领域的基本法《中华人民共和国婚姻法》出台，此后这部法律的内容被替代、被修改，但名称一直因循至今，故而学界也惯于以婚姻法概称婚姻家庭法律制度。本章采通说。

所谓“民法总则”，系指从民法具体制度中抽象、提炼出来的共同规则体系。民法总则的创设，是《德国民法典》的重要成就之一。在此之前，民法体系通常被分为人法与物法两大部分，分别规定身份法和财产法的规则，两大规则体系之上并无共同的理论基础。及至德国于 19 世纪后半期在《学说汇纂》(Pandectae)的基础上形成潘得克吞法学，这派理论认为人法与物法两部分的内容存在一些共同的问题，比如权利主体，权利客体，权利的发生、消灭与变更，权利的行使等，因此可以从中抽象出共同的规则，以民事权利制度、法律行为制度等形式规定在总则编中。总则编的设立使得人法和物法借助抽象逻辑得以有机结合，从而形成完整的民法体系。在这一理论的支持下，《德国民法典》在实证法层面引入了民法总则制度，被称为是“伟大的尝试”。① 由此可见，民法总则的形成是理论研究影响和推动实践立法的典范，鲜明地表现出“系统化精神与抽象的倾向”②，所以这个概念本身就带着深深的学理烙印。

理解这一点，对于我们在中国现行法律体制下把握民法总则的体系和

---

① 谢怀栻：《大陆法国家民法典研究》，载谢怀栻：《谢怀栻法学文选》，中国法制出版社 2002 年版，第 409 页。

② 〔法〕勒内·达维德：《当代主要法律体系》，漆竹生译，上海译文出版社 1984 年版，第 84 页。

内容具有特别重要的意义。我国目前没有一部完整而系统的民法典，但有许多规范民事法律关系的法律法规，其中以《中华人民共和国民法通则》最为基础、最为全面，虽然也最为陈旧、最为粗疏。对于《民法通则》的地位，老一辈法学家谢怀栻先生曾言，《民法通则》是全部民法的"通则"，涉及民法的各个方面，对《民法通则》的正确阐述可以初步奠定我国民法学的基础。[①]

但我国《民法通则》以区区 156 条的规定，难以全面、深入、系统地规范纷繁复杂日新月异的所有民事法律关系，显然不能与多达 2000 余条的《法国民法典》或《德国民法典》相提并论，所以我们需要有一部中国的民法典。那么我国《民法通则》既然立意为通行民法领域的规则，它可否视为我们的民法总则呢？在《德国民法典》中，民法总则包括七章内容，分别为人、物与动物、法律行为、期间与期日、时效、权利的行使及自卫自助、提供担保，共计 240 条。卡尔·拉伦茨所著《德国民法通论》从人、法律关系与权利、权利客体与财产、法律行为、期间与期日以及担保这样几个方面来概括德国民法制度。[②] 我国民法学界编纂的经典教科书惯于将民法总则的内容放在"民法总论"部分进行阐述，总论一般包括民法概述、民法基本原则、民事法律关系、民事主体制度、民事权利制度、民事客体制度、法律行为制度、代理制度、期限与诉讼时效制度等。[③] 这就出现了诸多相似却又相异的概念：《德国民法典》的"民法总则"、德国民法学界的"民法通论"、我国民事基本法律文件《民法通则》和我国民法学界的"民法总论"。归纳起来，"民法总则"和"民法通则"都是实证法上的用法，前者重在以抽象制度设计总括、涵摄民法分则的具体规范，后者重在以简约篇幅形塑、顺通民法领域的各种规则体系；"民法

① 谢怀栻：《正确阐述〈民法通则〉以建立我国的民法学》，载谢怀栻：《谢怀栻法学文选》，中国法制出版社 2002 年版，第 94 页。

② 参见《德国民法通论》的体系安排，不过此书亦属"通论"，所以又有必要对总则与通论的关系加以辨析。〔德〕卡尔·拉伦茨：《德国民法通论》（上下册），王晓晔、邵建东、程建英、徐国建、谢怀栻译，法律出版社 2003 年版。

③ 如中国人民大学王利明教授主编的 21 世纪法学系列教材《民法》（第 5 版）即将"民法总论"编排为民法概述、民法基本原则、民事法律关系、自然人、合伙、法人、民事权利、物、民事行为、代理、期限与诉讼时效，计 11 章。参见王利明主编：《民法》（第 5 版），中国人民大学出版社 2010 年版。中国政法大学张俊浩教授主编的高等院校法学教材《民法学原理》（修订第 3 版）设"绪论"阐述民法的意义、理念与性格，民法在中国，民事权利与义务；又设"总论"讲授自然人、人身权、法人、法律行为、不真正法律行为、代理、期日与期间、诉讼时效。参见张俊浩主编：《民法学原理》（修订第 3 版）（上下册），中国政法大学出版社 2000 年版。

总论”和“民法通论”则是学理上的称谓，前者重在从学理上讨论民法领域具有全局性、总括性的问题，往往是在极抽象、极概括的层面揭示民法的理念与精神之后，转向对民法总则具体制度的阐述；后者重在从学理上梳理整个民法制度的内在逻辑，往往以民法总则具体制度为线索串联起民法各领域的主要制度，其在阐述民法总则具体制度时会向民法分则的相关内容延伸。

所以，我国实证法层面的《民法通则》不能等同于民法总则，同样，学术论著层面的“民法总论”也不能等同于民法总则。本书所说的民法总则实际上是从立法角度进行考量和规划的学理概念：之所以说是立法角度，是因为民法总则这个称谓本身就意味着实证法层面的存在，它应当出现在具有法律效力的民法典之中；之所以说是学理概念，是因为我们实证法层面的民法总则还在酝酿之中，还仅仅停留在学理探讨的层面。但是，我们所讨论的民法总则虽然尚未成型，却也不是无迹可寻，我国《民法通则》和《德国民法典》之“总则”部分、我国有代表性的民法典草案之“总则”的表述[①]以及中外民法学者关于“民法通论”“民法总论”的阐述都是我们借以规划和设计我国民法典之总则的重要线索和借鉴。以此为据，本章所言“民法总则”主要包括如下几个方面的制度，即民法基本原则、民事法律关系、民事主体、民事权利、民事客体、法律行为、代理、期限与诉讼时效等。不过本章的主旨在于讨论婚姻法与民法总则的关系，为了厘清两者关系可能会选取一些主要制度进行分析，或者逸出民法总则的具体范围讨论一些更为抽象的理念问题，至于对民法总则本身进行全面的阐述，却非本章所能承载。

二、理论预设

在民法典的语境下讨论婚姻法与民法总则的关系，至少隐含着这样两个逻辑前提：(1) 婚姻法属于民法典的组成部分；(2) 这里所言民法典是指设立民法总则的民法典。[②] 关于我国民法典是否设立总则，似乎整个法学界都已达成肯定的共识，学者提出的民法典专家建议稿也都按照总则、分则的

---

① 这里所说的有代表性的民法典草案计有：全国人大法工委 2002 年公布的《中华人民共和国民法(草案)》、梁慧星教授主持撰写的《中国民法典草案建议稿》、王利明教授主持撰写的《中国民法典学者建议稿及立法理由》、徐国栋教授主持撰写的《绿色民法典》等。

② 有些国家的民法典是不设总则的，比如《法国民法典》《瑞士民法典》等，这种体例下自然不涉及婚姻法与民法总则的关系，所以不在本书考察之列。

模式来进行编排。至于民法总则本身的历史渊源,前文在进行概念界定时已进行了简要的阐述,兹不赘述。这里重点讨论婚姻法属于民法典组成部分这个论断。

是否肯认婚姻法属于民法典的组成部分,关涉到在部门法层面如何看待婚姻法与民法的关系。在我国法学研究领域,这是一个争议不断、历久弥新的经典理论问题。来自民法领域的学者立场较为一致:婚姻法当然属于民法的范畴,无论是《法国民法典》还是《德国民法典》抑或《瑞士民法典》《荷兰民法典》,无不包括婚姻法的内容。[①]《法国民法典》承继《法学阶梯》的编纂模式,稍加调整后形成"人法""物法"和"债法"的三编制,婚姻法的主要制度体现在"人法"当中(但不完全,比如关于婚姻财产的一些内容规定在第二编"物法"中)。而如前所述,《德国民法典》篇章结构是由《学说汇纂》模式发展而来的,其内容分为5编,依次为总则、债的关系法、物权法、亲属法、继承法,婚姻法的内容即体现在亲属法部分。

但是在婚姻法领域,学者对这个问题的认识并不一致。部分原因在于新中国的法制建设进程有一定的特殊性——1950年颁布首部《婚姻法》,事隔30余年,1986年才出台《民法通则》,所以一定时期内国人皆知有婚姻法而不知有民法。反映在学界认知上,就是20世纪50、60年代形成了婚姻法是独立法律部门的思维定式,《民法通则》颁布后又突破前见,开始论证婚姻法在法律体系上归位于民法,理由大致如下:在调整对象的外延上,婚姻法与民法具有同一性;在调整对象的内涵上,婚姻法与民法具有一致性,两者构成了"私法"的完整内容;在法的作用上,婚姻法与民法具有统一性;在现代市民社会中,身份关系渐趋弱化,婚姻法在原则上不断向民法靠近。婚姻法学界的主流声音把这种立场归纳为"回归大陆法系民法典体系的趋势",但同时坚持婚姻法有其身份法的固有特点,所以在民法中具有相对独立的性质。[②]

近年来,关于婚姻法是否属于民法、是否回归民法产生了一些不同声

---

① 但是也有例外,比如《俄罗斯联邦民法典》不包含婚姻法的内容,这与它的法律传统有关——苏联的《民事立法纲要》明文排除了家庭关系。苏联模式在一定时期内也影响到我国学者对于婚姻法是否属于民法这个问题的认识和判断。

② 杨大文、马忆南:《新中国婚姻家庭法学的发展及我们的思考》,载《中国法学》1998年第6期。

音：有观点认为，婚姻家庭是人与人全面合作的伦理实体，婚姻家庭关系具有强烈的伦理性，其调整方法也迥异于一般民事关系，并不随着市场经济的建立而发生本质改变，婚姻法独立于民法是法学史上的进步，应保持并发展婚姻法独立部门法传统[①]；也有观点详细探讨了民法和婚姻法的种种不同，如调整对象不同、调整手段不同、法律的性质与特点不同、法律关系的内涵不同、立法理念不同、价值取向不同、道德导向不同、立法追求的目标不同等等，认为两者在部门法意义上实则是并列关系，从属于民事法律这一共同的上位概念。[②]

本章探讨婚姻法与民法总则的关系，实际上已经预设了婚姻法在部门法意义上应从属于民法、在法律条文的设计上应归位于民法典这样的前提。但是考虑到婚姻法学界尚未对此论断达成完全的共识，我们在展开讨论时可能会超出民法总则的范围，对民法理念、民法精神对婚姻法有何影响等宏观层面的问题有所回应，以保持讨论的开放性。

第二节 民法总则对婚姻家庭法的涵摄与指引

民法的调整对象、基本原则乃至理念与精神等都集中反映在民法总则的一般规定中，正是这些宏观的、抽象的、指导性的立法决策和价值取向决定了民法总则与婚姻法的基本关系。

一、民法调整对象对婚姻家庭关系的涵摄

民法确立其部门法的地位，是以市民社会的现实基础和公私法的学理划分为前提的。简要来说，近代市民社会的形成使得民法真正成为独立的部门法，民法是在权利平等与意思自治的原则上调整私人相互之间关系的法律部门，是私法的主要组成部分，它与调整国家与个人之间关系的公法相对。私人之间的关系有两类，即身份关系和财产关系，据此民法大致可分为

---

① 巫若枝：《三十年来中国婚姻法“回归民法”的反思——兼论保持与发展婚姻法独立部门法传统》，载《法制与社会发展》2009 年第 4 期。

② 同上。

身份法和财产法两大部分。[①] 关于身份关系，远可追溯至古代民族、部族的身份关系；到中世纪时，除了夫妻关系之外，主人与仆人的关系、师傅与学徒的关系、领主与侍从的关系乃至地主与佃户等各种身份关系尽皆纳入法律体系进行规范；但经历了近代从“身份到契约”的社会变迁之后，前述各种身份关系次第衰微，或者转变为单纯的财产关系，只有夫妻关系、亲子关系、亲属之间的关系、收养关系等仍然保有浓厚的身份色彩，在法律上作为身份关系加以肯定和规范。[②] 规范身份关系的内容即构成民法中的身份法，主要体现在婚姻家庭法律体系中。

在我国语境下讨论民法调整对象，《民法通则》第 2 条是一个必引的条文，该条规定：“中华人民共和国民法调整平等主体的公民之间、法人之间、公民和法人之间的财产关系和人身关系。”据考证和归纳，我国法律界对“人身关系”内涵的认识经历了由单纯的“知识产权人的身份关系”到“知识产权人的身份关系与具体人格权”，最后到“人格关系与身份关系”（包括婚姻家庭与知识产权中的身份关系）三个发展阶段。[③] 实际上，知识产权中所包含的非财产性质的权益是否属于身份权仍受到学者的质疑，而婚姻家庭领域的非财产性质法律关系却获得一致肯定，明晰了其身份关系的定位，从而也确立了婚姻法为现代身份法主体制度的地位。

所以，无论从公私法划分的理论体系来说，还是从我国民法调整范围的表述来说，在部门法意义上婚姻法都理应归属于民法。此论断不仅对于维护民法作为私法体系的完整性殊为重要，对于婚姻法保持平等、自由、公正的价值导向和制度走向也具有决定性的意义。

二、民法基本原则在婚姻法中的投射

民法的基本原则，是表述民法的基本属性和基本价值以及为民法所固有、对民事立法和司法活动具有最高指导意义的标准。[④] 民法基本原则是民法理念和精神更为具体和明确的表达，同时又是对民法具体制度的抽象和

---

① 谢怀栻：《外国民商法精要》，法律出版社 2002 年版，第 4、8 页。

② 史尚宽：《亲属法论》，中国政法大学出版社 2000 年版，第 4 页。

③ 尹田：《民法典总则之理论与立法研究》，法律出版社 2010 年版，第 79 页。

④ 张俊浩主编：《民法学原理》（修订第 3 版）（上册），中国政法大学出版社 2000 年版，第 37 页。

概括。从外国立法例来看，是否对民法基本原则进行立法表述，以及此种立法表述应集中、翔实到何种程度，并无一定之规。

比如《法国民法典》对民法基本原则的阐释散落在不同的篇章和条文中，“序编”第 6 条以“任何人均不得以特别约定违反涉及公共秩序和善良风俗的法律”的表述确立了公序良俗原则；第一编“民事权利”第 8 条规定“所有法国人均享有民事权利”可归纳为平等原则，第 16 条规定“法律确保人的首要地位，禁止对人的尊严的任何侵犯，保证每一个人自其生命开始即受到尊重”，宣示人的尊严不可侵犯；此外还有许多条文在具体制度语境中彰显法律的立场和准则。有趣的是，以首创总则编而著名的《德国民法典》开篇即切入“人”的有关规定，却并未在代表抽象逻辑的总则部分对民法的基本价值、基本原则进行集中的阐述和归纳。其后，《瑞士民法典》虽不设总则编，却在“导编”中着意对民法基本原则进行阐述，如其第 2 条规定：“任何人行使权利履行义务，均应依诚实信用为之”；继而又规定“明显地滥用权利，不受法律保护”。这是诚实信用原则和禁止权利滥用原则的明确表述。但是，这部法典并没有刻意地对民法基本原则进行集中表述，比如关于平等原则是放在权利能力条文中表达的，其第一编“人法”第 11 条规定：“（一）人都有权利能力；（二）在法律范围内，人都有平等的权利能力及义务能力。”《日本民法典》也独具风格，其在总则编开篇之首第 1 条即明示“基本原则”，下设三项：“（一）私权应当服从公共福利。（二）行使权利及履行义务时，应当恪守信义，诚实实行。（三）禁止滥用权利。”紧接着又专门规定“解释的基准”为：“对于本法，应以个人尊严及两性实质的平等为主旨解释之。”这是一种明确而集中地规定民法基本原则的模式，尤其值得称道的是，其在解释基准中所强调的个人尊严、两性平等对于婚姻法来说具有直接而权威的指导意义。

我国《民法通则》第一章标题即为“基本原则”，其第 3 条至第 7 条集中规定了平等原则，自愿、公平、等价有偿、诚实信用原则，民事权益受法律保护原则，遵守法律和政策原则以及禁止权利滥用原则。学界对实证法层面的这些规定并非完全认同，比如等价有偿这样一个僵化的物质标准是否适合作为整个民法的基本原则受到广泛的质疑。目前我国法学界能够达成共识的民法基本原则大体包括“平等”“意思自治”“诚实信用”“公序良俗”和“禁止权利滥用”这几个方面。放在婚姻法语境里，这几项原则亦有阐释之余地：平等原则昭示夫妻之间、父母子女之间的人格独立与人格平等；意思自治原则昭示婚姻关系的缔结、婚姻事务的处理等应尽量尊重当事人意思自由、维护私人生活的安宁，避免国家过多干预私人空间；诚实信用原则昭示婚姻关系当事人应以诚相待、重诺相守，共同努力经营和谐美好的家庭环境；公序良俗原则昭示婚姻家庭关系具有超越当事人意志自由的社会意义，不得有违社会公共秩序和善良风俗；禁止权利滥用原则昭示婚姻家庭当事人应合理行使权利，不得在权利行使中恶意损害他方利益。实际上，我国现行《婚姻法》第2条所确立的“婚姻自由、一夫一妻、男女平等”原则正是平等原则和意思自治原则的具体表现；“保护妇女、儿童和老人的合法权益”实则是秉持社会道义对弱势群体合法权益进行强调，颇有“诚实信用”和“公序良俗”之风派，亦有防止妇女、儿童和老人的合法权益被他人以行使权利之名加以侵害的制度功能，此又是“禁止权利滥用”原则的体现。如上解释虽欠圆通，但也足以表明民法总则与婚姻法的基本原则具有一致的价值取向和一定的逻辑关联。

有学者深刻地指出：将来我国民法典的亲属编是否保留现行婚姻法的基本原则，关涉如何看待亲属编与总则编的关系问题。总则编与亲属编之间构成一般法与特别法的关系，总则编规定的基本原则与各分则编的基本原则之间构成上下位阶的关系，总则编规定的基本原则须由各分则编（包括亲属编）规定的基本原则予以具体化，同时由于亲属编着重规范非功利性的亲属人伦关系，故而又有专门规定其具体原则的必要。[①] 此论持见公允，殊值赞同。

三、民法理念的演变引领婚姻法的价值导向

民法调整对象将婚姻家庭法律关系涵摄其中，民法基本原则投射在婚姻家庭领域产生婚姻法上的具体原则，民法与婚姻法的一体化使得婚姻法的价值导向深受民法精神与理念的影响。而民法总则正是民法精神与理念之集中体现，正因如此，在传统民法的领域划分中，较之物权法、债法或侵权行为法等，婚姻法与民法总则在基本的价值取向上更显契合和一致。

关于民法的精神和理念，更多地体现在学理归纳之中，而科学合理的归

---

① 薛宁兰、金玉珍主编：《亲属与继承法》，社会科学文献出版社2009年版，第30、31页。

纳建基于充分的法律实践和理性的法律认知。以最精要的概括而言,民法的传统理念主要体现为两点:其一,个人本位;其二,权利本位。虽然在民法的发展历程中,法人终于也被纳入"人"的范畴,成为法律所肯认的主体,并且在经济生活和社会生活中扮演着越来越重要的角色,但是民法从未放弃其对于个体的人文关怀和终极关怀。《法国民法典》第16条明确宣示人的尊严不可侵犯。《德国民法典》虽未明示,但德国民法学界对于"人"在法律上的内涵有深刻的探讨和阐释。卡尔·拉伦茨在《德国民法通论》中援引了康德的观点,称人的理性奠定了人的绝对价值,即人的"尊严";又重申黑格尔的警句:"法的命令是,做一个人,并尊敬他人为人。"拉伦茨认为,对整个法律制度来说,伦理学上的人的概念须臾不可或缺,这一概念的内涵是,人依其本质属性,有能力在给定的各种可能性的范围内,自主地和负责地决定他的存在和关系,为自己设定目标并对自己的行为加以限制。拉伦茨对于"人"的认识与"权利"的概念密切相关,在他看来,法律意义上的人可以看做是其享有的"权利范围"的核心,不能在理念上把人简单地从他的权利范围中分离出来。[①] 总的来说,民法对人的价值的尊崇,是以人的理性为前提,而以人的权利为载体,所以民法以个人为本位、以权利为本位的理念实则是合乎逻辑地统一在一起的。但是从近代民法发展到现代民法,由于受到新的社会形势和社会问题的冲击,对实质正义的追求使得传统民法理念发生了较大的转变和调整,原来单一的个人本位视角加入了新的社会本位的考量,原来绝对的权利本位的立场也趋于中庸,法律开始在越来越多的方面认可对权利进行合理限制是正当的。民法传统理念的转向与发展通常被概括为"民法的社会化"。

从法制史的角度来看,婚姻法的发展可能滞后于民法理念的演变,但无可置疑地受到民法理念的巨大影响。1791年《法国宪法》郑重宣称:"法律上承认婚姻是一种民事契约。"此后,1804年《法国民法典》第146条明确规定:"未经双方同意,不得成立婚姻。"由此开始了婚姻关系民事化的历史进程。这一历史进程明显滞后于同时代民法理念的发展,无论是《法国民法典》还是《德国民法典》,在其认可婚姻为民事关系之后,却在相当长的历史

---

① 〔德〕卡尔·拉伦茨:《德国民法通论》(上册),王晓晔、邵建东、程建英、徐国建、谢怀栻译,法律出版社2003年版,第34—37页。

时期内保留了夫权地位的优越性，与其所宣称的民事主体平等原则、所尊崇的个人本位和权利本位理念非常不协调。在《日本民法典》的起草过程中，家制问题始终是新旧思潮的斗争焦点，其激烈程度甚至超出法律编纂的界限，成为政治斗争的表现形式。与社会层面的变革相比，婚姻家庭领域的变革必然要温和一些，因而也缓慢一些，从而更容易受到民族固有文化的掣肘，但我们不应忽视，即便法典文本采取了保守的姿态，无往不至的社会思潮却始终在涌动，不断地冲击和涤荡那些过时的旧习俗和旧观念。一旦婚姻从宗教和封建的藩篱中获得宣示性的解放，对人的尊严、价值的尊重和对自由权利的向往必然会对现实中的婚姻关系产生深刻的影响，进而产生法律诉求，在这种诉求的推动下，各国婚姻家庭制度的改革缓慢却势不可挡地向纵深进行：《法国民法典》屡经修订，现在已经摒弃了夫妻之间的不平等；德国也通过 1957 年的《男女平等权利法》和 1976 年的《改革婚姻法和亲属法的第一部法律》实现了两性在婚姻家庭领域的平等；从 20 世纪 60 年代后半期至 80 年代后半期的 20 年间，美国、英国（英格兰、威尔士）、法国、联邦德国、瑞典等国家都对离婚制度进行了旨在使离婚走向容易化的较大改革。直到今日，这场旨在推进性别平等、婚姻自由、家庭民主的温和革命也仍未停息，而且加入了新的时代内容。随着民法理念对个人权利的尊崇发生转向，婚姻法开始反思对自由的过度放纵，更加注重从家庭价值、子女利益的角度对制度体系进行评估和规划。也许，我们已经步入了“家庭社会化”的新时代。

第三节　婚姻家庭法在民法总则之外的独立与自洽

一、身份法与人格法的分离是民法总则得以设立的重要前提

在民法典的体例发展史上，1900 年《德国民法典》成就斐然，总则编的设置、债法与物权法的区分以及继承编的独立都是其独树一帜的贡献。与 1804 年《法国民法典》相比，《德国民法典》的亲属法也显得清晰而完整。在《法国民法典》中，有关婚姻家庭身份关系的规则基本都集中在第一编“人”的内容之中，但是关于婚姻财产的制度安排则放在第三编“取得财产的各种

方法"中，使得整个婚姻家庭法律规则呈现出分裂的状态，同时也使第三编招致言辞激烈的负面评价，认为其混乱、缺乏逻辑。而在1900年《德国民法典》中，伴随惊艳的民法总则一同面世的，还有内容完整、体系井然的第四编"亲属法"。民法总则的设置与亲属法的整合同时发生并非偶然，它是立法技术的必然抉择。

在1804年《法国民法典》的结构中，第一编"人"除了规定婚姻家庭法律规则之外，还有大量的内容是彰显"一切法国人均享有民事权利"理念的人法，比如民事权利的享有及丧失、身份证书、住所等。当然，这个历史阶段的人法只把个人作为民事主体，并不包含法人的相关内容。时隔百年之后，1900年《德国民法典》有许多的创新，比如设立民法总则、赋予法人民事主体地位等。为了把法人纳入民事主体制度，就必须把婚姻家庭身份关系的相关内容与规定人格、民事权利能力等有关内容剥离，因为法人无论如何不可能享有婚姻家庭权益。实现了身份法与人格法的分离，也就同时实现了民事主体制度和婚姻法的整合，《德国民法典》由此也获得了建构其"总则"的第一块基石。① 从这个意义上来说，婚姻法成为民法典中的独立分则与民法总则的横空出世是相伴相生、互为因果的。

二、身份法与财产法的相异是婚姻家庭制度自成体系的根本原因

前文已述，私人之间的关系大致可分为身份关系和财产关系两类，据此又可将民法分为身份法和财产法两大部分。这种分类标准本身就蕴含着一种判断：身份关系和财产关系具有实质的不同，身份法和财产法因而也有本质的差异。时至今日，简单地以身份法来界定婚姻法的性质，可能失于轻率。婚姻法律制度的整合，尤其是对婚姻财产制度的吸纳，使得婚姻法已经成为一个综合性的法学领域，既有单纯的身份关系，又有基于身份关系而产生的财产关系（可称为身份财产关系，以区别于单纯的财产关系），并且财产关系的比重和内容越来越显要。正如学者所形容的，现代法上之亲子关系，必有亲子财产法，婚姻关系，亦有夫妻财产制为其基础；但即便如此，婚姻法基础的、本质的部分，在于纯粹身份关系而不在身份财产关系。② 身份关系

① 尹田：《民法典总则之理论与立法研究》，法律出版社2010年版，第20页。

② 陈棋炎：《亲属、继承法基本问题》，台湾三民书局1980年版，第6—15页。

是婚姻家庭结构的基础关系，身份关系不同于财产关系的特质使得婚姻法区别于财产法，也使得婚姻法上处理身份财产关系的准则不同于财产法上处理纯粹财产关系的准则。

我国传统民法理论认为，身份关系和财产关系的不同主要存在于以下几个方面：(1) 身份关系的本质诉求并非物质利益，而财产关系的诉求直接指向经济利益；(2) 身份关系的产生、发展、变动取决于感情、血统、习俗等等，而财产关系的发生、变动、消灭完全决定于个人意思；(3) 身份关系中当事人具有共同的利益，而财产关系中当事人的利益具有对立性。由此而论，身份法和财产法的差异也很明确：(1) 身份法上的权利义务关系不以利害得失为转移，财产法上的权利义务关系则根源于利益追逐；(2) 身份法上的权利义务不能依当事人意志随意处分(无论是抛弃还是转让)，而财产法上的权利义务则可由当事人自由处分，转移或者让与都是可以的；(3) 身份法上的救济手段受到较多的限制，许多与人身相关的义务不能强制履行，而财产法上的救济手段比较灵活，以强制履行为首要选择，其次是损害赔偿；(4) 身份法上的强制性规范较多，国家借此进行较多的干预，而财产法上比较强调当事人的自由意志，国家干预较少；(5) 身份法除了受经济基础制约之外，更多地受到道德观念、民族习惯、文化传统等因素的影响，而财产法则主要受经济基础的影响和制约，要及时反映和应对经济基础的变化。[①]

如此概括身份法与财产法的不同，堪称平实而全面，但也镌刻着论者的时代烙印，比如说预设身份关系有着高于物质利益的诉求。笔者以为，以动机来论身份关系和财产关系也许不那么可靠，尤其是在当前价值多元化的时代。此外身份法和财产法的国家干预，也不宜简单地用多或少来比较，因为国家干预在这两个领域的侧重点和表现形式不尽相同。近年来主张婚姻法独立于民法的论者对身份关系和身份法的独特性也着墨甚多，一致强调身份关系的伦理性、长期性等。的确，笔者亦曾在论著中强调，婚姻关系绝不同于以理性的物质利益交换为主的商业关系，它含有深刻的精神内容和伦理色彩；婚姻关系中的权利义务是非常广泛的，除了法律概括规定的那些之外，还有相当一部分处于不确定状态，这种不确定性是由婚姻的长期性、身份关系的广泛性、婚姻中利益交换无须对等以及当事人特殊的“订约”方

---

① 谢怀栻：《外国民商法精要》，法律出版社 2002 年版，第 134—140 页。

式决定的;等等。[①] 但一个根本性的问题是:身份关系的特殊性是否必然导致婚姻法与民法的彻底分野?通过民法分则的处理方式是否足以应对这种特殊的制度需求?

在笔者看来,彻底脱离民法,将使得婚姻法的逻辑体系和价值取向无从附着,并使私法制度体系产生割裂,与婚姻生活与市民生活的交融状态相背离,不利于法律诸多功能的实现——比如高效而妥帖地调整和规范社会关系,以具有普适性、富含逻辑的价值取向引导社会观念等。所以身份法和财产法的相异是婚姻法自成体系的根本原因,但婚姻法的相对独立应以融入宏大民法典为前提。

三、民法总则在婚姻法中的适用原则

关于民法总则具体制度是否适用于婚姻法领域,似乎不断然是一个"是"或"否"所能回答的。有学者归纳了各方学说,认为存在"适用说""不适用说""区别适用说"三种观点,但从所举例证来看,这三种观点的区分稍嫌武断了些。[②] 譬如,论者强调民法总则是其他分编的共同规则,总体上应适用于各分编的内容,仅此并不足以认定其主张在婚姻法领域完全适用民法总则,因为论者在专注于谈论民法总则时忽略对某具体领域的细致考察,并不代表其对未及言明的内容持绝对立场。

以逻辑而论,民法总则既被尊为共同规则,在内容上必具一定的包容性,在效力上必具一定的通行性,所以对分则的内容包括婚姻法领域应有适用之余地。但从另一个角度来说,既然在总则之外还要设分则,就说明总则不足以解决全部问题,必须要分则具体而翔实的规范,所以总则在分则领域的适用不能僵化或教条化。合理边界或在于:分则有规定的适用分则,分则无规定的则寻最相贴切之规则予以适用,无论该最相贴切规则身处总则还是分则,但自情理而论,分领域的规则往往更贴近分领域之法律关系的特质。

---

① 邓丽:《婚姻法中的个人自由与社会正义——从婚姻契约论为中心》,知识产权出版社2008年版,第50—60页。

② 王礼仁:《民法总则在婚姻法中适用问题研究》,载夏吟兰、龙翼飞主编:《家事法研究》(2011年卷),社会科学文献出版社2011年版,第98、99页。

第四节　民法总则具体制度与婚姻家庭法关联规则的比较与立法协调

民法总则不仅对民法的调整范围及基本原则等一般性法律适用问题进行规定，也包含实质性的制度归纳，比如民事主体制度（包括民事能力规则）、民事权利制度、法律行为制度、代理制度、条件与期限、时效制度等。总体上来说，民法总则确立的制度框架决定了分领域法律规则的建构，比如在婚姻法上就表现为婚姻主体制度、婚姻行为制度、婚姻权利义务等。我们可以选取若干具体制度来探讨民法总则与婚姻法关联规则的同与不同。需要说明的是，婚姻法上的身份权是民事权利的一种重要类型，很有必要放在民事权利体系中比照分析，但是鉴于上文已对身份关系和财产关系进行了较为翔实的比较，而法律权利与法律关系的特质实有相通之处，所以此处不再赘述。

一、婚姻行为能力为特殊民事行为能力

在民法总则中，对于民事主体的权利能力、行为能力和责任能力的系统规定构成了完整的民事能力制度体系。其中权利能力一律平等是民法平等原则的重要体现，责任能力一般不在法典中直接规定，学理上往往依恃行为能力来予以认定，所以民事能力体系中具有实质性规则意义的当属民事行为能力。对民事主体进行民事行为能力上的划分，实际上是对民事主体的理性水平进行认定，这与民法的基本认识是一致的：只有有理性的人才能为自己的行为承担责任。最经常用来确定民事行为能力的标准来自两个方面：年龄是否达到一定岁数；精神状态是否健康正常。

婚姻行为是民事行为的一种，但它却是非常特殊的一种民事行为。因为婚姻不仅是当事人之间人身关系、财产关系的亲密结合，它还具有显著的社会意义，承载着多重社会功能，比如满足个体生理欲望、扶助抚慰家庭成员等。婚姻行为的特殊性使得婚姻行为能力有着区别于一般民事行为能力的考量：一方面，婚姻行为对生理年龄的要求要高于一般民事行为能力，另一方面，出于保障弱势群体权益的考虑又要适当放松智力精神状况方面的

能力要求(这里还涉及婚姻制度与生育制度的分离问题)。有鉴于此,各国民法都对婚姻行为能力进行专门的规定,以区别于一般民事行为能力。通常的做法是通过年龄要素对婚姻行为能力进行规定,但并不明示对智力精神状况的要求。

比如在德国民法上,法定婚龄并不比成年标准高,自 1975 年 1 月 1 日以来,年满 18 周岁即为成年人,成年即可以结婚,如果一方已成年另一方年满 16 周岁,也可经家庭法院批准后成婚。关于取得婚姻行为能力是否需要达到一定的智力精神标准,德国民法没有直接规定,从民法关于理性人的预设来说,通过婚姻行为缔结婚姻关系需要民事主体对于婚姻的基本意义有所认识和理解,这种认识能力和理解水平会体现在当事人对结婚意愿的表达和声明中,这或许可以视为婚姻行为能力在智力精神要素方面不言而喻的要求。需要说明的是,《德国民法典》第 1411 条规定了限制行为能力人和无行为能力人签订婚姻合同的问题,这说明婚姻关系的法律效力不因当事人行为能力上的瑕疵而有减损,但也不能据此认为德国民法对婚姻行为能力不做智力精神层面的要求。确定这种模糊不明的界限需要在个人权益与公共利益之间寻找平衡。

《日本民法典》的有关规定要更加明确一些。关于婚姻行为能力在年龄上的要求,其第 731 条规定男不满 18 岁,女不满 16 岁者不得结婚。这里所规定的婚龄要低于总则编所规定的成年年龄 20 岁,但是有第 737 条的限制,即未成年的子女结婚,应经其父母同意,父母一方不同意或不明、死亡、不能表示其意思时,应有他方同意。关于婚姻行为能力在智力精神层面的要求,《日本民法典》没有做正面的规定,但是其第 738 条规定,禁治产人结婚,无须经其监护人同意。根据总则编第 7 条的规定,禁治产人是心神丧失常态的人。由此看来,日本民法上的婚姻行为能力不在智力精神要素上做太高要求。

就我国法律制度而论,《婚姻法》对结婚行为能力也只规定了年龄方面的要求,即男性须年满 22 周岁,女性须年满 20 周岁,这比完全民事行为能力所要求的 18 周岁的成年界限要高一些。至于智力精神状态,《婚姻法》列举婚姻无效的情形时述及"患有医学上认为不适宜结婚的疾病",对这类疾病的界定,目前主要依据《母婴保健法》《传染病防治法》来确定,其中《母婴保健法》规定婚前医学检查对患指定传染病在传染期内或有关精神病在发病期内的，医师应当提出医学意见，当事人应暂缓结婚。这说明，我国在婚姻行为能力上对于智力精神状况是有要求的。但随着强制婚检制度的取消，如何落实这方面的要求、如何协调不同的价值需求（比如个体婚姻自由与公共健康福祉之间的冲突）成为有待破解的难题。而婚姻行为能力的考量与把握将决定问题的走向。显然，对于民法典的编纂而言，婚姻行为能力与一般民事行为能力的区分是重大的现实问题和社会政策，必须在制度设计上足够审慎和成熟。

二、婚姻行为效力不同于民事行为效力①

法律行为制度是民法总则的核心制度，有学者称“在物权与债权相互分离以及身份权获得独立的基础之上，‘物权行为’与‘债权行为’以及‘身份行为’被同时发现，据此而被进一步抽象而成的‘法律行为’，自然被认为具有普遍适用于各种具体权利的性质，从而使《德国民法典》总则的设立获得了第二块重要的基石”②。但是，“法律行为”这个概念可以涵盖“身份行为”，并不意味着法律行为制度能够全部适用于身份行为。这里，身份行为是指形成身份关系的法律行为，包括结婚、离婚、收养、解除收养等。

法律行为制度的意义不仅在于其抽象技术为民法总则的设立提供了条件，还在于其具体规则为意思自治明晰了边界。德国民法学者曾言：“任何一个法律制度都只能在其政治制度的框架内提供通过法律行为实施的私法自治。”③《德国民法典》在民法总则中规定了法律行为的无效及撤销制度，但在亲属法一编中仅规定了婚姻的撤销，无论是不符合法律规定的婚姻行为能力的要求，还是当事人的意思表示存在瑕疵，都通过撤销机制来否定婚姻的效力。根据其第1313条的规定，婚姻只可以由基于申请所作之法院判决予以撤销，婚姻随判决发生法律效力而解除。根据学者的归纳，德国模式和意大利、法国等国的规定均可视为不区分婚姻的无效和可撤销，而日本、瑞

① 民事行为是我国民法特有的概念，由于这一概念的存在，我国民事行为效力规则与德国、日本等国民法典上的法律行为制度略有差异，但法理逻辑和主要规则是相通的。详见后文阐述。

② 尹田：《民法典总则之理论与立法研究》，法律出版社2010年版，第20、23、79页。

③ 〔德〕迪特尔·梅迪库斯：《德国民法总论》，邵建东译，法律出版社2000年版，第368页。

士等国则对婚姻的无效和可撤销进行了区分。一般而言，重婚、近亲婚等违反结婚禁止性规定的，为无效婚姻；存在胁迫、误解等违反当事人真意的，为可撤销婚姻。但在法律后果上，婚姻被认定为无效或被撤销，都不发生溯及既往的效力，而且尽可能适用离婚制度处理当事人之间的利益关系，以避免对善意当事人产生不公平的后果。[①] 相对于法律行为的效力规则来说，婚姻行为的效力规则显然是大不相同的，这正凸显出成熟的民法思维对身份行为之特质的肯认和应对。诚如老一辈民法学家所言："身份行为注重方式，既成事实应尽量予以维持，苟具备方式而成立，应许意思与方式之事后结合，即应许无效行为之追认，以谋身份关系之安定。"[②]

在我国，由于《民法通则》使用了"民事行为"的概念，我们在学理上往往也以此为基点构建民事法律行为制度。概要而言，即区分民事行为的成立与生效，前者是对民事行为是否存在进行事实判断，后者是对民事行为是否合法进行价值判断，合法的民事行为能够发生当事人所预期的法律效果，此即为民事法律行为。民事行为的效力瑕疵大体可分为：无效、可撤销、效力待定。由于《民法通则》和《合同法》相关规定存在出入，准确认定民事行为的法律效力需要进行细致的考证和专业的分析，但是也可以尝试抽象出一般规则，比如说损害公共利益或违反法律强制性规定的民事行为通常归于无效（自始、当然、绝对无效），违反当事人意思自由的民事行为通常被视为可撤销民事行为，欠缺权限的当事人所进行的民事行为通常被作为效力待定来处理，有待当事人获得授权或有权主体追认后发生法律效力。

确定婚姻行为的效力主要依据《婚姻法》及相关司法解释来进行。无效婚姻的事由包括四种：（1）重婚的；（2）有禁止结婚的亲属关系的；（3）婚前患有医学上认为不应当结婚的疾病，婚后尚未治愈的；（4）未到法定婚龄的。确认婚姻无效应由有权主体（婚姻当事人及利害关系人）申请，由人民法院宣告无效，一经判决，即时生效。撤销婚姻的事由只有一种，即胁迫，现在司法实践中掌握的标准是，行为人以给另一方当事人或者其近亲属的生命、身体健康、名誉、财产等方面造成损害为要挟，迫使另一方当事人违背真实意愿结婚即构成胁迫。受胁迫一方向婚姻登记机关或人民法院申请撤销

---

① 夏吟兰、何俊萍：《现代大陆法系亲属法之发展变革》，载《法学论坛》2011 年第 2 期。

② 史尚宽：《亲属法论》，中国政法大学出版社 2000 年版，第 4、19 页。

婚姻须在法定期限内行使权利。无效或被撤销的婚姻，自始无效，当事人不具有夫妻的权利和义务。

从我国婚姻行为效力认定规则来看，其法律逻辑与民法上的民事行为效力规则大体相似而偏于守成，比如说婚姻无效的四种情形皆为法律明确禁止结婚的情形，其中第三种情形在法律禁令之外考虑了婚后治愈的可能性，意在豁免婚前患病婚后治愈的情形。撤销婚姻的事由仅限定于胁迫情形，那么在其他意思表示不真实（如欺诈、误解等）的情形下，法律仍着力维持婚姻效力。这或许可以视为我国婚姻法试图维持身份关系安定的一种努力，但也在一定程度上牺牲了当事人的救济路径。关于婚姻无效或被撤销的效果，我们目前是一概认定为自始无效，这与民事行为效力规则保持了高度统一，但显然忽略了身份关系的特质。对于人身结合而言，恰似覆水难收，绝非一纸判决就能够恢复原状的，完全否定共同生活的正当性对于善意当事人的付出的确有失公平。

如果把婚姻行为效力规则作整体观，我们会发现，当前我国立法在婚姻行为效力的认定上，实际上有一种过于维护身份结合之要式的倾向，换言之，也是一种极力推崇国家婚姻管理秩序的立场。在此种立场之下，对当事人婚姻自由意思的考量往往让位于对婚姻登记程序的依赖。但是，在某些情形下简单地以婚姻登记形式要件为标准可能会导致当事人利益严重失衡，关于无效婚姻、可撤销婚姻问题，制度改良的方向应是更加注重从身份行为的特质出发规范婚姻行为的效力，不必强求与民法总则中的法律行为制度一致。

三、婚姻行为与婚姻关系中代理制度的禁与行

民法上的代理制度是法律行为制度的延伸，旨在解决民事主体行为能力欠缺或分身乏术的问题，帮助民事主体在更广泛的范围内参与民事活动。依学理而论，代理制度可分为法定代理、指定代理和意定代理；其中法定代理和指定代理主要解决民事主体行为能力不足的问题，意定代理则是完全行为能力人以自主意愿授予代理人一定权限代其从事民事行为的法律制度。由于婚姻家庭领域的主体法律关系即夫妻关系及父母子女关系同时也是监护权、法定代理权的首要权利来源，所以民法总则中的法定代理和指定代理制度与婚姻家庭制度设计有不可分割的内在关联，并且毫无阻碍地在

婚姻家庭领域通行。

但是意定代理制度在婚姻法领域的适用需要具体分析。依学理而论，婚姻行为应禁止代理。因为对于任何一个诚实理智的民事主体来说，缔结婚姻关系或解除婚姻关系对其法律权利与法律处境都有着非同一般的影响，涉及人身的结合、经济利益的混合等，所以婚姻意思必须由本人清楚、明确地表达，不能通过意定代理予以转达。婚姻行为不得代理的原则在很多国家得到肯定。如《德国民法典》第1310条第1款规定，结婚必须由结婚人在户籍官员面前声明相互结婚之意愿；第1311条强调，结婚人必须同时在场并亲自作出上述声明。《日本民法典》第739条规定，婚姻申报，应由当事人双方及二人以上的成年证人，以言词或署名的书面进行。这里，无论言词或书面形式，都要求是本人行为，而非代理行为。我国《婚姻法》第8条规定，要求结婚的男女双方必须亲自到婚姻登记机关进行结婚登记。依理，申请离婚也必须由当事人亲自进行意思表示。

有学者认为从韩国、智利等国家的民法典来看，结婚也可以代理，进而根据我国最高人民法院行政审判庭作出的《关于婚姻登记行政案件原告资格及判决方式有关问题的答复》（以下简称《答复》）推论，他人代理婚姻登记行为，只要没有违背本人结婚意愿，则不影响婚姻的成立或效力。[①] 但实际上，《韩国民法典》第812条的规定与《日本民法典》第739条的规定相似，要求婚姻申报应提交当事人双方及成年证人二人共同签名的书面材料。《智利民法典》第103条的规定要求委任他人代为缔结婚姻的，应以公文书的方式载明婚姻缔结人和委任人的姓名、职业和住所。笔者以为，这里需要对“婚姻行为”与“婚姻登记行为”进行区分，缔结婚姻必须是当事人自己的意思表示，为宣示婚姻行为的严肃和谨慎，往往要求当事人亲自履行婚姻登记或申报手续，但对当事人必须亲自进行婚姻登记行为进行豁免，并不意味着婚姻行为本身可以代理。我国《婚姻法》不仅要求当事人亲自表达婚姻意愿，还要求当事人亲自办理婚姻登记手续，但学理上还是有必要澄清概念。至于最高人民法院《答复》所言：“婚姻关系双方或一方当事人未亲自到婚姻登记机关进行婚姻登记，且不能证明婚姻登记系男女双方的真实意思表示，

---

① 王礼仁：《民法总则在婚姻法中适用问题研究》，载夏吟兰、龙翼飞主编：《家事法研究》（2011年卷），社会科学文献出版社2011年版，第113页。

当事人对该婚姻登记不服提起诉讼的，人民法院应当依法予以撤销。”笔者以为，解释机关的本意似乎更加倾向于否定未亲自办理登记的婚姻，因为要证明婚姻登记系未出场的当事人真实意思表示恐非易事，更何况当事人还对婚姻登记不服。

对于婚姻事务的处理，如同其他民事主体之间的委托代理关系，意定代理制度应有适用之余地。此外，婚姻法还存在一种特别的代理制度，即家事代理制度。因为婚姻生活往往表现为同财共居的状态，这种状态下会有很多琐碎细小的事务需要双方当事人分担合作，所以通过法律规定设定当事人之间互享家事代理权有利于减少当事人之间的代理成本、明晰婚姻关系的对外法律效力。《德国民法典》第 1357 条第 1 款规定，婚姻的任何一方均有权处理使家庭的生活需求得到适当满足并且其效力也及于婚姻对方的事务。婚姻双方皆通过此种事务而享有权利和承担义务，但是如果根据情况得出另外的结论则除外。第 2 款规定，婚姻一方可以限制或排除婚姻另一方处理其效力及于自己的事务的权利；如果此种限制或排除无充足理由，则经申请，由监护法院撤销之。此种限制或排除仅依照《德国民法典》第 1412 条的规定进行有关登记或已为第三人所知，方对第三人有效。第 3 款规定，如果婚姻双方分居，则双方不再享有上述家事代理权。我国《婚姻法》没有对家事代理权进行规定，学理上一般把最高人民法院《关于适用〈中华人民共和国婚姻法〉若干问题的解释（一）》第 17 条解读为对夫妻日常家事代理权的规定。在筹备民法典的过程中，实有必要对夫妻间的家事代理制度进行系统的设计，包括其在理论体系上的完善以及在实际适用中的可操作性等等。

四、婚姻行为与婚姻关系对条件与期限的排斥

条件和期限都是当事人用来控制民事行为生效时间的附加条款，从某种意义上来说也是当事人意思自治的工具和手段。但是基于身份行为与身份关系的特质，婚姻法上一般不允许当事人在进行意思表示时附加条件或期限。《德国民法典》第 1311 条规定，结婚人在户籍官员面前声明相互结婚之意愿时，不得附条件和期限。德国《婚姻法》第 13 条第 2 款明确规定，条件不适用于婚姻。迪特尔・梅迪库斯用这个例子来说明总则编的抽象规则并非绝对适用于所有分领域，并解释说，因附条件而产生的不确定性有悖婚

姻对婚姻状况产生的影响力。[①] 的确，婚姻关系是一种深度契合的法律关系，当事人的投入和付出需要有稳定的心理预期，即使在离婚率攀高的现代社会，社会制度和社会观念仍然坚持把婚姻预设为终生的法律关系（虽然是可解除的），而附条件带来的不确定性可能会令婚姻关系背离其制度价值。

不过，这里还有个问题要思考：民法总则所规定的条件与期限是有差别的，前者是不确定是否发生的事实，后者则是确定到来的事实，简言之，条件具有不确定性，而期限则是确定的，如果说条件的不确定性与婚姻预期相悖，那么为什么婚姻法上也排斥具有确定性的期限呢？笔者以为，其间的道理或是在于人身的不可强制性。典型如婚约问题，双方许诺于某期限到来之际成婚，可是期限真正到来时并未实际成婚，可不可以强制执行呢？当然不可以。目前各国立法例都规定婚约是不能强制执行的。《德国民法典》第1297条规定，不得因订婚而提起要求成婚之诉，对于婚姻未成之情形支付违约金的允诺无效。所以婚姻意思表示应当是确定的、即时的真意表达，附条件或附期限没有意义，还可能侵害到婚姻自由。这与民法总则中公序良俗原则的适用也有关联。我国实证法层面尚未对这一问题加以明确，可以考虑将来以简约而适当的表述充实到结婚制度中。

五、婚姻法上某些权利的行使受到期限和时效的制约

对于现代法律制度而言，效率与秩序都是其重要价值理念。期限和时效的制度功能就是促使当事人积极行使权利，及早确定法律关系和法律秩序。婚姻法于其本质而言，旨在规范和引导婚姻秩序达到岁月静好的境界，但作为法律它亦承担着解决纠纷、救济权利的功能，也要运用期限和时效制度来促使婚姻争议及时得以解决，从而稳定婚姻秩序和社会生活秩序。

在立法例上，各国民法都会在婚姻家庭法部分直接针对具体事项规定有关期限和时效问题。具体来说，期限包括期日和期间；时效则包括取得时效和消灭时效。[②] 民法总则侧重规定时效制度，但在婚姻法上适用较多的是期间制度，尤其是除斥期间。有学者总结说，婚姻关系不适用民法总则有关

---

① 〔德〕迪特尔·梅迪库斯：《德国民法总论》，邵建东译，法律出版社2000年版，第368页。

② 王利明主编：《民法》（第5版），中国人民大学出版社2010年版，第141—143页。

诉讼时效的规定，而是依照法律规定适用除斥期间的规则[①]，此论颇为精当。涉及婚姻关系之变更、消灭的请求权的确不应适用诉讼时效制度，比如宣告婚姻无效之诉、离婚之诉等，包括以身份关系为基础的财产性请求权如抚养请求权、扶养请求权、赡养请求权等尽皆不受诉讼时效的限制。但是并不是说，婚姻关系变更请求权的行使没有任何时间限制。几乎所有规定可撤销婚姻制度的国家都会通过除斥期间对婚姻撤销权的行使进行限制。婚姻撤销权在法律性质上属于形成权，单方行使即会使法律关系发生变化，因此有必要敦促撤销权人及早行使权利，超出法律规定的期限则权利即告消灭。仍以《德国民法典》为例，根据该法典第 1317 条规定，撤销婚姻的申请须自发现错误或欺诈或者自强迫状态消除之时起一年之内提出，对于无行为能力当事人及其法定代理人，以及未成年人，期限的起算点有变通规定；时效的中止，适用民法总则的相关规则。此外，该法典第 1565 条、1566 条关于分居期间的规定也是期间制度适用于婚姻法的例证。我国《婚姻法》第 11 条规定，受胁迫的一方撤销婚姻的请求，应当自结婚登记之日起一年内提出。此亦为除斥期间的规定。

但有必要廓清一个问题，即婚姻关系不适用诉讼时效的规定并不意味着婚姻法上不适用诉讼时效的规定。比如《德国民法典》第四编亲属法第 1302 条规定，行使第 1298 条至第 1301 条规定的退婚赔偿请求权或返还赠礼请求权时效为 2 年，自解除订婚之时开始。这显然属于诉讼时效的规定，但它并非针对婚姻关系请求权，而是在婚姻关系不成立的情形下针对退婚赔偿请求权及返还赠礼请求权所作的规定。把婚约纠纷规定在婚姻家庭编，是一种比较普遍的立法安排，所以我们不能在婚姻法领域完全排除诉讼时效的适用。

《德国民法典》始创民法总则编，以其"系统化精神与抽象的倾向"打通了身份法与财产法之间的壁垒，使两者统一于法律行为理论，共同构成一个有机的制度体系，整个民法典在更高层次的理性水平上得以整合，呈现出五编制的经典结构。从行文与表达上来说，总则编也有精约简省之功，成功地避免或减少了分则中对于相同问题的重复规定，使得民法典能够以可接受

---

① 王礼仁：《民法总则在婚姻法中适用问题研究》，载夏吟兰、龙翼飞主编：《家事法研究》(2011 年卷)，社会科学文献出版社 2011 年版，第 115 页。

的篇幅尽可能广泛地涵盖民事生活领域的诸多法律问题。

虽然有如此夺目的成就，虽然不失为伟大而成功的尝试，但民法总则编的建构一直遭到质疑，非议最多的话题就是：民法总则究竟能在多大程度上代表诸项分则的共同规则？怀疑论者可以从两个不同的方向对这个问题进行追问：其一，诸项分则究竟有无共同规则？其二，民法总则能否毫无障碍地通行于各分领域？对此并无肯定而明确的答案。德国法学界警醒地认识到总则编的不足，迪特尔·梅迪库斯在《德国民法总论》中毫不讳言地说，设置总则编至少具有两大缺点：一是抽象与例外。总则编的规则应具有一定的普适性，同时又不能过于泛化而失去意义，因此就必须容忍例外的存在。必须承认，总则编的许多规定都会有一些个别的偏离，比如有关意思表示错误的规则，不适用于婚姻或遗嘱。二是理解上的困难。总则编概括出的一般规则，往往不足以直接地、全面地解决具体问题，因此要针对现实问题作出可靠的法律解答，就需要瞻前顾后，同时查阅民法典的许多地方，这使得民法典可能不适合非专业人士阅读理解。[①]

如果我们在编纂民法典时，能够像明智的德国法学界那样对民法总则的有效性和有限性都有充分而清醒的认识，将非常有助于妥善处理民法总则与各分则的关系。以民法总则与婚姻法的关系来说，一方面，民法总则的建构应尽量着眼于对身份法和财产法的共同提炼和概括，避免过于偏重财产法的思维方式和价值取向，同时还要有"雅量"包容分领域的例外规则和补充规则，尤其是在以身份关系为基础的婚姻法领域。另一方面，婚姻法对于自身的伦理特质和价值需求应有明确的认识和定位，不惮于在涉及身份关系及存在独特价值追求的具体制度中突破民法总则的抽象规则，力求在民法典的框架下做到身份法的独立自洽，同时又与财产法保持良好的衔接关系。总之，要做到两者的协调立法，不仅需要有高明的法律洞见，还需要有高超的立法技术。

---

① 〔德〕迪特尔·梅迪库斯：《德国民法总论》，邵建东译，法律出版社 2000 年版，第 31—35、368 页。

第三章 婚姻财产法与一般财产法的关系

关于一般财产法能否被直接适用于婚姻家庭法律关系之中，在理论界和司法实践中一直存在争论。我们认为，无论从体系角度，还是从法价值角度，皆不能径直主张一般财产法规则可直接适用于婚姻财产关系。这就意味着，在某种程度上，当被适用于调整婚姻家庭关系时，一般财产法规则应被作为“素材”，在婚姻家庭领域进行适当“改造”，形成独特的财产法规则，以符合其独特的法价值诉求。为此，我们从“理论问题”与“实践问题”两个角度进行说明。首先，分析一般财产关系与婚姻关系的关联，并尝试说明婚姻关系之特性在法领域表现为怎样的“法律原则”。其次，我们将以一些较有争议的法律实践为例，进一步对上述观点进行说明。

第一节 婚姻关系与财产关系之理论基础

一、婚姻关系在私法体系中具有相对独立性

（一）私法体系的角度：技术方面的说明

盖尤斯将私法体系分为两部分，即家庭法和财产法。萨维尼借鉴了这一区分，并认为私法体系的“自然顺序”是纯粹家庭法、物法、债、实用家庭法和继承法[①]。其中物法和债构成财产法的主要内容，纯粹家庭法处理婚姻、

① 〔德〕萨维尼：《当代罗马法体系Ⅰ》，朱虎译，中国法制出版社2010年版。第300页。

父权、亲属和监护等方面的内容，而实用家庭法则处理婚姻家庭关系和一般财产关系互相联系后所产生的内容。这样，实用家庭法在本质上就是财产法的一部分。

但是，萨维尼似乎并不认为实用家庭法就是物法或债的一部分，相反，必须将其作为财产法的“独立部分”①加以对待。之所以如此，一方面是因为该部分规则的性质都是财产性的，是物法和债法规则被家庭法采纳后的表现；另一方面是因为这种采纳“只有在特定家庭关系这个前提之下才是有可能的”，也就是说特定的财产制度必须附着于具体的家庭关系之上，才可以发挥其作用，此即为家庭关系对财产法的“反作用”②。所以，实用家庭法必须和物法、债处于并列的位置，而不是隶属关系。

上述体系的“自然顺序”可以因如下理由被改变：为了使家庭对于财产的影响能够被理解，必须首先描述财产法的内容；而且，为了使家庭关系“生机勃勃的直观”被体现出来，就有必要将家庭本身与它对财产的影响直接联系起来。这样，一方面，纯粹家庭法和实用家庭法在“理论”上就可以被合并起来，并形成“家庭法”；另一方面，家庭法在体系中被置于财产法之后，并由此成为私法体系之“理论顺序”的一部分。

如果以萨维尼的观点为基础，就可自然得出如下结论：一方面，由于“实用家庭法”与财产法处于并列且独立的位置，所以，尽管婚姻和财产具有相互联系，但绝非就等于说婚姻财产关系的处理可以直接适用一般财产法的规则。另一方面，财产法规则欲进入实用家庭法领域并作用于婚姻财产关系时，必须接受后者的“反作用”。在这一过程中，会产生如下结果：一般财产法规则因“反作用”而在规范形态上发生变化，这些规则也因此成为实用家庭法中的独立规范。

若主张一般财产法是婚姻财产关系的基础，如果其意指一般财产法规则可以直接适用于婚姻财产关系，或者说调整后者的法规则直接隶属于一般财产法体系，便值得商榷；如果其意指婚姻财产关系之调整必须借助一般财产法规则，则无可厚非。不过，这就需要进一步说明婚姻家庭关系对此等

---

① 〔德〕萨维尼：《当代罗马法体系Ⅰ》，朱虎译，中国法制出版社2010年版。第300、301页。

② 同上书，第294页。

规则所具有的反作用,即它"如何与一般财产法规则相协调"。

(二)婚姻关系伦理性角度:价值方面的说明

仅凭外部体系方面的说明尚不能为婚姻家庭关系的"反作用"提供充分支撑。人们会进一步追问:婚姻关系到底具有何种特性,并借此对财产法规则发生怎样的反作用?由此,我们可能需要超越法规则的技术分析,进入法律目的或曰"价值"的领域。婚姻家庭关系有其特殊性,它是"自然要素、道德要素和法要素"的混合体。尽管法律只能——也必须——体现和调整该关系的一部分①,但在规则形成和评价领域,其他要素也必然具有重要意义,实证法规则也必须妥当反映特定的法律价值。

1. 一般财产关系的目的

在萨维尼那里,婚姻家庭法律关系与财产法律关系的主要区别之一在于:前者可以被理解为一种"完善性的法律关系"。就财产法律关系而言,在与他人的关联中,主体被视为一个完整的、独立的存在;而在婚姻家庭法律关系中,主体必须被视为一个更大的"有机整体"中的一员,并通过与其他主体的关联而得以完整,"加以完善"②。因此,婚姻家庭关系似乎可被理解为:个体欲"完善"其自身所必须实现的一种特殊关系。如此,上述问题似乎可做如下转换:"完善"到底意指为何?该完善性法律关系对一般财产关系会产生怎样的反作用?

为进一步回答该问题,我们可以先行合理设问:一般财产关系的目的或价值是什么?整体而言,在一般财产关系中,这种扩展在道德层面表现为个人自由和人格独立程度的提高;在经济层面表现为效用和个人利益的追求。

主体与他人发生财产关系,其直接目的是为了追求个人利益最大化,并借此扩大自身的支配能力——可用"营利"来表述这一目的。为了实现这一目的,自由交易和计算理性是其必不可少的手段。计算理性是指:交换关系被定格并简化为以货币作为依据的计量关系,而交易主体都被视为"经济理性人",交易被视为符合每个理性人的最大经济利益。如果尊重人性的某个方面,则交易自由和个人利益最大化便具有自然的合理性。斯密说,为了满

---

① 〔德〕萨维尼:《当代罗马法体系Ⅰ》,朱虎译,中国法制出版社2010年版。第271、286—287页。

② 同上书,第263—265页。

足自己的需要而进行交换的倾向似乎根植于人的本性之中。[①] 滕尼斯则说，等价交换是“社会意志的主要内容”。[②] 经济学或社会学的理论也为法学家所引用，以解释法律制度的合理性及其实践问题。[③]

为了进行交易并进而获取利润，界定个人财产之界限十分重要，因此，个人所有权观念对处于财产关系中的人有根本的重要性。滕尼斯提出：“于此所规定的观念里，所有东西的前提都是分开的，犹如它们的主体是分开的一样：谁拥有和享受某样东西，他的拥有和享受就排斥其他所有的人；实际上没有什么共同的东西。”一旦没有明晰的财产权界限，则很难想象交易能够得以进行。就此而言，“一切权利和义务都可能被归结为纯粹财富的规定和价值。而纯粹的私法的任何理论，都必须建立在此种社会现实之上。”[④]

个人财产还具有道德方面的目的，即它服务于自由、独立这一根本性的政治和法律观念。这就意味着：拥有独立的财产对主体的人格独立和自由具有极其重要的作用和意义。而自由至上主义者就认为，每一个人对自己的财产都拥有至高无上的权利，即使基于道德理由也不能剥夺其财产。[⑤] 这成为经典的个人主义式的所有权观念。

这些因素深刻地影响了法规则并借由后者得以体现。在财产法领域，所有权自由、合同自由正是以上述财产关系的本质方面为基础的。即使存在限制性的诚实信用原则，它也与自由主义的基本道德观，即勿害他人相呼

---

① 〔英〕亚当·斯密：《国富论》，郭大力、王亚南译，商务印书馆 1972 年版，第 13 页。

② 〔德〕斐迪南·滕尼斯：《共同体和社会：纯粹社会学的基本概念》，林荣远译，北京大学出版社 2010 年版，第 78—79 页。应注意在滕尼斯那里，“社会”是和“共同体”区分的：前者是由利己的个人组成的表面的共同生活方式，在这里，“人人为己，他们的活动和权力领域相互之间有严格的界限”；后者则指一种“亲密的、单纯的共同生活”方式，成员之间“休戚与共，共甘共苦”，家庭是最为典型的共同体（第 43—45、78 页）。

③ 关于合同法与经济自由主义之间的关系，参见〔德〕海因·克茨：《欧洲合同法》，周忠海、李居迁、宫立云译，法律出版社 2001 年版，第 5—9 页。关于公司法与经济自由主义的关系，参见〔加〕布莱恩·R. 柴芬斯：《公司法：理论、结构和运作》，林华伟、魏旻译，法律出版社 2001 年版，第一章。萨维尼也将“债权”作为“交易”活动的条件，参见〔德〕萨维尼：《当代罗马法体系Ⅰ》，朱虎译，中国法制出版社 2010 年版。第 286 页。

④ 〔德〕斐迪南·滕尼斯：《共同体和社会：纯粹社会学的基本概念》，林荣远译，北京大学出版社 2010 年版，第 77—78 页。

⑤ 〔美〕迈克尔·桑德尔：《公正：该如何做是好》，朱慧玲译，中信出版社 2011 年版，第 66—73 页。

应。效率原则在法规则的构造和解释中也发挥着重要的作用。[①] 一般财产法规则也以上述受到限制的自由为根据，正是在这个意义上，米夏埃尔·马丁内克说，《德国民法典》的基础实为康德关于自由意志的伦理学和斯密关于自由经济主义的理论，而其规则基础则是合同法和所有权这两个中心制度。[②]

2. 婚姻关系的目的

与对一般财产关系的目的的理解不同，人们对婚姻关系的目的存在诸多争议，大致可以被归纳为两大类：一类是从个人的自然欲望出发来理解该目的，一类是从特定的伦理要求出发来理解它。前者可能导向婚姻关系的自然方面，后者则可能导向婚姻关系的伦理方面。

在第一类理解之下，婚姻关系或主要被理解为男女基于自然性欲的结合[③]，或主要被理解为基于物质欲望的结合。然而，这两种理解都很难说把握到了婚姻关系的实质目的。自然性欲的满足完全不必借助婚姻关系来实现，在今天，“同居”或“(非婚性)伴侣”关系已经有力地说明了这一点；而对物质欲望的追求完全可以借助形成一般性财产关系的手段来达成，换言之，完全可以通过进入“经济社会”而非“婚姻关系”的领域来实现。

如果人们主要借助于婚姻关系来追求物质欲望，就在目的上将婚姻关系和一般财产关系等同起来。但是，在夫妻之间很难存在如一般财产关系中普遍盛行的商品交换观念。婚姻关系中感情的付出很难通过计算理性的方式加以计量。尽管在婚姻中也存在财物的付出，但是我们不能将之理解

---

① 在物权法领域，比如有学者就通过效率原则对共有人的优先购买权加以解释。参见崔建远：《论共有人的优先购买权》，载《河北法学》2009 年第 5 期。而在合同法领域更是毋庸赘言。

② 参见马丁内克教授为陈卫佐翻译的《德国民法典》所写的序言。《德国民法典》(第 2 版)，陈卫佐译注，法律出版社 2006 年版，第 9 页。

③ 于此，需要提及的是康德关于婚姻的定义。该定义以他的权利体系，即实证法上对人权和对物权的区分为前提，在该前提下，家属和家庭的权利处于一种中间状态，康德将之定性为“有物权性质的对人权”，即把一个外在对象作为一个物去占有，而这个对象是一个人。参见〔德〕康德：《法的形而上学原理——权利的科学》，沈叔平译，商务印书馆 1991 年版，第 74、94 页。在此基础上，康德得出了关于婚姻著名的、但备受指责的定义，即婚姻是“两个异性为了终身占有对方的性官能而产生的结合体”。尽管康德给人的感觉似乎是他在本能的基础上定义婚姻，但这似乎是对康德的一种误解。康德明言，男女结合可以根据本能，也可以根据法律，而后者才形成婚姻。

为一方财物和另一方情感的对等付出。滕尼斯就说,“真正的交换是违背家的本质的,……(家庭中的)交换只能被理解为一起分享的一种表示。”[①]在西梅尔看来,如果以金钱为主要目的而缔结婚姻,则它就是一种典型的货币交易关系[②],并使得婚姻关系偏离了其本质。

所以,必须主要在伦理的意义上来理解婚姻的目的。婚姻关系的目的乃在于实现人之伦理意识的完整性,完善人的伦理和道德生活[③],约束人的自然欲望。在这个意义上,婚姻关系才能被理解为萨维尼所称的“完善性法律关系”。人在这个关系中完善自身,这不仅要通过约束自己的自然性欲来实现,还要通过约束自己的自然性物质欲望而实现。因此,婚姻关系的目的在于追求并塑造人的伦理意识。

为了实现该目的,主体应该采取具有何种一般性特征的手段?对此,我们使用“利他性关注”来加以表述并说明。它意指:(1)高度的利他性,即在超越“于己有利性”的基础上对对方的真切考虑和照顾;(2)较强的责任性,即由于前述利他性而产生的某种行为必然性,意指前述利他性必须转化为对双方都有约束力的道德规范,更进一步,这种道德要求还应该在法律规则中加以体现。

于此,婚姻关系的利他性与一般财产关系的利己性形成鲜明对比。在婚姻财产领域,婚姻关系可能更重视对对方以及对婚姻整体财产的关注,而一般财产关系则强调对独立主体之个人财产的关注。即使在那些以个人所有为夫妻财产制内容的制度中,也会因为婚姻家庭关系的上述特性而对个人性的财产权利诉求施加限制。

二、婚姻关系之目的在法领域的表现

接下来的问题则是:上述婚姻关系的目的如何在法领域发挥作用?唯

---

① 〔德〕斐迪南·滕尼斯:《共同体和社会:纯粹社会学的基本概念》,林荣远译,北京大学出版社2010年版,第66页。

② 〔德〕格奥尔格·西梅尔:《货币哲学》,于沛沛、林毅、张琪译,中国社会科学出版社2007年版,第995—1003页。

③ 唐君毅:《文化意识与道德理性》,广西师范大学出版社2005年版,第37页。唐先生在伦理学的角度上提出的观点与萨维尼在法学的角度上提出的观点获得了惊人的一致,当然他们与黑格尔之间又有着密切的联系。

有说明此问题，我们才具备在法律领域讨论婚姻关系对一般财产关系进行作用的法律条件。也就是说，这种目的或价值特性要在“实用家庭法”中发挥作用，就必须以某种特定的法律形式先行体现。我们认为，该目的应该而且能够首先决定特定的“法律原则”，并借此得以进入法领域，再通过该法律原则对欲进入婚姻关系领域的一般财产法规则发生作用。

那么，它所决定的法律原则应该是什么？前已述及，婚姻关系的特性之一就是“完善性”以及与此紧密相关的“利他性关注”，它要求夫妻任何一方通过关注对方利益，从而符合家庭这一整体对自身人格的完善性要求。由此出发，笔者姑且将这个由婚姻关系之目的所决定的法律原则称为“婚姻共同利益原则”，它意指：一方面，夫妻任何一方都应该在超越“对己有利性”的基础上为对方的利益贡献自己的力量；另一方面，夫妻任何一方都不得采取不正当的手段为自己攫取利益而有害于婚姻生活。

“婚姻共同利益原则”对法规则的作用是：在确定或形成调整婚姻财产关系的——可能以一般财产法规则为“蓝本”的——法规则时，必须考量它是否有利于婚姻关系之整体，是否符合婚姻关系之本质，而不是仅有利于夫妻一方的个人要求，也不是仅符合一般财产关系的本质和原则，而且必须在其法律构成和适用过程中体现这一点。

在一般性的角度上，我们可以举例说明“婚姻共同利益原则”在婚姻财产关系中的具体表现。在涉及夫妻财产归属规则时，它可以表现为“贡献标准”，即只要夫妻一方对某婚姻财产具有贡献，那么他/她的财产利益之获得就不能不考虑这种贡献。因为，婚姻关系不仅仅是男女在精神上抽象的统一，它还表现为生活的方方面面。家务劳动、子女抚养和老人照顾、事业支持都需要彼此的利他性贡献。因此，对这种利他性贡献的考量就成为必要之举。这里的“贡献”不仅指“直接贡献”，也包括“间接贡献”。前者指针对某项具体财产之获得或增值所作出的直接贡献，后者则指通过对家庭生活的整体贡献，而对某项财产之获得或增值作出的贡献。在这种情况下，法规则可能表现为：该项财产可能归夫妻共同所有；或者使贡献方对财产享有其他法律权利[①]。

再比如，尽管《德国民法典》采取具有个人主义特征的“财产增加额均衡

---

① 比如居住权，或者在英国法中，作出贡献的一方可能会享有以信托为根据的财产权。

制”,但其仍然规定,当个人处分其全部财产时,必须得到另一方的允许;而当个人对财产进行不负责任的挥霍或实施恶意处分时,该挥霍或处分部分都必须算入其初始财产。这种对财产处分权的限制性规定正是对“婚姻共同利益原则”的体现。而对于实施共同财产制的法律制度(如法国、意大利、葡萄牙和我国)而言,该财产制本身就表明了对“婚姻共同利益原则”的贯彻。

在债之关系中,“婚姻共同利益原则”则可能表现如下:如果夫妻任何一方举债是为了个人不正当的生活目的,比如赌博、个人挥霍或与他人发生不正当关系,那么它将不能被视为夫妻共同债务,原因正在于这些债务并不符合该原则的要求。

第二节　婚姻关系的特殊属性对财产法的影响

婚姻关系的伦理要求导致了婚姻法必须以婚姻共同利益为原则,形成规范。我们以目前较有争议的问题为例,对此进行说明。

一、债之关系

(一) 夫妻共同债务

根据我国《婚姻法》第 41 条第 1 句,判断是否属于夫妻共同债务的标准是:该债务是否产生于“夫妻共同生活”。该标准显然与“婚姻共同生活利益”原则相一致。另外,最高人民法院《关于适用〈中华人民共和国婚姻法〉若干问题的解释(二)》(以下称为《解释(二)》)第 23 条也基本上遵循了这一标准。根据该条,即使是一方婚前所负的债务,基本上也是以“夫妻共同生活”作为标准的。

但是,《婚姻法》第 19 条第 3 款和《解释(二)》第 24 条,则出现了不同的判断标准。就前者而言,如果夫妻双方约定了分别财产制且为第三人所知悉,则夫妻一方所负债务将被认定为该方个人债务。在判断夫妻共同债务时,该规范显然采取了(为第三人知悉的)“约定的分别财产制”这一标准,而最符合婚姻关系伦理要求的“夫妻共同生活”则被排除。《解释(二)》第 24 条则径直以“婚姻关系存续期间”这一标准来进行判断。它与上述第 23 条最大的不同之处在于:即便在容许夫妻另一方为免责而进行证明的情形下,也没有"未用于共同生活"的用语。相反,另一方为免责,只能证明该债务在产生时被"明确约定为(举债一方的)个人债务",或者证明存在上述《婚姻法》第 19 条第 3 款的情形。显然,这两种情形都与第 41 条第 1 句所界定的判断标准无关[①]。人们由此可产生合理质疑:一方以个人名义在婚姻关系存续期间所负的一切债务,即使未用于"夫妻共同生活",是否也应被认定为夫妻共同债务?相反,即使用于夫妻共同生活,是否也可因上述情形而不被认定为夫妻共同债务?从规范体系上考察,如果说《婚姻法》第 41 条所包含的是关于夫妻共同债务基本的判断标准,则《婚姻法》第 19 条第 3 款和《解释(二)》第 24 条更像是其例外,但该例外背后的利益考量却并不妥当,值得商榷。

上述法律规范可以说在价值和技术两方面存在问题:其一,在价值方面,如果说"是否产生或用于夫妻共同生活"是符合婚姻关系伦理要求的判断标准,则立法者为何还要以"夫妻财产制类型(结合第三人知悉)""是否为婚姻关系存续期间举债"并同时结合"是否以个人名义举债"作为判断标准?它们其实并未完全甚或根本就没有反映上述伦理要求,且被指责为对未举债夫妻一方有失公允[②]。其二,在技术上,基于这些多重标准制定规范,导致规范体系内部的繁杂冲突,徒增适用之困惑与分歧。其三,同样在技术层面,立法者应区分法律规范的标准和举证责任规则。其实,最高人民法院之所以在《解释(二)》第 23 条和第 24 条中考虑不同的情形(并因此产生不同的判断标准),其很大原因在于举证责任方面的考量。但是,该考量不能导

---

① 在朱文祥诉郭兆秋、李萍共同债务偿还纠纷一案中,法院适用《婚姻法》第 41 条,认为未举债夫妻一方在证明了相关款项未用于夫妻共同生活的情形下,可以免除自己的偿还责任,并同时指出《解释(二)》第 24 条的不合理性;并同时以"仅有一方签名"为由认定该债务明确约定为一方个人负债。参见《朱文祥诉郭兆秋、李萍偿还夫妻共同债务纠纷案》,载《江苏省高级人民法院公报》2015 年第 1 辑,法律出版社 2015 年版。无论如何,《解释(二)》第 24 条的内容都存在问题,有人认为第 24 条虽未明确表述,但适用者不能仅"望文生义"。但是,从其明确的字义出发,的确无法看出《婚姻法》第 41 条的内容,证明"明确约定为一方个人债务"与证明"未用于共同生活"的确不能等同起来。更重要的是,法律的一般要求恰好是从字义出发理解与适用法条,而不是以"揣测"作为方法的基础。

② 夏吟兰:《我国夫妻共同债务推定规则之检讨》,载《西南政法大学学报》2011 年第 1 期。

致规范标准的混乱。较为妥当的做法是：在保持判断标准一致的前提下，再基于其他的利益衡量设计合理的举证规则。

为了减弱《解释（二）》第 24 条对非举债配偶一方带来的严苛后果，最高人民法院在最近的个案中要求对债务关系的真实性进行更严格的审查。[①]据此，一方面，请求夫妻承担连带清偿责任的债权人要承担更高的举证责任；另一方面，法院也应更细致地对此进行调查。但是，无论如何，对于上述规则的问题而言，依然需要在规范形成的角度上加以矫正。

除合同之债外，侵权之债是否会产生夫妻共同债务，也开始进入法律实践者的讨论之中。根据此前观点的逻辑，作为不法行为产生的债务，侵权之债往往由个人承担。这也是一般财产关系的基本思想和前提，即由个人承担其侵权行为所生的债务。但是，至少就交通侵权之债而言，最新的观点认为[②]，应以相关利益的归属指向作为标准。笔者对此表示赞同：无论是取得积极利益的侵权之债，抑或是仅有相关行为的侵权之债，应该以"夫妻共同利益原则"作为规范形成和适用的依据。据此，在第一种侵权之债的情形，应考察基于侵权所取得的积极利益是否用于夫妻共同生活；在第二种情形，则应判断该侵权行为自身是否与"婚姻共同利益"密切相关。当然，在这里，同样要区分规范标准设置与举证责任设置的问题。

（二）夫妻之间与婚姻有关的财产给予约定

夫妻之间基于婚姻关系之成立、存续或消灭，可能进行财产给予行为。根据婚姻规范体系，婚姻关系成立时和存续期间的财产给予关系依据合同法关于赠与的规定来处理，婚姻关系消灭时的财产给予关系则通常依据离婚财产分割协议的规定来处理。

依据赠与关系来处理，往往会产生疑问。众所周知，即使在一般财产关系中，赠与合同都是一个"异类"。因为，通常的合同都是交易性的，并因此遵循交换正义的原则；而赠与关系却并非以交易为特征，因此遵循慷慨的德

---

① 参见最高人民法院民一庭《关于婚姻存续期间夫妻一方以个人名义所负债务性质如何认定的答复》（[2014]民一他字第 10 号）。

② 参见陆俊芳：《夫妻一方对外形成侵权之债的认定和处理》，载《人民法院报》2015 年 5 月 13 日。

性[1]。现代法律为了使两者获得更一致的价值基础，在制度设计上，则以更抽象的“自由意志”为其指导原则。“自由意志”和“慷慨”的约束力之平衡在任意撤销权及其例外、法定撤销权的规定中加以体现。据此，通常情形下允许赠与人在未进行交付前行使任意撤销权。然而，这在婚姻关系中却面临质疑：因为人们基于与婚姻关系之关联而进行的赠与，往往与婚姻关系自身的成立与存续具有紧密关联，而非仅仅出于“慷慨”，也不能完全取决于当事人的自由意志。即便要进行平衡，也必须以婚姻共同利益原则作为基本的法律思想。实践中，已经产生相应的纠纷。在2014年的一起案件[2]中，尽管一方在婚前已经获得房屋赠与，并进行了过户登记，但在婚后不久提起离婚诉讼，法院值得商榷地通过适用最高人民法院《关于适用〈中华人民共和国婚姻法〉若干问题的解释（三）》（以下简称《解释（三）》）第7条（父母出资购买不动产的认定）判决他不能享有该房屋的所有权。同样，如果赠与物已经交付，赠与人也只能在《合同法》第192条的范围内请求撤销，但该条在规则内容上却与“婚姻共同利益原则”无多大关系。就此而言，简单机械地照搬适用赠与的规定，可能会产生价值判断上的偏差与争议。就婚前财产给予而言，关于彩礼返还的规定在一定程度上可以缓解上述价值判断上的紧张关系。但是，“彩礼”被界定为基于“习俗”的给付。一些财产给予并不具有“习俗性”（即传统性、仪式性和家庭性），但价值较大，法院也倾向于将其界定为“彩礼”，其代价却是随意且不妥当地改变“彩礼”的含义，这并不符合法律及其适用的通常要求。因此，对于与婚姻有关的财产给予约定，若适用赠与，并不一定与婚姻关系的伦理要求相符合。

从比较法角度考察，德国法创造了“附条件的给予”一词来解决上述相关问题[3]，且将条件界定为“婚姻”。既然这里使用的是“给予”而非“赠与”，赠与制度的价值基点便与此无关。在“给予”之下，财产给予行为并非基于慷慨的德性，不是主观上的无偿性，而是“为了实现共同生活”。在此制度价

---

① 〔美〕詹姆斯·戈德雷：《现代合同理论的哲学起源》，张家勇译，法律出版社2006年版，第63页。

② 《婚前购置房屋登女婿名　岳父母出资判房归女儿》，http://www.chinacourt.org/article/detail/2014/06/id/1310837.shtml，最后访问日期：2015年12月7日。

③ 〔德〕迪特尔·施瓦布：《德国家庭法》，王葆莳译，法律出版社2010年版，第109—111页。

值或目的之下，前述“婚姻共同利益原则”便可发挥根本性的说明作用。也正因为是“给予”而不是“赠与”，赠与的所有规定至少不能直接适用。换言之，就夫妻间的财产给予这一事实类型而言，实际上等于在一个不同的教义学概念的基础上形成了新的规范，而后者可以与婚姻关系的伦理要求更相契合。在德国法中，判例更多地适用“以婚姻为条件的给予”而非赠与，来调整夫妻间的财产给予行为。

二、财产归属关系

（一）房屋归属

关于夫妻间的房屋归属，在最高人民法院 2014 年公布的一个案例中，出现了如下审判观点[①]，即物权法的确权规则应在婚姻法领域谨慎、“谦抑性”地适用。在论及两类规则的关系时，最高人民法院强调，婚姻财产关系“不体现直接的经济目的，而是凸显亲属共同生活的要求”，因此，婚姻法中关于财产关系的规则必须“将利他价值取向直接纳入”法律关系考量，而非以交易性的“功利目的”为取向。也因此，婚姻法“必须考虑夫妻共同体的利益，与物权法突出个人本位主义有所不同”。在相关的具体案例中，基于该观点，婚姻法关于夫妻之间约定之效力的规定优先于登记规则得以适用。

该审判观点中包含一般性的法律思想主张，即婚姻法规则在适用上具有优先性和独立性，这一点具有积极的法律意义。实际上，就房屋归属而言，考察既有的规范体系，登记的确权功能所发挥的作用并不十分重大。在《解释（三）》第 10 条中，登记似乎发挥了确权作用，但是，该条的部分立法目的是为了保护抵押权人的利益[②]。在上述案例中，法院也承认，涉及第三人利益的情形下，登记的确权作用才可以被考虑，夫妻之间的约定也不应该被首先考虑。在不涉及第三人利益的情形下，既有的婚姻法规则应该发挥决定性作用。当然，在这个意义上，《解释（三）》第 10 条是失败的，因为它犯了目的与手段不一致的毛病：既然要对抵押权人的利益进行强制保护，就不应该再允许夫妻之间的约定居于优先地位，除非该第三人利益已经失去保护

---

① 《唐某诉李某某、唐某乙法定继承纠纷案》，载《中华人民共和国最高人民法院公报》2014 年第 12 期。

② 最高人民法院民事审判第一庭编著：《最高人民法院婚姻法司法解释（三）理解与适用》，人民法院出版社 2011 年版，第 159—167 页。

的必要性(比如抵押权因清偿或其他原因而消灭)。

另外,考察既有的规范体系,“资金归属标准”似乎具有决定意义,即以购房资金来源作为判断房屋归属的标准。《解释(二)》第 19 条明显体现了这样的法律思想,《解释(二)》第 22 条、《解释(三)》第 7 条同样如此。只不过,《解释(三)》第 7 条的不妥之处在于:它似乎改变了《婚姻法》第 17 条第 1 款第 4 项确定的赠与归属规则,将一方父母的赠与径直视为子女个人的财产,或者从登记中推导出父母赠与的意图(但对此第 7 条内部马上又出现矛盾)。而《解释(二)》第 22 条关于购房资金的赠与规定与《婚姻法》第 17 条第 1 款第 4 项仍保持一致。但是,除却《解释(三)》第 17 条中值得商榷的赠予资金归属规则,就房屋归属而言,以“资金归属标准”作为确权标准还是较为明显的。

因此,对于房屋归属而言,我们可以看到实证法包含的如下确权标准之脉络:(1) 在不涉及第三人时,夫妻间约定优先;(2) 在未有约定时,适用资金归属标准,并因此容许了按份共有的存在;(3) 在涉及第三人利益时,登记标准可能被优先适用。不过,在我国的实证法中,对于第一个确权标准,还存在“赠与”与“夫妻财产约定”(《婚姻法》第 19 条第 1 款)之间区分的问题。

上述确权标准虽然将婚姻法规则与一般财产法规则加以区分,但仍然带有个人主义的痕迹。约定优先乃是对夫妻个人理性与意志的尊重的结果,于此,隐含的法律思想是,“婚姻共同利益”可与个人理性与意志很好地结合在一起。“资金归属标准”也在很大程度上体现了个人利益与夫妻共同利益之间的妥协性平衡。特别是,当因此产生按份共有的“共有”状态时,根据其规范逻辑,个人性将更为强烈。比如,按份共有人依其应有部分享有用益权,按份共有人还可以自由处分其应有部分,在共有物之处分或重大管理行为[①]中,实行占多数份额的共有人决定机制,按份共有人还可以在没有约定的情形下随时请求分割。这一切都表明,按份共有在很大程度上可以理解为仅具有财产利益关系的个人之组合。但规范制定者似乎只着眼于房屋归属和分割上,而未过多地考虑此等制度内容设计可能导致的体系效应,亦未添加任何限制性规定。因此,并不排除该设计会导致对“婚姻共同利益原

① 谢在全:《民法物权论》(上册),中国政法大学出版社 1999 年版,第 292—295 页。

则”的背离。

超越实证法之外，尚有一些其他的理论主张。比如，有研究者主张应该重新审视已经被废除的“财产转换规则”的合理性。[①] 据此，一些价值重大的财产在特定期间经过后，应该确定“转换”为夫妻共有。实际上，该规定的确与“婚姻共同利益原则”相一致，但当时却以“保护个人所有权”为名被废除。[②] 还有研究者基于人权论据提出“婚姻住房所有权”优先保护的主张。[③] 据此，只要经过法律允许的方式和途径被确定为“婚姻住房”，便受到法律的绝对保护，包括在处分上应符合更严格的条件限制，以及可以对抗善意第三人。以“婚姻共同利益原则”为前提，同时兼顾到对个人利益诉求的合理平衡，将夫妻间的房屋区分为“婚姻住所”和“非婚姻住所”具有较大的合理性；前者用于婚姻共同生活，后者用于投资。婚姻住所作为与婚姻共同生活关系相关的房屋，必须在其伦理要求之约束下加以考虑；而对于非婚姻住所，夫妻双方的主要考量是用于获取经济利益，这种对经济利益的追求可以超出婚姻的伦理要求与“婚姻共同利益原则”，并适用一般财产法的规则来确定其归属。

（二）孳息归属

孳息归属由《解释（三）》第5条加以调整。就一方个人财产的孳息归属而言，根据规范制定者的说明，基于一种“可操作性”的考虑，将其依然视为个人财产。换言之，尽管有些孳息基于“婚姻共同利益原则”和“协力标准”，被认定为夫妻共同财产更为妥当，但“夫妻协力”并不宜于确定性的法律操作，故将孳息全部认定为个人财产。[④] 这样，一般财产法上的归属规则就直接调整了婚姻财产关系中孳息的归属。在《解释（三）》的征求意见稿中，尽管也承认物权法的前述规则，但作为例外规定，也承认“另一方对孳息或增值收益有贡献的，可以认定为夫妻共同财产”。只不过在最终稿中，这一例外性规定被取消了。

---

① 贺剑：《论夫妻个人财产的转换规则》，载《法学》2015年第2期。

② 余延满：《亲属法原论》，法律出版社2007年版，第274页。

③ 陈苇、姜大伟：《论婚姻家庭住房权的优先保护——与“否定说”商榷》，载《现代法学》2013年第6期。

④ 最高人民法院民事审判第一庭编著：《最高人民法院婚姻法司法解释（三）理解与适用》，人民法院出版社2011年版，第95页。

从比较法的角度考察，不同的民法典对孳息归属有不同的规定。德国法（其中共同财产制被规定为约定财产制之一种）、意大利法、瑞士法和法国法将孳息规定为共同财产[①]，葡萄牙法将其规定为个人财产。就此而言，若单从立法者意志的角度考察，对孳息归属如何规定，似乎具有很大的任意性。

在立法技术上，我国《婚姻法》第 17 条使用的概念是"在婚姻关系存续期间所得"，即婚后所得，并将"收益"界定为其中一种。据此，有研究者认为，我国《婚姻法》第 17 条的兜底条款中应包含"一方婚前财产在婚后获取的孳息"属于夫妻共同财产的情形。[②] 如果这样理解，"孳息"实际上被视为"收益"之一种，并被视为"婚后所得"。但是，《解释（三）》第 5 条将"孳息"从"收益"中分离出来单独调整，并不将之视为"婚后所得"。从技术角度而言，由于《婚姻法》第 17 条和第 18 条的兜底条款皆语焉不详，所以无法判断《解释（三）》第 5 条是否与《婚姻法》第 17 条兜底条款的本意相抵牾。而且，从比较法的角度考察，可从德国法中看到"孳息"和"收益"的区分。《德国民法典》中存在"使用利益"（Gebrauchsvorteile）、"孳息"（Früchte）和"收益"（Nutzungen）三个概念，其第 100 条将"收益"界定为物或权利的孳息以及物或权利的使用所带来的利益。据此，"收益"应为上位概念，它包括孳息和"使用收益"[③]，后者是"物或权利之使用所带来的收益"。

但是，若考察我国《婚姻法》第 17 条的其他内容，则可能得到如下结论：它在更宽泛的意义上使用"收益"一词。第 17 条关于"生产、经营的收益"和"知识产权的收益"中似乎都包含直接权利孳息、间接的实物孳息和权利孳息的内容。比如，用益权人收取土地的出产物、股东获取的股息、对物进行使用租赁所得的使用租金或专利权的租用费[④]都属于此类。就此而言，不能断然否定《婚姻法》第 17 条在广泛的意义上理解"收益"。在这个意义上，

---

① 《德国民法典》在一般共同财产制中并没有将"保留财产"的孳息规定为夫妻个人财产，参见该法典第 1416 条第 1 款第 2 句。此外，可参见《意大利民法典》第 177 条第 1 款第 2 项以及《法国民法典》第 1401 条的规定。

② 杨大文：《亲属法》，法律出版社 2004 年版，第 131 页。

③ 〔德〕鲍尔、施蒂尔纳：《德国物权法》（上册），张双根译，法律出版社 2004 年版，第 30—31 页；〔德〕迪特尔·梅迪库斯：《德国民法总论》，邵建东译，法律出版社 2000 年版，第 892 页。

④ 〔德〕迪特尔·梅迪库斯：《德国民法总论》，同上书，第 892—893 页。

《解释(三)》第 5 条直接将孳息从“收益”概念中分离,从而可能导致对《婚姻法》第 17 条中的“收益”概念进行狭义性的限制解释,便存在法律技术上的问题。

更重要的是,《解释(三)》第 5 条若要对“收益”进行限制性解释,必须以特定的法律价值或目的为依归,这也是保障法律内部一致性和确定性的重要技术手段之一。换言之,规范制定者应该尽量遵循一致的价值立场。既然制定者认识到婚姻法规则和一般财产法在立法价值上的差异(这一点亦可由最高人民法院关于《解释(三)》的“背景依据”直接显明),则为何不能选择更与婚姻关系伦理要求相符合的归属规则,而是选择了一般财产法的归属规则? 而且,就“可操作性”而言,前者并不遑多让。孳息归原物所有人,是一般财产法价值的典型反映。如王泽鉴教授所言,“对于原物有收取权之人,天然孳息一旦分离,当然归其所有”[①]。但是,在婚姻共同利益原则之下,上述不同国家的民法典在共同财产制下,更多的是将孳息规定为夫妻共有,从而与葡萄牙法有所不同,后者的许多规定可以说是“严格地遵守了物权法的基本原理”,从而对个人财产权给予了更高程度的保护。而且,从我国婚姻法的立法及实践中,我们也无法确定地得出一般财产法的价值应该获得优先地位的结论。

(三) 一方因身体受到伤害所得赔偿之归属

根据我国《婚姻法》第 18 条第 4 项的规定,一方因身体受到伤害而获得的赔偿,归该方个人所有,这显然属于一般财产法的规则及其法律思想。根据后者,因为此等损害赔偿请求权具有强烈的人身属性,所以,所得损害赔偿金应该归受害方个人所有。此外,代表性的学术观点同时还提供了另一个理由,即它“专门用以供受害人治疗与恢复”[②],如果不归一方个人所有,就“不仅不利于对他伤病的治疗,甚至可能造成生活上的困难”。

然而,该规定自身可能与婚姻关系的伦理要求或“婚姻共同利益原则”不相符。同一般财产法规则的基础一样,该规定着眼于单一的主体利益,忽视了主体可能身处其中的生活关系及其可能具有的法律意义和属性。特别是在婚姻关系中,必须在“婚姻共同利益原则”的法律思想下加以考量。如

① 王泽鉴:《民法总论》,中国政法大学出版社 2001 年版,第 227 页。

② 杨大文:《亲属法》,法律出版社 2004 年版,第 133 页。

果婚姻关系已经存在且一直存在，那么根据其目的，受害一方的治疗就应该以婚姻关系中的共同财产作为担保。换言之，如果赔偿费用不足以满足治疗需要，则依据我国《婚姻法》第 20 条规定的扶养义务，就应该用其他财产继续为受害的配偶一方进行治疗。相反，如果受害一方已经痊愈，他能否因此主张相关赔偿费用（若有剩余）属个人所有？因此，在任何情形下都直接适用此规则，有违婚姻关系的伦理要求，也和公平的基本要求不相符合。很显然，该规则表明，在立法者看来，夫妻时而是一个互相负有义务的共同体成员，时而又是一个独立的、如社会中的成员那样的个体。但是，该规则自身并未在一方个人诉求和婚姻共同利益之间进行合理的平衡。

实际上，余延满教授就认为，作为平衡，如果先前已经支付的医疗费“是由夫妻共同积蓄”或通过借款而来，“则应从事后获得的属于个人财产的医疗费中扣除”。[①] 在美国有些实行共同财产制的州，即所谓的西班牙规则（与美国规则相对立），其司法实践也考虑了这种平衡。对于人身损害赔偿金，它们通常运用“目的分析法”加以区分。据此，“不是将整个损害赔偿金界定为要么是共同财产，要么是个人财产”，而是对损害赔偿各组成部分背后的目的（或功能）进行分析。这样，对于因个人人身伤害而损失的工资（收入损失）以及对由婚姻财产支付的医疗费的赔偿属于婚姻共同财产[②]。我们认为，根据人身损害赔偿金在实证法中的表现，可在理论上将之区分为抚慰性质的赔偿金与填补性质的赔偿金。精神损害赔偿金是典型的抚慰金，它仅具有抚慰性质；相反，对于物质性人格权恢复原状的赔偿，便属于后者。对于抚慰性质的赔偿，可确定地属于受害者一方所有。从比较法上考察，法国法也是如此规定。对于填补性赔偿，应对现在的归属规则进行平衡性限制。比如，无论婚姻状况如何，在不存在后续治疗或残疾的情形下，赔偿金应归夫妻共有；如果存在后续治疗或残疾的情形，应将该赔偿金作为受害方一方个人财产。当然，考虑到“婚姻共同利益原则”的要求，在未受害的夫妻一方不履行相关的扶养义务时，也可对上述的共有效果进行限制。

（四）一方专用生活品的归属规则

最后，我国《婚姻法》第 18 条第 4 项的规定也值得分析。

---

① 余延满：《亲属法原论》，法律出版社 2007 年版，第 275 页。

② 胡苷用：《婚姻合伙视野下的夫妻共同财产制度研究》，西南政法大学 2009 年博士学位论文，第 139 页以及第 140 页以下。

首先值得注意的是，就该条规定的客体类型而言，已经表明了婚姻关系之于一般财产关系的特殊性。该规定以物的特定类型为出发点，只不过这种特定类型的“物”仅属于婚姻家庭法，而不能在物权法关于物的界定和区分中去辨识。在物权法中，人们一般并不考虑某物是否为“一方专用的生活用品”；相反，只要作为物，通常都受物权法规则的调整。就此而言，该区分独属于婚姻家庭法。

其次，对于此类物，我国《婚姻法》适用了个人所有的物权法规则，而理论上的争议并非不存在。一种观点认为专用品属于一方个人所有并不合理，特别是针对那些价值较大的专用品而言，更是如此。因为如果这样，对另一方并不公平。另一种观点则主张只要是专用品，都应该归使用方个人所有，而无论其价值大小；特别是如何判断“价值较大”没有统一的标准，因此会给司法裁判带来极大的不确定性。

在婚姻家庭法领域，还是要根据婚姻关系的特性的要求，来确定此类物的归属。据此，一方面，我们要考虑专用生活用品对于个人生活所具有的功能和意义；另一方面，我们要考虑“婚姻共同利益原则”的要求，在一定程度上维护非专用方的利益。

以此为前提，我们主张应该区分“专用生活用品”和“专用生活必需品”。无论是立法还是一些典型的学理解释并没有将它们区分开来①。但是，这两者之间应该存在如下差异：前者仅仅强调由夫妻一方专用的性质，比如由妻子专门使用的贵重首饰；而后者不仅如此，还强调该物品对夫妻一方生活的不可或缺性和必不可少性，比如价值不菲的残疾人专用器材等。

一旦建立了这样的区分，则一方的生活必需品属于专用方个人所有，一方的生活专用品则并不必然属于一方所有，还存在进行其他法律判断的空间——比如是否赠与，而不论这些物品价值几何。这样的区分以及归属规则正是以婚姻关系之特性和“婚姻共同利益原则”为基础的。

至此我们发现，一方面，从私法体系的角度而言，婚姻财产法和一般财产法具有相互独立的位置，而这一独立性取决于婚姻关系的本质方面；另一

---

①　比如，杨大文教授将“生活用品”界定为“个人专用的衣物、化妆品、药品和装饰品”，参见杨大文：《亲属法》，法律出版社 2004 年版，第 134 页。外国的立法有界定并区分，参见《葡萄牙民法典》第 1733 条、《俄罗斯联邦家庭法典》第 36 条。

方面，从主体的生活状态出发，一般财产关系和婚姻关系又必然发生互相作用。如此，尽管一般财产法规则会因此而进入婚姻关系，并对婚姻财产法之规则发生作用，但“作用”和“直接适用”的含义并不相同，充其量只能说一般财产规则为婚姻财产规则的形成提供了“素材”或“蓝本”，此“素材”还必须在婚姻关系本质方面的作用下改变其构成，并最终形成婚姻财产法自身的独特规则。婚姻关系的本质方面在法领域应该也必须通过法原则的形式加以表现，并通过后者直接对一般财产法规则发生作用，本章将该法原则暂称为“婚姻共同利益原则”。

以此为基础，我们可以对我国法律实践中较有争议的规则适用和理论观点进行分析和评价。在债之关系中，“夫妻共同生活”作为认定夫妻共同债务的标准无可厚非，但《婚姻法》第 19 条第 3 款和《解释(二)》第 24 条却在不同程度和角度上存在偏离。在夫妻间的赠与关系中，若不考虑婚姻关系自身的特质，而一味适用合同法上的赠与规则，可能也会失之偏颇。在财产归属中，实证规范强调约定和资金归属的确权标准，但是，研究者倡导的“婚姻住房所有权”及其保护可能更符合婚姻关系的法律伦理。在孳息归属上，《解释(三)》第 5 条将其从收益中区分出来后施加的法律效果，虽然可能符合一般财产法的归属规则，但从比较法、《婚姻法》第 17 条和婚姻关系的特质出发，该效果却绝非理所当然。此外，《婚姻法》第 18 条第 2 项和第 4 项的规定也面临这样的法价值判断问题；特别是，考虑到实践中人身损害赔偿数额和专用品价值可能很大的情形，该问题可能更为迫切，其探讨的意义也会不断凸显出来。

第四章　婚姻家庭法与侵权责任法的关系

我国单独制定侵权责任法，并旨在将其作为未来民法典中一编的做法，与大陆法系民法典的经典体例架构存有差异，进而引发了学界对侵权责任法与民法典中其他部分之间关系如何定位的讨论。[①] 就此而言，透析婚姻家庭法与侵权责任法的关系，近可为实践中普遍存在的婚内侵权行为提供法律适用的准据[②]，远可为正在逐步推进中的民法典的体系架构提供逻辑基础，意义不可谓不大。总体而论，婚姻家庭法与侵权责任法既因两者的不同特点而应在民法体系中独立存在，又因两者间不可不察的体系关联而应协同共存于民法圣殿之中；侵权责任法可得以适用于婚姻法之中，对婚内侵权等行为予以私法规制，但婚内侵权行为基于其特殊属性又可交由婚姻法予以具体规定。两者的分野与协同有利于现代民法的精细化、体系化与趋同化。

---

① 姚辉教授就撰文研究了人格权法与侵权责任法的关系。参见姚辉：《论人格权法与侵权责任法的关系》，载《华东政法大学学报》2011 年第 1 期。

② 作为婚姻家庭法与侵权责任法的“交集”，婚内侵权行为是指合法的夫妻或夫妻之外的第三人，在夫妻婚姻关系存续期间，违法侵害了夫妻一方的人身权和财产权，导致该方遭受严重损害并应依法承担民事责任的过错行为。根据侵权主体是否具有特殊身份以及侵害的权利是否具有特殊性，婚内侵权行为可分为夫妻之间的婚内侵权行为和第三人干扰婚姻关系的行为。前者是配偶一方基于故意或重大过失，违法侵害另一方的人格权与财产权而应承担法律责任的行为；后者是夫妻之外的第三人基于故意或过失，违法直接或间接侵害夫妻一方的配偶权而应承担法律责任的行为，又可细分为第三人直接干扰婚姻关系的行为与第三人间接干扰婚姻关系的行为。

第一节　婚姻家庭法与侵权责任法的分野

婚姻家庭法调整的是配偶身份关系，具有强伦理性，夫妻间很多权利义务属于道德权利义务的范畴，难以强制执行；侵权责任法调整的是财产关系，具有强法律性，所调整的法律权利义务具有可强制执行性。两者在调整对象的层次、调整对象的侧重、伦理性强度等方面的差异足以让两者独立并存于现代民法体系之中。

一、两者调整的法律关系的层次不同

以德国法系为代表的民法典编撰体例，乃是以权利与法律行为作为民法典的核心与主线。侵权责任法则与之不同，它不是以原权利或法律行为为调整对象的，这也是大陆法系主要国家民法典一直未将侵权法单独成编的重要体系考量。侵权责任法是对原权利（绝对权）之损害予以救济的法律[①]，是对遭到破坏的社会关系予以矫正和修复的法律。换言之，侵权法是事后法，调整的是再次（次生）的法律关系，而非初次（原始）的法律关系。与侵权法相对，婚姻家庭法一直是大陆法系国家民法典的有机组成部分。婚姻家庭法是事前法，调整的是婚姻关系与家庭关系，调整的权利为身份权、财产权这种原权利，而非权利救济内容；其法律关系的层次是初次的法律关系。诚如有学者所言：人格权法、物权法等民法部分是权利法，而侵权责任法是救济法，通过提供救济的方法保障私权。侵权责任法是一种事后的法律，是对社会关系的第二次调整。[②] 这一论述能够很好地解释包括婚姻家庭法在内的部门法与侵权责任法之间的差异。

此外，有学者利用法社会学中的初级关系与次级关系理论巧妙地解释

---

① 现代民法在一定程度上突破侵权法与合同法分别对应调整绝对权与相对权的界分，通过承认第三人侵害债权制度，实现了侵权法对债权（相对权）的有限调整。

② 王利明：《我国侵权责任法的体系构建——以救济法为中心的思考》，载《中国法学》2008年第4期。

了婚姻关系与一般社会关系的差异。① 初级关系是指在初级群体内部形成的一种个人的、情感的、不容置换的关系，包括每个个体的多种角色和利益。与初级关系相对应的组织是初级群体，即指相对小、有多重目的的群体，在那里人们的互动是亲密无间的，并存在强烈的群体认同感。家庭是最重要最常见的初级团体。次级关系是缺乏感情深度的关系，其所包含的只是人格的某些方面。次级关系存在于次级群体之中。所谓次级群体，是指其成员为了某种特定的目标集合在一起，通过明确的规章制度结成正规关系的社会群体。初级关系（家庭关系）与次级关系（交易关系）具有不同的特点。就利益特点而言，前者具有不分彼此的利益一致性，后者则具利益对立性；就互动原则而言，前者为利他原则，后者为自利原则；就期限而言，前者为长期恒久，后者为短暂、现时化；就领域而言，前者居于生活领域，后者处于公共领域；就社会控制手段而言，前者为传统习俗、习惯、内部规则，后者为法律、外部规则。② 可见，初级关系与次级关系理论为婚姻家庭法与侵权责任法的界分提供了一种视野独到的思路：婚姻家庭法重在调整初级关系与初级群体中的人，侵权责任法重在调整次级关系与次级群体中的人。

二、两者调整对象的侧重不同

尽管婚姻家庭法与侵权责任法同样调整民事权利义务关系，但有着不同的分工与重心：前者的调整对象是以身份关系为主，后者调整的则是财产关系。③ 这一区别是造成我国法律与部分学者未承认婚内侵权行为的关键因素。侵权责任法的保护对象应具有可救济性，而身份关系与此不符。

首先，侵权责任法的保护对象应具有可救济性，这就要求其能够予以强制执行。就婚姻家庭法而言，其调整的身份关系往往不具有可强制执行性。这是由于身份关系不像市民社会的一般关系那样以人的社会属性为本质特

① 日本学者中川善之助教授把人类社会的结合关系分为“本质的社会结合关系”和“目的的社会结合关系”，并认为前者是“自然的、必然的、本质的结合，是种不得不结合之本质的社会结合关系”，身份关系即为代表；后者是“作为的、便宜的、目的的结合”，财产关系为其支配领域。参见余能斌、夏利芬：《试论亲属法的基本属性——兼谈亲属法应否从民法典中独立》，载《湖北社会科学》2007年第9期。

② 巫若枝：《三十年来中国婚姻法“回归民法”的反思——兼论保持与发展婚姻法独立部门法传统》，载《法制与社会发展》2009年第4期。

③ 现代婚姻家庭法中也调整配偶之间的财产关系，但其仍以身份关系为前提。

征，而是以人的自然属性、生理属性为基础。因此，法律无法强制一方配偶履行同居义务、生育义务乃至忠实义务。当夫妻产生上述争议时，其难以请求法院强制执行，现行法为其提供的可行的救济手段即为解除身份关系——离婚。

其次，侵权责任法的保护对象具有可救济性，这就要求其能够转化为财产关系，予以量化。侵权责任法的补偿性在于填补受害人的损失；当义务人怠于履行义务时，法院能够强制履行，将作为义务转化为财产责任。尽管如此，身份关系却不像市民社会的一般关系那样可以直接转化为财产关系并予以衡量，而是以感情、精神等非物质关系为其存续的基础。因此，有学者担心将身份关系纳入侵权责任法的调整范围，一方面会造成损害赔偿计算上的困难，例如法院很难确定一方配偶与第三人通奸或重婚的损害数额；另一方面会导致婚姻的商品化、财产化，用财产作为婚姻与身份关系的衡量标准。因此，有学者指出："我们研究财产法上权利义务的大小，随时应该从经济上找出原因……但是身份法完全不取决于经济。身份法上权利义务关系不能用经济上的原因去解释。"[①]而域外一些国家与地区也将特定身份关系排除在侵权法的保护范围之外。配偶一方违反配偶义务而造成另一方的损害，是否应作为侵权行为，域外已有先例可循。例如，德国联邦最高法院认为，对于根据《德国民法典》第 823 条第 1 款提出的、针对不忠的一方的诉讼请求，联邦最高普通法院原则上不予支持；对于针对第三者（插足者）的诉讼请求，联邦最高法院也一直采取同样的态度。德国联邦最高普通法院的理由是：损害某些法律关系，可以导致产生赔偿损失的一般的请求权，但婚姻不属于这些法律关系之列，夫妻间的关系由家庭法的条款进行专门调整。在第 823 条第 1 款的保护目标中，也没有考虑第三者对属于家庭法范畴内的婚姻关系的侵害；在破坏婚姻关系的参与者中，只认为第三者而不认为不忠的一方负有赔偿损失的义务，是不公平的，而假如让不忠的一方承担共同责任，则又与《德国民法典》中对违反婚姻义务的封闭性的规定（即对于违反婚姻义务的行为，由家庭法的条款以其特有的原则进行专门规定，从而排除

---

① 谢怀栻：《外国民商法精要》（增补版），法律出版社 2006 年版，第 144 页。

其他法律规范对此的介入）不相一致。[①]

三、两者的伦理性强度不同

作为道德法律化的典范，基于诚实信用与公序良俗基本原则的指引，民法各个部门法都在不同程度上体现了道德观念；但各个部门法所体现的道德强度并不相同。婚姻家庭法受到道德规范的调整较多，具有极强的道德性、伦理性，法律在婚姻领域一直发挥着有限的作用。与此相对，财产法只具有弱度的伦理性，财产法原则上只限于“规定冷静而有区别的形式性的命令禁止和利害调整”，人不被要求基于伦理性的情怀去行使权利，履行义务。[②] 可见，侵权责任法作为调整财产关系的法律，其伦理性较之婚姻法为弱。总之，诚如萨维尼所言：对于家庭关系而言，它同时具有三种不可分离的统一形态——自然的、伦理的、法的。由此，家庭关系中只有一部分内容具有法律性质，而且这三种性质在家庭关系中并非等量齐观，道德性较之其他两者更为重要。不可否认，婚姻的本质是信任和奉献，但这些关系中最重要的要素处于道德保护而非法保护之下。与此相反，在财产关系中，法律的支配得到了完全的贯彻，无须考虑某一权利行使的道德或不道德。[③]

正因为婚姻家庭法与侵权责任法在伦理性强度方面的差异，侵权责任法调整婚姻关系的范围与程度也十分有限，不少学者方才认为夫妻之间的纠纷、第三人干扰婚姻关系应作为违反道德的行为，而非侵权行为。正因为两者道德性强度的差异，才导致我国《婚姻法》第46条选择在夫妻解除婚姻关系时才承认损害赔偿责任，从另一个层面保证了道德对于夫妻婚内过错行为调控的主导作用。正因为如此，有观点在否定通奸为侵权行为时，认为现代婚姻家庭法上任何人不能强迫配偶与其建立婚姻同居关系，也不能通过诉讼的途径达到这一目的。倘若许可被欺骗方对配偶或将配偶和第三人

---

① 〔德〕马克西米利安·福克斯：《侵权行为法》，齐晓琨译，法律出版社2006年版，第44—45页，值得注意的是，德国法院认为基于婚姻关系的封闭性，婚姻法应对配偶间违反婚内义务的行为进行专门规定的意见，无疑为我国立法与司法提供了有益的借鉴。

② 〔日〕川岛武宜：《现代化与法》，王志安、渠涛、申政武、李旺译，中国政法大学出版社1994年版，第24页；余能斌、夏利芬：《试论亲属法的基本属性——兼谈亲属法应否从民法典中独立》，载《湖北社会科学》2007年第9期。

③ 朱虎：《萨维尼法律关系理论研究——以私法体系方法作为观察重点》，中国政法大学2008年博士学位论文，第97页。

作为连带债务人提起停止侵害行为之诉或损害赔偿之诉，就会构成对这一原则的规避。①

第二节　婚姻家庭法与侵权责任法的协同

尽管婚姻家庭法与侵权责任法存在上述分野，但是两者之间并无不可逾越的“楚河汉界”，共存于现代民法中的两者势必存在体系关联。一方面，就逻辑而言，两者的上述差异并非不可协调，侵权责任法在一定情形下可调整婚内侵权行为；另一方面，就现状与趋势而言，婚姻家庭法与侵权责任法在当代具有明显和重要的体系关联，从而使得两者的协同调整变得可行与必要。

一、调整法律关系层次上的差异不足以否定两者的协同调整

尽管婚姻家庭法是事前法，调整的是初级法律关系，侵权责任法是事后救济法，调整的是次级法律关系，但侵权责任法同样可调整发生在婚姻关系存续期间的特定侵权行为。

首先，初级与次级法律关系理论作为法社会学的分类，确实在逻辑上区分了婚姻家庭关系与市场交易关系，但作为以定分止争、再次分配利益为目的的侵权责任法，其同样可对初级关系予以调整。换言之，初级关系与次级关系的界分并不排除法律规范对前者的调控，两者在当代已实现一定程度的融合。事实上，法律调控的范围已经触及了结婚、离婚、婚姻存续期间的关系（以家庭暴力为例）、亲子关系等各个领域，法律之治的实践也反复证明了法律对于婚姻关系调控的正当性与有效性，这就为侵权责任法调整婚姻关系提供了实证主义的基础。

其次，作为初级关系的婚姻家庭关系，只是强调配偶身份关系的特殊性，但不应因此而忽略夫妻作为一般民事主体的特征。换言之，夫妻除了具有法定身份，还应作为一般民事主体，其所享有的人格权与婚外的一般主体

① 〔德〕克雷斯蒂安·冯·巴尔：《欧洲比较侵权行为法》（下），焦美华译，法律出版社2001年版，第146页。

无异。据此,至少夫妻之间侵害人格权与财产权等绝对权的行为,理应纳入侵权责任法的调整范围。

最后,作为事后救济法的侵权责任法,同样对其他的原权利予以救济。侵权责任法的调整范围是绝对权与特定的法益,这就使得人格权、物权、知识产权等原权利能够得到侵权责任法的有力保护。换言之,事后救济法的特征,只是对侵权责任法作用于民事法律关系的时间与功能的描述,并非是对其调整范围的限定,不应成为阻碍婚内侵权行为进入侵权责任法的理由。

二、调整对象上的差异不足以否定两者的协同调整

尽管分别调整身份关系与财产关系已然成为婚姻家庭法与侵权责任法的分水岭,但两者并非具有不可通约性。事实上,侵权责任法对非财产关系(如人格权)的调整早已有之,并已证明行之有效。

第一,尽管身份关系在法律上难以强制执行,但法律往往提供了其他的责任形态予以补充。事实上,各国法院都无法对夫妻的生育权、同居义务与忠实义务予以强制执行,否则会导致法律对人身自由权的过度限制甚至是损害;但是,法律完全能够采取其他方式,追究过错方的民事责任。一方面,我国《民法通则》第 134 条规定的民事责任形式包括停止侵害、赔礼道歉、赔偿损失等,这就使得法院可以采取强制执行之外的其他方式追究民事责任;另一方面,在法律上难以强制执行,但可通过财产责任予以救济的例子并不少见。例如,当劳动者不履行劳动合同时,雇主无权要求法院强制执行合同,其除了有权要求劳动者承担违约责任之外,还有权要求劳动者承担其他损害赔偿责任。同样,基于身份关系的人身依赖性,法律无法对婚姻关系中的人身义务予以强制执行,这是一种法律上的强制执行不能,但法律完全可以通过财产责任、赔礼道歉等责任形态实现对受害人的等量救济。

第二,尽管身份关系不取决于财产关系,难以量化,但并不意味着其不能通过损害赔偿的财产形式获得救济。一方面,利用财产来赔偿身份关系的损害,虽属无奈之举,但非不可行。身份关系的损害,如一方配偶遭受人身损害进而造成其配偶的配偶权损害时,在造成受害配偶精神痛苦的同时,势必会产生经济上的损害(如家庭财产的减少、医疗费用等开支的增加、劳

务劳动以及其他配偶义务的增加等)[①],理应允许用财产来弥补受害人的经济损失与精神损害。此外,各国往往注重从立法与司法上限制法院的自由裁量权,通过规定法院在赔偿精神损害时应考虑的各类因素,从而将损害赔偿予以科学化、客观化。[②] 另一方面,尽管身份关系无法以财产、金钱加以衡量,但损害赔偿责任对精神、身份利益的损害填补与慰藉,则早已为各国侵权法所承认。早在各国法讨论是否对侵害人格权提供精神损害赔偿之时,就存在人格权能否用金钱衡量、人格权的财产责任是否会导致其商品化的争论,但各国法最终普遍承认了人格权损害的财产责任,并普遍认为这是最切实可行且行之有效的责任形态。诚如有学者所言:"婚姻含有伦理因素,固无疑问,但本身亦为一项法律制度,关系当事人利益至钜,并涉及公益,应受法律之保护。至所谓损害赔偿将使婚姻关系成为商业化,亦属似是而非,现行法规定,人格权遭侵害者,被害人得依法律规定,请求损害赔偿或慰抚金,损害赔偿不足使人格权成为商业化,要无疑问,婚姻关系亦然。"[③]

第三,身份关系并非婚姻法调整对象的全部,夫妻之间的财产关系亦属于婚姻法所调整。婚姻法虽以身份关系为主要调整对象,财产关系也在婚姻法中处于越来越重要的地位。以至于有学者认为在现代市民社会中,身份关系渐趋弱化,财产关系日益增强,传统亲属法的固有性能逐步消亡,导致婚姻家庭法在原则、内容上不断向民法靠近,或直接被民法容纳。现代婚姻家庭法在立法内容的重心本位上,已经或正在从亲属身份法向亲属财产

① 一直以来,除夫妻另有约定外,家庭内部的家务劳动与相互照顾虽然具有经济价值,但因其未进入流通领域、未被市场化而未引起充分的重视。但在婚姻关系涉及第三人时,这种家务劳动与配偶间的相互照顾就应进入流通领域与市场,应体现为货币价值与经济利益,由婚外的第三人支付相应的"对价"。换言之,一方"为家务劳动,则不必支付对价与他人,家计费用即可减少,而其减少部分,对家庭而言,就是家务劳动的价值"。关于家务劳动在夫妻共同财产中的意义,参见夏吟兰:《对中国夫妻共同财产范围的社会性别分析——兼论家务劳动的价值》,载《法学杂志》2005 年第 2 期。

② 例如,我国 2001 年最高人民法院《关于确定民事侵权精神损害赔偿责任若干问题的解释》第 10 条规定,精神损害的赔偿数额根据以下因素确定:侵权人的过错程度,法律另有规定的除外;侵害的手段、场合、行为方式等具体情节;侵权行为所造成的后果;侵权人的获利情况;侵权人承担责任的经济能力;受诉法院所在地平均生活水平。法律、行政法规对残疾赔偿金、死亡赔偿金等有明确规定的,适用法律、行政法规的规定。

③ 王泽鉴:《民法学说与判例研究》(第一册),中国政法大学出版社 2005 年版,第 328 页。

法倾斜。[1] 这就说明在婚姻法与民法相互靠近的背景之下，婚姻家庭法与侵权责任法在调整对象上也存在一定的交集：夫妻之间的财产关系与一般民事主体的财产关系并无本质上的不同，理应将夫妻之间的财产侵害行为纳入侵权行为的范畴。正如有学者所言："亲属的身份共同生活关系秩序上之物质的、经济的部分，因已全部被编入于市民社会法律秩序（即财产法体系），故有关此部分行为，自不能称为纯粹亲属的身份行为。详言之，亲属的身份人在财产法上有所行为时，皆应在财产法体系上之'意思表示'、'契约'以及其他各种财产法上范畴，概念抑或原则下为之。"[2]

第四，前述德国联邦法院拒绝承认第三者插足这一特定行为的侵权法保护，但并未否定其他类型的婚内侵权行为，更未反对婚内侵权行为的整体存在。婚内侵权行为概念的证成并不意味着夫妻之间以及第三人干扰婚姻关系等所有婚内过错行为都应纳入侵权行为体系。法律与道德对婚内过错行为的联合调控、婚内侵权行为构成要件的特殊要求，都使得婚内侵权行为只是夫妻婚内过错行为的一部分。至于两者交集范围的大小，则取决于立法者与司法者的价值判断、对善良风俗的考量和一个社会特定时期占统治地位的道德观念等。

第五，我国法已经承认对特定身份关系的损害赔偿责任。尽管婚姻家庭法与侵权责任法分别调整身份关系与财产关系成为两者的显著区别，但我国法已突破这一藩篱，承认了身份权的侵权法保护。例如，最高人民法院《关于确定民事侵权精神损害赔偿责任若干问题的解释》第 2 条实则承认了侵害监护权的行为可作为侵权行为[3]，从而从司法实践的角度突破了婚姻家庭法与侵权责任法间形式主义的"楚河汉界"，实现了对身份关系的有力保护。因此，夫妻之间的身份关系（配偶权）存在交由侵权法保护的可能性。

第六，婚姻关系与其他民事关系的不同侧重为两者的协同调整提供了可能性。婚姻家庭法旨在调整身份关系以及以此为基础的财产关系，侵权责任法旨在以损害填补的方式调整财产关系以及可转化为财产关系的人身关系，两者不同的侧重和分工恰好为两者的协同预留了余地，有利于对民

---

① 曹诗权：《中国婚姻家庭法的宏观定位》，载《法商研究》1999 年第 4 期。

② 陈棋炎：《亲属、继承法基本问题》，台湾三民书局 1980 年版，第 116 页。

③ 该条规定：非法使被监护人脱离监护，导致亲子关系或者近亲属间的亲属关系遭受严重损害，监护人向人民法院起诉请求赔偿精神损害的，人民法院应当依法予以受理。

事法律关系予以全面、系统的调整。以美国法中的错误陈述亲子关系行为(misrepresentation of paternity)为例，家庭法通过婚生推定、婚姻推定之否定、亲子关系禁反言[①]等制度规制一方配偶的错误陈述亲子关系行为，侧重于确认亲子关系以及父母的抚养义务；侵权法则调整着法律上父亲的损害赔偿请求权，侧重于财产上的赔偿与精神上的抚慰。可见，婚姻家庭法与侵权责任法在调整对象、调整方式、侧重点方面的结合，将会为民事法律关系提供一站式、一体式的便捷服务，将对民法中的人予以更为全面的保护，彰显民法的人文主义。

三、伦理性强度上的差异不足以否定两者的协同调整

第一，婚姻家庭法与侵权责任法都具有一定程度的伦理性，都体现了道德(家庭道德与市场交易道德)的法律化。德国学者温格尔说："损害赔偿法在很大程度上是一定文化时代中伦理观念、社会生活与经济关系的产物和结晶。"[②]一般而言，侵权行为也当然是违反道德的行为，是通过一定的法律机制将反道德行为提升到法律调控范围的产物，两者存在交集，因此，不能简单地以两者在伦理性强度上的差异否定婚内侵权行为。

第二，在伦理性较强的婚姻家庭法中，同样密布着法律之治。一方面，法律对婚姻关系的调控集中于法律关系成立与解除时的实体性规则与程序性规则，诸如结婚与离婚的条件及其法律后果、适用的法律程序等；另一方面，法律对婚姻关系的调控还集中于婚姻关系存续期间的夫妻纠纷上，对家庭暴力、故意传播性病、错误陈述亲子关系、夫妻财产纠纷等行为予以法律规制。就侵权责任法而言，其对婚姻关系的调整仍以法定权利为主，以特定法益为辅。因此，在不存在夫妻侵权豁免的例外规定时，夫妻的人格权与财产权应可纳入侵权法的保护范围；对配偶权益的保护则可由法律与道德分

---

① 美国法中亲子关系禁反言原则(paternity by estoppel)主要适用于夫妻共同生活时，若丈夫认为子女是他的孩子，禁反言即禁止法律上的父亲(即丈夫)或亲生母亲(即妻子)事后否定丈夫的亲子关系。其适用条件主要包括：一方当事人对亲子关系作出错误陈述，该当事人明知或应知亲子关系的事实，基于故意作出错误陈述，另一方合理地相信了这一错误陈述并因此遭受损害。See Laura W. Morgan, "Child Support Fifty Years Later", in 42 *Family Law Quarterly* 375 (2008).

② 张永华：《民法的自然法学基础》，西南政法大学2005年博士学位论文，第80页。

工负责，协同调整。诚如有学者所言，家庭关系具有两重；首先它是家庭中的个人之间的相互关系，这是一种自然、伦理关系；同时它又是家庭中的个人与所有其他人之间的关系，这就涉及家庭法律关系的承认的问题，这是一种法律关系。[①] 法律之治的优势在于避免道德规范的软弱性、无强制力，融入国家的价值判断来塑造婚姻关系，平衡夫妻之间的利益。

四、婚姻法与婚姻关系的新发展为两者的协同调整提供了契机

第一，婚姻法中"人"的影像的变化为两者的协同调整提供了主体基础。在近代民法向现代民法的转型过程中，民法中的"人"的影像也在发生着变化。在这其中，存在着两股相反的潮流。一种就是"抽象人"向"具体人"的运动。传统民法上的"抽象人"分化成强者（生产者或销售者、大股东、法人、雇主等）与弱者（消费者、小股东、自然人、雇员）这样的特殊身份主体。与这种趋势相对，婚姻法中"人"的影像则呈现出另外的一种趋势，即从"具体人"向"抽象人"的运动。在现代民法中，民法中最大的身份问题——性别问题逐渐消弭，性别基本上没有法律意义了。各国普遍制定立法承认男女同权、性别平等。[②] 一方面，婚姻法中"人"的影像的变迁，表明了性别差异被弱化，法律应不分性别地平等保护男女，这就为法律承认夫妻均有权就婚内侵权行为提起诉讼提供了可行性前提。另一方面，婚姻法中的人在由"具体人"向"抽象人"转变过程中，隐喻着其与市民社会中的一般人一样，均作为"抽象人"而存在[③]，均享有平等的权利能力与行为能力，理应与一般人一样，享有就符合条件的婚内侵权行为寻求法律救济的权利。可见，婚姻关系中的人与市民社会中的人具有相同或相似的特点，夫妻的人格权与一般民事主体的人格权并无不同，夫妻的财产权也可在一定条件下得以适用民法中的

---

① 朱虎：《萨维尼法律关系理论研究——以私法体系方法作为观察重点》，中国政法大学2008年博士学位论文，第98页。

② 谢鸿飞：《现代民法中的"人"》，载《北大法律评论》第3卷第2辑，法律出版社2001年版。

③ 尽管现代民法中存在上述具有特殊身份的"具体人"，但其普遍存在于特定的法律关系之中；在经典的民事权利义务关系的格局中，"抽象人"模型仍然广泛地存在，甚至是作为"具体人"的基础。在一定意义上，"具体人"的出现与法律构造乃至基于经济实力的强弱对法律主体一体性的分割，也可理解为实质正义对形式正义的补足，但这并不影响"抽象人"在民法上的一般地位。

一般规则。特别是20世纪60年代以来,各国法律日益强调家庭成员的个体性,并促进家庭成员之间的彼此独立,强调配偶之间的独立与自治也俨然成为大势所趋。[①] 这使得婚姻中的人与婚姻外的人的相似性更为明显,从而为婚姻家庭法与侵权责任法对共通之处的协同调整提供了前提。

第二,婚姻关系与其他民事关系的趋同化为两者的协同调整提供了逻辑基础。一方面,婚姻关系在当代与其他民事关系具有更多的相似性与趋同性,为法律尤其是侵权法的介入提供了基础。美国家庭法学者科特兹教授(Sanford N. Katz)曾强调,自从20世纪60年代以来,婚姻和家庭的模型已从共同体(entity)或身份(status)转变为个人权利。[②] 由此,夫妻之间可根据双方的意思在法律未作强制性规定的地方,分配双方的法律权利义务。由于这一磋商的过程会存在博弈、利益角逐的情况,因而在客观上增加了侵权行为发生的可能性。正如有的美国学者所指出的,有关婚姻的词汇发生了一定的变化,诸如爱这样的亲密的词语开始转变成商业(commerce)、自利(self-interest),配偶(spouses)变成了当事人(parties),分享(participation)变成了贡献(contribution),离婚(divorce)变成了解散(dissolution)。[③] 在私法自治、婚姻家庭内部权利化的趋势的影响下,婚姻家庭的内部结构也在发生着一定的微妙的变化,个人主义和权利本位存在抬头的趋势,这就使得婚内的主体与婚外的一般主体存在更多的相似之处与相通之点,也在客观上催生了婚姻家庭内部婚内侵权行为发生甚至是频繁化的可能性,并为侵权责任法的介入提供了适用空间。另一方面,当代婚姻家庭与市民社会在一定程度上相互融合,这也为侵权责任法与婚姻家庭法的协同调整预留了空间。例如,夫妻财产在当代除了固有的生活保障功能外,还广泛地用于投资领域,发挥其投资功能,婚姻中的人更多地融入市民社会之中、进行民事交往,婚姻关系中的人需要依据侵权责任法的一般规则定分止争。

---

① See Harry D. Krause, et al., *Family Law—Cases, Comments, and Questions* (6th edition), Thomson/West, 2007, p.7.

② Lynn D. Wardle, "Autonomy, Protection, and Incremental Development in Family Law—A Review of Family Law in America by Sanford N. Katz", 39 *Family Law Quarterly* 810 (2005).

③ See Sanford N. Katz, *Family Law in America*, *Oxford*, Oxford University Press, 2003, p.37.

第三节 婚姻家庭法与侵权责任法协同调整的总体构想

在论证婚姻家庭法与侵权责任法分野的事实与协同的可行性之后，分析两者在当代协同调整的总体思路是上述思考的逻辑延伸与最终归宿。

由于我国现行民事立法并未对婚内侵权行为作出专门规定，从而造成该制度在立法中的地位尚不明确。我国司法解释拒绝承认特定类型的婚内侵权行为[①]，同时也未对其他类型的婚内侵权行为作出规定，加剧了司法实践的困境；法院在面对个案时由于缺乏立法明确规定与足够的先例经验，显得捉襟见肘，且意见尚存分歧，法院的总体态度可以分为肯定论与否定论两类[②]。

---

① 我国最高人民法院《关于适用〈中华人民共和国婚姻法〉若干问题的解释(一)》第29条第2—3款分别规定："人民法院判决不准离婚的案件，对于当事人基于婚姻法第46条提出的损害赔偿请求，不予支持。""在婚姻关系存续期间，当事人不起诉离婚而单独依据该条规定提起损害赔偿请求的，人民法院不予受理。"学界对该条存在不同理解。本书认为，该解释限制了特定的婚内侵权行为的损害赔偿请求权，受害的配偶无法就家庭暴力与虐待这两种侵权行为寻求损害赔偿。而重婚、同居、遗弃行为侵害的是配偶权，由于配偶权在夫妻之间作为相对权而存在，故重婚、同居、遗弃行为不应作为侵权行为。

② 对夫妻之间婚内侵权行为持肯定论的代表性案例是张许珍诉杨森侵害名誉权案。该案原被告为夫妻关系，原告认为被告与汪某有不正当关系，将被告与汪某的合影照片及检验报告张贴在被告门市部及住宅门口。被告认为原告精神反常，带领武汉市精神病医院医生将原告捆住强行带出宿舍区并送至武汉市精神病医院。原告认为被告行为使其名誉受损，精神受到极大创伤，向武汉市汉阳区人民法院起诉，请求判令被告赔礼道歉、恢复名誉、消除影响，判令被告赔偿精神抚慰金和其他损失费。武汉市汉阳区人民法院判决被告在原告住所地居民区内向原告赔礼道歉、消除影响，赔偿原告精神抚慰金人民币5000元。参见http://cebbank.chinalawinfo.com/newlaw2002/SLC/SLC.asp?Db=fnl&Gid=117463074，最后访问日期：2016年4月7日。

对第三人干扰婚姻关系行为持肯定论的代表性案例是徐某驾车撞倒张某，造成其阴茎勃起功能严重障碍而构成六级伤残，张某妻子王某认为丈夫因车祸致阴茎勃起功能严重障碍，无法进行正常的性生活，使其陷入精神痛苦之中，因而提起诉讼并获法院支持，参见胡涛立：《第三人间接侵害夫妻性生活权利的法理评析》，载《法学》2003年第4期；否定论的代表性案例是石某诉邓某婚内人身损害赔偿案，海口市振东区人民法院没有支持石某的婚内损害赔偿诉讼请求，石某不服，提起上诉，海口市中级人民法院以邓某除与石某的夫妻共同财产外没有个人财产，邓某不存在对夫妻之间发生的损害进行婚内赔偿的前提条件和物质基础为由，判决驳回上诉，维持原判，参见石权诉邓国芬人身损害赔偿案，http://www.chinacourt.org/article/detail/2002/11/id/18025.shtml，最后访问日期：2016年4月7日。

我国学理已逐步认识到婚内侵权行为的特殊性与重要性，进行了一定程度的研究，形成了一定的理论观点；学界对婚内侵权行为的立场可分为肯定论与否定论两派，肯定论已渐成主流学说。总之，我国尚未建立婚姻侵权行为法律制度。

一、侵权责任法对婚内侵权行为的调整

第一，侵权责任法对婚姻法的适用范围应限于婚内侵权行为。一方面，我国有必要承认婚内侵权行为，将符合特定条件、超过配偶合理容忍义务的侵权行为纳入其范畴。另一方面，我国现行《婚姻法》第46条承认了离婚损害赔偿，其中的部分内容实则属于婚内侵权行为的范畴。就请求权基础而论，该条采取了混合责任说：家庭暴力与虐待行为侵害的是绝对权，其请求权基础应为侵权责任；重婚、同居和遗弃行为侵害的是配偶权，其请求权基础应为不履行其他义务的民事责任。[①] 可见，该制度中的家庭暴力与虐待行为应可纳入婚内侵权行为。

第二，婚内侵权行为应为一般侵权行为，应可适用侵权行为一般条款。我国《民法通则》《侵权责任法》等法律中侵权行为一般条款的适用规则主要包括：(1) 侵权行为的一般条款所概括的是一般侵权行为；(2) 处理一般侵权行为适用过错责任原则；(3) 责任构成要件原则上包括违法行为、损害事实、因果关系和主观过错四个要件；(4) 原告负举证责任；(5) 自己责任原则。[②] 由于婚内侵权行为适用过错责任原则、自己责任原则和一般的责任构成要件，由原告负举证责任，符合一般侵权行为的特征，应适用侵权行为一般条款。

第三，侵权责任法对于婚内侵权行为的调整范围应包括夫妻之间的婚内侵权行为与特定范围的第三人干扰婚姻关系行为。婚内侵权行为的核心要素是“婚内”，强调侵权行为发生在婚姻关系存续期间，而非要求侵权行为

---

① 我国《民法通则》第106条规定：“公民、法人违反合同或者不履行其他义务的，应当承担民事责任。公民、法人由于过错侵害国家的、集体的财产，侵害他人财产、人身的，应当承担民事责任。没有过错，但法律规定应当承担民事责任的，应当承担民事责任。”据此，民事责任以产生原因为标准可分为违反合同的民事责任、侵权的民事责任、不履行其他义务的民事责任三类。

② 杨立新：《侵权法论》(第3版)，人民法院出版社2005年版，第24—25页。

人一定为具有特殊身份关系的主体，婚姻关系之外的第三人的行为同样可构成婚内侵权。据此，婚内侵权行为根据行为人是否具有配偶身份关系以及侵害的权利是夫妻一般的民事权利抑或特殊身份权，可分为夫妻之间的婚内侵权行为与第三人干扰婚姻关系行为：前者是夫妻侵害对方人格权与财产权的行为，后者是第三人侵害夫妻一方配偶权的行为。[①] 这就将夫妻之间违反同居、生育、忠实等配偶义务的行为排除在婚内侵权行为的体系之外。

首先，在具体范围上，夫妻之间的婚内侵权行为并无范围上的严格限制，只要是配偶一方侵害对方生命权、健康权、身体权、隐私权、名誉权等人格权与财产权的行为，均可纳入其中。第三人干扰婚姻关系行为则可细分为第三人直接干扰婚姻关系行为和第三人间接干扰婚姻关系行为[②]；前者主要包括离间夫妻感情与通奸行为，后者主要是指第三人侵害一方配偶的人格权进而造成另一方配偶的配偶权损害的行为。我国侵权责任法原则上应承认夫妻之间的婚内侵权行为，并应基于价值判断后确定承认第三人干扰婚姻关系行为的具体范围。

其次，在法律适用上，《侵权责任法》的相关规定可适用于婚内侵权行为。一方面，该法第 2 条所列举的民事权益可适用于夫妻之间的婚内侵权行为，而该条的概括性规定使得配偶权为《侵权责任法》所保护成为可能，从而为第三人干扰婚姻关系行为的侵权法适用预留了空间；另一方面，该法第 6 条的侵权行为一般条款可适用于婚内侵权，而第 15 条所列举的停止侵害、排除妨碍、消除危险、赔偿损失、赔礼道歉、消除影响与恢复名誉等民事责任方式亦可适用于婚内侵权。

二、婚姻家庭法对婚内侵权行为的调整

第一，婚内侵权行为有其特殊性，应作为特别法上的侵权行为而由《婚

① 有学说认为配偶权兼具绝对权与相对权的双重属性，其对内的效力上应具有相对权属性，对外的效力上则具有绝对权的属性。参见裴桦：《配偶权之权利属性探究》，载《法制与社会发展》2009 年第 6 期。

② 例如，美国《侵权法重述（第二次）》第 32 章婚姻关系部分分别规定了直接干扰婚姻关系行为（direct interference with marriage relation）与间接干扰婚姻关系行为（indirect interference with marriage relation）。

姻法》加以专门规定。首先，我国《侵权责任法》第5条规定：其他法律对侵权责任另有特别规定的，依照其规定。有学者认为《侵权责任法》不能对所有的侵权责任规范进行涵盖，必然需要在《侵权责任法》本身之外设定若干责任形态。这就决定了《侵权责任法》与规制其他侵权行为的单行法律、法规并行存在。[①] 这也就证明了特别法上侵权行为存在的必要性与合理性。其次，婚内侵权行为的特殊性决定了其应由《婚姻法》规定。一方面，婚内侵权行为具有相对特殊的构成要件或特点，应由立法明确规定，以便于法律适用。具体而言，在主体方面，权利人为受害的配偶，义务人则为另一方配偶或第三人；在客体方面，婚内侵权行为的客体不仅包括夫妻作为一般主体的人格权与财产权，还包括配偶权；在损害结果方面，婚内侵权行为往往要求行为造成严重损害或实质性损害，即超过配偶一方的合理容忍义务而致害；在主观方面，夫妻之间的婚内侵权行为的主观要件往往为故意或重大过失。可见，婚内侵权行为虽属于一般侵权行为，但又具有一定的特殊性，法院理应考虑婚姻关系的封闭性、稳定性，为婚内侵权行为设定相对更高的准入门槛，从而保持国家对婚姻关系的适度干预，实现管制与自治、法律之治与道德之治之间的有机平衡。另一方面，我国《民法通则》和《侵权责任法》对调整对象的列举均未包括配偶权这一身份权，因而这一任务留待调整身份关系的《婚姻法》来完成。最后，婚姻法自身法律责任体系的完善呼唤婚内侵权行为的“加盟”。现行《婚姻法》在法律责任部分规定了部分婚内过错行为的刑事与行政责任，唯一直接规定民事责任的条款是离婚损害赔偿条款。因此，立法有必要建立健全婚内过错行为的民事责任追究机制，设立相应条款以承认婚内侵权行为。

第二，婚内侵权行为与现有的离婚损害赔偿不构成责任竞合，两者应并存于我国《婚姻法》之中。鉴于我国《婚姻法》有必要规定婚内侵权行为，由此产生了其与离婚损害赔偿的协调性或兼容性问题。具体而言，一方面，婚内侵权行为解决的是婚姻关系存续期间夫妻侵害对方人格权或财产权时的侵权责任，以及第三人在婚姻关系存续期间侵害一方配偶权时的侵权责任，其请求权基础为侵权责任，且不以离婚、受害人无过错作为构成要件；离婚损害赔偿解决的是特定过错行为导致离婚时的损害赔偿责任，其请求权基

① 屈茂辉、许中缘：《论侵权责任法法典的体系》，载《社会科学》2009年第1期。

础包括但不限于侵权责任，需以离婚作为构成要件，且要求受害人无过错而侵害人存在法定过错情形。另一方面，两者在基础事实方面存在重合之处，但并不存在竞合关系。当一方实施家庭暴力、虐待行为时，受害配偶一方不仅可在婚姻关系存续期间提起婚内侵权损害赔偿之诉，还可在离婚时提起离婚损害赔偿，这并不会导致双重赔偿的关系。诚如有学者所言：离婚损害赔偿请求权和"婚内侵权损害赔偿请求权"根本没有竞合关系。请求权竞合的根本特征有三：其一是"同一生活事实可以被纳入不同的作为请求权基础的规范"；其二是"经常存在多个、但相互独立的请求权，它们在内容上完全相同或者相互重叠"；其三是"所有请求权是针对同一给付的，而对这个给付只能要求一次。如果其中一个请求权得到了履行，由于它和其他请求权在内容上是重叠的，则其他请求权即随之消灭"。[①] 而所谓的"离婚损害赔偿请求权"和"婚内损害赔偿请求权"并不具有这些根本特征。首先，尽管两者均是同一行为引起的，但是两者在内容上是完全不同的。其次，它们针对的不是同一个给付，行使其中一个请求权并不能使另一个请求权消灭。即使已经行使"婚内损害赔偿请求权"，在离婚时仍然可以行使"离婚损害赔偿请求权"。"婚内损害赔偿请求权"的诉讼时效经过之后，也是如此。如果离婚时未曾行使"婚内损害赔偿请求权"，可以合并提出两个诉讼请求。[②]

---

① 〔德〕卡尔·拉伦茨：《德国民法通论》（上册），王晓晔、邵建东、程建英、徐国建、谢怀栻译，法律出版社 2003 年版，第 350—351 页。

② 张学军：《离婚损害赔偿制度辨析》，载《政治与法律》2008 年第 2 期。

第五章　两大法系婚姻家庭立法之比较研究

第一节　当代大陆法系亲属法的发展与变革

大陆法系各国的民法典亲属编在法国民法典三编制和德国民法典五编制的基础上，二百多年来在体例结构及具体制度上均有重大的发展变化。对大陆法系亲属法的地位、特点及其发展趋势进行比较研究，对于中国民法法典化进程中确定婚姻家庭法的地位及其体系架构具有重要意义。中国由于受到苏联民事立法的影响，曾长期将婚姻家庭法作为与民法并行的一个独立的法律部门。我国目前已经形成以《宪法》为基础，以《婚姻法》为核心，以《民法通则》《收养法》《婚姻登记条例》等法律法规以及相关司法解释为重要组成部分的婚姻家庭法律体系，1986 年《民法通则》颁布以后，婚姻家庭法回归民法，作为民法典组成部分已经为学术界和立法部门所认同。江平教授在《制订民法典的几点宏观思考》一文中指出："传统世界大陆法系民法典均包含亲属编，这是因为民法所调整的市民社会关系中包含两大类物质生活：一类是人类为了满足自身生产物质需求的经济关系，一类是人类为了使自身能得到种的延续的婚姻家庭关系，而且这两类均属于民法所调整的平等主体之间的关系。"[①]2002 年全国人大法工委出台的民法典草案[②]以及

---

① 江平：《制订民法典的几点宏观思考》，载《政法论坛（中国政法大学学报）》1997 年第 3 期。

② 巫昌祯会长带领中国法学会婚姻法学研究会的团队起草了民法典草案中的《婚姻家庭编》与《继承编》。

不同学者团队出版的不同版本的民法典草案[①]都将婚姻法作为独立篇章，但对婚姻法以及相关法律在民法典体系中的地位及其体系架构甚至内容又有不同的安排和表述。在我国民法典体系中如何确定亲属法的地位，如何彰显亲属法的身份法特点，从而不至于被淹没在商品经济的财产法规则中，保留其温情脉脉的人文主义色彩是婚姻法学者必须面对的课题。

一、大陆法系民法典中亲属法的地位与体例架构得失

大陆法系民法典主要渊源于罗马法的《法学阶梯》与《学说汇纂》，并在近现代欧洲逐渐发展为以法国民法典为代表的法学阶梯体系派和以德国民法典为代表的潘得克吞体系派，在此基础上发展起来的瑞士民法典、意大利民法典等则兼具体例完整、逻辑严密、注重法律伦理、保护家庭关系的人法优先的特点。

（一）三编制体例中的亲属法地位

《法国民法典》是法国大革命精神的产物，也吸收了长期历史发展的成果，深受罗马法的影响。在总体结构上，《法国民法典》主要是以国法大全之《法学阶梯》人、物、诉讼三编制为基础，构建了人、财产以及所有权的各种变更、取得财产的各种方式三编制的体例。其序编规定法律的公布、效力及适用范围。第一卷是“人”，共十二编，包括民事权利的享有及丧失、身份证书、住所、结婚、离婚、父母子女、亲权、收养、监护、禁治产等方面的规定，实际是关于民事权利主体的规定。第二卷是“财产以及所有权的各种变更”，有四编，包括财产分类、所有权、用益权、使用权、地役权等内容，实际是物权法。第三卷是“取得财产的各种方式”，有二十编，主要是关于通过继承、赠与、契约、婚姻关系等方式取得财产权益的规定。

三编制的最大特点是以人法为首。《法国民法典》将亲属法的主要内容置于第一卷人法中，且构成了人法中最重要的组成部分，彰显了立法者的人本主义精神以及对婚姻家庭关系主体性地位的重视与关怀。民法典的立法应当以“人”为中心，以确认、调整和保护“人”的权利为目的。为达此目的，

---

① 参见有关民法典草案的三个版本：中国民法典立法研究课题组（课题组负责人梁慧星）：《中国民法典草案建议稿》，法律出版社 2003 年版；王利明主编：《中国民法典草案建议稿及说明》，中国法制出版社 2004 年版；徐国栋主编：《绿色民法典草案》，社会科学文献出版社 2004 年版。

二百多年来，法国民法典不断地根据社会的发展变化对亲属法进行修订：1965年《夫妻财产制度改革法》、1966年《收养子女改革法》、1970年《亲权改革法》、1972年《亲子关系改革法》、1975年《离婚改革法》以及之后通过单行的法律对具体条文进行不断的修订①，全面摈弃了法国封建主义的婚姻家庭法传统，进一步提高妇女地位，保护儿童利益，保障离婚自由，并通过离婚的补偿性给付与离婚后救助，完成了法国亲属法以确认和保护家庭关系中的弱者权利为目的的现代化转型。

当然，三编制也有遭到诟病的软肋。为了体例上的一致性，三编制将夫妻财产关系置于第三卷"取得财产的各种方式"，这种架构的合理性在学者间是存在争议的。显然，把继承和赠与、契约和侵权行为、婚姻财产、抵押和时效等这些毫不相干的内容都放在"取得财产的各种方式"这一编之下是不够科学严谨的。夫妻财产法脱离婚姻制度，与亲属法的其他部分分开规定，割裂了夫妻关系的整体性，而在债法总则与分则之间插入夫妻财产契约与夫妻财产制会导致连接不严密的结果，夫妻人身关系作为夫妻财产关系基础的逻辑性被破坏了。因此，在现代即使以《法国民法典》为蓝本的民法典也对这一结构进行了修正：或者是在第一编中将"人"和家庭并列②；或者是在"人"编之后，单独设立家庭编③，这种体例既体现了家庭关系的重要性，又将所有涉及婚姻家庭关系的规范包括夫妻财产制度均涵盖在此编之中，以构成逻辑之美，检索之便。

（二）五编制体例中的亲属法地位

《德国民法典》是潘得克吞学派在注释罗马法的基础之上发展起来的，接受了《学说汇纂》的结构安排，是潘得克吞学派极其深邃的、精确而抽象的理论的产物，其将民法典分为五编：总则、债的关系法、物权法、亲属法、继承法。

---

① 例如，《法国民法典》第335条：（1993年1月8日第93-22号法律）认领非婚生子女，得以由户籍官员做成的文书，或者以其他经公证的任何文书，在该子女的出生证书上为之。文书应当包括第62条规定的各事项。（1996年7月5日第96-604号法律）文书还应写明认领非婚生子女的人知道非婚生亲子关系具有不可分割之性质。

② 如《意大利民法典》第一编是人和家庭，而不是单纯的"人"，十四章中十章是婚姻家庭关系。

③ 如《加拿大魁北克新民法典》第一编是"人"，第二编是家庭。

五编制的最大特点是逻辑严密、抽象精确、体例完整。由抽象的概括的原则出发,逐步走向具体。首先规定总则,使各项民事法律制度中具有共性的内容得以在总则中体现,然后将性质不同的民事关系分别独立成编。为此,它首先清楚地划分了物权和债权两个概念,并在此基础上构建了两个严密的逻辑体系;并且基于人身法律关系与财产法律关系处于相同位阶的考虑,将在法国民法典中只能分离的婚姻财产制度与纯粹的家庭法即亲属关系法分别从"取得财产的各种方式"及"人法"的名义下剥离出来,而设置了与物权编、债权编相并立的亲属编。此外,兼有财产法与人身法性质的继承制度亦独立成编。①

1900 年《德国民法典》生效之后的一百多年来,亲属法经过多次重大修订,主要有:1957 年的《平权法》、1976 年的《婚姻法和家庭法改革第一号法律》、1979 年的《重新规定父母照顾的法律》、1992 年的《修改成年人监护和保佐法的法律》、1998 年《统一未成年子女抚养权利的法律》、1998 年《重新规定结婚法的法律》、2001 年的《结束歧视同性共同生活的法律:生活伴侣关系法》、2002 年《进一步改善子女权利的法律》、2008 年《子女最佳利益受到危害时简化家庭法院措施的法律》、2009 年《关于供养补偿的结构改革的法律》等。② 通过不断的修改,德国亲属法提高了妇女的地位,在家庭法中实现男女平等,加强了对子女权益的保护,彻底摈弃了父权、亲权等传统理念;为保护家庭关系中的弱者,规定了增益补偿制度、供养补偿制度等;为同性恋者设立了类似婚姻的生活伴侣法。总之,不断修订的《德国民法典》中的亲属法体现了权利平等、反对歧视、注重救济和保护措施的现代人权理念。

尽管《德国民法典》抽丝剥茧,逻辑严密,但其将亲属法置于物权法和债权法之后作为第四章的做法仍然不断受到质疑。对此,《德国民法典》起草委员会成员之一温德夏德(B. Wind-scheid)解释说:"所有的私法,要做的事情有两个对象,一是财产关系,二是家庭关系。因此,私法的主要划分是财产法与亲属法的划分。显然可以看出,这一分析把人法缩减成了亲属法,并

---

① 王利明:《论中国民法典的体系》,载徐国栋编:《中国民法典起草思路论战》,中国政法大学出版社 2001 年版,第 108 页。

② 〔德〕迪特尔·施瓦布:《德国家庭法》,王葆莳译,法律出版社 2010 年版,第 4—7 页。

把财产法置于亲属法之前。”[①]法典的架构不是毫无意义可以随意摆放的，它体现了立法者的理念和宗旨，婚姻家庭关系作为法律关系的主体，放在法律关系的客体物权和债权之后，自然会产生财产关系较之亲属关系更为重要的联想。如果把民法典概括为财产法与亲属法的话，就架构而言，应将亲属法置于财产法之前，首先应当确认人的身份地位，人与人之间的关系，再确认人与人之间对物的关系。

此后编纂的瑞士和意大利等国的民法典均在架构上基于法律伦理的考虑，认可了亲属法的特殊属性和地位，以权利主体为本位，突出“人”的地位和尊严，将关于人和家庭的法律置于财产法之前。《瑞士民法典》的五编是：人法、亲属法、继承法、物权法和债务法(债务关系法)；《意大利民法典》的六编是：人与家庭、继承、所有权、债、劳动、权利的保护。事实上，先“人”、家庭，后物权，而后债权的逻辑顺序，更符合民法典的内在逻辑要求。

二、当代大陆法系亲属法的特点及发展趋势

(一) 调整婚姻家庭关系的法律渊源多元化

传统的大陆法系将法典化的制定法作为调整婚姻家庭关系最重要的法律渊源，但时至今日，法律渊源多元化已经成为发展趋势。调整家庭关系的法律是一个规范体系而不再局限于一部民法典中亲属编的规定。人权法、民法典亲属编、单行法规、联邦法院的判例、解释都是调整婚姻家庭关系的重要渊源。

欧洲大陆法系国家都承认婚姻家庭权利是基本人权，各国宪法、基本法有关婚姻家庭关系的原则以及理念的发展变化是亲属法变革的立法基础和法律依据，而欧洲人权法则在所有缔约国都已经转换为国内法，可以直接引用。保护婚姻和家庭原则、男女平等原则、不歧视原则、子女最佳利益原则已经内化为各国亲属法及其相关的法律法规的具体规定。此外，单行法规也是调整婚姻家庭关系的重要渊源，具有特殊性的法律关系或者需要通过单行法规解决的特殊问题都可以通过单行法解决。如德国 1976 年颁布的《婚姻法和家庭法改革第一号法律》设立了专门的家庭法院，对家庭事件进

① 徐国栋：《民法典草案的基本结构——以民法的调整对象理论为中心》，载徐国栋编：《中国民法典起草思路论战》，中国政法大学出版社 2001 年版，第 68 页。

行管辖;2000 年颁布的《生活伴侣登记法》规定了同性恋可以通过登记结为生活伴侣,具有与婚姻类似的法律地位。而上一级法院特别是最高法院的判例也正在逐渐成为大陆法系家庭法的渊源之一。较高审级法院所作的判决,哪怕是孤立的判决,也总是让人感到敬畏。[①] 在《德国民法典》的发展史上,法官通过判例法而对法的续造所起的作用越来越大——被理解成判例法的,是那些由法院在解释和适用法律的过程中发展起来的,可作为日后裁判的基础的法律规则[②]。

（二）传统的以父权为主导的家庭模式已经淡出历史舞台

20 世纪以来,随着人权理念进入大陆法系各国宪法和亲属法,两性平等原则以及子女最佳利益原则成为各国亲属法的重要指导原则。传统的夫权、父权甚至亲权观念遭到清算,以父权为主导的家庭结构日趋瓦解,代之以平等伴侣型的家庭结构,家长制家庭逐渐退出历史舞台。二百多年来大陆法系各国亲属法在民法典体系的各编中均属于变动最多且不断持续修订的部分,其在架构、体系、制度甚至是具体概念、用语上均作出了重大修改。比如在亲子关系中,从早期的父权至上到男女平等的父母亲权再到强调子女权利的父母照顾责任,各国亲属法不断对亲子关系进行修改。《德国民法典》从 1979 年《重新规定父母照顾的法律》开始,最终以确认父母责任的“父母照顾”一词取代了传统的确认父母权力的“亲权”一词,将子女最佳利益原则作为决定父母责任的首要考虑因素。此外,尊重儿童的自治、充分考虑并听取儿童的意愿、父母平等享有和共同行使父母责任,都成为亲子关系的主要内容。

（三）国家公权力介入家庭自治范畴的力度增加

在大陆法系的现代亲属法中,私法自治理念受到社会国家或者说福利国家的挑战。个人自由受制于连带地兼顾价值更高的利益的原则:因为个人自由并不是孤立的,它只能在社会的共同体中受到保护。由这项原则出发,同时得出了信赖利益保护原则:作为权利主体,每一个市民理应能够尽可能地信赖他人和由他人建立起来的关系,并且以此为行动的基础。在这

---

① 〔德〕罗伯特·霍恩、海因·科茨、汉斯·G. 莱塞:《德国民商法导论》,楚建译,中国大百科全书出版社 1996 年版,第 66 页。

② 《德国民法典》(第 2 版),陈卫佐译注,法律出版社 2006 年版,“导言”,第 11—13 页。

一意义上，现代民法典已经从古典的自由主义的私法，发展成为用自由主义的眼光来看具有社会性的私法，兼顾了社会国家原则。[①] 国家基于福利保护的理念，依法介入家庭自治的范畴，对家庭关系中的弱势者，依法给予必要之协助，以防卫其他家庭成员之不法侵害。[②] 比如各国亲属法均在规定离婚自由的同时，加强了对弱势一方利益的保护，法国民法典规定了离婚的补偿性给付，德国民法典规定了离婚后的扶养，瑞士民法典规定了离婚损害赔偿及抚慰金，等等。[③]

对家庭暴力的国家公权力介入是亲属法私法公法化的重要标志。家庭暴力在传统法律和文化中均被视为家庭隐私，遭受暴力的妻子和子女难以得到法律救济。1992 年联合国消除对妇女歧视委员会通过的第 19 号一般性建议，明确地将性别暴力界定为针对妇女的、由于她是女性而实施的或不合比例地影响到妇女的暴力。这是国际社会第一次以公约的形式禁止针对妇女的暴力，包括家庭暴力。其后，联合国通过一系列的国际公约和联合国文件明确了妇女问题是人权问题，针对妇女的家庭暴力是侵害妇女人权的社会问题，而不是个人问题、家庭隐私。制止家庭暴力是缔约国的国家责任。1994 年之后，一百二十多个国家通过制定《反家庭暴力法》等单行法规或修改亲属法的方式明确规定了家庭暴力的概念及其预防和制止家庭暴力的措施，履行其国家责任。21 世纪初修订的《意大利民法典·亲属编》在第九章中增加了一节“针对家庭暴力的保护命令”，通过民事保护令的方式预防和制止家庭暴力行为的升级，包括：安排申请人离开造成其损害的配偶或共同生活者的家；责令施暴者不得靠近受害人经常出入的地方，特别是工作的地

---

① 《德国民法典》(第 2 版)，陈卫佐译注，法律出版社 2006 年版，“导言”，第 11—13 页。

② 施慧玲：《家庭、法律、福利国家》，台湾元照出版公司 2001 年版，第 15 页。

③ 《法国民法典》第 270 条第 2 款规定：“配偶一方可能有义务向另一方配偶进行补偿性给付。补偿性给付的目的是仅可能补偿因婚姻关系中断而造成的双方各自生活条件上的差异。此项给付属于一次性给付，采用本金的形式，数额由法国确定。”《德国民法典》第 1569 条规定：“配偶一方在离婚后不能自行维持生计的，依照下列规定对另一方有受扶养请求权。”《瑞士民法典》第 151 条规定：“因离婚，无过错的配偶一方在财产权或期待权方面遭受损害的，有过错的一方应支付合理的赔偿金。”参见《瑞士民法典》，殷生根、王燕译，中国政法大学出版社 1999 年版。下文若无特别说明，所引《瑞士民法典》均为此版本，不再一一注明。

方、其原来家庭的住所或者其亲属或朋友的住所、其孩子就读的学校等。[①]

三、大陆法系亲属法具体制度的特点及其变革

大陆法系亲属法主要包括结婚制度、离婚制度、夫妻关系、亲子关系等制度。20 世纪末以来，各国亲属法进行了最新一轮的修订，其修订后的婚姻家庭调整规范，既体现了婚姻家庭关系的多元化，关注家庭成员个体发展，保护公民个人权利与自由的现代婚姻理念，也关注家庭整体的发展，注重平衡家庭的整体利益和家庭成员的个体利益，注重保护妇女、儿童等弱者的利益，强化国家公权力对婚姻家庭领域的介入与保护。

（一）结婚制度的特点及其变革

1. 解除婚约需要承担违约的法律后果

各国的亲属立法对婚约涉及的人身关系不保护，但有些国家明确规定解除婚约仍然要承担违约引起的财产方面的后果。婚约解除后，因婚约而赠与的财物应当返还。例如，德国规定婚姻不缔结的，订婚人任何一方可以依照关于返还不当得利的规定，向另一方请求返还所赠送的礼物等(《德国民法典》第 1301 条)。因此，婚约在人身方面的约定不具有任何约束力，但因婚约解除引起的财产方面的后果受到法律规范。

2. 在结婚条件方面兼顾实质要件和形式要件

在结婚的实质要件方面，采取两方面的规定：一方面规定结婚行为人必须具备的条件，要求结婚行为人具有婚姻能力；另一方面明确规定了禁止性的条款。

第一，要求结婚行为人具有婚姻能力。结婚须有当事人的真实意思表示，必须达到法定婚龄，未成年人结婚须征得父母同意。第二，禁止有一定血亲关系的人结婚。禁止直系血亲关系的人结婚，同时适用于养父母和养子女、继父母与继子女拟制血亲之间；禁止直系姻亲结婚。禁止具有自然血缘关系的兄弟姐妹之间结婚。禁止一定范围的旁系血亲结婚。第三，禁止有配偶者与他人重婚。

在结婚形式方面，各国都规定结婚成立须经过一定的程序。德国结婚

---

① 参见《意大利民法典》，费安玲等译，中国政法大学出版社 2004 年版，第 342 条。下文若无特别说明，所引《意大利民法典》均为此版本，不再一一注明。

程序是必须由结婚人在户籍官员面前声明相互结婚的意愿；须户籍官员宣告，对于结婚宣告，如果结婚人愿意，还可以允许一名或者两名证人在场。（《德国民法典》第1310—1312条）。法国的结婚程序主要包括提交医疗检查证明、进行结婚公告、对拟结婚的异议以及举行结婚仪式、制作结婚证书。举行结婚仪式时，先由户籍官员向拟结婚夫妻宣读法典相关规定，同时要求2—4名证人在场（《法国民法典》第63—76条）。在举行结婚仪式前要进行结婚公告，公告10天届满之前，不得举行结婚仪式（《法国民法典》第63—64条）。法国、德国对结婚的形式要件均采仪式制，并且要求为法律仪式。

在结婚制度中，各国法律一方面体现婚姻自由的基本原则，赋予结婚当事人结婚自由的权利；另一方面，通过规定具体的结婚必备条件和禁止条件以及结婚形式，体现了大陆法系立法对结婚行为的强制性规范，保障婚姻身份关系成立的效力。

3. 宣告婚姻无效或撤销时注重保护善意当事人和子女利益

德国、意大利和法国没有区分婚姻的无效和可撤销；日本、瑞士和葡萄牙区分婚姻的无效和可撤销两种。无效婚姻的原因主要有：重婚；近亲婚；一方因患精神病无判断能力；结婚时未达法定婚龄等。这类"婚姻"违反了婚姻能力和结婚禁止条件的规定。而胁迫、欺骗、误解等违反当事人意思表示的婚姻，则被界定为可撤销婚姻。

在法律效果上，无效婚姻或可撤销婚姻均适用"不溯及既往"，原则上适用离婚的法律规定，注重保护善意当事人和子女的利益。对善意一方和受害一方的利益进行保护，对善意配偶推定婚姻有效，夫妻财产的分割及配偶请求损害赔偿、扶养费或慰抚金等权利，均适用与离婚有关的规定。对子女产生婚生效力。这避免了无效婚姻具有的惩罚性后果对善意当事人的影响。

4. 保护非婚同居者及其未成年子女利益

多数国家主动规范和调整未婚同居现象，尊重与保护同居者应享有的合法权益，规范处理同居期间的财产问题。法国颁布了《家庭伴侣法》调整非婚同居伴侣关系，非婚同居伴侣依据此法，可签订非婚同居契约。德国颁布的《生活伴侣登记法》规定了同性恋可以通过登记结为生活伴侣，具有与婚姻类似的法律地位，伴侣间的关系适用民法。其他国家对未婚同居者虽未有法律明确保护，但在司法上认可未婚同居的法律效力，主要体现在以下两方面:第一,保障同居者的合法权益。保护同居中的弱者的合法权益,对于在非婚同居期间对同居生活付出较多劳务的,在同居关系终止时可享有经济补偿权。第二,保护同居者的未成年子女的权益。同居期间所生子女为合法子女,父母与子女具有法律上的权利义务关系。

(二) 夫妻人身关系的特点及其变革

夫妻人身关系方面主要包括:夫妻姓氏权、同居义务、忠实义务、互相帮助义务、夫妻就业权、婚姻住所决定权、家庭事务管理权、日常家事代理权等。立法保障夫妻双方人格平等和家庭利益,在夫妻人格平等和家庭共同利益之间进行平衡,体现了以下特点:

1. 促进男女平等,保障夫妻人格独立

一些国家在法典中对男女平等予以明确规定。如葡萄牙和意大利规定丈夫和妻子相互取得同等的权利和义务。德国在姓名权方面,规定夫妻可以确定共同的家族姓氏,也可各自使用自己在结婚时所用的姓氏(《德国民法典》第1355条)。夫妻平等地享有婚姻住所权、家庭事务处理权、日常家事代理权以及就业权等。德国、葡萄牙、瑞士等国规定夫妻双方在婚后享有选择职业的自由,以保障夫妻的生存、就业权利的实现。

2. 规定夫妻权利义务,平衡夫妻利益

各国法典中对同居义务、忠实义务、互相帮助义务的相关规定都体现了夫妻身份方面的利益。德国、瑞士和葡萄牙规定夫妻任何一方在选择职业时,必须考虑家庭生活和另一方的利益,对之做必要的照顾。这是对婚姻中个人就业自由的一个限制性条款。亲属法在关注家庭成员个体发展的同时,还应关注家庭作为整体的发展,注重平衡家庭的整体利益和家庭成员的个体利益。

3. 承认家务劳动,保护夫妻弱势一方的权益

各国关于夫妻人身关系立法对婚姻中弱势一方的保护主要体现在对家务劳动的承认等方面。如德国规定,家务料理被委托给一方的,该方因为不可能有职业收入,故其家务料理本身将被视为扶养家庭的“劳动”,并视为尽到了扶养家庭的义务(《德国民法典》第1360条)。瑞士规定,料理家务、照顾子女或协助对方从事职业或行业的夫妻一方,享有定期从对方获得合理数额的由其自由支配的财产的权利。从事家务劳动的一方,对于扶养家庭的贡献或者对另一方事业或职业的贡献大于他应该作出的贡献或大于另一

方扶养家庭的贡献的一方，以及对于另一方的事业进行帮助的一方，均可要求对方支付自己合理补偿(《瑞士民法典》第164条)。

(三) 夫妻财产制的特点及其变革

各国立法都规定了法定财产制和约定财产制两大类。约定财产制优先于法定财产制，体现了对夫妻对其财产制意愿的尊重。无约定时，才按照夫妻法定财产制。

1. 共同财产制与分别财产制的复合形态成为法定财产制的主流

大陆法系的许多国家如德国、瑞士和意大利等国都将共同财产制与分别财产制的复合形态作为法定财产制，包括财产增加额共同制、所得参与制、延期共同制等。[①] 这些复合形态的制度之间有些微的差别，但均兼采分别制和共同制的长处，突破了夫妻分别财产制财产归个人所有的局限，离婚时采用共同制的原则，平均分割夫妻婚后一方或双方增值的财产。例如德国的财产增加额共同制[②]，以分别财产制为原则，在婚姻关系存续期间的所得归所得方各自所有，由夫妻个人管理和处分，婚姻解除时，双方在婚姻关系存续期间所取得的财产增加额被加以均衡，即以夫妻各自在婚姻解除时的最终财产，扣除结婚时的财产，计算各自财产的剩余额，剩余额较少的配偶，对于剩余额较多的配偶，就剩余差额的1/2享有债权的请求权，故也称之为剩余共同制。在婚姻关系存续期间，夫妻任何一方均可对自己的财产进行管理和处分，但是，禁止配偶一方对该所得进行恶意处分。这体现出法律保护夫妻合法财产权益，夫妻管理各自财产的自主与限制并存。

以共同财产制与分别财产制的复合形态作为法定财产制是基于夫妻共同生活相互扶助的特点，以保护夫妻经济地位弱势的一方，保护从事家务劳动而无职业收入的配偶一方的利益。

2. 以封闭式的约定财产制引导与规范夫妻的财产约定行为

大陆法系的许多国家采用封闭式的约定财产制，允许当事人在法律规定的几种财产制度中以契约的方式进行选择，而不得任意约定。如德国、瑞士、意大利和葡萄牙。各国约定财产制的内容大致相同，但是在具体规则上有所区别。

---

① 巫昌祯、夏吟兰主编:《婚姻家庭法学》，中国政法大学出版社2007年版，第114页。

② 参见《德国民法典》第1363—1390条。

德国规定夫妻可以在分别财产制和共同财产制之间进行选择(《德国民法典》第1408、1414条)。对于约定的财产共同制,按照管理权主体划分为由一方管理的共同制和由双方共同管理的共同制(《德国民法典》第1422、1450条)。法国规定的约定财产制提供了三种选择模式:约定的共同财产制指夫妻通过约定对法定共同制的某些规定作出变更,而对于未经夫妻约定变更的其他事项,仍适用法定共同财产制的规定;约定的分别财产制指夫妻双方的财产归双方各自所有;约定的净益共同财产制指夫妻婚后各自保留其婚前及婚后个人所得财产的所有权,并在财产制结束时,任何一方均可以分享另一方财产中经确认属于婚后取得之净财产价值的一半(《法国民法典》第1497—1581条)。法律规定约定财产制的种类多样,使得夫妻在财产所有和管理方面,有较大的选择余地。意大利规定夫妻不仅可以约定财产共同所有或分别所有,还可以约定设立家庭财产基金。家庭财产基金是指为了家庭的需要,夫妻双方或一方或第三人都可以以公证的方式或遗嘱的方式将特定的财产、不动产、应当进行登记的动产或证券设立为家庭财产基金。除非另有约定,家庭财产基金的财产所有权属于夫妻双方(《意大利民法典》第167—171条)。

各国立法一方面尊重夫妻对财产权利的意思自治,允许夫妻约定财产制,另一方面提供约定选择的模式,规定法律后果,明确具体地规范了夫妻财产关系,让夫妻在法律规定的几种模式下选择。这些规定体现了法律规范的引导性和预期性,目的是明确夫妻的财产权利和义务,以保障夫妻经济弱势方的地位,适应由社会经济发展所引起的日趋复杂的家庭财产关系。

(四)亲子关系的特点及其变革

在亲子关系方面,各国摒弃了传统的对父母权力的维护而加强了对未成年子女权益的保护。大陆法系各国适用亲权制度规范父母对未成年子女的关系。对不在父母亲权下的子女,适用监护制度。作为未成年子女的亲权人,父母对子女平等、共同地行使亲权。德国规定父母有照顾未成年子女的义务和权利,父母应就照顾与子女进行协商并尽量取得一致意见(《德国民法典》第1626条)。日本、瑞士、意大利等立法都规定了父母共同平等地行使亲权。

1. 普遍适用子女最佳利益原则

关于亲权的行使、转移、撤销等规定,立法都体现了儿童最佳利益原则。

尤其是在亲权的行使中，各国立法侧重保护未成年子女利益，以子女最佳利益原则来审视亲权的行使。法国规定父母双方在婚姻期间，共同行使亲权；有要求子女尊重的权利。德国将“父母照顾”分为“人的照顾”和“物的照顾”，在这两类照顾中都充分体现了子女最佳利益原则，要求父母必须以自己的责任并彼此一致地为子女的最佳利益进行父母照顾。在对子女的人身照顾中，如果子女肉体上、精神上或心灵上的最佳利益受到危害，家庭法院必须将子女从父母那里隔离开来，以避免父母对子女人格的伤害；法官在处理父母照顾权、交往权以及看护等事务时，应当考虑实际情况和各种可能性以及利害关系人的正当权益，作出最有利于子女利益的裁判；并规定父母应当允许子女安排与其年龄相适应的自己生活的自由，并且尽量考虑子女在重要事务中作出的意见(《德国民法典》第 1626—1698 条)。葡萄牙要求父母必须为了子女利益而关注子女的安全和健康，为子女提供生活所需，安排子女的教育并管理子女的财产(《葡萄牙民法典》第 1878 条)。[①]

2. 保障子女财产权益

各国立法均明确规定父母在行使亲权时不得侵犯子女的个人财产，并且要尽相当之注意以使财产增值获益。德国法就规定得非常具体明确，其规定若有权进行财产照顾的人违反对子女的扶养义务或其与财产照顾相结合的义务，就认定子女的财产受到了危害；家庭法院必须采取避开危险的必要措施，避免对该财产的损害(《德国民法典》第 1666 条)。立法要求对父母行使与子女财产相关的行为进行实时监督，以防出现财产减损的结果。在子女成年时，法律要求父母将该财产交还给子女。因此，对子女的人身和财产方面，更多的是强调父母的保护义务。

3. 父母滥用亲权导致亲权丧失后果

保障未成年子女在家庭中的人格尊严、人身权益是现代文明社会的要求。父母子女身份权的形成虽然是建立在父母子女的血缘联系的基础之上的，但是，当这一身份关系的存续有害于未成年子女时，立法规定结束父母子女关系。规定亲权丧失的有：法国、日本、意大利和瑞士。法国规定父母对子女人身实施犯罪受到刑事判决的，其亲权将被全部取消；父母因虐待子

① 参见《葡萄牙民法典》，唐晓晴等译，北京大学出版社 2009 年版。下文若无特别说明，所引《葡萄牙民法典》均为此版本，不再一一注明。

女或因经常酗酒、使用毒品、行为明显不轨或者有犯罪行为，或者因对子女不加照管或引导，明显危害到子女的安全、健康与道德品行时，可在没有任何刑事判决的情况下，被完全取消亲权（《法国民法典》第378—379条）。日本规定，父或母滥用亲权或有显著劣迹时，家庭法院因子女的亲属或检察官的请求，可宣告其丧失亲权（《日本民法典》第834—835条）。[①] 意大利规定，在父母一方违背或者忽略对子女应尽的义务，或者由于滥用亲权而给子女造成严重损害的情况下，法官可以宣告父亲或母亲丧失亲权（《意大利民法典》第330条）。德国关于父母权利的丧失是剥夺父母的照顾权，在子女的最佳利益受到危害的情况下，法院可以采取避开危险的必要措施；法院在其他措施仍无效果或认为它们不足以避开危险时，可剥夺父母对子女的全部人身照顾（《德国民法典》第1666a条）。因此，为了保护未成年人的利益，各国立法均规定父母严重侵犯未成年子女利益时，积极采取剥夺父母权利的措施，以保护未成年子女的利益。

（五）离婚制度的特点及其变革

大陆法系的离婚程序主要通过诉讼程序进行，由婚姻当事人一方向法院提出离婚诉讼请求，由法院判决或许可离婚。德国、法国和瑞士等要求必须通过法院的裁判或同意才能离婚；但是，瑞士允许当事人可以就离婚有关的事项达成合意，其合意的生效必须经法官批准，法国的离婚协议也必须通过法院的认可。葡萄牙和日本则规定了协议离婚和诉讼离婚两种形式。

德国采取的是婚姻破裂原则，法国、瑞士、葡萄牙和日本等采取的是婚姻破裂原则加过错原则。[②] 对于协议离婚，法国、葡萄牙等没有规定理由，只要当事人双方自愿，在符合一定情形下，就可以离婚。

1. 实行离婚自由，特定情况下限制离婚

在离婚条件和程序充分保障离婚自由的前提下，大陆法系的亲属法也对离婚自由设立了限制条件。即使双方感情破裂，为保护配偶和未成年子女利益，在特定情形下，法院可判决不准离婚。德国规定在需要对未成年子女进行保护时，或对于因非正常情况而显失公平的离婚申请，法官可判决不

---

① 参见《日本民法典》，王书江译，中国人民公安大学出版社1999年版。下文若无特别说明，所引《日本民法典》均为此版本，不再一一注明。

② 〔德〕K. 茨威格特、H. 克茨：《比较法总论》，潘汉典、米健、高鸿钧、贺卫方译，法律出版社2004年版，第164页。

准离婚(《德国民法典》第1568条)。法国规定如法官认为离婚协议对子女的利益或者对一方配偶的利益保护不够时,可拒绝认可该离婚协议并且不宣判离婚(《法国民法典》第238条)。葡萄牙规定在协议离婚中夫妻必须就向需要扶养之一方提供扶养、对未成年子女行使亲权及家庭居所之归属等事宜达成协议,如果法官发现协议不足以保障夫妻一方或子女之利益时,可驳回离婚之请求(《葡萄牙民法典》第1775、1778条)。因此,立法一方面允许当事人行使离婚自由权利,同时要求保障配偶及子女的利益,限制不利于配偶和子女利益的离婚。

2. 注重保护子女利益

离婚虽然不改变父母子女关系,但改变了子女与父母共同生活的方式,关系到未成年子女身心的健康成长。各国的离婚制度都注重对未成年子女权益的保障,主要表现为离婚后父母对子女的关系不变,父母对子女的抚养归属以及探望权等都要体现子女最佳利益原则。德国规定离婚后父母都有照顾子女的义务,父母照顾遵循子女意愿优先原则;子女有权与父母任何一方交往,父母不得实施侵害子女与另一方父或母的关系的行为(《德国民法典》第1671、1672、1864条)。法国规定父母离婚,父与母对子女的权利与义务仍然存在,亲权由父母双方共同行使。双方不能协商一致时,或法官认为所达成的协议违背子女利益时,为了保护子女的利益,法官可以指定由与子女共同居住在一起的父或母单方行使亲权(《法国民法典》第286、373-2条)。日本规定父母离婚时,关于子女的监护人及其他有关监护的必要事项,通过协议确定;未能达成协议或不能达成协议时,由家庭法院确定;在认定为子女的利益所必要时,家庭法院可以变更子女的监护人,或者命令就其他监护事项作出适当的处理(《日本民法典》第766条)。葡萄牙规定基于子女利益的需要,法院可以根据任何一方的请求而命令将家庭居所租予该方,而不论此房屋属双方共有或属他方个人所有(《葡萄牙民法典》第1793条)。因此,为了有利于未成年子女的健康成长,立法通过规定离婚父母对未成年子女的抚养义务、探望权,注重保护未成年子女利益,尽量减少父母离婚对孩子的不利影响。

3. 适用离婚救济制度保护弱者权益

离婚时不仅分割夫妻婚后增值的财产,而且注重保障离婚时经济弱势的一方利益,采取特定的方式救济离婚时经济弱势的一方。具有代表性的救济方式分别是法国的补偿金给付和德国的离婚后扶养制度。法国采取离婚补偿性给付制度,规定配偶一方得向另一方支付因离婚导致婚姻中断而造成的各自生活条件差异的补偿金。立法具体规定了补偿金的给付数额、支付方式等(《法国民法典》第270—280条)。德国适用离婚后扶养制度救济离婚时的经济弱势方。立法规定了离婚后配偶的扶养请求权,明确具体规定请求扶养的条件——配偶一方无法从事职业的、贫穷、疾病、年老、照顾子女、教育、进修以及基于公平原因等,符合法律规定的八种情形之一的,可以行使扶养请求权;将一方在婚姻期间获得的较高的赡养或养老金等社会福利收入,规定在配偶之间进行均衡;离婚扶养费是持续性的给付,直到受扶养方获得工作或再婚为止(《德国民法典》第1569—1587条)。这一规定使得配偶一方不至于因离婚而陷入生活贫困化的境地,充分地保障了离婚配偶一方的生存利益。

(六)司法积极介入防治家庭暴力

预防和制止家庭暴力是国家责任,司法积极介入家庭暴力已经成为欧洲大陆法系国家的共识。欧盟议会在《关于开展欧盟范围内对妇女的暴力零忍耐运动的决议》中呼吁欧洲各国积极行动起来[①],建立一套完善的法律体系,惩治家庭暴力和加强对家庭暴力受害人的保护。例如,芬兰于1998年颁布了《家庭暴力禁令法》;德国、冰岛、马其顿、塞尔维亚、挪威、意大利等国,在其刑法或家庭法中增加了对家庭暴力问题的相关规定。

意大利在民法典第一编"人与家庭"中专章规定了"针对家庭暴力的保护令",保护家庭成员及同居者的人身权益免受家庭暴力的侵犯。如果在配偶或同居者中发生一方对另一方的家庭暴力人身侵害,造成另一方身体、精神伤害,或限制另一方人身自由的,法官可以根据受害人的请求,责令违法者停止家暴损害行为,安排受害者离开造成其损害的配偶或共同生活的家。可责令违法者不得靠近受害人经常出入的地方,如工作场所、其亲朋住所以及子女的学校等地方。需要时,法官还可以安排当地的社会服务机构或家庭协调中心等团体介入为家暴受害人解决经济困难。如果出现保护令执行难的情况,法官负责发布命令,采取包括警方和医护机构等更合适的方式执

---

① 陈明侠、夏吟兰、李明舜、薛宁兰主编:《家庭暴力防治法基础性建构研究》,中国社会科学文献出版社2005年版,第400页。

行(《意大利民法典》第 342(2—3)条)。《意大利民法典》专章规定的具体防治家庭暴力的条款,为家暴受害者提供了切实有效的预防和保护措施,对于保障家庭成员的基本人权、维护婚姻家庭的稳定等方面,都具有积极的意义。

尽管大陆法系各国因其各国的国情和风俗民情不同,体现在亲属法立法上存在一些具体制度规范的差异,但是,各国的立法价值基本一致,都秉持亲属法主体人格平等、保护弱者、儿童最佳利益等原则。在现代社会,通过规定婚姻自由、保障夫妻人格独立和经济独立、离婚分割夫妻婚后盈余财产以及离婚救济等制度规则,赋予家庭成员平等的权利。立法在保障个人自由的同时,规范亲属成员间的权利和义务,确保子女最佳利益原则的实现,平衡家庭成员的利益,注重维护婚姻家庭关系的稳定。

四、我国婚姻家庭立法的宏观定位

在大陆法系亲属立法不断发展变革的大背景下,我国民法典体系下的婚姻家庭立法应当坚持以人为本、权利平等、利益平衡、注重救济和保护措施的立法理念。在构建整个民法典的体例架构时应当充分考虑人法的重要性,考虑婚姻家庭法的特殊属性和地位,以权利主体为本位,借鉴大陆法系民法典的新发展,彰显婚姻家庭法的身份法特点,将人法置于财产法之前,以人法、亲属法(婚姻家庭法)、继承法,物权法、债法、侵权行为法为序。

基于婚姻家庭法的自然属性、亲情伦理关系,民法典体系下的婚姻家庭法必须厘清与民法总则、合同法、物权法、侵权行为法等其他部门法之间的关系。这是因为婚姻家庭法中包含上述各类合同关系、物权关系、侵权行为关系等民事法律关系。比如,我国《物权法》颁布以来,《物权法》的规定与《婚姻法》有关夫妻婚后所得共同财产制的规定有冲突,在严格实行物权登记有效的制度下,在强调保护个人财产所有权的理念下,如何保护夫妻另一方的婚后财产共有权就受到了很大的挑战,并在审判实践中引起困惑。[①] 笔者以为,与一般的民事法律关系相比,婚姻家庭关系的特殊属性应当在民法

---

① 如登记于一方名下的夫妻共同所有的房屋,一方未经另一方同意将该房屋出售,第三人善意购买,支付合理对价并办理登记手续,另一方主张追回该房屋的,是否予以支持,法学学者和法律工作者中有不同的声音。有认为应当严格遵守物权法的规定,保护善意第三人利益的;也有认为应当保护夫妻共同财产所有权,认定房屋买卖无效的;还有认为应当首先保护家庭共同生活居住需要,以保护家庭成员的生存权为宗旨,排除适用善意取得原则的。

典的体例架构和具体规定中得到充分的认识和尊重，要以保障婚姻家庭关系中弱者的利益、维护婚姻家庭关系的稳定为立法宗旨。婚姻家庭法作为民法典体系中调整婚姻家庭关系的特别法，与婚姻家庭法律关系相关的物权、债权、侵权行为均应在婚姻家庭法中作出进一步明确具体的规定，当婚姻家庭法的规定与民法其他部门法的规定相冲突时，应首先适用婚姻家庭法，而不是民法其他部门法的一般规定。

大陆法系亲属法的发展变革以法律渊源多元化、注重人权保护、国家公权力进一步介入家庭自治范畴为特征。现代大陆法系各国纷纷在修改既有民法典亲属立法的同时，积极颁行单行法，并将欧洲人权法的相关规定转换为国内法，内化为各国亲属法的具体规定，以反映"回归家庭，强调家庭的价值和作用"的社会价值观的变革与发展，进而出现了婚姻家庭法的"趋同化"趋势。我国正处于民法法典化的进程中，应当以此为契机，实现对现有婚姻家庭法律体系及具体规定的重整、充实与完善。婚姻家庭立法应当回应婚姻家庭关系多元化对社会的影响，预防和制止家庭暴力，保护家庭成员的基本人权，确保子女最佳利益的实现；明晰夫妻财产制度，承认家务劳动的价值，平衡家庭成员的利益，保护夫妻共有财产所有权；进一步规范离婚程序，完善离婚救济制度，保障夫妻离婚后弱势一方的利益。总之，现代婚姻家庭立法应当注重和强化婚姻家庭在社会中的价值和作用，保护婚姻家庭关系中弱者的利益，维护婚姻家庭关系的稳定。

第二节　当代英美家庭法的特点与现状

历史上，美国法是以早期英格兰法为基础发展而来的。最终，它与英国法比肩而立，成为普通法系最典型、最突出的代表，它们具有不同于大陆法系的显著特征，比如说有系统的判例法、实体法与程序法紧密融合、与特定的语系即英语存在密不可分甚至神秘的联系等等。我国法学界通常用"婚姻法"指代婚姻家庭法律制度，但在论及英美相关制度时，又常常将"family law"直译为"家庭法"用以概指英美国家整个婚姻家庭领域的法律制度，本节沿袭了这一习惯用法，相应地，这里所使用的"家庭"概念也是对婚姻家庭的泛称。当代英美法律界对"家庭"这个概念的认识已大大超越了传统的婚姻家庭范畴。比如说，对同性结合相关权利的认可可能会突破婚姻制度在性别问题上的预设前提，再如，对家庭暴力的防范和制裁使得家庭成员、家庭关系等概念具有了因地制宜的灵活性。因此，要进入英美家庭法的语境，就必须对“婚姻”和“家庭”等概念持更加开放、更加包容的认识。

由于历史原因，英国婚姻家庭领域的制定法并非一概适用于英国整个领土。我们所说的英国家庭法通常是指主要适用于英格兰和威尔士地区、调整规范婚姻家庭关系的法律体系，在引介苏格兰或北爱尔兰地区家庭法时则有必要冠之以“苏格兰家庭法”或“北爱尔兰家庭法”。[①] 美国婚姻家庭领域的立法权和司法权主要掌握在各州，因此各州在结婚条件、夫妻财产制度和亲子关系等方面的规定不尽一致，但也存在一些达成共识的基本原则，尤其是在美国统一州法委员会(NCCUSL)[②]的推动下，《统一结婚离婚法》《统一婚姻财产法》《统一收养法》[③]等都在较大范围内获得认可和采纳，这使得各州在结婚制度、离婚条件、离婚财产分割以及配偶和子女抚养制度等方面渐趋一致。虽然英国法和美国法具有深厚的历史渊源和密切的现实联系，但两者在某些婚姻家庭问题上的立场还是存在一些差异，总的来说，前者更加保守、正统，而后者更加开放、灵活。这也许在很大程度上与民族特性有关，但也有一些制度上的原因，比如说英国家庭法成文化程度更高、司法管辖权更为集中，而美国司法管辖权较为分散因而具有多种尝试和探索的可能性。

一、当代英美家庭法的特点

（一）法律渊源：制定法大量出台，判例法持续发展，国际条约纷纷入法

20世纪以来，由于人权运动、女权运动和儿童保护运动的推动，英国家庭法领域发生了深刻的、革命性的变化，结婚自由、离婚自由、夫妻平等、儿

① 《英国婚姻家庭制定法选集》，蒋月等译，法律出版社2008年版，第3页。

② 美国统一州法委员会(NCCUSL)的全称为 National Conference of Commissioners on Uniform State Laws。该委员会成立于1892年，致力于统一美国各州的法律，其制定的示范文本由各州立法机构自行决定是否采用。

③ 这里涉及的法律文件英文名称分别为《统一结婚离婚法》(Uniform Marriage and Divorce Act)、《统一婚姻财产法》(Uniform Marital Property Act)、《统一收养法》(Uniform Adoption Act)。

童利益保护等现代意义的家庭法基本原则都得以确立,这些变革大都是通过颁布或修改制定法的形式进行的。“二战”以后,英国先后颁布了百余种婚姻家庭法令,这些法令绝大部分直到现在仍然有效。在美国,从 19 世纪末开始,联邦和州都大量运用制定法解决社会发展中出现的各种新问题。一方面,联邦发布的调整税收的经济法和调整福利的社会法都会折射到家庭领域,另一方面,各州在统一州法委员会的推动下纷纷以制定法的形式吸纳家庭法示范文本的内容和精神,这使得美国家庭法领域增加了大量的制定法。即便如此,英美国家判例法的基本特点并未丧失。诚如美国法学者所言:“美国法律制度如同其源头英国法,主要是一种判例法制度。这一论断不仅适用于主要由判例法调整的领域,而且适用于成文法领域,理由是成文法同样由法院作出有约束力的、权威的解释——成文法因而受制于司法解释。”[①]的确,研究当代英美家庭法,制定法给予我们更加明确的指引和导向,但要对法律进行准确的解读和把握,还必须深入到判例体系中去,用生动而实在的判例校验和修正制定法的表述。

此外,英美家庭法还表现出越来越明显的国际化趋势。英国往往采用制定法的形式明确地将国际公约的精神和内容融入本国法律体系,其为执行 1950 年《欧洲人权和基本自由保护公约》而于 1998 年发布的《人权法案》[②]对家庭法新近的发展产生了重大影响,而且英国法院还受到欧洲人权法院判例的影响和制约。美国虽然在加入某些国际公约的问题上表现犹疑,但在家庭法领域非常注重不同法域的联合与协作,比如州际子女抚养费强制执行问题、跨国监护权诉讼及收养问题等。

(二)法律属性:公权力干预渐次深入,部门法边界愈加模糊

从传统的法域划分来说,家庭法是典型的私法领域,为了保持个人及家庭生活的私密和安宁,公权力不应过多介入家庭事务和家庭纠纷。但随着时代发展和社会变迁,婚姻家庭领域的一些问题已经超出私法范畴,进入公法视野,英美家庭法的发展也融入了更多的社会法因子,公权力的干预不断深入和扩展,家庭法本身的边界也越来越模糊。

---

① 〔美〕彼得·海:《美国法概论》,许庆坤译,北京大学出版社 2010 年版,第 9 页。

② 这里涉及的法律文件英文名称分别为 1950 年《欧洲人权和基本自由保护公约》(Convention for the Protection of Human Rights and Fundamental Freedoms)、英国 1998 年《人权法案》(The Human Rights Act 1998)。

在英国，很多婚姻家庭领域的制定法并没有局限于私法思维和私法手段，而是致力于将相关的法律资源整合于一体，力图对有关家庭事务进行全面而完备的调整和规范，典型的如1973年《婚姻诉讼法》赋予法官签发财政救济令、财产调整令等广泛的权力，以适当处理婚姻无效或离婚案件等；1989年《儿童法案》[①]更是不遗余力保护儿童权益，其所调整的范畴远远超越家庭事务本身，动用司法权力、行政权力、社区力量对儿童利益所需进行了细致而详尽的规范。在美国，联邦陆续出台了大量法规，运用公权力推动子女扶养费执行力度和儿童利益保护工作（详见下文关于子女抚养问题的论述）；其在社会福利法律制度的建构上，也积极为未成年子女所在家庭提供经济资助、医疗卫生与社会保险方面的支持；至于财产法、税法对婚姻家庭领域的影响，自是源远流长不容忽视。所以，在考察英美家庭法时，须时时考虑其他部门法尤其是新兴社会法的渗入和干预。

（三）法律理念：注重维护家庭稳定，注重保护儿童权益，注重低成本解决争议

当代英美家庭法在关注个人权益的同时，也警醒地认识到家庭价值的珍贵、儿童权益的脆弱，因此其法律理念表现出注重维护家庭稳定、注重保护儿童权益的新趋势，在解决家庭纠纷的途径上则倡导善用替代性纠纷解决方式（Alternative Dispute Resolution，ADR），力争低成本解决争议。英国自20世纪90年代开始酝酿离婚法的改革法案，其中的一项重要内容即是改革离婚诉讼程序，设置反省期促使当事人慎重对待离婚事件，虽然这项法案最终被搁置乃至被放弃，但其对家庭价值的珍视仍然获得了社会各界的尊重和认可，并必将对未来的改革产生影响。美国社会也对过高的离婚率表现出极大的担忧，有些州倡导由当事人自己选择"契约婚姻"限制离婚自由确保家庭稳定。从务实的角度来说，维护家庭稳定是为了更好地抚养和保护儿童，英美家庭法加强了对儿童权益的保护力度，除了强调父母的责任，政府也加大了投入，不仅竭力保障对儿童的经济资助还设立专门机构负责对儿童的救护照管等。在长期的司法实践中，英美法律界都认识到，用诉讼的方式解决家庭纠纷不仅花费不菲还会增加家庭成员的负面情绪，因此

---

① 这里涉及的法律文件英文名称分别为1973年《婚姻诉讼法》（Matrimonial Causes Act 1973）、1989年《儿童法案》（Children Act 1989）。

都开始倡导用调解的方式处理婚姻家庭争议，在英国表现为律师在家庭事务调解业务中发挥越来越大的作用，在美国调解机制也受到公共政策的青睐并为各级法院所倡导。[①]

二、当代英美家庭法制度分析[②]

（一）结婚制度

1. 关于婚约财产

在英国，根据 1970 年《法律改革令》[③]第 1—3 条的规定，婚约本身不具有法律上的执行力，但当婚约终止时，有关调整夫妻财产权益的法律规范可用来调整订婚主体之间的财产关系，但是此类争议应当在婚约终止后三年内起诉。该法令还针对婚约中的赠与物作出两条具体规定，其一，如果订婚协议中明示或暗示如婚约终止须返还相关赠与物，那么当一方提出终止婚约时，另一方可要求返还赠与物；其二，订婚戒指应当认定为纯粹的赠品，但是如果能够证明该订婚戒指的赠与是附条件的（无论明示或暗示），则婚姻未成就时该戒指可获返还。[④]

在美国，经历了无过错思潮的普及之后，处理婚约财产的问题时，法院一般不再追究婚约破裂究竟由何方过错引起，转而对婚约财产本身的法律性质予以更多的关注。但由于司法区域和司法理念的多元化，美国法院对婚约财产的处理呈现出多种立场：（1）有些法院认为，只要婚约破裂，赠与人即可索还婚约财产，并不考虑婚约究竟于何时、何地基于何种原因而致不能践行。宾夕法尼亚州、爱荷华州、堪萨斯州、新泽西州以及纽约州等都相继采纳了这种规则。（2）有的法院认为婚约财产是有条件的礼物，是附条件赠与协议的标的，当所附条件不成立时，赠与人有权索还该财产。这时，所附“条件”究竟是缔结婚姻还是接受求婚就会成为双方当事人争辩的焦

---

① 邓丽：《论乡土社会的人民调解与现代都市的专业调解——以婚姻家庭争议的调解机制为例》，载《理论学刊》2008 年第 8 期。

② 英美家庭法内容丰富、制度浩繁，远非本书篇幅所能尽述，这里仅以我国婚姻家庭立法及司法中的重大问题为参照，摘其要者加以评述。

③ 英国 1970 年《法律改革令》的英文名称为 Law Reform（Miscellaneous Provisions）Act 1970。

④ Kate Standley, *Family Law*, Palgrave Macmillan, 2006, p. 37.

点。(3) 有的法院宣称婚约财产是无条件的赠与财产，是单纯的赠与协议的标的。因此，如果符合赠与协议的三个要素，赠与即为有效：赠与人有真实的意愿赠与该财产；赠与人向受赠人交付该财产；受赠人接受该财产。[①]

2. 关于无效婚姻和可撤销婚姻

在英国，按照 1973 年《婚姻诉讼法》、1986 年《结婚法》[②]的规定，结婚须满足以下实质要件：双方非法律禁止结婚范围内的亲属（法律对结婚双方亲属关系的限制越来越宽松）；双方均年满 16 岁（如一方只有 16 岁或 17 岁，则须征得有关监护主体的同意，除非已举行了神圣的宗教仪式）；双方均未婚或已解除前次婚姻；一方为男性，一方为女性（不认可同性结合，对于变性人仍以其出生证明所载性别为准）。不符合前述实质要件的婚姻会被认定为无效，住所地在英格兰或威尔士的当事人在其他国家或地区缔结的一夫多妻婚姻也会被认定为无效。根据该法，双方在结婚之后的任何时间均可以请求判决宣告婚姻无效，其程序与离婚程序类似，先要经过一个初步判决（或称暂时判决或非最终判决），然后才是最终判决。在法律救济方面，英国法院在作出婚姻无效的判决时可以像在离婚判决中那样签发财政救济令、财产调整令等。根据 1973 年《婚姻诉讼法》，具有如下情形的可申请公告撤销婚姻：因一方不能人道或被告坚决拒绝而无法实现或继续性生活；一方因受胁迫，或因错误、误解和其他原因而同意结婚；结婚时，一方患有 1983 年《精神健康法》[③]所确认的不宜结婚的精神疾病（持续的或间歇的）；结婚时，被告患有可传染的性病，原告不知情；结婚时，被告怀有与请求撤销人之外的第三人的孩子，原告不知情。除上述第一种情形外，申请撤销婚姻必须在结婚后 3 年内提起诉讼，但法院也可自主决定受理超出此限的起诉。如果被告证明，原告知道双方之间的婚姻本应撤销但又以其行为使得被告有合理的理由相信其不会这样做，法官不会判决撤销婚姻，以免对被告有失公平。离婚现象在英国越来越多、越来越容易，而且英国教会也允许教民与离婚者结婚，所以诉请婚姻无效或撤销婚姻的情况并不多见，英国有学者开始

---

① 如蒙大拿州于 2002 年在爱尔宾格诉哈里斯一案[Albinger v. Harris, 48 P. 3d 711 (Mont. 2002)]中作出判决，支持受赠人在婚约破裂后仍然有权保留婚约财产。

② 英国 1986 年《结婚法》的英文名称为 Marriage(Prohibited Degree of Relationship) Act 1986。

③ 英国 1983 年《精神健康法》的英文名称为 The Mental Health Act 1983。

质疑无效婚姻制度的必要性，也有学者认为应保留无效婚姻制度但是应当废除可撤销婚姻制度。[①]

在美国，各州自行规定无效婚姻和可撤销婚姻的情形，但大体说来，重婚、血亲或姻亲关系太近、未达法定婚龄、欺诈、胁迫、精神疾病以及不能人道都可能构成结婚的障碍。通常，重婚、亲属关系血缘太近都会使婚姻关系归于无效，后面几种情形则会被认定为可撤销婚姻，但是也有的州规定未达法定婚龄或婚前就存在的精神疾病以及不能人道等情形使婚姻归于无效。传统上，美国法也对无效婚姻和可撤销婚姻的效力、诉讼主体等进行了区分，强调无效婚姻自始无效，可撤销婚姻在被撤销前是有效的，而且有权提起确认婚姻无效的主体范围比有效提起撤销婚姻之诉的主体范围要广。但是从目前的趋势来看，无效婚姻与可撤销婚姻的界限已经趋于模糊，甚至其法律后果与离婚相类似。比如根据《统一结婚离婚法》第 208 条 c 款的规定，如果有关权利主体没有按照法律规定的要求或时限对婚姻的有效性提出质疑，本应归于无效的婚姻也可能有效。这实际上动摇了无效婚姻自始无效的基本原则，使得无效婚姻的效力类似于可撤销婚姻。不仅如此，《统一结婚离婚法》还规定，如果法官综合考虑后作出无追溯力的婚姻无效判决，则有关离婚财产分割、离婚扶养费、抚养及子女的监护等相关规定都可适用，这时宣告婚姻无效与判决离婚对当事人来说效果几乎相同。

3. 关于异性非婚同居[②]

(1) 关于普通法婚姻及推定婚姻

有些非婚同居关系可能被法院认定为普通法婚姻，从而具有婚姻的法律地位，前提是该司法区域承认普通法婚姻。普通法婚姻(common law marriage)，是指仅仅通过男女双方的结婚合意缔结的婚姻，或者通过男女双方的结婚合意和随后的共同生活以及拥有夫妻的名声(reputation as husband and wife)缔结的婚姻。[③] 普通法婚姻源于英国，由于存在证明方面的困扰，而且也给身份地位和继承权带来混乱，英国法律界于 1753 年放弃了这一制度。美国继受英国法时保留了这一制度，但时至今日，美国大部分

---

① Kate Standley, *Family Law*, Palgrave Macmillan, 2006, p. 37.

② 区别于“同性非婚同居”，即下文所称“同性结合”。

③ 张学军:《美国普通法婚姻的起源和兴衰》，载《法制与社会发展》2007 年第 4 期。

州也已不承认普通法婚姻，剩下不到 1/4 的州承认普通法婚姻的合法性，若在这些州缔结普通法婚姻也能够获得别州的认可。此外，美国法上还存在推定婚姻成立原则（putative spouse doctrine），即如果婚姻的缔结存在缺陷，但是举行了法定仪式，而且当事人一直以为婚姻有效，则推定婚姻成立。推定的配偶可以享有扶养请求权以及州法许可的其他权利，双方的子女也将被视为婚生。

（2）关于异性非婚同居者之间的协议

在英国法上，非婚同居关系的当事人在有些方面可援引家庭法规范来保护自己，比如其在对抗同居者的暴力行为时可依据《1996 年家庭法》[①]请求法官签发不妨害法令和占有法令。但是在财产权方面，非婚同居情形下的财产关系主要由财产法和契约法来进行规范，当事人可依据信托或禁反言规则向法院主张衡平法上的权益，却不能请求法院像在离婚诉讼中那样行使自由裁量权来调整他们之间的财产关系。而且，在住房和养老金方面，非婚同居者也不享有配偶的权益。对于非婚同居者之间的协议，法官碍于公共政策不会公开承认其有效，并会对其进行审查。

在美国法上，非婚同居关系的当事人之间如果存在涉及金钱和性关系的协议，会被认为违反社会公共政策，其要求法律救济的主张也往往会被拒绝。但是随着契约意识在家庭法领域的渗透和普及，近些年美国已有较多的法院倾向于执行非婚伴侣之间的明示合同，除非该关系明显建立在不道德且法律不许可的性服务基础之上。即使非婚同居伴侣之间不存在明示合同，法院也有可能通过审查有关事实认定当事人之间存在默示合同或者就某些事宜达成的默契一致，从而按照公平等衡平法原则，通过拟制信托给予当事人法律救济。这使得非婚同居关系在权利义务及有关财产利益的分配上越来越趋同于婚姻关系。

总的来说，当前在英美国家，非婚同居关系的法律效果仍与婚姻关系存在本质上的区分，但非婚同居当事人的权益越来越受关注，某些情形下表现出趋同配偶权益的趋势。也有学者反对向非婚同居关系提供普适性的类婚姻保护，认为非婚同居关系与婚姻关系的区分也许正是当事人所希冀的，那

① 英国 1996 年《家庭法》的英文名称为 Family Law Act 1996。

么从尊重当事人本意出发不应专断地抹杀这种区别。[①]

4. 关于同性结合及变性人的性别认定

这些年，英国社会不断涌现出同性恋者、变性人要求承认其在婚姻家庭领域的权益的案例，但就整个社会而言，传统观念的力量依然强大。如前所述，英国家庭法对配偶的性别仍持传统立场，不认可同性结婚，也不认可变性人要求以其心理性别为准的主张（即坚持以其出生时的性别为准）。但近年来法律界的立场发生了变化，2004 年《民事伴侣关系法》[②]出台，允许相同性别的两个人登记为民事伴侣关系，该法共计 264 条，按照地域区分英格兰及威尔士民事伴侣关系、苏格兰民事伴侣关系、北爱尔兰民事伴侣关系及涉外民事伴侣关系，分别就民事伴侣关系的注册、解除、分居、宣告无效、推定死亡等事项作了规定，虽然内容相异各有侧重，但各部分的立法旨意却是完全相同的，即赋予依法注册的民事伴侣明确的法律地位和法律保障。[③] 至于变性人，欧洲人权法院在 *Goodwin v. U. K.*（2000）一案中所做的判决促使英国法院接受了新的规则，即接受了完全性别改造手术的变性人在结婚时以其手术后的新性别为准。[④]

相比较而言，美国社会对于同性结合表现出更多的容忍和接纳，如夏威夷州允许同性伴侣以家庭伴侣名义登记，佛蒙特州允许同性伴侣通过民事结合的方式进行登记，以此获取类似婚姻的许多实际权益。这种被称为"ABM 协定"（Anything But Marriage）的立法模式在许多州都获得了认同和采纳，其特点在于：给予同性结合类似于婚姻的诸多权益，但不给予其"婚姻"的名分。走得更远的是马萨诸塞州，该州于 2004 年率先允许同性恋结婚。关于变性人，美国大部分州如亚利桑那州、加利福尼亚州等都允许其在出生证上改变性别登记，并且不限制其以新的性别角色缔结婚姻，但也有些州立场尚不明朗，比如得克萨斯州和堪萨斯州。[⑤]

---

① 〔美〕哈里·D. 格劳斯、大卫·D. 梅耶：《美国家庭法精要》，陈苇等译，中国政法大学出版社 2010 年版，第 50 页。

② 英国 2004 年《民事伴侣关系法》的英文名称为 Civil Partnership Act 2004。

③ 熊金才：《民事伴侣的权利与义务——英国〈民事伴侣关系法〉述评》，载《太平洋学报》2006 年第 5 期。

④ 《家庭法》，徐妮娜译，武汉大学出版社 2004 年版，第 11—13 页。

⑤ 刘国生：《美国变性人立法和司法情况评议》，载《法律与医学杂志》2005 年第 1 期。

（二）夫妻关系制度

在英国，昔日普通法上的“夫妻一体主义”已经完全被抛弃，现在的家庭法承认夫妻具有独立的法律人格。在人身关系上，妻子有权单方决定流产；丈夫强奸妻子会获罪；无论哪一方都可以根据1996年《家庭法》申请不妨害法令和占有法令以对抗家庭暴力；根据1962年《法律改革法》[①]，丈夫和妻子都可以提起针对对方的侵权诉讼，“如同他们不曾相互结婚”[②]。在财产关系上，夫妻可以独立或共同拥有财产，一方所有的财产不因婚姻关系而转化为夫妻共有财产，但是由家居费用衍生的金钱或财产由夫妻享有平等份额；夫妻之间互负扶养义务，并且可以签订扶养费协议，如果一方不履行扶养义务，另一方可以单独就此向法院提起婚姻存续期间支付扶养费的诉讼；丈夫或妻子对婚姻住房不享有所有权时可根据法律规定获得进入、占有、使用婚姻住房的权益。不过，当事人婚前或婚后就有关资金和财产事项所签订的协议，由于公共政策方面的原因在英国法中尚未获得认可。因为传统观念仍然认为婚姻是一生的结合，承认当事人之间就财产事宜达成的协议（这种协议往往以当事人的分离或婚姻的解除为预设条件）与传统观念相抵触。但是如果当事人之间的确签订了此类协议，法官通常也会予以考虑。

在美国，婚内强奸被视为家庭暴力的一种形式。有些司法区的立法机构授权法院签发保护令，禁止施暴人接近或危害受害人，有些司法区授权检控机构可自主追诉施暴人，即使受害人不希望如此。但尚未达成共识的是：家庭暴力是否应与陌生人间的暴力事件同等对待？这在婚内强奸问题上表现得更为突出。美国法律学会（ALI）[③]在《示范刑法典》[④]中仍将婚内强奸与一般的强奸案件区别对待。

在美国法的逻辑中，夫妻之间的家事代理权渊源于夫妻间的扶养关系，主要包括事实代理和购买生活必需品的授权两方面。一般来说，法院会认为婚姻关系本身暗含着广泛的授权，因此只要一方配偶没有对另一方配偶

---

① 英国1962年《法律改革法》的英文名称为Law Reform（Husband and Wife）Act 1962。

② 《英国婚姻家庭制定法选集》，蒋月等译，法律出版社2008年版，第42页。

③ 美国法律学会（ALI）全称为American Law Institute。该学会成立于1923年，系以完善法律为宗旨的民间组织，其发布的各种“法律重述”（Restatements）在法学界享有盛名，有时也参与撰写示范法律文件的工作。

④ 美国法律学会制定的《示范刑法典》英文名称为Model Penal Code。

参与交易明确表示反对，即认为参与交易的配偶获得了有效的授权。除了承认配偶间的事实代理，某些司法区还认可配偶之间存在购买“生活必需品”的授权。具体到这一规则的适用，“生活必需品”是一个关键的概念。一般认为，生活必需品包括衣、食、住以及医疗保障，但是有些情形下法官也会根据案件的具体情况将一些贵重物品也纳入生活必需品的范围。当前，美国各州的家庭财产分配机制大致可分为两种，一种是通过“婚姻财产”机制校正的普通法财产制模式，其特点在于运用分别财产制和婚姻财产制相结合的机制使配偶双方的财产利益达至均衡；另一种是在法国、西班牙和墨西哥民法影响下确立的“共同财产制”，其特点在于直接规定共同财产一经取得，双方配偶就各自享有一半份额。上述两种夫妻财产制度对于婚姻存续期间的财产权利会造成差异：在实施普通法财产模式的州，一方配偶在婚姻存续期间的财产完全归其个人所有(除非赠与另一方配偶)，他/她有权单方处分该财产；而在实行共同财产制的州，共同财产一经取得，双方配偶就各自享有一半份额。在美国家庭法体系中，对夫妻约定财产制度的思考是从属于婚姻的契约性这个命题的，近几十年来，美国家庭法的发展已清晰地呈现出认可和加强婚姻之契约属性的趋势，即让与更多的权利给当事人，允许他们就婚姻关系以及离婚后果进行协商，而且法院也越来越乐意执行当事人之间经过协商达成的协议，只要这些协议确系当事人在充分披露有关信息的基础上自愿签订，符合法律规定的一些要件(比如具有书面形式、具有当事人签章、具有法律认可的对价等)，而且不构成“有失公正”、不违反公共政策。

(三) 亲子关系制度

夫妻关系和亲子关系是婚姻家庭中的主要身份关系。由于结婚人数递减、离婚现象增多，夫妻关系显得脆弱和不确定，反衬出亲子关系的稳定性和重要性，于是法律关注的焦点开始发生变化，关于亲子关系及儿童权益保护的考虑在英美家庭法和家庭政策中所占的比重越来越大。英国政府曾于1998年发布一份家庭咨询文件，称现代家庭政策制定的首要原则是优先考虑孩子的利益，且此原则高于其他一切维护婚姻制度的基本原则。①

---

① See Kate Standley, *Family Law*, Palgrave Macmillan, 2006, p. 26.

1. 亲子关系的确认

英美法上有关亲子关系的确认和否认的新发展主要体现在几个方面：

第一，消除对非婚生子女的歧视。在英国，非婚生子女的权益主要是通过准正制度来提升的，1976 年《准正法》[①]规定，无效婚姻之子女、父亲居住在英格兰或威尔士时结婚的非婚生子女以及符合法定情形的其他非婚生子女都可以依据该法获得身份准正。在经济救助方面，非婚生子女享有与婚生子女同等的权利。但是，在移民和国籍政策方面，非婚生子女还是比婚生子女面临更多的障碍。相比较而言，美国对非婚生子女的保护更加彻底和直接。一方面，美国联邦最高法院依据联邦宪法"平等保护条款"或"正当程序条款"推定对非婚生子女的任何歧视都属违宪，除非能够证明这种区别对待与重要的公众利益的实现相关。另一方面，全美统一州法委员会所制定的《统一父母身份法》[②]不再对婚生子女和非婚生子女进行区分，而是对父母与子女之间的关系一视同仁。经过这些努力，美国几乎在法律层面完全消除了对非婚生子女的歧视。

第二，父亲身份的确认。一般而言，母亲与子女的关系可经由出生事实加以佐证，父亲与子女尤其是非婚生子女的关系，却需要通过相当复杂的法律制度来加以确定或者否定。在英美家庭法上，婚姻关系对于父亲身份的确认具有非常重要和关键的意义。法律推定，一名已婚妇女所生子女，父亲就是已婚妇女之夫[③]，除非有相反证明（如血液检验和 DNA 检验）。对于未婚生父，英国法强调其名字出现在孩子的出生证明中方可推定其父亲身份，而美国法则以相当宽松、相当简便的形式承认其自认亲子关系，既不需要证明血缘关系，也不要求进行官方审查，这是为了鼓励社会资源承担对儿童的抚养责任。从证明方式和技术手段上来说，两国司法机构都非常看重和推崇血液检验，尤其是 DNA 鉴定。有些案件的当事人接到指令，必须进行血液检验，但如果血液检验会扰乱家庭的稳定性对孩子成长不利，法院也会拒绝发布此类指令。

---

① 英国 1976 年《准正法》的英文名称为 Legitimacy Act 1976。

② 全美统一州法委员会所制定的《统一父母身份法》英文名称为 Uniform Parentage Act。

③ 〔美〕哈里·D. 格劳斯、大卫·D. 梅耶：《美国家庭法精要》，陈苇等译，中国政法大学出版社 2010 年版，第 80 页。

第三，辅助生殖技术带来的挑战。人工授精、试管婴儿和胚胎移植这些辅助生殖技术给亲子关系的确认带来了新的挑战，英国于 1990 年出台了《人类受精和胚胎法》[①]，规定“因将胚胎或受精卵植入其体内而致其怀胎或已经怀胎之妇女，应当视为因此出生之儿童的母亲”（但代孕母亲除外），该妇女的婚姻配偶为儿童之父亲（以该男子同意其妻使用辅助生殖技术为前提）。该法案对各种辅助生殖技术引致的父母身份认定问题进行了详尽的列举和规定。

美国依恃其多元化判例法的优势在这个领域作出了新的尝试和探索。根据 2002 年《统一父母身份法》，如果妻子实施辅助生殖技术生育了子女，那么其伴侣（可以是婚姻配偶，也可以是非婚伴侣）和提供精子的男子都有可能被认定为子女的父亲，关键是看他们是否有承担父亲责任的意愿。当涉及冷冻胚胎和精子的使用时，如果当初提供精子或卵子的当事人不同意，大多数法院主张优先保护反对生育的当事人，以避免将其拖入其拒斥的亲子关系。至于代孕合同，美国法当前的趋势是不承认代孕合同具有执行效力，尤其是涉及对代孕母亲进行补偿的合同——因其有生殖商业化的嫌疑。但如果先行取得司法许可并通过家庭研究和审查程序，代孕合同也可能获得法律的支持。从权利的分配来说，贡献基因物质、具有抚养意愿、实施生育行为这些因素都可能成为获得父亲或母亲身份确认的理由，但究竟将父亲或母亲的身份赋予何方主体，是法官综合考量的结果。

2. 亲子关系确认与子女抚养的关联

父母身份的确认最直接最重要的法律后果是确定抚养子女的责任主体。近年来，为了解决子女抚养费的执行问题，美国联邦法院大力推动更广泛且更简化的父亲身份确认之诉（其举措包括认可未婚生父自认亲子关系、弱化父亲身份确认之诉之时效等），这类案件的判决通常会要求父亲承担抚养费用，甚至还包括母亲怀孕及分娩的费用，以及相关诉讼费用。

在儿童抚养问题上，除了确定父母的责任之外，英美两国政府都在经济层面和政策层面提供了较大力度的支持。英国于 1989 年发布《儿童法案》，将有关儿童权益的私法规范和公法规范有效地融合，确认儿童最佳利益原

---

① 英国 1990 年《人类受精和胚胎法》的英文名称为 Human Fertilisation and Embryology Act。

则，强调父母及政府对儿童的责任，规定有关儿童事务的管理机构和司法指令。此后，1991 年和 1995 年的《儿童抚养法》、1998 年《人权法》、1999 年《儿童保护法》[①]都对儿童权益及儿童抚养问题表现出持续的关注和保护。1975 年，美国通过《社会保障法》第 20 条修正案，将各州强制执行子女抚养费成效与联邦福利计划的资助挂钩，大大推动了该项工作的进展。[②] 1992 年美国联邦又推出《子女抚养救济法》，将故意不抚养他州居住的子女的行为认定为联邦犯罪。1994 年颁布《对子女扶养费支付令充分信任与尊重法》推动各州在执行子女扶养费方面的合作与联动。1996 年出台《个人责任与工作机会协调法》简化亲子关系确认办法，要求各州建立收取子女扶养费的自动程序，要求雇主登记所有新员工的身份，创设全美新雇佣员工登记簿，以避免父母通过迁徙逃避抚养子女的责任。1998 年出台《赖账父母处罚法》[③]加强惩罚力度。[④]

所有这些举措，都体现出英美政府机构对儿童抚养问题的极大关切，并动用公权力调整和规范相关事宜，在家庭法领域注入更多的社会法因素。

（四）离婚制度

1. 离婚诉讼程序

英国的离婚诉讼分无抗辩的离婚和有抗辩的离婚。无抗辩的离婚程序主要为书面审理，无须当事人或其代理人出庭，但结婚不满 1 年不得请求离婚，除非发生特定事项；有抗辩的离婚程序在启动环节与无抗辩的离婚程序一样，但要求当事人提交答辩状并出庭陈述及质证等。对于离婚案件，英国法院首先会作出初步判决（或称暂时判决或非最终判决），然后由原告或被告在法律规定的期间内提交申请，法官才会作出最终判决，当然被告可以针

---

① 这里新出现的法律文件英文名称分别为 1991 年和 1995 年的《儿童抚养法》（Child Support Act）以及 1999 年《儿童保护法》（Protection of Children Act 1999）。

② 薛在兴：《美国儿童福利政策的最新变革与评价》，载《中国青年研究》2009 年第 2 期。

③ 这里涉及的法律文件英文名称分别为 1992 年《子女抚养救济法》（Child Support Recovery Act）、1994 年《对子女扶养费支付令充分信任与尊重法》（Full Faith and Credit for Child Support Orders Act）、1996 年《个人责任与工作机会协调法》（Personal Responsibility and Work Opportunity Reconciliation Act）、1998 年《赖账父母处罚法》（Deadbeat Parents Punishment Act）。

④ 〔美〕哈里·D. 格劳斯、大卫·D. 梅耶：《美国家庭法精要》，陈苇等译，中国政法大学出版社 2010 年版，第 125—129 页。

对初步判决提出上诉。只有获得最终判决，婚姻关系才正式解除。

英美国家离婚诉讼程序有一个特点，即将离婚本身和附随而至的离婚财产分割或子女抚养问题分开处理。在英国，“需抗辩的离婚是很少见的，而无须抗辩的离婚的取得只需 6 个星期，附加问题（财产，财政和关于孩子的安排）则可能需要好几个月，甚至几年，这需根据案件的复杂情况和当事人的意愿达成合意。”[①]关于离婚诉讼中的财产和金钱问题的处理，称为离婚的辅助救济，这些问题的审理在离婚申请之前就已开始，但法庭往往会等作出离婚最终判决之后才对这些问题发布指令。

美国也有“可分割的离婚”（divisible divorce）的提法，将离婚本身的判决与财产分割、扶养、子女监护等问题分开。但这只适用于单方出庭离婚的情形，涉及离婚案件的司法管辖权问题，简单地说，就是当一方当事人基于在某地持续居住的事实获权单方启动离婚诉讼时，该住所地法院只享有解除婚姻关系方面的管辖权，而解决财产分割、扶养、子女监护等事务必须向对被告具有属人管辖权的法院另行提起诉讼。

2. 离婚标准或离婚理由

在英国，根据 1973 年《婚姻诉讼法》，离婚标准为婚姻无可挽回地破裂，但必须通过一项或多项法定情形来证明符合这一标准。这些情形包括：(1) 被告有通奸行为，且原告无法忍受与之共同生活的；(2) 被告的行为使得期待原告与被告继续共同生活显得不合理的；(3) 在提起离婚诉讼之前，被告遗弃原告已持续二年以上的；(4) 在提起离婚诉讼之前，当事人双方已分居持续二年以上，且被告同意判决的；(5) 在提起离婚诉讼之前，当事人双方已分居持续五年以上的。[②]

在美国，所有的州都已废止了纯粹的过错离婚制度，但只有约三分之一的州选择了完全的无过错离婚制度，其余大多数州仍然保留了过错离婚制度，同时将无过错离婚制度作为一种补充供人们选择。适用过错离婚制度的当事人须证明其婚姻关系中存在通奸、虐待、遗弃、精神伤害等情形或者对方存在酗酒或吸毒的恶习、被判重罪、患有性病等。无过错离婚的标准是婚姻关系已无可挽回地破裂，大多数州都要求用分居事实来证明（也即所谓

---

① Kate Standley, *Family Law*, Palgrave Macmillan, 2006, p. 155.

② 《英国婚姻家庭制定法选集》，蒋月等译，法律出版社 2008 年版，第 57 页。

的“等待期”),法定的分居时间从两个月到三年不等。虽然各州都保留着是否准予离婚的权利,但学者认为,“直接的改革将把这一权利交给双方配偶,并且明确规定州将只保留参与调整离婚结果的权利”①。这意味着法律界将承认更加宽松的离婚标准,重点关注财产分割、子女抚养等离婚后续问题的调整和规范。也有一些尝试加大离婚难度、减少离婚现象的改革,比如路易斯安那州于 1997 年建立了“契约婚姻”制度,规定选择适用该制度的当事人只有在具有法定过错或分居达到法定时间时方可离婚,但自愿接受此限制的夫妻并不多见。

3. 财产分割及离婚扶养费

如前所述,在英国,离婚诉讼中的金钱或财产问题通过离婚辅助救济程序解决。鉴于旧有规则耗时长、成本高、成效低,自 2000 年 6 月始,离婚辅助救济程序引入了新的规则,由地区法官首先召集并指导当事人就财产问题进行协商,尽量促使其达成协议,只有在这种努力失败以后才转而依诉讼程序解决财产问题。法院可以通过发布财政救济令、财产调整令、财产出售令等对家庭财产进行分配。

根据英国 1973 年《婚姻诉讼法》第 25 条的规定,法院在发布上述法令时应首先考虑该家庭中未满 18 周岁未成年人的福利,然后应当特别考虑下列事项:(1) 婚姻当事人双方现在或在可预见的将来获取收入的能力、财产和经济来源,包括法庭可合理预期当事人一方通过采取措施能够获得的收入能力的增强;(2) 婚姻当事人双方现在或在可预见的将来的经济需要、经济负担和责任;(3) 婚姻破裂前该家庭的生活水平;(4) 婚姻当事人双方的年龄及婚姻存续期间;(5) 婚姻当事人双方的身体残疾或精神智障;(6) 婚姻当事人双方已经作出或在可预见的将来可能作出的对家庭福利的贡献,包括照顾家庭和看护子女的贡献;(7) 婚姻当事人双方的品行,但法庭认为无须考虑的除外;(8) 在离婚诉讼和婚姻无效诉讼中,由于解除婚姻或婚姻无效,婚姻当事人双方丧失的获取利益机会的价值。②

家庭住房的处置是离婚辅助救济程序中很重要的问题,英国法院在处

---

① 〔美〕哈里·D. 格劳斯、大卫·D. 梅耶:《美国家庭法精要》,陈苇等译,中国政法大学出版社 2010 年版,第 198 页。

② 《英国婚姻家庭制定法选集》,蒋月等译,法律出版社 2008 年版,第 65—66 页。

理此类问题时非常灵活，有时会判定双方对住所都享有份额但必须等到某一事件发生（比如孩子达到一定年龄或完成某一阶段的教育，或者一方当事人死亡、重婚或与他人同居等）才能够出售房屋分割房款。养老金是另一个重要问题，英国1973年《婚姻诉讼法》针对养老金的分配作出了详细指示，有时法院会作出延期审判的决定以在时机成熟时确定养老金的分配方案。就整个财产分配机制而言，英国法律界对于平均分配方案有诸多的思考和反省，有的观点认为辅助救济的目的在于公正分配财产，因此应当抛弃将财产一分为二的做法以避免偏离公正本身；但也有观点认为，平分财产的做法作为一般的行为指南，只有在有合理的原因时才能背离。英国法律界人士都已认识到，对家庭的非财产性贡献有其重要而独特的价值，这种价值需要获得公正的认可。

当前美国的家庭财产分配大致可分为通过"婚姻财产"机制校正的普通法财产制模式和在法国、西班牙和墨西哥民法影响下确立的"共同财产制"模式，婚姻关系存续期间这两种模式对夫妻财产权利的分配和处理存在实质差异，但在离婚财产分割时则大同小异。

实行共同财产制的州预先推定："公平分配财产的机制会给每方配偶他自己的独立财产和一半共有财产。"[①]实行普通法财产制的州则采用两种不同的路径来处理财产分割问题：少数州授权法院可在离婚诉讼中对双方拥有的所有财产进行分割，即使是在婚前获得且婚后一直为一方独有的；大多数州要求法院首先区分"个人财产"和"婚姻财产"，后者常常被界定为"共同财产"，即双方配偶在婚姻存续期间获得的财产，但不包括通过赠与和继承获得的财产。

有关统计显示，无论各州实行何种财产制度、采用何种分割方法，其实际效果却相差不远。离婚案件中，妻子获得的总是全部婚姻财产的45%到55%。[②] 这也许是"公平"理念在发挥作用。大部分州赋予法官自由裁量权，"公平"地分配"婚姻财产"或"共同财产"。在决定何种分割是公平分配时，

---

① The Harvard Law Review Association, "Developments in the Law: V. Marriage as Contract and Marriage as Partnership: The Future of Antenuptial Agreement Law", 116 *Harvard Law Review* 2075 (2003).

② Matthew R. Hall, "BOOK NOTE: From Contract to Covenant: Beyond the Law and Economics of the Family", 3 *Journal of Law & Family Studies* 103 (2001).

法官考虑的因素大致包括：(1) 配偶双方对获得婚姻财产所作的贡献，包括作为家庭主妇所作的贡献；(2) 分配给配偶双方的财产价值大小；(3) 婚姻存续时间；(4) 配偶双方当前的经济状况，包括双方获得现在家庭居所的权利或配偶一方因承担子女抚养义务被允许在现有居所中合理地居住一段时间的权利。[①] 除了这些因素，案件的其他相关细节也可能被纳入法官考虑范围之内。

从财产的具体形态来说，近年来美国法院大都认为养老金(包括到期已给付的和未到期未给付的)、商誉等是可以分割的财产，但是在分配份额方面则需要进行非常复杂的估算和非常灵活的处理；至于一方当事人的赚钱能力、职业证书等，法院一般不作为财产进行分割，但会考虑对方当事人为之作出的贡献，准许其获得一定的补偿；还有些案例涉及残疾补助费等有关人身损害补偿的利益分配，大多数法院认为这种性质的资金不应作为共同财产进行分割；另外有些案例涉及年假待遇、税收优惠等一些所谓的"边缘利益"，这在目前仍是相当有争议的问题。

在离婚财产分割及离婚扶养费的给付上，英美法院盛行"清晰破裂"(clean break)的理念和逻辑。在这种观点看来，离婚财产分割尽量要处理得干脆利落(比如减少分期支付的判决而代之以一次性支付的判决)，离婚扶养费的给付目的也不再是持续地供养对方而是"恢复"其谋生能力，以利于当事人离婚之后开始新的生活。因此，一般只有经济尚不能独立生活的当事人才可能获得离婚扶养费判决，其数额通常是法官权衡给付方的支付能力和受领方的实际需求之后的结果。如果没有相反约定或特别的需要，给付方或受领方死亡，或者受领方再婚往往会导致离婚扶养费的终止，美国也有些州规定受领方与新伴侣长期同居也构成终止离婚扶养费给付的原因。

4. 子女抚养

在英国，离婚案件中关于子女抚养的问题主要由 1989 年制定、1991 年实施的《儿童法案》来调整。首先要明确的是，父母的婚姻关系解除并不改变其父母身份及责任，尤其是他们仍负有义务为其子女提供经济支持，反映

---

① 〔美〕哈里·D. 格劳斯、大卫·D. 梅耶：《美国家庭法精要》，陈苇等译，中国政法大学出版社 2010 年版，第 218 页。

在程序上就是，离婚申请人必须填写详尽的“子女安排陈述”，法官对此进行审查并考虑是否根据法律规定发布相关法令。《儿童法案》的实施使法院在离婚诉讼中就子女抚养问题的安排发生了重大变化，原来发布单独或联合的“监护令”，辅之以“接近令”，现在则是发布“居住令”，辅之以“探视令”，强调父母对子女的生活安排负有责任，而非权利。法官在作出此类决定时要根据子女的年龄和理解能力考虑其意愿，考虑子女物质和精神的需要，考虑环境改变可能给子女带来的影响，考虑子女的年龄、性别、生活背景和其他一切相关特点，考虑子女受过的或未来可能受到的伤害，考虑父母各方满足子女需求的能力，并且还要考虑儿童法案赋予法官本身的权力范围。①

在美国，涉及子女监护权问题时，法院通常会根据《统一结婚离婚法》第402条的指引去把握“子女最佳利益”（Best Interests of the Child）：（1）一方父母或双方有监护子女的意愿；（2）子女对监护人的意愿；（3）子女与父母双方或一方，与兄弟姐妹或与任何对其最佳利益有重大关联的其他人之间的相互关系或影响；（4）子女对家庭、学校、社区的适应性；（5）所有相关人员的身心健康。目前，有些州在确定子女监护权的问题上采用“主要抚养人原则”，即优先考虑由在家庭里承担抚养子女主要责任的一方父母享有监护权；有些州则引入了“接近性原则”，即根据父母过去的分工确定监护权以尽可能接近父母离异之前子女的生活状况。此外，各州法院也非常重视“共同监护”的方案，即由父母双方共同享有子女重大事项的决定权，这种方案注重使子女保持与父母双方的合理联系避免一方父母被疏离。

关于离异后一方父母对子女享有的探视权，英美家庭法都给予了足够的重视，着力保障其实现。在美国，如果与子女共同生活的一方父母阻碍对方行使探视权，他/她可能会因为藐视法庭而遭制裁，甚至被判罚金或监禁直至其执行法院判决。同时，英美社会现在也开始关注探视可能引发的家庭暴力等风险，英国法院会在必要时发布家庭帮助令，要求地方当局监督探视，或者发布间接探视令，要求当事人通过信件或电话等方式行使探视权。极端情形下法院可能会拒绝当事人的探视请求，以保护子女免受可能存在的暴力威胁。总之，在处理离异家庭子女抚养问题上，无论是监护事宜还是探视事宜，英美法律界都强调以子女最佳利益为原则作出决策，并致力于通

① Kate Standley, *Family Law*, Palgrave Macmillan, 2006, p. 349.

过具体的举措予以落实。

三、英美家庭法发展对中国的启示

作为普通法系国家，英国和美国的家庭法发展变革以及由此积累的司法经验都格外丰实，这使得其家庭法在直面并回应个体或民众利益诉求的过程中得以领风气之先，逐步形成极具探索性和前瞻性的制度体系。英美家庭法正在解决和正在思考的问题，也许很快就会成为中国所面临的挑战和考验。

当前，中国民法典的立法工作已拉开序幕，作为民法典中基本的身份法律制度，婚姻家庭法必然要进行全面的、深层次的修改与完善，我们除了在具体制度上可以借鉴英美国家的做法之外，还应当在宏观层面思考和解决如下问题：第一，结婚制度如何应对当代多元化的婚姻观：建立"类婚姻"制度还是扩大传统"婚姻"概念的包容度？第二，夫妻关系制度如何才能在个人权益与家庭价值之间保持平衡：夫妻之间的侵权之诉有没有边界？夫妻之间的财产关系是否完全服从于财产法规则？第三，离婚制度应不应该、能不能够负载维护家庭稳定的职能？如果是，该如何在法律规则中体现？第四，亲子关系是否会成为将来家庭法的重点调整对象？家庭法领域的亲子关系制度如何与社会层面的儿童保护机制相衔接？对这些问题的回答已非本章力所能及，因为这乃是中国法律界乃至中国社会共同践履的法治进程。

下编
婚姻家庭法内部架构及具体制度研究

第六章　婚姻家庭法的基本架构与逻辑体系研究

2001年修订的《婚姻法》在1980年《婚姻法》的基础上进一步发展完善了我国的婚姻家庭立法，但作为阶段性的修法成果，该法距离法律规范的科学性、系统性、全面性、实用性、先进性、前瞻性等要求仍有较大距离。在修改1980年《婚姻法》的过程中，曾有两种不同方案之争。方案之一是力求婚姻家庭领域的各种具体法律制度一步到位，毕其功于一役；方案之二则是两步到位，分期完善。2001年的修法成果，大体上是第二种方案的产物。这次修法在一定程度上发展了我国的婚姻家庭立法，对婚姻家庭领域出现的某些新的情况和问题，制定了相应的对策，从而加强了对公民的婚姻家庭权益的保护，有利于婚姻家庭和全社会的文明进步。但是，如果从全面完善婚姻家庭法制的高度来审视，这次修法在内容上是并不到位的；虽经修改和补充，仍然留下了许多重要的立法空白，婚姻家庭法的规范体系尚未全面确立，因而，只能称其为一种必要的、过渡性或阶段性的立法措施。即使当年力主两步到位的同志，也是将婚姻家庭法制的全面完善寄希望于法典化的民法的。[①]

正是由于2001年修订的《婚姻法》的先天不足，给法律的实施造成了困惑，最高人民法院自2001年12月以来，三次颁布《关于适用〈中华人民共和国婚姻法〉若干问题的解释》为各地法院正确、及时地审理婚姻家庭纠纷提供了具有可操作性的裁判依据，以准确适用婚姻法，维护婚姻当事人的合法

---

① 杨大文：《民法的法典化与婚姻家庭法制的全面完善——关于民法婚姻家庭编的总体构想》，载《中华女子学院学报》2002年第4期。

权益。《关于适用〈中华人民共和国婚姻法〉若干问题的解释(三)》,对夫妻财产归属认定的解释,引发全社会高度关注和争议,凸显出现行《婚姻法》存在制度性缺漏。

自1950年《婚姻法》以来,我国婚姻家庭关系一直分别由多部法律予以规定:《婚姻法》规定我国婚姻家庭制度的基本原则、结婚制度、家庭关系(包括夫妻关系、亲子关系等)、离婚制度(包括离婚的条件、离婚效力等);《收养法》规定收养制度的基本原则、收养关系的成立、收养的效力、收养关系的解除等;而涉及对家庭成员的监护制度则由《民法通则》规定,这就造成婚姻家庭法律体系长期处于体系不完整、结构不统一、内容不协调的问题。婚姻法的这种状况不能适应完善我国社会主义法律体系的要求,不能完成党和国家提出的建立健康文明、和谐有序的社会主义婚姻家庭核心价值观的要求。因此,有必要在制定民法典的进程中尽快修订婚姻法,制定一部统一的、体系完整、内容协调、逻辑严密的《婚姻家庭法》,全面完善我国的婚姻家庭制度。

第一节 建构体系完整、逻辑严密的婚姻家庭法体例结构

目前我国的婚姻法体例依然基本上延续了1950年《婚姻法》的体例,分为"总则、结婚、家庭关系、离婚、救助措施与法律责任、附则"六章。从法律的名称以及篇章结构的设计中就可以看出家庭关系在我国婚姻法中未受到应有的重视。由于历史的原因,我国婚姻家庭立法历来重婚姻关系,轻家庭关系[①],1980年《婚姻法》、2001年修订的《婚姻法》在涉及亲属制度、家庭关系的部分都是草草收兵。现行《婚姻法》共有51条,完全涉及亲子关系或其

① 在我国,渊源于革命根据地婚姻立法的1950年《婚姻法》的立法目的就是要"把男男女女尤其是妇女从旧婚姻制度这条锁链下解放出来,并建立一个崭新的合乎新社会发展的婚姻制度"。参见《关于中华人民共和国婚姻法起草经过和起草理由的报告》(中央人民政府法制委员会1950年4月14日向中央人民政府委员会第七次会议所作),载刘素萍主编:《婚姻法学参考资料》,中国人民大学出版社1989年版。在1950年《婚姻法》的27条中,仅有4条涉及亲子关系,对其他家庭成员及其他亲属关系未作任何规定。

他家庭成员关系的只有 13 条。民法典体系下的婚姻家庭法必须要强化亲属制度、亲子关系的内容，将涉及调整亲属关系的各项制度统一在婚姻家庭法中，以建构起体系完整、逻辑严密的婚姻家庭法体例。

多年来，我国未规定亲属制度的通则，对于亲属的范围、亲属的种类、亲系、亲等、亲属关系的效力等问题均未作出明确的规定，而亲属制度通则是确定亲属身份关系的基础。收养制度自 1998 年制定《收养法》以来就一直作为一部单行法独立于《婚姻法》之外，实际上，收养只是通过法律行为确立亲子关系的一种方式，收养关系所确立的亲子关系及其法律效力当然适用《婚姻法》中父母子女关系的相关规定，将《收养法》单独立法，使婚姻法亲子关系的内容处于分裂状态。人为地割裂了收养制度与婚姻法亲子制度之间的逻辑关系。监护制度的核心是亲属监护，但自 1986 年制定《民法通则》以来，监护制度就成为民事主体制度的一部分，并采纳了英美法系大监护的概念，将父母对子女的亲权作为监护权的一种类型，致使在我国的法律体系中，对于父母抚养教育子女的权利义务适用不同的法律术语。《民法通则》第 16 条规定：未成年人的父母是未成年人的监护人。《婚姻法》第 21 条规定：父母对子女有抚养教育的义务。《民法通则》中规定的父母对未成年子女的监护权与《婚姻法》中规定的父母对未成年子女的抚养教育权在内涵上是一致的，但用语的不同造成了法律适用的混乱。就法律体系而言，监护制度与民事主体制度的关联度小于与亲属制度的关联度，因此，监护作为一项具体的法律制度，不应规定在民法的总则当中，而应当将监护制度规定在婚姻家庭法中，并采用小监护的概念，将监护与亲权制度分离。

大陆法系民法亲属编的体例大多包括婚姻、亲属、监护三大部分。婚姻制度包括结婚、无效婚姻、婚姻财产制、离婚制度等，亲属制度包括亲属通则、亲子关系、收养关系、亲权等，监护制度包括监护、保佐等。如《德国民法典》第四编亲属法分为三章：第一章民法上的婚姻；第二章亲属；第三章监护、法律上的照管、保佐。《瑞士民法典》第二编亲属法分为三部分：第一部分婚姻；第二部分亲属；第三部分监护。《日本民法典》第四编亲属分为七章：第一章总则，第二章婚姻，第三章父母子女，第四章亲权，第五章监护，第六章保佐及辅助，第七章扶养。《意大利民法典》第一编人与家庭，其中第五章血亲与姻亲，第六章婚姻，第七章亲子关系，第八章成年人收养，第九章亲权，第十章针对家庭暴力的保护命令，第十一章监护与解除监护，第十二章领养与安置,第十三章精神病、禁治产和准禁治产,第十四章抚养费、扶养费、赡养费,第十五章身份证明。我国台湾地区"民法典"第四编亲属,其中第一章通则,第二章婚姻,第三章父母子女,第四章监护,第五章扶养,第六章家,第七章亲属会议。①

以婚姻、亲属、监护作为婚姻家庭法基本的体例样态体现了婚姻家庭法内部的逻辑关系,婚姻关系是亲属关系产生的渊源与基础,亲属关系是婚姻关系的结果与延续,监护与保佐是亲属关系的重要内容与职能,这是一个逻辑严密、体系完整、体例一致的婚姻家庭立法的体例结构,对建构我国民法典体系下的婚姻家庭编具有借鉴意义。

笔者认为,根据我国婚姻家庭的立法传统、中国国情以及大陆法系各国和地区的立法经验,我国民法典体系中的婚姻家庭的体例结构,可分为以下九章:第一章总则、第二章亲属通则、第三章结婚制度、第四章夫妻关系、第五章离婚制度、第六章父母子女关系、第七章收养、第八章其他家庭成员、第九章监护。

第二节　民法典体系中调整婚姻家庭关系法律规范的名称

完善我国婚姻法的基本架构及逻辑体例首先应当修改现行《婚姻法》的名称,为婚姻法正名。法律的架构体例、法律的基本内容与法律的名称息息相关。自 1950 年《婚姻法》颁布以来,我国调整婚姻家庭关系的法律规范就以婚姻法命名,1980 年制定《婚姻法》、2001 年《婚姻法》修订时均有专家提出法律的名称应当与法律调整的范围相一致,应将婚姻法改为婚姻家庭法或亲属法,但立法机关认为,法律的修订应当保持与被修订法律的延续性,婚姻法的名称已被广大群众所认可、熟知,修订法律改变名称会引起不必要的疑虑,故此,《婚姻法》虽历经两次修改,但法律的名称依旧,名不副实的问题依旧。法律的名称是由其调整对象的范围所确定的,法律的名称应当与其调整对象的范围相一致,因此,不同的调整对象的范围就导致了不同的法

① 参见台湾五南图书出版公司 2008 年版。

律名称，这反映了立法技术的规范化、明确化与科学化。当今世界各国，涉及婚姻家庭法的名称主要有四种：婚姻法、家庭法、婚姻家庭法和亲属法。一般而言，调整婚姻关系的法律称为婚姻法，调整家庭关系的法律称为家庭法，既调整婚姻关系又调整家庭关系的法律称为婚姻家庭法或亲属法。由于历史传统及立法技术的原因，我国婚姻法中既有调整婚姻关系的规范，又有调整家庭关系的规范，以婚姻法命名不足以概括其全部内容，应当在民法法典化修订婚姻法之时，修改婚姻法的名称，改婚姻法为婚姻家庭法或亲属法，使法律名称与调整对象相符，使概念的内涵与外延一致，从而实现定名上的科学性和准确性。

对于修改现行《婚姻法》的名称，婚姻法学界意见基本一致，均认为现行婚姻法的名称名不副实，必须修改。但关于将《婚姻法》的名称修改为婚姻家庭法还是亲属法，学者之间有不同的观点。有学者认为，解决婚姻法正名为亲属法的问题，不仅必要，而且紧迫；而且只有这样才能使我国亲属法制建设不至于再次错过走向现代化和面向未来的历史机遇，使之适应市场经济对亲属制度的需求。[①] 也有学者不以为然，认为名称无关宏旨，“至于民法中婚姻家庭法部分的命名问题，其实是无关宏旨的，可以婚姻家庭编为名，也可以亲属编为名。与古代不同，在当代社会中，以婚姻为基础的家庭是唯一的实体性的亲属组织，婚姻家庭法和亲属法一般说来是可以作为同义语使用的”[②]。

为法律名称定位，首先要考虑的就是法律所调整对象的范围。就各国的制定法而言，调整婚姻家庭关系的法律，有的国家称之为家庭法，如英国《家庭法》、《意大利民法典》人与家庭编；有的国家称之为婚姻家庭法，如越南《婚姻家庭法》；还有的国家称之为亲属法，如《德国民法典》亲属编、《瑞士民法典》亲属编。依照概念法学，为法律的名称定位，必须明确法律概念的范围。家庭概念的范围大于婚姻，家庭关系可以涵盖婚姻关系，法律上所称家庭成员通常是指法律上具有权利义务关系的亲属，包括夫妻、父母、子女、兄弟姐妹、祖孙关系，因此，可以用家庭法作为调整婚姻家庭关系的法律规

---

① 杨水泉：《论婚姻法正名为亲属法的必要性与迫切性》，载《社会科学研究》1998年第3期。

② 杨大文：《民法的法典化与婚姻家庭法制的全面完善——关于民法婚姻家庭编的总体构想》，载《中华女子学院学报》2002年第4期。

范的名称。婚姻概念的范围则明显小于家庭,通常仅包含夫妻关系,无法涵括所有被调整的对象,当然不应当用婚姻法作为调整婚姻家庭关系的法律规范的名称。婚姻家庭的概念明确地表明其即包含婚姻关系也包含家庭关系,以此为名作为调整婚姻家庭关系的法律规范的名称是名副其实的。亲属概念的范围则大于家庭,可以包括婚姻、家庭以及一定范围的近亲属。大陆法系国家大多将调整婚姻家庭关系的法律置于民法典中作为一编,称之为亲属编,涵盖了亲属通则、婚姻关系、家庭关系与监护制度等。

如将我国民法典体系中调整婚姻、家庭关系的法律规范扩展至涵盖亲属通则、婚姻关系、家庭关系、收养、监护制度的完整系统的婚姻家庭法架构,是否就应当将现行《婚姻法》的名称修改为亲属法,笔者以为不尽然。首先,我国现行《婚姻法》所调整的家庭关系是法律上具有权利义务关系的近亲属。收养制度是法律拟制的血亲关系,其实质依然是家庭关系;监护制度以近亲属监护为主,确定无行为能力或限制行为能力人的监护人的排序依然以家庭成员的亲疏远近为依据。即使增加了亲属通则的规定,也并不能改变婚姻法以婚姻家庭关系为主要调整对象的实质。其次,为法律名称定位还与立法技术密切相关。我国婚姻家庭立法既要追求概念法学的科学严谨、规范统一,也要考虑国民对法律的理解能力、接受程度。笔者以为,即使在法文化、法规范不断普及,公民权利意识日益高涨的今日,为法律名称定位的选择依然最好是二者兼而有之。因此,依据法律调整对象的范围,我国的立法传统和立法习惯,以及易于国民对法律的理解和认同三大要素,应当将现行《婚姻法》的名称修改为《婚姻家庭法》。

第三节 完善婚姻家庭法体例架构涵括相关制度之探讨

完善婚姻家庭法的体例架构既要考虑整个体系结构的完整统一,也要考虑各项制度之间的逻辑体例的一致性。

一、在民法婚姻家庭编中增设亲属通则

亲属是基于婚姻、血缘和法律拟制而形成的社会关系。婚姻家庭领域

中各类主体之间的权利义务，都是以特定的亲属身份为发生根据的。亲属关系在其他法律领域也具有一定的法律效力，在民法婚姻家庭编中增设有关亲属的一般规定，是统一我国亲属法制的客观需要。[①] 我国现行《婚姻法》对亲属制度的一般规则未作明确系统的规定，有关亲属关系的范围、效力由各个相关法律自行规定，不仅削弱了《婚姻法》作为调整婚姻家庭关系基本法律的权威性，也造成相关法律规定之间的矛盾与冲突，造成司法实务中的混乱与立法资源的浪费。如关于近亲属的范围，《婚姻法》《民法通则》《继承法》《刑事诉讼法》均有相关规定。《婚姻法》在第三章家庭关系中规定的相互间有权利义务关系的亲属包括夫妻、父母、子女、祖父母、外祖父母、孙子女、外孙子女、兄弟姐妹。《民法通则》第 17 条规定近亲属可以担任无民事行为能力或者限制民事行为能力的精神病人的监护人。最高人民法院《关于贯彻执行〈中华人民共和国民法通则〉若干问题的意见（试行）》第 12 条规定："民法通则中规定的近亲属，包括配偶、父母、子女、兄弟姐妹、祖父母、外祖父母、孙子女、外孙子女。"《民法通则》及其司法解释与《婚姻法》规定的近亲属的范围在表述和排序上略有不同，《民法通则》以"配偶"代替婚姻法中的"夫妻"，在承担监护责任的排序上与《婚姻法》的排序不同，兄弟姐妹的排序高于祖父母、外祖父母、孙子女、外孙子女。如果说这两个法律及其司法解释尚没有实质性的区别，我国《刑事诉讼法》的规定则明确缩小了近亲属的范围。《刑事诉讼法》第 106 条规定："近亲属"是指夫、妻、父、母、子、女、同胞兄弟姐妹。显然，《刑事诉讼法》规定的近亲属的范围小于《婚姻法》的规定，将祖父母、外祖父母、孙子女、外孙子女排除在近亲属范围之外。

在我国统一的社会主义的法律体系中，法律术语应当一致，而不能各行其是，造成混乱，就确定近亲属范围而言，这个任务应当由调整婚姻家庭关系的基本法律来规定。通过增设亲属制度通则明确有关亲属的概念、种类、范围、亲系、亲等以及法律效力等问题，确保我国法律制度的统一性，规范性、权威性。笔者认为：法律规定的近亲属的范围应当与法律调整的亲属关系的范围相一致，即与有权利义务关系的亲属的范围相一致。亲属是具有固定身份和称谓的最基本的社会关系，基于亲属身份而产生的亲属称谓不

---

① 杨大文：《民法的法典化与婚姻家庭法制的全面完善——关于民法婚姻家庭编的总体构想》，载《中华女子学院学报》2002 年第 4 期。

仅是亲属身份的标志，也具有法律上的权利义务关系。正如恩格斯在《家庭、私有制和国家的起源》一文所说：父亲、子女、兄弟、姊妹等称谓，并不是简单的荣誉称号，而是一种负有完全确定的、异常郑重的相互义务的称呼，这些义务的总和便构成这些民族的社会制度的实质部分。[①]

根据我国的实际情况和多年的司法实践经验，现行《婚姻法》在家庭关系一章中将夫妻、父母、子女、祖孙、兄弟姐妹规定为具有权利义务关系的亲属是适宜的，符合我国目前以核心家庭和直系家庭[②]为主的家庭模式。近亲属的范围不宜过广，以相互间具有权利义务关系为宜，以便于在相关法律——如回避制度、代理制度等——中通用近亲属的概念。因此，应在婚姻家庭法亲属通则中将夫妻、父母、子女、祖孙、兄弟姐妹明确规定为近亲属。鉴于我国禁婚亲的范围较有权利义务的亲属为广，可以在婚姻成立的实质要件中就禁婚亲的范围设专条明确规定。

关于亲属关系亲疏远近的计算法，自 1950 年《婚姻法》始，我国《婚姻法》从未有过明确规定，仅在关于禁止结婚的规定中，有禁止“直系血亲和三代以内的旁系血亲”结婚的规定（现行《婚姻法》第 7 条）。学理上将此作为计算亲属关系亲疏远近的方法，并总结出世代计算法。[③] 与罗马法亲等计算方法[④]相比，世代计算法的“代”将己身计算在内，且不够精确，不能十分准确地确定亲属关系的亲疏远近。以己身与舅舅和表兄弟姐妹为例，按照我国的世代计算法，己身与舅舅和表兄弟姐妹均为同源于外祖父母的三代以内旁系血亲，但按照罗马法亲等计算法，己身与舅舅是三亲等，与表兄弟姐妹是四亲等。显然，我国现行《婚姻法》的世代计算法虽然简便，但不如亲等计算法精准，因而，亲等计算法为世界各国所通用。我国在修订《婚姻法》时，

---

① 《马克思恩格斯全集》（第 21 卷），人民出版社 1965 年版，第 40 页。

② 按照社会学分类，核心家庭是指由一对夫妻与未婚的子女组成的家庭，直系家庭是由一对夫妻或夫妻中的一方与已婚子女组成的家庭。

③ 任国钧：《婚姻法通论》，中国政法大学出版社 1988 年版，第 132—134 页。所谓三代是指：己身一代、父母一代、祖父母和外祖父母一代三代直系血亲。旁系血亲是指同出一源的血亲。所以，三代以内旁系血亲是以祖父母、外祖父母为同源人的血亲。

④ 罗马法亲等计算法：直系血亲计算法，从自己往上数，每经一代为一亲等；从自己往下数，每经一代也是一亲等。旁系血亲计算法，从自己往上数至双方共同的直系血亲即同源人，每经一代为一亲等；再往下数至要计算的人，也是每经一代为一亲等，所有数字相加即得出亲等数。

应当设专条明确规定将亲等作为确定亲属关系亲疏远近的计算方法。

二、监护制度应纳入民法典体系中的婚姻家庭编

监护是对无行为能力或限制行为能力人的人身、财产以及其他合法权益进行监督和保护的制度，它交织在民事主体制度、民事权利制度和亲属制度三个民事法律制度之中。各国所规定的被监护人主要包括未成年人、成年精神病患者、老年失能者。大陆法系和英美法系对监护范围的规定有所不同，分为广义监护和狭义监护。英美法系采广义监护理念，监护与亲权不分，即所谓监护是指对一切未成年人和无行为能力以及限制行为能力成年人人身、财产以及其他合法权益进行监督和保护。大陆法系采狭义监护理念，即所谓监护是指不在亲权之下的监护，将父母对子女的监护单列为亲权，而监护则是对不在亲权之下的未成年人、成年精神病患者、丧失行为能力或部分丧失行为能力的老年人的人身、财产以及其他合法权益的保护。

（一）监护制度纳入婚姻家庭编的理由

我国《民法通则》确立了我国的监护制度。其中第 16 条规定了对未成年人的监护，第 17 条规定了对无民事行为能力或者限制民事行为能力的精神病人的监护，第 18 条规定了监护人的职责，第 19 条规定了宣告精神病人为无民事行为能力人或限制民事行为能力人的程序。就监护制度而言，内容包括监护人的设立（未成年人的监护人与成年人的监护人）、监护人的职责、监护人的责任三方面。《民法通则》中的监护制度，弥补了 1980 年《婚姻法》的制度缺漏，使得对不具有完全民事行为能力的未成年人和成年人的人身和财产利益的保护有了基本的法律依据。但是，《民法通则》将监护放在"公民"一章中作为民事主体的一部分，这是当时立法的权宜之计。笔者认为，在未来的民法典体系中，监护制度应纳入婚姻家庭编，理由如下：

第一，符合未来民法典的总分体例。依照现有的大多数民法典专家建议稿，我国民法典的体例是总则下辖分则，统领分则，将民法典中具有共性、总括性和普遍性的规定抽象、概括于总则之中。因此，从体系化的结构分析，监护作为弥补法律主体行为能力的一项制度，可以在总则中用一个条文明确其功能之一——补充行为能力欠缺者的行为能力，而将监护事务等具

体内容规定在婚姻家庭(亲属)编中细化展开。① 这样既保留了监护制度的独立性,又维持了民法典的整体性和协同性。②

第二,符合监护制度的双重法律属性。传统的监护制度被认为是纯粹的私法,是亲属权利的延伸,是家庭职能的重要体现。现代的监护制度则兼具私法与公法两种性质。一方面,监护的主体依然以亲属关系为主③;另一方面,为更好地保障未成年人和其他无行为能力人、限制行为能力人的权益,许多国家对监护制度加大了公权力干预和监督的力度,通过设立监护法院、监护法官,由监护法院、监护法官选任监护人、指定监护监督人以及设立相关行政机构协助监护等方式介入具体的监护事务。④ 而这一变化充分体现了公权力渐次介入家庭法领域,保护弱势一方利益的趋势。但是,迄今为止,家庭依然是自然人成长和生活的最好环境,亲属依然是监护人的主要人选,是监护职责的主要实施者,监护职责大多仍然依托家庭实现。而且,未成人监护要与亲权制度相衔接,国家公权力的介入并不消除家庭在监护制度中的重要作用、取消家庭的监护职能,国家公权利只是作为监护制度的组织者、监督者以及最后责任的承担者,确保未成年人、限制行为能力人以及无行为能力人权益的实现。因此,将监护制度规定在婚姻家庭编中符合监护制度所具有的私法与公法的双重属性。

第三,符合大陆法系民法典的体系化传统。大陆法系民法典主要渊源于罗马法的《法学阶梯》与《学说汇纂体系》,并在近现代欧洲逐渐发展为以《法国民法典》为代表的法学阶梯体系派和以《德国民法典》为代表的潘得克吞体系派,在此基础上发展起来的《瑞士民法典》《意大利民法典》等则兼具体例完整、逻辑严密、注重法律伦理、保护家庭关系的人法优先的特点。大陆法系的大多数国家均将监护制度置于亲属编或人法中,例如,《德国民法典》将监护置于第四编亲属编中的第三章,在第二章亲属关系之后;《意大利民法典》将监护置于第一编人与家庭中的第十章,在亲权之后;《日本民法

① 李霞:《民法典成年保护制度》,山东大学出版社 2007 年版,第 275 页。

② 王竹青、杨科:《监护制度比较研究》,知识产权出版社 2010 年版,第 232 页。

③ 除亲属、朋友可以担任监护人以外,有些国家规定慈善机构、志愿者组织、专业的职业监护人机构等社会组织也可以担任监护人,但在监护顺序中,近亲属优先。

④ 参见《德国民法典》,第 1773—1908 条;渠涛编译:《最新日本民法》,法律出版社 2006 年版,第 838—875 条;《意大利民法典》,第 343—384 条。

典》也将监护置于第四编亲属编中的第五章，在第四章亲权之后。就体系化而言，监护制度与亲属制度的关联度高于主体制度，监护制度是亲权制度的延伸，与亲属制度密切相关，将监护制度置于婚姻家庭编中，符合大陆法系逻辑严密、体例完整的特点。

第四，有利于监护制度的完善与发展。如果将监护制度置于婚姻家庭编中单设一节，可以克服目前《民法通则》中监护制度过于简约、原则，缺乏可操作性的不足。监护制度内容庞杂、涉及监护人的设立、监护的类型与方式、监护人的权利与义务、监护的执行、监护监督人的设立以及监护的终止等具体的监护事务，绝非在总则中规定三五个条款即可实现完善监护制度的设想，若仍将其规定在总则之中，其结果或因内容庞杂、条款较多而导致与总则抽象、凝练的风格及比例不协调，或因为保持简约风格而使监护制度难以完善。因此，完善监护制度应当在婚姻家庭编中专设一章，并可考虑将未成年人监护与成年人照顾分别规定，以回应现实社会老龄化的需求①，构建内容完整、体系完备的监护制度。

（二）应改广义监护制度为狭义监护制度

我国《民法通则》确立的监护制度属于广义的监护制度，监护与亲权不分，在大陆法系国家极为鲜见。狭义的监护制度是大陆法系国家普遍采用的制度，即监护制度与亲权制度互相分离。所谓亲权指的是基于父母子女的身份关系而产生的专属的、为保护未成年子女利益的权利和义务的总和；狭义的监护仅将未受父母亲权保护的未成年人作为监护的对象。其理由在于：亲权是基于亲子之间的血缘关系自然产生并受到法律确认的，处于亲权保护之下的未成年人，其利益已能得到充分保护，无须通过监护制度再另行提供保护。对未成年人而言，监护制度是亲权制度不能发挥作用时的有效补充和延伸；对于无民事行为能力、限制民事行为能力的成年人而言，监护制度才具有独立存在的意义。②

亲权和监护在一定程度上有相似之处，都包括对行为能力欠缺者的人身和财产进行保护和管理的内容，但二者也存在诸多不同：第一，性质不同。

---

① 梁慧星主编：《中国民法典草案建议稿附理由·亲属编》，法律出版社 2006 年版，第七十六章“监护与照顾”，第 223—273 页。

② 夏吟兰主编：《婚姻家庭继承法》，中国政法大学出版社 2012 年版，第 154 页。

亲权是建立在血缘关系之上带有浓厚感情色彩的亲子关系，因而亲权是父母特有的对未成年子女进行保护、养育的权利和义务的统一体；而监护则是法律对监护人规定的一种职责，更多的是义务而不具有实质性的权利。第二，立法原则不同。亲权立法采取放任主义，立法上对亲权人的限制较少；而监护立法采取限制主义，立法对监护人的活动进行了严格的限制。第三，发生的基础不同。亲权是因父母子女关系而自然发生，是父母的天然的权利，无须经过特别的批准；而监护权则必须经过一定严格的法律程序才可发生。第四，主体范围不同。亲权是父母保护教育未成年子女的权利和义务，其权利义务主体即为亲权人，权利相对人为未成年子女。而在监护关系中，监护人既可以是被监护人的近亲属，也可以是亲属之外的人，甚至可以是单位或者社会组织；而监护权的相对人，即被监护人也不仅仅包括未成年人，而是指所有没有完全民事行为能力的人。第五，权利内容不同。亲权和监护权设置的目的虽然都是对行为能力欠缺的权利相对人进行保护，但是亲权人对未成年子女的权利义务不仅仅包括经济上的供养、人身上和财产上的保护，更重要的是对未成年子女的精神上的培养与教育；而监护权则主要强调对被监护人的保护，而不具有教养权的内容。[①]

由此我们可以看出，亲权与监护是有重大区别的。尽管二者在权利主体、权利内容上都有一些相重合的内容，但是这种重合是交错进行的，并不存在相互包含。亲权制度包含不了监护制度，监护制度也同样无法涵盖亲权关系的所有内容。监护和亲权是两种不同的制度，自成体系，如果非要将两者糅合成一个制度来进行规范，势必会损害立法的科学性，妨碍这两种制度各自依其内在要求的发展完善和各自功能的实现，最终造成的结果只能是，大监护概念徒有虚名，立法和司法实践各行其道。正如学者所言，在中国人的生活中，双亲的地位是不同于其他亲属的，也就是说，在习惯法的层面是存在亲权的。对此，《民法通则》是无法否认的，仅凭一纸文件是无法改变的。[②]

我国在制订民法典婚姻家庭编时应当从狭义上使用监护的概念，明确

---

① 夏吟兰、高蕾：《建立我国的亲权制度》，载《中华女子学院学报》2005年第4期。

② 张俊浩主编：《民法学原理》（修订第3版），中国政法大学出版社2000年版，第161页。

采取监护与亲权分离的立法技术。当然，我们必须注意到，目前，一些国家在亲子立法中强调子女的主体地位，摒弃亲权的概念，如《德国民法典》与《俄罗斯联邦家庭法典》[①]用父母照顾权或父母扶养义务取代或部分取代了亲权，以强调父母的责任，保护未成年子女的利益，在立法理念和法律用语上更为先进，我国在修法时可以考虑学习借鉴之。

三、收养制度应体系化地回归民法典中的婚姻家庭编

收养是指公民依照法定的条件和程序，将本属他人的子女领养为自己的子女，从而使原本没有父母子女关系的当事人之间产生父母子女权利义务关系的民事法律行为。显然，收养的结果就是要创设亲子关系，使收养人和被收养人之间产生拟制血亲关系，具有父母子女间的身份和权利义务，同时，解除被收养人与生父母之间的权利义务关系。养父母与养子女是亲子关系的一种重要类型，是亲属关系的重要内容。因此，调整收养关系的收养法当然属于婚姻家庭法内部架构中不可缺少的组成部分，这不仅符合法律逻辑，符合民法典体系化的要求，也符合社会生活逻辑和习惯法的惯例。正如费孝通先生在《生育制度》中所言：家庭这个父母子的三角结构是人类社会生活中一个极重要的创造。这个社会的基本结构在人类历史上曾长期地维持着人类种族和文化的绵续，它现在不但存在于任何地方的社区里，而且至今还没有发现根本的改变。它这样的普遍和悠久，也许是任何其他社会结构所不易比拟的。人类创制这种家庭的基本结构，目的是在解决孩子的抚育问题，使每个孩子能靠着这个社会结构长大，成为可以在社会中生活的分子。[②] 现代社会缔结收养关系的目的，正是为了孩子的最大利益，为了让那些失去父母的孩子，或父母因种种原因不能承担起教育抚养责任的孩子，或父母不能给予健康成长环境的孩子能够得到父母的关怀、家庭的温暖。收养法的立法目的、立法原则与婚姻家庭法中亲子关系的立法目的与立法原则相同，只是收养关系与自然血亲关系建立亲子关系的途径不同而已，收养是通过法律行为建立拟制血亲的亲子关系，而生父母子女则是因生育这

---

① 《俄罗斯联邦婚姻家庭法典》，鄢一美译，载中国法学会婚姻法学研究会编：《外国婚姻家庭法汇编》，群众出版社 2001 年版。

② 费孝通：《乡土中国·生育制度》，北京大学出版社 1998 年版，第 187、190 页。

个法律事实而产生的亲子关系。正是因为收养是一个需要通过法律行为构建的法律关系，世界各国都在亲属制度中设立了一套严密的收养制度以确保收养关系的成立有利于未成年子女的健康成长。

收养制度单独立法，独立于婚姻法的现行立法模式与中国婚姻家庭立法的体系架构不完善密切相关，是中国婚姻家庭立法的独特现象。尽管1950年《婚姻法》和1980年《婚姻法》对收养关系均有所规定，但因过于原则笼统，无法规制具体的收养行为，民间收养条件和形式各异。为规范收养行为，1991年12月29日颁布的《收养法》，构建了收养法的基本架构，规定了收养成立的实质要件、形式要件及其法律效力，收养解除的法定条件、法定程序及其法律效力，填补了立法空白。1998年11月4日修订的《收养法》则通过适当放宽收养的条件，鼓励公民收养孤儿、残疾儿童，统一收养程序，进一步完善了收养法。但是，收养法长期徘徊于婚姻法之外，不利于婚姻家庭法的完善，不利于收养法与亲子法的体系化和逻辑完整性。在婚姻法回归民法典的进程中，收养法也应体系化地回归婚姻家庭编。

收养法宏观地回归婚姻家庭编之后，应当科学地确定其在婚姻家庭法中的地位及体例结构，既要保持其在民法典婚姻家庭编中的逻辑之美，也要保持其相对独立性，以充分发挥收养的功能、效用，更好地保护收养关系当事人的合法权益，特别是未成年被收养人的最大利益。收养作为产生亲子关系的一种类型，在逻辑上自当属于亲子法的一部分，但在亲子法的逻辑体系中处于何种位置，各国规定有所不同。综观大陆法系各主要国家民法典亲属法编的规定，主要有两种立法例。

一是将收养关系规定在确认自然血亲的亲子关系之后(包括婚生子女的确认、否认和准正，非婚生子女的认领与准正)，具体规定亲子间权利义务内容之前。如《法国民法典》将收养子女编放在亲子编之后，亲权编之前；《瑞士民法典》把收养放在亲属编子女关系的形成一章中，单列一节，位于父母子女关系的效力之前；《日本民法典》将收养子女放在亲属编第三章父母子女中的第二节，位于亲生子女之后，第四章亲权之前；《意大利民法典》同样将收养(称之为“成年人收养”)置于人与家庭编中的亲子关系之后，亲权制度之前。尽管上述各国在具体用语上有所不同，但在逻辑次序上几乎如出一辙，都是把收养作为产生父母子女关系的一种而放在自然形成的父母子女关系规定的确认制度之后，这种相似性应该不是一种巧合，而应该看作各国立法者在对家庭法内部秩序的认识达成的一种一致。

二是将收养放在亲属编中，将收养关系规定在确认自然血亲的亲子关系以及具体规定亲子间权利义务的内容之后。例如《德国民法典》第四编亲属分为三章，第一章为民法上的婚姻，第二章为亲属，第三章为监护、法律上的照管、保佐。收养放在亲属编第二章亲属中的最后一节，置于自然血亲的亲子关系的确认及其法律效力之后，分为未成年人的收养和成年人的收养。《俄罗斯联邦家庭法典》第四编规定了父母子女的权利义务，第五编规定了家庭成员的扶养义务，第六编规定了无父母照管的子女的教育方式，收养子女作为无父母照管的子女的教育方式的一种。① 《德国民法典》与《俄罗斯联邦家庭法典》均摒弃了亲权的概念，用父母照顾权或父母扶养权取代了亲权，强调父母的责任，保护未成年子女的利益，立法理念和用语更为先进。笔者认为，此种立法例对收养制度的体系安排既体现了收养关系与亲子关系的逻辑性，也考虑了收养制度的相对独立性。如《德国民法典》亲属编中收养一节共计 31 条，是亲属章中条文最多的一节。

我国民法典体系中的婚姻家庭编应当借鉴大陆法系国家的立法模式，将收养法作为亲属制度的一部分，列于父母子女关系之后，视为确认建立亲属关系的法律路径之一，体现收养关系与亲子关系之间的逻辑性。收养关系的建立，在当事人之间将产生法律拟制的血亲关系，其法律效力与亲生父母子女完全相同。尽管有学者认为“由于收养关系的确立是拟制血亲关系得以形成的一种法定事由，而拟制血亲关系形成后在当事人间产生的权利义务关系则是收养行为的后果，所以在次序上将作为原因的收养置前，而把作为结果之中最主要部分的父母子女间的权利义务的具体内容置后应该说是符合逻辑安排的”②。但笔者以为我们也应当充分考虑中国立法的传统和收养制度的相对独立性。多年来，《收养法》长期独立于《婚姻法》，并形成了独立体系。现行《收养法》6 章 34 条，与现行《婚姻法》6 章 51 条分庭抗礼。未来修订《婚姻法》时就是要改变过去几十年“宜粗不宜细”的立法技术取向，使原有的过于概括、抽象、操作性不强的法律规范更加详尽、具体、系统，

① 参见《德国民法典》，第 1773—1908 条；《俄罗斯联邦婚姻家庭法典》，鄢一美译，载中国法学会婚姻法学研究会编：《外国婚姻家庭法汇编》，群众出版社 2000 年版，第 47—144 条。

② 李俊：《略论民法典中收养制度的设计》，载《甘肃政法学院学报》2006 年第 1 期。

《婚姻法》的章节、条文均会因此而有所增加。同时，我们也必须看到，即使《婚姻家庭法》其他章节的内容增加了，《收养法》在纳入婚姻家庭法体系之后的内容仍然是相当庞杂的一部分，收养是一套完整制度，包括收养人条件、被收养人条件、送养人条件、收养程序、收养效力、收养的解除、解除的效力等诸多方面，如果按照法国、瑞典等国的体例将收养放在父母子女关系中单列一节，必然会因为收养一节的内涵庞大、条文过多，而与其他各节体量不相一致。如果按照德国和俄罗斯的立体体例将收养单列一章放在父母子女关系章之后，既能体现收养制度与亲属制度特别是亲子关系之间的逻辑联系，也能体现收养制度的独特性：不仅可以通过法律行为建立亲属关系，也可以通过法律行为解除亲属关系，但建立或解除亲属关系的法定条件极其重要，必须体现亲子法与收养法的立法宗旨、立法目的与立法原则的一致性。

我国应当尽快制定一部完整统一的《婚姻家庭法》。民法典体系下的《婚姻家庭法》之基本架构应当体例完整、逻辑严密、内容协调、结构统一。将现行《婚姻法》的名称修改为《婚姻家庭法》，从逻辑体例上将亲属通则、监护制度、收养制度等与婚姻家庭密切相关的法律制度全部纳入婚姻家庭法中，以使婚姻家庭领域的各项具体法律制度能够全面地、集中地、系统地、成龙配套地纳入法典化的民法之中。制定一部完整统一的婚姻家庭法既要注重保障公民的人格尊严、崇尚意思自治、保护个人自由、完善婚姻家庭的权利体系，又要重视和维护健康文明、和谐有序的社会主义婚姻家庭核心价值观，弘扬家庭美德，强化家庭责任，维护婚姻秩序，促进社会公正。要通过增设、完善具体制度，协调相关制度，强化法律的可操作性，构建出一部科学性、前瞻性、完整性、可操作性高度统一，情理法高度一致的《婚姻家庭法》，全面完善我国的婚姻家庭制度。

第七章　结婚实质要件与形式要件研究

第一节　婚姻范畴及相关概念之区别

一、婚姻概念的历史追踪

婚姻作为一种社会现象，一直以来伴随人类繁衍发展的历史过程且随着人类社会的发展而不断变化。在人类社会由野蛮的原始状态逐步向文明社会演进的过程中，婚姻逐渐成为人们为了维持正常的社会生活秩序，依据社会风俗和法律规范而形成的一种特殊社会关系。婚姻既具有高度的系统性、组织性、稳定性和排他性，也存在较高的心理上的归属感和社会认同性。关于婚姻的概念，不同时期、不同国家和地区、不同研究领域可以从不同的角度加以理解。从时空关系来看，一方面，同一历史时期，不同国家、民族和地区的人们对婚姻的看法存在差异，比如，丹麦、瑞典、挪威、荷兰、法国等国家通过立法承认同性婚姻，而其他大部分国家在法律上则不承认同性婚姻；另一方面，不同历史时期，缔结婚姻的条件是不同的，对婚姻形成的认同标准也不同。通过考察人类婚姻的发展历程，可以发现婚姻的历史比婚姻的概念丰富得多。相对而言，古代婚姻的内涵较为简单，现代的婚姻关系比历史上的婚姻关系复杂得多。

“婚姻”一词，我国古代历史上曾称为“昏因”或“昏姻”。《礼记·婚义》明之为“婚姻合二姓之好，上以事宗庙，而下以继后世也”，意在强调婚姻对宗法家族的功利性作用。古罗马法学家莫蒂斯蒂努斯称“婚姻是一夫一妻的终身结合，神事和人事的共同关系”[①]，意在突出婚姻为异性之间的结合，强调婚姻的神圣性。我国人类学者童恩正认为，“婚姻的内容是两个男女之间建立的为社会所公认的性和经济的联合，使其产生的后代合法化，同时在丈夫和妻子之间肯定一种相互的权利和义务”[②]。此概念强调夫妻之间权利与义务的结合及子女的合法性。这些概念分别从某一角度界定婚姻，虽有其一定的科学性，但仍失之周延，因而揭示婚姻的法学内涵尤显重要。我国现行法律法规以及司法解释均未明文规定婚姻概念，国外婚姻家庭立法中，则有少数一些立法例中涉及婚姻的界定。例如，《葡萄牙民法典》第 1577 条规定：“婚姻是两个异性的人之间根据本法典的规定，意在以完全共同生活的方式建立家庭而订立的合同。”[③]美国众议院于 1996 年 7 月通过的《“捍卫婚姻法”法案》将婚姻界定为“一个男人和一个女人的结合”，旨在反对同性婚姻。上述立法例仅侧重于婚姻为异性之结合，仍未完全揭示婚姻的内涵。

二、合法性为婚姻本质之辩

曾经在我国婚姻法学界极具代表性的婚姻概念是“婚姻是男女双方以永久共同生活为目的，以夫妻权利义务为内容的合法结合”[④]。此概念突出“合法性”是婚姻的界定标准。笔者对此并不赞同。

首先，婚姻作为当事人合意的法律行为，应当具有法律行为的一般属性。德国民法学者认为，现代民法学意义上的法律行为概念首创者为潘得克吞体系的造始者海瑟。他在 1807 年出版的《民法概念——潘得克吞学说教程》一书中，首次把法律行为概念的内涵解释为设权意思表示行为。继海瑟之后，萨维尼在《当代罗马法体系》一书中创立了法律行为的完整理论体系，并把法律行为概念的内涵精确地阐明为：“行为人为创设其意欲的法律关系而从事的意思表示行为称法律行为。”[⑤]从海瑟、萨维尼所界定的法律行

---

① 李俊：《略论民法典中收养制度的设计》，载《甘肃政法学院学报》2006 年第 1 期。

② 童恩正：《文化人类学》，上海人民出版社 1989 年版，第 135 页。

③ 转引自方文晖：《论婚姻在法学上的概念》，载《南京大学学报(哲学·人文科学·社会科学版)》2000 年第 5 期。

④ 杨大文主编：《婚姻家庭法》，中国人民大学出版社 2001 年版，第 3 页。

⑤ 张俊浩主编：《民法学原理》(修订第 3 版)，中国政法大学出版社 2000 年版，第 219—225 页。

为来看，法律行为是私法自治的工具，而意思表示又是法律行为的工具，法律行为的本质属性是一种设权的意思表示，而非合法性，是否合法并不影响其作为法律行为客观存在，而只影响其效力。[①] 法律行为有合法与违法之分。与此相对应，婚姻也存在合法婚姻和违法婚姻之分。我国 2001 年修订的《婚姻法》增设了“无效婚姻和可撤销婚姻”，表明法律认可婚姻有合法与违法之分。

其次，婚姻的合法条件因时空而呈动态。在我国 1950 年《婚姻法》规定有生理缺陷不能发生性行为者，禁止结婚；1980 年《婚姻法》及 2001 年修订的《婚姻法》均取消了该规定。再如，当前大多数国家实行一夫一妻制，否则是违法的；而在伊斯兰教一些国家，一夫多妻制却是合法的。

再次，我国《婚姻法》与《刑法》中对婚姻生效的界定标准不同。体现在重婚问题上，根据我国现行《婚姻法》及最高人民法院《关于适用〈中华人民共和国婚姻法〉若干问题的解释（一）》的规定，婚姻法中的重婚，必须是某人同时存在两个登记婚姻。如果某人与他人在办理了结婚登记之后未解除此婚姻关系之前，又与第三人以夫妻名义共同生活，但未办理结婚登记手续，那么不被视为重婚行为。但是，传统刑法理论与司法实践认定婚姻生效不是以结婚登记完成与否为要件的。[②] 刑法与婚姻法同属于我国的法律体系，从构建原则来讲，婚姻法中的婚姻认定规则应该是刑法中对于重婚行为的界定基础，两者应该在逻辑融洽、彼此呼应的情况下共同构筑保护婚姻制度的法律屏障，但是由于公法和私法长期以来的制度壁垒，二者的调整对象和范围并不一致。规范主义和实证主义法学的冲突首先在立法层面凸显，刑法以行为人的行为是否具有社会危害性为判断重婚的基础，而婚姻法则以对婚姻当事人的合法权益的保护为根本动因。因此，在前后婚姻都为事实婚姻时，刑法和婚姻法在认定是否构成重婚时就出现了不同的结果。[③]

---

① 〔德〕迪特尔·梅迪库斯：《德国民法总论》，邵建东译，法律出版社 2000 年版，第 142—143 页。

② 在 1994 年 12 月 14 日最高人民法院颁布的《关于〈婚姻登记管理条例〉施行后发生的以夫妻名义非法同居的重婚案件是否以重婚罪定罪处罚的批复》（已失效）中规定：“新的《婚姻登记管理条例》发布施行后，有配偶的人与他人以夫妻名义同居生活的，或者明知他人有配偶而与之以夫妻名义同居生活的，仍应按重婚罪定罪处罚。”

③ 参见张洪波：《事实婚姻的立法冲突及解决》，载《法学论坛》2009 年第 1 期。

最后,强调婚姻的合法性混淆了婚姻种概念与属概念之别。当前使两性结合趋于规范化的主要手段是依据法律。因此,合法性仅为当下合法婚姻的外在要求,意在强调合法缔结的婚姻关系受法律的保护,而违法的婚姻将不被法律保护且会受到法律的制裁。目前我国现实生活中重婚、近亲婚的不利法律后果恰好证明此点。

婚姻是现实生活中特定人之间的一种社会关系。婚姻制度是一定社会中有关婚姻行为规范的总和,是社会制度的组成部分,也是建立在一定经济基础之上的上层建筑。任何意识都反映客观存在,婚姻制度是统治者统治的意识在婚姻行为方面的集中表现,其必来源于客观存在的婚姻现象。"先有人们的社会行为,后有调整人们社会行为及其相互关系的法律规范。"[①]因此,婚姻最初在人类社会里并不是以合法性的面目出现的。国家出于统治的需要,制定婚姻法规范婚姻,保护合法婚姻,制裁违法婚姻,以此管理和监督婚姻当事人,于是婚姻法中就有了合法婚姻与违法婚姻之分。违法婚姻仍然不失为婚姻的一种。婚姻分为合法与违法均是从法律的角度对既存的客观现象的一种评价。

三、婚姻法上"婚姻"概念界定

婚姻法学上意欲界定婚姻之概念,既要在内涵上反映概念的本质属性,又要在外延上具有包容性,涵盖各种婚姻形态,将人们观念中视为婚姻的两性结合框定在婚姻内涵之中。因此,那些不以以夫妻名义共同生活为目的的同居、偶尔发生的两性关系将被排除在婚姻概念之外,以使婚姻内涵能够有效地将婚姻与非婚同居(异性之间)、准婚姻、事实婚姻区分开来。易言之,婚姻应该是法律婚姻与事实婚姻、有效婚姻与无效婚姻、合法婚姻与违法婚姻的种概念。

史尚宽先生概括"婚姻"有两大本质要素,一是男女两性结合,这是婚姻形成的自然因素;二是共同生活,包括精神的生活共同(互相亲爱,精神的结合)、性的生活共同(肉体的结合)和经济的生活共同(家计共有)[②]。芬兰E. A. 韦斯特马克主张"男女之间的结合必须根据习俗或法律规则被确认为

---

① 王洪:《婚姻家庭法》,法律出版社2003年版,第60页。

② 史尚宽:《亲属法论》,中国政法大学出版社2000年版,第98页。

正式婚姻,而不管这些规则是什么样的规则”。[①] 依据婚姻特性结合上述论断,本章将婚姻界定为:婚姻是男女两性长期以夫妻名义同居生活,被当时法律规范和社会习俗所认可的,基于两性结合的具有夫妻的权利与义务的法律关系。

四、与婚姻有关的相关概念区分

当前因为社会经济发展的变革,两性关系也呈现多元化形态,其中事实婚姻、非婚同居、准婚姻则是较易引起混淆的几个概念。事实婚姻是与法律婚姻相对应的概念,即男女双方未依结婚形式要件成立婚姻,但以夫妻名义共同生活,周围群众也认为是夫妻关系的两性结合。非婚同居包括同性同居(婚姻的非常态表现,下文详述)和异性同居,在此为了区别于婚姻,我们仅指异性的同居,它是指没有配偶的男女按照类似于婚姻的模式共同生活但彼此不以夫妻身份对外相称。准婚姻关系也称亚婚姻关系,指未婚男女不办理结婚登记手续而同居的两性结合的事实状态。从概念观之,事实婚姻是婚姻存在的事实状态,男女双方完全具有婚姻的实质要件,仅欠缺登记这一形式要件;非婚同居和准婚姻其本质就在于名称上的区别,二者都是两性结合的事实状态,不仅双方不具有缔结婚姻的内心意思,即缺乏“婚姻内核”,不具有夫妻的权利义务,而且也没有缔结婚姻的外部表示行为,即当事人外在的表示行为不足以让一个社会理性群体认为在他们之间存在婚姻。

第二节　结婚的要件

婚姻作为双方法律行为,其成立自然需符合法律行为成立的一般要件;又因为婚姻兼具自然属性和社会属性,因而其成立需要具备特殊要件。同时婚姻的成立是相对无婚而言,欠缺婚姻成立的某项要件,婚姻根本不成立,无婚姻可言。婚姻的成立意味着当事人之间存在婚姻关系,是一种客观存在的事实,虽然这种婚姻关系并不一定受法律保护,但是,能够产生相应的后果,并具有一定的法律意义。已成立的婚姻如果符合我国《婚姻法》关

---

① 史尚宽:《亲属法论》,中国政法大学出版社 2000 年版,第 98 页。

于结婚实质要件和程序要件的规定，即为有效婚姻，从结婚之时起就具有法定的夫妻权利义务关系，并且非经法定程序不得解除婚姻关系。

一、结婚的实质要件

（一）婚姻是一男一女两性的结合

自从人类诞生以来，便开始探索和追求两性之间的爱与和谐。《诗经》云："死生契阔，与子成说，执子之手，与子偕老。"两性关系是人类最根本最自然的人际关系之一，两性的结合也是人类繁衍的必要条件，"两性关系的发展客观地反映了人类文明史的一个方面"[①]。人类文明发展的历史，蕴涵了人类对自身性活动的认识，经历了从蛮荒时代的性无知、纯粹的动物性满足到性禁忌、性伦理规范、婚姻伦理、两性关系法律规制的文明发展过程。婚姻是一种特殊的规范化的两性关系，它的出现见证了人类在性的社会控制上向前迈出了异常勇敢的一步。任何一种可以被称为"婚姻"的两性关系形式，总是与某种或某些"禁忌"联系在一起，无禁忌便无婚姻。[②]

同性之间能否成立婚姻？自 20 世纪 80 年代以来，相继有一些国家或地区承认同性婚姻的合法地位。目前，在英美法系国家，以英国、美国部分州、加拿大等为代表的国家陆续有同性婚姻合法化的议案出台。2015 年 6 月 26 日，美国联邦最高法院裁决同性婚姻在全美合法化，美国成为全世界第 21 个在全国范围内允许同性伴侣结婚的国家。而在大陆法系国家，以丹麦为主要代表的挪威、瑞典、荷兰等国都通过法律给予同性婚姻和异性婚姻同样的保护。2013 年 5 月 18 日，法国总统奥朗德签署通过同性婚姻的法律，成为欧洲第 9 个、世界上第 14 个认可同性婚姻的国家。但是，因为同性婚姻是婚姻的非常态表现，通过立法承认的国家只是少数。而且，传统婚姻涉及人类伦理、社会发展以及人类在生物学、遗传学上的种种问题，同性婚姻无法满足这些要求。

英美法系即普通法系中所称的婚姻，又指结婚，其既指夫妻关系，也指产生此种关系的仪式，是一个男人和一个女人之间排除所有其他人的自愿

---

① 〔芬兰〕E. A. 韦斯特马克：《人类婚姻史》（第一卷），李彬等译，商务印书馆 2002 年版，第 34—35 页。

② 〔保〕瓦西列夫：《情爱论》，赵永穆等译，当代世界出版社 2003 年版，第 3 页。

和永久的关系，该关系存续终身或直至最早的法定解除。[①] 美国新自然法学家菲尼斯从自然法的角度反对同性婚姻，他认为性的交媾才是真正生物学上的结合，即使不是每次交媾都会怀孕生育，但那也是符合基本善的行为，他强调应"把生儿育女作为一种本能，一种不可缩减的基本价值，以与婚配、生殖、养育的倾向相对应……性交等或许是爱或者友谊的游戏或表达，以及、或者为生儿育女所进行的尝试"[②]。

大陆法系国家一般不对何为婚姻作直接规定，但在相关条文的表述中，暗含了婚姻的前提是男女两性的结合。德国[③]与瑞士[④]民法典中关于婚姻当事人权利义务的规定，都强调了此种权利义务发生于夫妻之间。这间接证明，大陆法系与英美法系认定婚姻是男女两性的结合。

尽管前述欧美国家相继承认同性婚姻合法化，但是同性之间结婚率和异性婚姻相比，还是寥寥无几。在美国，"最早承认同性婚姻的马萨诸塞州，只有约17%的同性伴侣领取了结婚证；据加拿大同性婚姻合法化三年后所做的调查，其同性伴侣的结婚率只有17%；瑞典就同性伴侣登记法实施8年后同性恋者进入登记伴侣关系的人数进行过统计，只有1526对同性恋者登记，而同期异性恋登记为28万对，二者比例只有5∶10000；丹麦在许可同性伴侣关系登记的10年里只有4337名同性恋者登记；荷兰2003年同性婚姻合法化后，共有5751对同性恋者结婚，占荷兰人口不到万分之四"[⑤]。

在我国，无论立法导向还是传统文化习俗以及大众的认知都决定我国对同性婚姻仍然持反对态度。

首先，在婚姻立法的导向上，坚持婚姻必须是男女两性的结合，在法学界也是持一致态度的。婚姻作为人类社会长期发展而形成的制度，必须满足人类社会种族繁衍的第一需要。而婚姻以男女两性的结合为必需才能达到人类社会延续并发展的根本目的。因此，从这个意义上来说，以男女两性

---

① 夏吟兰：《美国现代婚姻家庭制度》，中国政法大学出版社1999年版，第22页。

② 〔美〕约翰·菲尼斯：《自然法与自然权利》，董娇娇、杨奕、梁晓晖译，中国政法大学出版社2005年版，第73页。

③ 《德国民法典》第1353条。

④ 《瑞士民法典》第159条。

⑤ 王森波：《同性婚姻法律问题研究》，中国法制出版社2012年版，第153页。

的结合作为婚姻成立的要件之一，是人类的自然属性在社会发展及婚姻作为社会制度方面的必然反映。同性婚姻违背自然规律被大众所不认同。"虽然性关系不一定在婚姻之内，但是婚姻关系却没有不包含性的关系的。若是男女间有不会或不能发生性的关系的，他们也必然不能发生正常婚姻关系，而且即使发生了婚姻关系，这也常成为解除此关系的充分理由。"[①]尽管现实中有因生理残疾导致缺少婚姻的自然生理基础，而夫妻凭借深厚的情感以及信念控制维持婚姻的，但这仅属个例。

其次，从人口的增长方面看，有学者认为凡是人口增长压力较大的国家，对同性恋一般都采取比较宽容的政策；而人口稀少的国家对同性恋则比较严厉。这是因为这类人群不生育，将对国家的人口状况产生直接影响。据统计，我国男女同性恋者大约在3900万—5200万人之间。由于同性结合不被法律和伦理道德承认，这些同性恋者大多数会同异性结婚生育。如果他们可以与同性结为生活伴侣，将有这样大的一个人群不生育，有利于我国的人口控制。[②] 笔者不赞同这种说法。一是北欧国家多数认同同性婚姻，其人口数量并不大；二是虽然当下我国人口已经过13亿，在世界居于人口大国之首，但是多年的计划生育国策有效地控制了人口增长的速度，同时有力提高了人口的质量，即使有同性恋倾向的人也追随大众婚姻观结婚生子(女)，也不会直接影响到人口数量的增加。

最后，中华民族是一个比较重视伦理道德和血缘关系的民族。由于传统婚姻家庭价值观念和社会规范的有力控制，婚姻的发展一直处于比较稳定、持久、平和的状态。虽然改革开放三十多年来，我国的婚姻关系确实发生了一些变化，西方文化风俗影响到中国大陆，在性自由等问题上中国社会在向国外靠近，但从总体上看，人们的婚姻观念仍然比较传统，95%以上的大众仍然期待"执子之手，与子偕老"，享受夫妻相偕、舐犊情深的天伦之乐。相反在同性恋家庭中，无论是通过收养还是人工辅助的方式繁衍后代，都会不可避免地引起血缘关系的混乱，而且会倾覆中国人现有的伦理道德标准，进而摧毁国人的道德情感，甚至会影响社会的稳定。[③]

---

① 费孝通：《生育制度》，商务印书馆1999年版，第85页。

② 参见王森波：《同性婚姻法律问题研究》，中国法制出版社2012年版，第153页。

③ 参见李银河新浪博客，http://blog.sina.com.cn/s/blog_473d53360102ev05.html，最后访问日期：2013年4月3日。

因此，婚姻是异性的结合为首要要件。同时双方的合意也是一个必须要件。由于现代各国婚姻法奉行婚姻自由的原则，结婚须当事人双方合意，也是现代各国婚姻法律规定的共同要件。如《俄罗斯家庭法典》第 126 条规定："申请结婚的男女双方必须相互自愿同意。"①《瑞士民法典》第 1310 条规定："结婚必须由结婚人在户籍官员面前声明相互结婚之意愿。"

（二）男女双方符合法定的婚龄

1. 法定婚龄是婚姻主体的能力要求

我国《宪法》和《婚姻法》均规定，婚姻自由是每一公民拥有的权利。《婚姻法》第 6 条规定："结婚年龄，男不得早于 22 周岁，女不得早于 20 周岁。"由此可知，公民在达到法定婚龄前，有结婚的权利能力而无行为能力，或有结婚的权利却并不能行使这一权利。法定婚龄是指结婚的起始年龄，只有达到法定婚龄者，才具有缔结婚姻关系的主体资格。无精神障碍的男女只有达到法定婚龄，才在道德观念基础之上对婚姻行为有一定程度的认知，也才相应具备实践婚姻这一伦理行为的能力。婚姻当事人必须达到一定年龄才能反映生理条件。因为只有成年人，生理发育成熟，才有做父母的资格。如果男女成婚太早，其子嗣常常"身体矮小而发育不良"。② 自然人到了一定的年龄，其生理和心理才会发育成熟，才能了解婚姻的内容，形成成熟的婚姻观，这是确定法定婚龄必须考虑的问题。如果婚龄偏低，当事人从生理和心理上还不可能形成成熟的婚姻观，这样的婚姻容易草率；婚龄过高，又不符合生理的发育特点。总之，法定婚龄太高或太低，都是违反自然规律、人性的。那么，男女各自的适婚年龄为何有差别呢？亚里士多德曾指出，男女嫁娶的适当年龄应考虑生理条件，"拟订婚姻法规时首先想到的，应当是夫妇各自的和共同的生命周期，让他们生育年龄的起讫作成适当的配合，务使双方的生理机能在这个时期足以相匹，不至于男人精力还是旺盛而妇女已不能妊娠，或妇女尚能怀孕而男人已经衰老。年龄不合的配偶常常成为夫妇不睦以至家中吵吵闹闹的原因"③。

---

① 《俄罗斯联邦家庭法典》，鄢一美译，载中国法学会婚姻法学研究会编：《外国婚姻家庭法汇编》，群众出版社 2000 年版，第 468 页。

② 巫昌祯主编：《婚姻家庭法新论——比较研究与展望》，中国政法大学出版社 2002 年版，第 131—132 页。

③ 〔古希腊〕亚里士多德：《政治学》，吴寿彭译，商务印书馆 1983 年版，第 397 页。

2. 法定婚龄的确定基于一定时期国家公益的要求

法定婚龄是每个国家根据本国的社会经济状况、人口政策、宗教信仰、道德观念、传统习惯等因素确定的，所以也可纳入公益性要件。我国封建社会由于战争频繁、疾病不断、人口死亡率高、人口增长缓慢，统治阶级为了适应征丁、服劳役的需要，法定婚龄普遍较低，如唐开元年间为男 15 岁、女 13 岁，宋、明、清时期均为男 16 岁、女 14 岁，对到法定婚龄不结婚的，法律还规定予以制裁。我国封建社会时期盛行早婚，与当时的小生产经济及儒家思想的宗法观念密切相关。新中国成立后，1950 年《婚姻法》规定的法定婚龄是男 20 周岁，女 18 周岁。1980 年《婚姻法》再次提高法定婚龄为男 22 周岁，女 20 周岁，这是基于我国计划生育国策之需要。

3. 现行《婚姻法》确定的法定婚龄需继续坚持

一般来讲，各国法定婚龄均在 18 周岁左右，我国的法定婚龄显然高出成年之龄。近年来，有人建议结合我国国情，将现行法定婚龄男 22 周岁，女 20 周岁改为男女相同或者女大于男，解决性别比失衡所带来的社会问题。[①] 还有学者根据计划生育基本国策、青少年成长规律、当前中国青年人心理成熟年龄后延导致对婚姻的责任承担缺乏及优生优育等情况综合得出法定婚龄应提高到男女均为 24 周岁。[②] 虽然这是民众对法定婚龄基于人性的各种呼声，但是，综合考量男女发育成熟的相差规律、当前独生子女心理成熟晚于生理成熟期的现状以及尊重习俗等因素，笔者认为应该坚持法定婚龄为男 22 周岁，女 20 周岁。少数民族地区根据法律可以做变通规定。其原因一是少数民族历来就有早婚的习惯；二是少数民族聚居的地区自然条件通常较差，交通不便，市场经济不发达，适龄青年在生活上对父母依赖性强，听从父母安排婚姻的习俗自然就延续下来。因此，笔者建议我国边疆少数民族地区男女婚龄可以变通为男 20 周岁，女 18 周岁。

（三）须符合一夫一妻制的原则

首先，一夫一妻制是人类历史选择的必然结果。[③] 人类婚姻家庭形态演

---

① 张迎秀：《结婚制度研究》，山东大学出版社 2009 年版，第 38—41 页。

② 黄艳、郭柯堂：《代表建议法定婚龄改为男女相同或者女大于男》，载《信息时报》2008 年 3 月 6 日；江大红：《修改婚龄为女大男小，姐弟恋遇心理关》，载《羊城晚报》2008 年 3 月 7 日。

③ 恩格斯在《家庭、私有制和国家的起源》一文中，详细阐述了此问题。参见《马克思恩格斯选集》（第 4 卷），人民出版社 1995 年版，第 33—35 页、第 61 页。

变的主要阶段性标志分别是群婚、对偶婚以及一夫一妻三种婚姻形态。在蒙昧时期，两性关系杂乱，后来从群婚制的低级阶段向高级阶段发展中，两性关系的主体范围从杂乱到规范化，婚姻禁忌趋于严格，但仍未脱离集团婚之羁绊。对偶婚制出现于原始社会晚期，存在于蒙昧时代与野蛮时代交替时期，是集团婚向个体婚过渡的中间形态，但此时一男一女的同居关系相对稳定却失之牢固。一夫一妻制（个体婚制），是指一男一女结为夫妻，任何人不得在同一时期内有两个以上配偶的婚姻制度。它是在群婚制的基础上发展起来的，是私有制确立的必然结果。个体婚制是人类进入文明时代的标志，是一个伟大的历史进步。

其次，一夫一妻制体现了人类的伦理。亚里士多德指出，家庭是一种“义理结合”，他认为“人类所不同于其他动物的特性就在于他对善恶和是否合乎正义以及其他类似观念的辨认（这些都由言语为之互相传达），而家庭和城邦的结合正是这类义理的结合”。① 罗尔斯也认为，家庭是正义主题的实例之一。他指出，“正义是社会的首要价值，正像真理是思想体系的首要价值一样”②，正义的首要主题是“社会主要制度分配基本权利和义务”，“对于思想和良心自由的法律保护、竞争市场、生产资料的私人所有、一夫一妻制家庭就是社会制度的实例”。③ 黑格尔认为，一夫一妻是平等原则的必然逻辑。婚姻本质是一夫一妻制，因为置身在这个关系中并委身于这个关系的，乃是人格，是直接的排他的单一性；因此，只有从这种全心全意的相互委身中，才能产生婚姻关系的真理性和真挚性。④ 因此，一夫一妻制是彻底实现男女平等的重要条件，是婚姻道德的必然要求。⑤

再次，实行一夫一妻制是世界大多数国家立法的共性，是现代各国婚姻家庭立法的通例，无论大陆法系还是英美法系国家对此均有明确规定。《德国民法典》第 1306 条规定：“如果在准备相互结婚的人中有一人与第三人之间存在婚姻，即不得结婚。”美国《统一结婚离婚法》第 207 条也将一方尚未

---

① 〔古希腊〕亚里士多德：《政治学》，吴寿彭译，商务印书馆 1983 年版，第 75 页。

② 〔美〕约翰·罗尔斯：《正义论》，何怀宏、何包钢、廖申白译，中国社会科学出版社 1988 年版，第 3 页、第 7 页。

③ 同上。

④ 〔德〕黑格尔：《法哲学原理》，范扬、张企泰译，商务印书馆 1961 年版，第 183 页。

⑤ 陈苇主编：《婚姻家庭继承法学》，群众出版社 2005 年版，第 49 页。

离婚而又与他人结婚作为禁止结婚的首要条件。在实行一夫一妻制的国家，有配偶而又与他人结婚者构成重婚。对重婚的民事制裁，各国法律规定不一，其中以重婚为无效婚的居多，如法国、德国、瑞士、英国、意大利、美国大部分州等；以重婚为撤销婚的，有日本、韩国、瑞典等国家以及我国澳门特别行政区；以重婚为离婚原因的，有美国部分州；重婚既为无效婚原因，又为离婚原因的，则是我国《婚姻法》第 10 条、第 46 条就有的规定。

最后，一夫一妻制的实质要求。一夫一妻制是我国婚姻法的基本原则，《婚姻法》第 2 条、第 10 条及《婚姻登记条例》第 5 条、第 6 条第 3 项均贯穿了这一原则。[①] 按照一夫一妻制的要求，婚姻只能是一男一女互为配偶的合法结合，任何人不得同时有两个以上的配偶，"同时"亦即一个人在同一段时间内存在两个以上的婚姻关系。对"同时"应作实质意义上的理解，具体来说，"同时"包括两种情况：其一是先有一个配偶，婚姻关系没有终止，后又有一个以上的配偶；其二是原来无配偶，与两个以上的人同时建立了"婚姻关系"。一夫一妻制的确切含义不仅在于婚姻关系只能发生在一男一女之间，任何人不能同时有两个以上的配偶，其更实质的含义在于强调性行为在一男一女间产生。[②]

（四）男女双方不属于禁婚亲

禁婚亲是指禁止结婚的亲属，从广义上说，其不仅包括一定范围的血亲，在有的国家，还包括一定范围的姻亲。禁止一定范围的血亲结婚，是古今中外婚姻立法的通例，其立法根据有两个方面：

首先基于优生学原理。统计表明，一些隐性遗传病如先天性聋哑的发病率，表亲婚配是随机婚配的 7.8 倍；先天性鱼鳞病的发病率，表亲婚配是随机婚配的 63.5 倍；白痴的发病率，表亲结婚比一般的通婚高 8 倍；白化病高 13 倍；全色盲和小头畸形高 18 倍。[③] 其他如高血压、精神分裂症，先天性

---

① 我国 2003 年的《婚姻登记条例》第 5 条要求申请结婚登记的当事人需签署"本人无配偶"的声明；第 6 条第 3 项将"一方或者双方已有配偶"作为婚姻登记机关不予登记的情形之一。

② 参见孟令志：《事实婚姻质疑——兼论无效婚姻的法律后果问题》，载《法商研究》1999 年第 2 期。

③ 巫昌祯主编：《婚姻家庭法新论——比较研究与展望》，中国政法大学出版社 2002 年版，第 135—136 页。

心脏病、无脑儿等多基因遗传病或先天畸形，近亲婚配生子女的发病率也明显高于非近亲结婚。[①]

其次是根据伦理学的要求。近亲结婚有伤风化，与婚姻道德不相容。直系血亲间禁止结婚，各国规定无一例外。旁系血亲的禁婚范围，各国根据其风俗习惯，有广狭、宽严之别。有些国家禁止一定范围的姻亲结婚，则纯属伦理与习惯的考虑，与优生原理无关。国外婚姻立法是采用概括与列举两种方式来规定禁婚范围的。德国禁止兄弟姐妹（全血缘与半血缘）结婚，日本、法国、英国等国禁止三亲等旁系血亲间通婚。[②]

我国现行《婚姻法》规定直系血亲和三代以内旁系血亲禁止结婚。[③] 上述规定对拟制直系血亲、拟制旁系血亲、直系姻亲、旁系姻亲间能否结婚均无明文规定，实乃立法缺漏。域外立法既有直系姻亲禁止结婚的规定，也有旁系姻亲禁止结婚的规定。《日本民法典》第735条规定，直系姻亲间不得结婚，即使在姻亲关系消灭之后亦同。《法国民法典》第163条规定，三亲等以内的旁系姻亲禁止结婚，如伯叔母与侄子间禁止结婚。我国香港、台湾地区亦是如此，香港特区《婚姻条例》禁止两代直系姻亲结婚；台湾地区"民法典"第983条亦将直系姻亲列入禁婚范围，即使姻亲关系解除也不例外，该条亦将五亲等以内辈分不相同的旁系姻亲列入禁婚范围。

正因我国《婚姻法》对此无明确规定，实践中曾有公公要求与丧偶儿媳结婚，因有悖伦理道德引起社会舆论哗然，不得不远迁他乡的事例。[④]

我国是有着几千年文明历史的伦理之邦，历来重视传统伦理道德，在结

---

① 参见王廷珍、胡春学、张作财主编：《优生优育学》，人民军医出版社1989年版，第166—167页。

② 《日本民法典》第734条规定："三亲等内的旁系血亲不得结婚。"《法国民法典》第162条规定："旁系亲属的兄弟姐妹间，不问其为婚生或非婚生，禁止结婚。"第163条规定："叔伯与侄女间、舅父与外甥女间、姑母与内侄间、伯叔母与侄间、姨母与姨甥间、舅母与外甥间，不问其为婚生或非婚生，禁止结婚。"

③ 直系血亲即父母与子女、祖父母、外祖父母与孙子女、外孙子女等。三代以内旁系血亲包括：(1) 同源于父母的兄弟姐姐妹；包括同胞兄弟姐妹、同父异母兄弟姐妹、同母异父兄弟姐妹；(2) 同源于祖父母、外祖父母的辈分相同的堂兄弟姐妹、表兄弟姐妹；(3) 同源于祖父母、外祖父母的辈分不同的叔、伯、姑、姨、舅与侄子女、外甥子女。

④ 参见最高人民法院中南分院1953年7月14日作出的《关于"公公与儿媳""继母与儿子"等可否结婚问题的复函》。转引自刘素萍主编：《婚姻法学参考资料》，中国人民大学出版社1989年版，第191页。

婚问题上讲究尊卑有别，长幼有序，不赞成不同辈分的亲属通婚。同时迎合域外禁婚的潮流。在此民法典婚姻家庭编立法中建议，以后在《婚姻法》修改中，应增加禁止拟制直系血亲、直系姻亲、四亲等以内拟制旁系血亲、旁系姻亲间结婚的规定。

（五）双方没有禁婚疾病

禁止患有一定疾病的人结婚既是基于遗传学原理对于后代健康的考虑，也是各国立法通例。我国对禁婚疾病立法也是比较零散概括，不利于实践中具体适用。目前在我国，患有医学上认为不应当结婚的疾病可分为两类：严重的精神方面的疾病和重大不治且有传染性的身体方面的疾病。前者有先天性痴呆、精神病等，患这类疾病的人，通常是无行为能力的人，既不能独立为财产上的行为，也不能独立为身份上的行为，而且婚后有将精神方面疾病遗传给后代的可能；后者婚后会严重危害他方和后代的健康。

《瑞士民法典》第 120 条规定："结婚时一方为精神病或因继续存在的原因无判断能力者，其婚姻无效。"《俄罗斯联邦婚姻家庭法》第 16 条规定："双方中即使仅有一方因患精神或痴呆症经法院宣告为无行为能力的人，禁止结婚。"根据我国香港特区法律，结婚的男女双方必须具有缔结婚姻的行为能力，即必须精神正常、具有性行为能力和无传染性疾病；而禁婚疾病患者之间缔结的婚姻，可依法撤销。澳门特区《民法典》规定，明显癫痫者、精神病禁治产人或准禁治产人禁止结婚，存在这些障碍的婚姻为无效婚姻。我国台湾地区"民法典"规定，当事人一方结婚时不能人道而不能治愈的，及在结婚时处于无意识或精神错乱状态缔结的婚姻为得撤销婚姻。

可见域外对禁婚疾病的立法都明确可行。我国随着医学技术的迅速发展，1950 年《婚姻法》中规定的禁止结婚的疾病范围随《婚姻法》的修改逐步缩小，现行《婚姻法》及《婚姻登记条例》仅有"患有医学上不应结婚的疾病"之原创性规定，总体而言，我国现行禁婚疾病立法表现散乱，不易被人们遵守。加之强制婚检的取消，更使得患病者隐瞒病史及病情和他人结婚，造成了一些不良后果。

因此，笔者建议我国《婚姻法》修改时应将这两大类疾病分别加以规定，即将精神状态作为判断自然人结婚行为能力的例外标准，置于结婚能力中加以规定；将艾滋病等非精神疾病禁止结婚的内容置于"婚姻障碍"中加以规定。

二、结婚的形式要件

婚礼作为对婚姻加以肯定的一种形式，历来都是郑重其事，也是十分烦琐。《礼记·昏义》云："婚礼者，将合二姓之好，上以事宗庙，而下以继后世也，故君子重之。"中国传统的结婚礼仪起于西周，其名目繁多、仪式繁琐，要经过"六礼"，即"纳采""问名""纳吉""纳征""请期""亲迎"。到宋代，朱熹将其改为"三礼"，即"纳采""纳币""亲迎"。对于婚礼而言，虽然其非婚姻法定成立要件，但它的两种基本功能一直未变：一是告示，二是喜庆。结婚是人生大事，自从冠礼、髻礼废除之后，婚礼实际上代替了成人礼，婚礼标志着新的社会有机体的诞生，是人的社会化过程的重要转折点和新的生命历程的开端。[①] 婚姻按照公认的程序缔结，意味着合法形式的获得，二人的亲密关系更得到了国家与社会的认可和保护。婚姻关系的伦理性使人们普遍认识到结婚程序的道德意义，这反过来说明了人们道德观念中所公认的婚姻模式。在这一认可、赋予或道德确认的过程中，男女双方可从他们新近达成的关系和更大范围的权利关系网络中确认由婚姻而来的身份。[②] 结婚的合意应采取一定方式为外界所知晓，否则婚姻这一伦理实体不能成立。因为结婚的合意不能仅仅停留在主观性和内在的状态，还必须接受一种客观的表达和确认。[③]

现代许多国家立法一般将婚姻分为法律婚和事实婚。对于法律婚，结婚的合意要按照法定方式表示。对于婚姻这一伦理性的结合，要构成"正式结婚和婚姻的现实"，只有举行了"家庭和自治团体"对其相应认可的仪式之后，夫妇的结合在伦理上才告成立，因为在举行仪式时所使用的符号，即语言，是精神的东西中最富于精神的定在，从而使实体性的东西得以完成。[④] 婚礼并不是结婚合意本身，顶多构成其中一部分。因此，在事实婚上，婚礼举行与否并不必然使婚姻具有伦理上的公信性。由此，结婚程序是形成夫妻"伦理实体"的前提。具体而言，结婚程序是指婚姻成立的法定手续，又称婚姻的形式要件，是婚姻取得社会承认的方式，具有非常重要的公示性和公

① 张怀承：《中国的家庭与伦理》，中国人民大学出版社 1993 年版，第 165 页。
② 曹贤信：《亲属法的伦理性及其限度研究》，群众出版社 2012 年版，第 136 页。
③ 同上。
④ 同上书，第 137 页。

信力。[①] 这是人类社会发展的基本秩序的要求，也是婚姻关系社会化的必须途径。

把婚姻分为事实婚和法律婚是多数国家和地区的通例。按形式要件又可将法律婚分为仪式制、登记制、仪式与登记结合制、公告制度四种模式。仪式制是指结婚须举行一定的仪式，取得社会的承认，婚姻即告成立。以仪式为结婚成立要件的，多为西欧和北美的一些国家。仪式主要有法律仪式、宗教仪式（如希腊、西班牙、葡萄牙等国）、世俗仪式三种。我国台湾地区采取世俗仪式，澳门地区则采法律仪式。

我国《婚姻法》第 8 条规定："要求结婚的男女双方必须亲自到婚姻登记机关进行结婚登记。符合本法规定的，予以登记，发给结婚证。取得结婚证，即确立夫妻关系。未办理结婚登记的，应当补办登记。"本条旨在强调我国婚姻登记机关对婚姻行为的事后追认，意指符合结婚条件的当事人仅同居生活不具有法律效力，唯有办理结婚登记才可确立夫妻关系，受到法律保护。

第三节　违反结婚形式要件的事实婚姻需得以肯认

一、事实婚姻是一种客观存在

新中国成立以来，我国婚姻立法一直以结婚登记为确立婚姻关系的唯一法定程序。结婚登记维护了婚姻的严肃性与法律性，强调登记的婚姻才是合法婚姻。但是，历史是一种割不断的传承，我国历史上长期实行仪式婚主义，有着重结婚仪式的传统情结，这种传统情结的作用不可小觑。而婚姻习俗恰是民俗和传统文化的重要组成部分，具有乡土性、地域性、自发性。虽然这些习俗不具有国家法律的强制性特征，但却明确规定着人们之间的权利义务关系，并可以反复适用。因而迄今，我国，尤其广大乡村，仍然存在重视婚礼仪式，轻视结婚登记的事实婚姻。事实婚姻一直都是与登记婚姻

---

① 〔德〕黑格尔：《法哲学原理》，范扬、张企泰译，商务印书馆 1961 年版，第 180 页。

并存的婚姻现象。

二、尊重传统习俗，有条件承认事实婚姻

英美法系和大陆法系均有承认事实婚姻的立法传统。美国普通法婚姻的构成要求双方同居生活并在公众面前以夫妻相称。[①] 日本内缘婚的成立要求当事人有社会观念上认定的夫妻共同生活的社会事实存在。[②] 葡萄牙民法对于事实婚姻当事人在具备身份占有之状况下生活或曾在该状况下生活一段时间的情况，推定婚姻存在。[③] 德国婚姻法对于欠缺形式要件的婚姻，将夫妻共同生活一定年限者，视为合法婚姻关系，予以全面婚姻效果。[④] 俄罗斯现行法律也有条件地承认事实婚姻的效力。[⑤]

我国对于事实婚姻的立法态度是动态变化的，从 1949 年新中国成立以来到 1989 年 11 月 21 日是绝对承认的，1989 年 11 月 21 日到 1994 年 2 月 1 日则有条件承认，1994 年 2 月 1 日至 2001 年 4 月 28 日改为绝对不承认。2001 年修订的《婚姻法》又转变为有条件承认。最高人民法院《关于适用〈中华人民共和国婚姻法〉若干问题的解释(一)》第 5 条[⑥]是以当事人婚姻成立的时间为界限，有条件地承认事实婚姻，反映了我国亲属立法力求在现代化与尊重民族传统之间找到一个平衡点，尊重客观事实，注重维护社会公益的意愿，此做法值得肯定；而且这种先进行结婚登记，后解除婚姻关系的制度设计从逻辑上可谓无懈可击，但具体实施的效果则与规定相去甚远。第一，当同居关系将要解除时，事实婚姻中的男女双方当事人为解除同居关系

---

① 夏吟兰:《美国现代婚姻家庭制度》，中国政法大学出版社 1999 年版，第 22 页。

② 〔日〕我妻荣・有泉亨:《日本民法・亲属法》，夏玉芝译，工商出版社 1996 年版，第 6 页。

③ 王洪:《婚姻家庭法》，法律出版社 2003 年版，第 68 页。

④ 同上。

⑤ 1995 年颁布的《俄罗斯联邦家庭法典》第 1 条第 2 款规定:"只承认在国家户籍机关登记的婚姻。"但该法典第 169 条第 7 款规定:"关于只有在户籍登记机关对结婚进行国家登记才认定婚姻具有法律效力的规则(本法典第 1 条)，不适用俄罗斯联邦公民在伟大的国内战争时期，在被侵占的苏联领土内，并在户籍登记并未恢复前，依宗教方式缔结的婚姻。"

⑥ 该条规定:"未按婚姻法第 8 条规定办理结婚登记而以夫妻名义共同生活的男女，起诉到人民法院要求离婚的，应当区别对待:(一) 1994 年 2 月 1 日民政部《婚姻登记管理条例》公布实施以前，男女双方已经符合结婚实质要件的，按事实婚姻处理;(二) 1994 年 2 月 1 日民政部《婚姻登记管理条例》公布实施以后，男女双方符合结婚实质要件的，人民法院应当告知其在案件受理前补办结婚登记;未补办结婚登记的，按解除同居关系处理。"

而违心地补办结婚登记，无论是心理还是感情上当事人都较难接受。第二，如果恶意一方不想补办登记，以此为借口解除同居关系，这对另一方当事人显然不公平。第三，若一方死亡、丧失行为能力甚或失踪，则根本无法补办结婚登记。

从社会性别理论视角出发，在现实生活中恶意一方往往以男性居多，而在财产上处于优势的一方大多也是男性。男性为了最大限度地维护自己的利益，以拒绝补办结婚登记这种方式就可轻易达到目的。而在同居期间女性或因流产、生育等原因造成身体虚弱，解除同居关系将进一步使处于弱势的女性生活艰难。再者，同居关系解除后，抚养幼儿的重担大多落在女性身上，工作和生活的矛盾更为突出地显现。这无形中助长了性别歧视。另外，2003年10月1日实施的《婚姻登记条例》本着充分尊重私权的理念，让准备结婚的男女提供相应证件就可结婚登记，假如一些当事人采取隐婚形式不公开其夫妻关系，对其婚姻状态就很难把握，从而不利于社会大众婚姻意识的培养和相关公众对婚姻的监督。

因此，我国婚姻立法过分强调登记这一形式要件在法理上难免有注重婚姻形式，忽视婚姻事实本身的缺陷。婚姻存在事实先行性，无论法律承认与否，这些身份关系都已存在，因此，和其他法律领域相比，身份法律关系是相当尊重身份事实的。[①] 正如卡尔·拉伦茨所言："即使在法律认为形式是必不可少因而予以规定的情况下，法律也仅仅将形式视为一种达到目的的手段；如果该目的可以以其他方式达成，或该目的已失去了意义，那么形式这种手段是可以放弃的。"[②]

结婚登记的目的根本在于在保证当事人的婚姻幸福（私益）基础上维护社会道德秩序和国民伦理（公益）。既然事实婚姻仅欠缺登记的形式，但已包含了当事人的私益，法律应给予判断并予以保护。"国家制定法有国家强制力的支持，似乎容易得以有效的贯彻，其实，真正能做到有效贯彻执行的法律，恰恰是那些与通行的习惯、惯例相一致或相近的规定；一个只靠国家

---

① 林菊枝：《日本婚姻法上之内缘关系》，台湾五南图书出版有限公司1997年版，第405—406页。

② 〔德〕卡尔·拉伦茨：《德国民法通论》(下册)，王晓晔、邵建东、程建英、徐国建、谢怀栻译，法律出版社2003年版，第556—557页。

强制力才能贯彻下去的法律，即使理论上再公正，也肯定会失败。”①

三、事实婚姻予以肯认的具体设计

对于事实婚姻，我们应正视其存在，尊重中国的传统习俗，对其附条件地予以承认，即满足婚姻成立的实质要件，双方同居达到要求的期限的②，可以比照法律婚姻对待。

承认事实婚姻，是尊重我国历史传统与现实国情的积极举措，但并不意味着将它与法律婚姻完全等同，从而弱化结婚登记的效力。关于事实婚姻效力的具体设计，笔者认同陈苇教授的观点，事实婚姻应当与法律婚姻在同居义务、扶养义务、日常家事代理权，以及同居期间基于对家庭的贡献而产生的财产分割请求权等方面等同。对那些不影响婚姻家庭生活稳定的法律婚姻当事人所享有的权利不必赋予事实婚姻，以维护结婚登记制度，如基于婚姻效力而产生的夫妻共同财产权、配偶继承权。当然，在事实婚姻存续期间，双方当事人如果补办结婚登记的，则事实婚姻转变为法律婚姻，从而具有婚姻的全部效力，这也可以鼓励事实婚姻双方当事人自愿补办结婚登记。③

第四节　结婚登记瑕疵对婚姻效力影响辨析

一、结婚登记瑕疵的类型

所谓结婚登记瑕疵，是指在结婚登记的过程中，由于结婚当事人、婚姻登记机关违反婚姻法律法规中的实质性或者程序性规定的行为。此处的瑕

---

① 苏力：《法治及其本土资源》，中国政法大学出版社 1996 年版，第 10 页。

② 笔者在此建议同居期限为 3 年或者未满 3 年但已育有子女。这是基于公平正义考虑，事实婚姻当事人同居时间的长短往往能够反映双方“婚姻”关系的稳固程度，这也是其区别于通奸、姘居等短暂性行为的一个方面。对于同居经过 3 年的承认其具有事实婚姻的法律效力，既是对既存事实的尊重，也满足了事实婚姻双方当事人在长期共同生活中所形成的现实的及可信赖的期待利益，利于保护弱势女方及未成年子女的合法利益。

③ 陈苇、高伟：《我国事实婚姻制度之重构——澳大利亚的〈事实伴侣关系法〉的启示》，载《法学杂志》2008 年第 2 期。

疵范围较有些学者主张的广泛。[①]

我国现行《婚姻登记条例》较1994年《婚姻登记管理条例》,取消了婚姻登记机关通过行政程序宣告结婚当事人弄虚作假骗取结婚登记的行为无效的权力,仅赋予婚姻登记机关对胁迫婚的撤销权,对婚姻登记员直接负责的主管人员和其他直接责任人员依法给予行政处分。当事人必须提交的材料中取消了1994年《婚姻登记管理条例》中要求单位或村(居)民委员会出具婚姻状况证明的规定,减少了行政管理,突出意思自治的理念,也是对婚姻赋予诚信的愿望。但是法律对于人性的过于信任和理想化,会在一定程度上、一定时期内无法防止违法婚姻产生。登记实践中有的当事人出于各种各样的考虑,向登记机关作虚假声明,隐瞒真实情况,虚构事实,欺骗对方当事人、欺骗婚姻登记机关的情况时有发生。登记机关同时也会存在各种各样的问题,比如越权、收取好处费为当事人进行结婚登记等。我们将上述情况统称为结婚登记瑕疵。对应婚姻成立要件分为实质要件与程序要件,结婚登记也存在实质要件瑕疵和程序要件瑕疵。实质瑕疵主要有:受胁迫的结婚登记、欺诈的结婚登记、具有无效婚姻情形的结婚登记;程序瑕疵主要有:非管辖地登记、非本人亲自登记、借用或者冒用他人身份的结婚登记、非婚姻登记管理人员登记。

二、无效婚姻制度概述

我国1950年和1980年《婚姻法》均要求男女结婚必须符合法定的结婚条件和程序,婚姻才具有法律效力,但对于欠缺结婚要件的男女两性的结合,却没有明确其法律后果,这就使我国的结婚制度处于不完整状态,不利于对合法婚姻的保护和对违法婚姻的制裁。无效婚姻制度是结婚制度中不可缺少的内容和组成部分,也是保障合法婚姻的有效手段。直到2001年修订的《婚姻法》才增设了无效婚姻与可撤销婚姻的具体规定,反映在《婚姻

---

① 结婚登记瑕疵主要是指在结婚登记中存在程序违法或者欠缺必要形式要件等缺陷。最高人民法院民事审判第一庭编著:《最高人民法院婚姻法司法解释(三)理解与适用》,人民法院出版社2011年版,第23页。

法》第 10 条和第 11 条中，这说明我国采取的是双轨制立法模式。[①]

我国无效婚姻制度采双轨制表明，对违法婚姻，法律要区别对待。对那些严重违反社会公益要件，有悖于公序良俗或对现行婚姻制度造成冲击的，应作自始无效处理，体现法律的强制态度；对那些违法程度较轻的，应归于可撤销婚姻范畴，赋予当事人撤销权，由当事人从维护自身合法权益的角度出发自主决定是否撤销，从而体现出婚姻法以人为本、权利本位的立法理念。但是，根据我国《婚姻法》第 10 条的规定，无效婚姻情形有重婚、禁婚亲、婚前有禁婚疾病且婚后尚未治愈的、未达法定婚龄的。第 11 条则规定胁迫是我国可撤销婚姻的唯一的法定事由。显而易见，无效婚范围宽于可撤销婚，这与当今世界各国无效婚范围缩小、可撤销婚范围扩大的趋势相悖，而且对无效婚与可撤销婚后果采一元式立法，都属自始无效，过于强调制裁而忽视了婚姻关系的特质，不利于保护婚姻关系中女性和未成年子女的合法权益。

三、无效婚、撤销婚与结婚登记瑕疵的区别

无效婚、撤销婚与结婚登记瑕疵是两个不同的概念，前者是因欠缺结婚实质要件而不产生民事法律关系上的后果，受婚姻法调整；后者具有符合结婚的实质要件的表征，但在结婚登记中存在瑕疵，结婚登记是行政行为，受行政法调整。因此不能以结婚登记时的瑕疵来主张婚姻关系的无效。我国《婚姻法》第 10 条规定的婚姻无效情形是法定的婚姻无效事由，没有兜底性条款，对此不能随意作扩大解释。如果将符合结婚实质要件但结婚登记有瑕疵的婚姻关系宣告无效，就无形中扩大了无效婚姻的适用范围，违背了无效婚姻制度的立法本意。

四、结婚登记瑕疵的处理建议

(1) 根据我国《婚姻法》第 11 条的规定，对胁迫婚采取可撤销的方式。因为受胁迫的结婚登记违背了一方意愿，结婚登记的效力取决于受胁迫方

---

① 现今对婚姻无效制度和可撤销制度采用双轨制的主要有英国、日本、瑞士等国家及我国台湾地区等；仅设无效婚姻制度的以法国为代表；仅设可撤销婚姻制度的以德国为典型代表。

当事人。胁迫婚的受胁迫方既可以向法院请求撤销该婚姻,也可因随后的同意放弃撤销权。胁迫婚一旦被撤销,自撤销之日起无效,其法律后果不具有溯及力。

（2）我国《婚姻法》没有规定欺诈的结婚登记,现实中主要表现为:向登记机关作虚假声明,隐瞒真实情况,虚构事实,欺骗对方当事人、欺骗婚姻登记机关的种种行为。前文已述,此类结婚登记宜归入撤销婚对待,理由不再赘述。在此对选取使用虚假身份欺诈他人而登记结婚的情形予以阐述。对此类结婚登记,笔者主张属于撤销婚。基于撤销婚的特点,婚姻起初是有效的,承认婚姻有效,受害人发现欺诈方的真实身份后不愿维持夫妻关系,则可以通过行使撤销权解除婚姻关系,同时因对方欺诈缔结婚姻而身心受损,可以提出在分割财产时予以照顾以及请求损害赔偿;反之,若不承认此种婚姻关系有效,难免会使居心不良之人骗婚,因为欺诈方深知骗婚付出的成本极低,会产生因成本低廉而屡试不爽的心理,那就使更多的被欺诈者无法得到更有效的保护。另外,承认婚姻有效还可避免欺诈方利用假身份与他人结婚,而后随意离去,即使已构成重婚罪但因婚姻无效逃避法律制裁,从而侵害受害方的合法权益,使之无法诉诸法律的救济和保护。

（3）未达法定婚龄的结婚登记。根据《婚姻登记条例》的规定,当事人未到法定结婚年龄的,婚姻登记机关不予登记;已经登记的,属于登记无效。但根据最高人民法院《关于适用〈中华人民共和国婚姻法〉若干问题的解释（一）》第 8 条的规定,一方或双方已达到法定婚龄,婚姻无效情形已经消失,婚姻登记就不再撤销或宣告婚姻无效,因而未达法定婚龄者登记结婚应归于可撤销婚姻,依据当事人在一方或双方未达法定婚龄之前是否行使撤销权,从而决定婚姻的存续与否。

当事人结婚登记时患有医学上认为不应当结婚的疾病,婚后尚未治愈的。根据我国《婚姻法》第 7 条第 2 项的规定,结婚登记无效。如此规定的理由前文已述。同时,对于患病者的结婚权与生育权,立法不应采用一刀切,全部剥夺,愿意与患病者缔结婚姻的人,也是出于照顾对方、愿意与其共同生活的自我选择,纯属自治范畴,法律不应干涉。而患病者若行使生育权,就应该对其说服教育,以便在生育权利的行使上作出明智的选择。因此,此类结婚登记也应属于撤销婚姻而非无效婚。

（4）非管辖地的结婚登记。根据《婚姻登记条例》的规定,结婚登记以双方户籍地为准。但是现实中，婚姻当事人出于方便就近到一方非户籍所在地的婚姻登记机关申请结婚登记，婚姻登记机关越权办理结婚登记的情况也屡见不鲜。尽管该婚姻登记机关没有管辖权，但是双方符合结婚的实质要件，此结婚登记乃婚姻登记机关审查失误越权办理的，这种登记行为是婚姻登记机关单方作出的具体行政行为，责任在于婚姻登记机关。同时，由于当下经济发展，人员流动非常普遍，从人性和便民角度考虑，我们建议男女双方既可以共同到一方当事人户籍所在地婚姻登记机关办理结婚登记，也可以共同到一方当事人经常居住地的婚姻登记机关办理结婚登记。

（5）对于非本人亲自完成的结婚登记。从理论上讲，婚姻行为不允许代理。因为结婚登记意味着婚姻关系的缔结，当事人人身财产关系均要发生变化，所以缔结婚姻的意思必须由本人清楚、明确地表达，不可由他人代理转达其意思表示。如《德国民法典》第 1310 条第 1 款与第 1311 条之规定，结婚当事人必须同时在场并亲自作出愿意结婚的申明。《法国民法典》第 146 条第 1 款规定，法国人结婚，即使是在外国结婚，亦要求本人到场。

再从我国的立法来看，《民法通则》第 63 条第 3 款有应当由本人实施的民事法律行为不得代理之规定，《婚姻法》和《婚姻登记条例》均规定结婚登记必须由当事人双方亲自实施。但是现实中，经常有非本人办理婚姻登记的情况发生。根据结婚登记是否经过双方事前同意，可分为双方事前同意他人代理的结婚登记行为和一方或双方事前不同意或不知情即他人冒名顶替的结婚登记行为。[①] 就前者而言，虽然此种行为违反了《婚姻法》和《婚姻登记条例》的程序性规定，属于违法的行政行为，根据《行政诉讼法》第 70 条第 3 项[②]，应当撤销该婚姻登记，该婚姻登记自始不具有法律效力。但是，该结婚登记完全符合有效婚姻的实质要件，仅缺乏婚姻双方亲自登记这一形式要件，而且被代理人有结婚的合意，符合《婚姻法》规定的条件和宗旨。对此，本书建议将未到登记机关的结婚当事人的意思表示补录并附在婚姻登记档案备查，使得该结婚登记得到补正，从而维护婚姻关系的稳定。对于后者，因缺乏结婚的合意这一实质要件，违反了婚姻自由的规定。这种情形本

---

① 婚姻行为与婚姻登记行为分属于民事行为与行政行为两个领域，婚姻缔结强调双方合意达成。

② 根据该项规定，具体行政行为违反法定程序的，法院可以作出撤销或者部分撤销的判决，并可以判决被告重新作出具体行政行为。

书主张将该结婚登记的效力交由未同意方决定。如果未同意方认可该婚姻，结婚登记有效；如果不认可，应在法定期限向人民法院提起诉讼，请求撤销该婚姻。

（6）借用或者冒用他人身份的结婚登记的情形：多是未达到法定婚龄者借用他人身份办理结婚登记。这种结婚登记在主观上双方有结婚的合意，一般发现时双方当事人均已达到法定婚龄。此种情形下，其结婚真实的意思表示之法律效果应该只及于当事人本身，而非被借用或者冒用身份者，不应该对被借用或者冒用身份者产生法律效力。本书主张解决此类登记的途径是：人民法院应当先确认结婚登记违法，结婚证载明的双方当事人不存在婚姻关系，然后由婚姻登记机关根据人民法院的判决书为当事人依据真实身份补发结婚证。

（7）对于非婚姻登记管理人员完成的结婚登记，根据《婚姻登记条例》相关规定，婚姻登记机关的婚姻登记员应当接受婚姻登记业务培训，经考核合格，方可从事婚姻登记工作，但在实际工作中，不少婚姻登记机关特别是乡镇人民政府会安排没有取得婚姻登记员资格的其他人员从事婚姻登记工作。对于此现象，本书认为申请结婚的双方当事人符合结婚的实质要件，同时也具备了结婚的形式要件，即到婚姻登记部门办理结婚登记，其结婚登记存在瑕疵的原因在于办理结婚登记的过程中婚姻登记部门的工作人员资格瑕疵，如果因此否定当事人结婚登记效力则不符结婚合意原则。因此，不能简单适用行政程序无效或者被撤销的规定，而应该确定其不合法或者责令限期改正。存在此种程序瑕疵的婚姻仍然是合法有效的婚姻。

婚姻作为家庭的细胞，关乎每个人的幸福与期许，与社会的和谐稳定休戚相关，婚姻立法应该反映且服务于人们对幸福的向往及其维护社会稳定之精神。设定结婚要件，应该尊重中国传统的文化背景及大众的心理情感价值观。同性婚姻目前因法律导向和社会大众的认知以及传统婚姻观念仍然稳占主流之故，在我国将其合法化还需很长时间；附条件地承认事实婚姻是在传统习俗和法律现代化之间适当平衡的需要；结婚登记瑕疵的处理需要尊重当事人结婚的合意，考量婚姻是否符合结婚的实质要件。这些是我国立法、执法、司法尊重客观事实、彰显以人为本的理念、推进法治现代化的要求。

第八章　夫妻人身权制度研究

第一节　我国《婚姻法》对夫妻人身关系的规定

我国《婚姻法》第 13 条规定："夫妻在家庭中地位平等。"这是男女平等原则的具体体现，是对夫妻法律地位的原则性规定。我国《婚姻法》规定的夫妻人身关系，包括姓名权、人身自由权、婚姻住所决定权、计划生育义务四个方面的内容。

一、夫妻姓名权

姓名，是姓与名的合称。姓（又称姓氏）是表示家族的字，名（又称名字）是代表一个人的语言符号。姓名虽然只是用来表示个人的特定符号，但有无姓名权却是有无独立人格的重要标志。

在我国封建社会，婚姻多实行男娶女嫁，女子婚后即加入夫宗，冠以夫姓而丧失姓名权（赘夫则冠以妻姓）。1930 年中华民国《民法》亲属编第 1000 条也规定："妻以其本姓冠以夫姓。赘夫以其本姓冠以妻姓。但当事人另有订定者，不在此限。"这里虽有但书的规定，但仍带有明显的封建残余。

新中国成立后，1950 年和 1980 年两部《婚姻法》均规定："夫妻双方都有各用自己姓名的权利。"这里虽然是夫妻并提，但其主要保护的是已婚妇女的姓名权和男到女家落户的婚姻中的男方姓名权。这体现了男女平等原则，有利于破除旧的习俗和法律。当然，此规定并不妨碍夫妻就姓名问题另作约定。只要夫妻双方自愿达成一致协议，无论是夫妻别姓（各用自己的姓氏)、夫妻同姓(妻随夫姓或夫随妻姓),或相互冠姓,法律都是允许的。

二、夫妻人身自由权

夫妻有人身自由权是夫妻家庭地位平等的重要标志。在旧中国,妇女受“男女有别”“男外女内”“三从四德”等封建礼教的束缚,只能从事家务,伺候丈夫和公婆,没有参加工作和社会活动的权利,完全丧失了人身自由,成为家庭奴隶。这不仅摧残了妇女本身,也阻碍了社会经济发展。

新中国成立后,1950 年《婚姻法》第 9 条规定:“夫妻双方均有选择职业、参加工作和参加社会活动的自由。”1980 年《婚姻法》第 11 条进一步规定:“夫妻双方都有参加生产、工作、学习和社会活动的自由,一方不得对他方加以限制或干涉。”这些规定,既是夫妻地位平等的标志,又为夫妻平等地行使权利和承担义务提供了法律保障。该条就其针对性而言,主要是为了保障已婚妇女享有参加生产、工作、学习和社会活动的自由权利,禁止丈夫限制或干涉妻子的人身自由。在现实生活中,由于男女在经济、文化等方面仍存在事实上的差距,在一些家庭的夫妻关系中,封建夫权思想的残余影响仍然存在,有的丈夫对妻子的人身自由常常加以限制,因此,进一步破除封建思想的影响,保障已婚妇女的人身自由具有积极意义。

三、夫妻计划生育义务

计划生育是我国的一项基本国策,也是社会主义家庭职能的一项重要内容。婚姻家庭担负人口再生产的重要任务,我国《婚姻法》既通过调整婚姻家庭关系而间接作用于生育关系,也直接调整生育关系。我国《婚姻法》第 16 条规定:“夫妻双方都有实行计划生育的义务。”其基本精神有三:

(1) 实行计划生育是夫妻的法定义务。实行计划生育作为夫妻的法定义务,必须严格履行。育龄夫妻应当按照国家有关计划生育的政策和法律规定生育子女,不得计划外生育。如果夫妻的生育行为违反计划生育法规,应承担法律责任。

(2) 实行计划生育是夫妻双方的法定义务。实行计划生育是夫妻双方的职责,夫妻双方应自觉承担此法定义务。夫妻任何一方都不得拒绝履行该项义务,更不得将计划生育仅视为女方的义务。

(3) 实行计划生育也是夫妻双方的法定权利。夫妻双方享有依照有关计划生育规定生育子女的权利，受国家法律的保护，任何人不得侵犯。同时，夫妻双方也有不生育的自由，任何人包括丈夫不得强迫或干涉。夫以妻擅自中止妊娠侵犯其生育权为由请求损害赔偿的，人民法院不予支持；夫妻双方因是否生育发生纠纷，致使感情确已破裂，一方请求离婚的，人民法院经调解无效，应依照《婚姻法》第 32 条第 3 款第 5 项的规定处理，即将夫妻行使生育权的冲突纳入判决离婚的理由中，以保护男性的生育权。

第二节　国外法律对夫妻人身关系的规定

从世界其他国家的法律规定看，夫妻人身关系，除与我国相似的“姓名权”“夫妻就业权”外，主要有“夫妻同居和相互帮助/救助义务”“夫妻忠实义务”“夫妻日常家事代理权”等。

一、姓名权

当代外国关于夫妻姓名的立法大致有以下几种类型：第一种是坚持妻从夫姓的原则，如《意大利民法典》第 143 条附加条规定，婚后，妻子的姓氏前要加上丈夫的姓氏。即使丈夫死亡，妻子在孀居期间仍须保留该姓氏直到其再婚时为止。第二种是实行约定或自由选择。如《日本民法典》规定，夫妻可以在结婚时就夫妻姓氏进行协商，可以约定以丈夫的姓氏作为夫妻姓氏，也可以妻子的姓氏作为夫妻姓氏。夫妻离婚时，双方均有权恢复其婚前姓氏。夫妻一方死亡时，生存配偶可以恢复其婚前姓氏。[①] 2005 年修订的《德国民法典》第 1355 条第 2 款规定，配偶双方不仅可以选择出生姓氏，也可以选择配偶一方基于先前婚姻或同居伴侣关系获得的姓氏。[②]

二、住所决定权

当代资本主义国家家庭法关于住所决定权采用协商决定住所的原则。

---

① 《日本民法典》第 750、751、767、771 条。

② 王葆莳：《德国婚姻法百年变革述评》，载人大报刊复印资料《民商法学》2013 年第 4 期。

如《法国民法典》第215条规定："家庭住所应是夫妻一致同意选定的住所。"《瑞士民法典》第162条规定："夫妻双方共同决定其婚姻住宅。"《意大利民法典》第144条规定："夫妻双方可以根据各自的需要及家庭的共同需要自行协商决定其婚姻居所。"在英美法国家，按照英国普遍法规定，只有丈夫有权选择婚姻住所。而现在，有这样一种趋势——承认妻子与其丈夫分居时便可以拥有个人住所，即妻子在一定条件下也享有住所决定权。在美国只要妻子愿意提起离婚之诉或别居之诉，她就可以选择其住所。[①]

三、夫妻同居和相互帮助/救助义务

夫妻同居，指男女双方婚后以配偶身份共同生活的义务。夫妻共同生活的内容，主要包括物质生活、精神生活以及性生活等方面，也就是说，夫妻同居，除了有共同的婚姻住所外，还包括夫妻间的性生活、夫妻共同的精神生活（相互理解、慰藉）、夫妻互相扶助（救助）等内容。

《法国民法典》规定，夫妻双方应相互帮助与救助。夫妻双方相互负有在一起共同生活的义务。所谓共同生活，是指夫妻在同一婚姻居所内共同起居饮食以及满足双方合理的性生活要求。夫妻一方可以依照法定条件和程序向法院提出请求，要求分居。在法院作出分居宣告后，夫妻之间停止同居义务。[②]《意大利民法典》第143条规定，夫妻应相互给予对方精神和物质扶助。《日本民法典》第52条规定，夫妻互负同居义务。结婚后，夫妻应与对方共同生活。夫妻因婚姻而结合，应当在婚姻共同生活中相互照顾、相互协助，相互给予精神上的支持和物质上的扶助。英国1970年《婚姻诉讼和婚姻财产法》第40条第2款规定，婚后，夫妻双方均负有与对方同居的义务，双方不得随意解除。只有法院依法定程序发出离婚令或分居令后，夫妻一方便不再负有与对方同居的义务。

亲属法理论认为，同居是夫妻间的本质性义务，是夫妻关系固有的基本要求，是婚姻成立的当然后果及婚姻维系的基本条件。但夫妻同居义务得在一定条件下暂时或部分中止履行。外国立法关于停止同居义务的原因，可分为两种情形：

---

① 〔美〕阿瑟·库恩：《英美法原理》，陈朝璧译，法律出版社2002年版，第131页。

② 《法国民法典》第212、215、299条。

(1) 因正常理由暂时中止同居。如一方因处理公私事务需要在较长时间内合理离家;一方因生理方面的原因对同居义务部分或全部的不履行等。一般来说,这种中止原因对夫妻关系不产生实质性影响,当中止的原因消失后,夫妻同居义务便自然恢复。故法律通常对此不作专门的规定。

(2) 因法定事由而停止同居。这些事由包括:一方擅自将住所迁至国外或在不适当的地点定居,一方的健康、名誉或经济状况因夫妻共同生活受到严重威胁,一方提起离婚或分居的诉讼以及婚姻关系已破裂等。如《墨西哥民法典》第163条规定:如果一方并非出于公务需要或社团业务需要将自己的住所迁移至国外,或是在不卫生或不恰当的地点定居,法院可以因此免除配偶他方的这种(同居)义务。[①]《瑞士民法典》第175条规定:配偶一方,在其健康、名誉或者经济状况因夫妻共同生活而受到严重威胁时……有权停止共同生活;提起离婚或分居的诉讼后,配偶双方在诉讼期间均有停止共同生活的权利。

四、夫妻忠实义务

外国立法中的夫妻忠实义务,主要是指贞操义务,即专一的夫妻性生活义务。广义的解释还包括不得恶意遗弃配偶,以及不得为第三人的利益而损害或牺牲配偶他方的利益。在古代社会,片面地要求妻子承担贞操义务。到近代社会,早期资本主义国家立法对贞操义务的要求,是对妻严,对夫宽。如1804年《法国民法典》第229、230条规定,夫得以妻与他人通奸为由诉请离婚,而妻只能以夫与他人通奸,并在婚姻住所姘居为由诉请离婚。随着社会发展,男女平等原则的实行,现代一些国家立法规定,夫妻互负忠实义务。[②] 关于违反夫妻忠实义务的法律责任,由于这种行为涉及第三人,故法律责任可分为两个方面:一方面,夫妻一方违反夫妻忠实义务,无过错方得以此为由提起离婚之诉,并可在离婚时请求对方给予精神损害赔偿;另一方面,与有配偶者通奸或姘居的第三人也应负损害赔偿责任。

同居义务、忠实义务不得强制履行,这是各国立法通例。违反夫妻同居

---

① Elizabeth A. Martin, *Oxford Dictionary of Law* (5th edition), Oxford University Press, 2002, p.107.

② 参见《法国民法典》第212条、《瑞士民法典》第159条、《意大利民法典》第143条。

义务、忠实义务的行为在一些国家通常被视为离婚时的过错，可以请求离婚损害赔偿。如《法国民法典》第 266 条规定，在因一方配偶单方过错而宣告离婚的情况下，该一方对另一方配偶因婚姻解除而受到的物质上与精神上的损失，得受判处负损害赔偿责任。

五、家庭事务管理权

许多国家的法律都规定夫妻共享家庭事务管理权。《法国民法典》规定，夫妻双方应共同负责保证家庭道德与物质方面的事务管理，负责子女的教育并安排子女的未来。在一般情况下，家庭事务由夫妻双方共同商议进行。如果夫妻一方处于不能表达意志之状态或家庭利益证明其拒绝同意属于不正确行为时，另一方经法院批准后可以单独进行本应经对方协助或同意的法律行为。夫妻一方按照法院批准确定的条件进行的法律行为，对未给予协助或同意的另一方具有对抗效力，但不得产生应由其负担的任何个人义务。[①]《德国民法典》第 1356 条规定，夫妻双方可以自由协商约定家务事宜。如果家庭事务由夫妻一方承担，则由该方负责管理家庭事务。《瑞士民法典》规定，夫妻双方应共同照顾子女和家庭，双方均应维护婚姻共同生活幸福。夫妻双方应就各方为共同生活应作出的贡献达成一致意见，尤其是在关于金钱的支付、家务的料理、子女的照料或协助他方从事职业或经营事业方面。[②]

六、夫妻日常家事代理权

夫妻日常家事代理权，又称夫妻相互代理权，是指夫妻因日常家庭事务与第三人为一定法律行为时互为代理的权利。被代理方须对代理方从事日常家事行为所产生的债务承担连带责任。在夫权社会中，日常家事代理权是指妻子在日常家事范围内代理丈夫为一定民事行为的权利。随着妇女家庭与社会地位的提高，日常家事代理权逐渐摆脱了男女不平等的特征，发展成为在日常家事范围内，夫妻双方互为代理人的权利。如英国 1970 年《婚姻程序及财产法》规定，夫妻互有家事代理权。《日本民法典》第 761 条规

① 《法国民法典》第 213、217 条。

② 《瑞士民法典》第 159、163、175 条。

定，夫妻一方就日常家事同第三人实施了法律行为时，他方对由此而产生的债务负连带责任。但是，如果夫妻双方另有约定或夫妻方已向该第三人预告不负连带责任者，不在此限。

七、夫妻就业权

《德国民法典》1356条规定，夫妻双方均有权就业。夫妻任何一方在择业和就业时，必须对对方和家庭的利益予以应有的考虑。《瑞士民法典》第167条规定，夫妻双方均有权选择其从事的职业或事业。夫妻一方在选择和从事其职业和事业时，应充分顾及另一方和婚姻共同生活之幸福。

第三节　理论和实务前沿问题及立法思考

一、"配偶权"争论

配偶权(consortium)的产生和演变有着特定的历史过程。依据维基百科对配偶权之失(loss of consortium)的词条解释，配偶权之失源于18世纪，意为"失去了她的协作与服务"(society and services)，其最初用于家长(家父或丈夫)对妻子、孩子或奴仆享有的物理意义上的完整权，如家父对在婚外追求自己女儿的男人的损害赔偿请求，家父的损失是女儿因与该男子交往而牺牲了家政服务。配偶权之失作为侵权法诉因，其或以独立诉因进入诉讼，或作为损害之一附和于其他诉因进入诉讼，指的是侵权者造成的损害构成对家庭关系利益的剥夺。夫权取代父权后，配偶权由丈夫一方独立行使。如依据1846年《坎伯尔条例》，他人对妻子人身造成损害时，丈夫可从配偶权之失的诉讼中获得赔偿，该损害赔偿不同于补偿性赔偿；然而，当妻子因受侵害死亡时，丈夫的赔偿请求权随之丧失。夫妻地位实现法律上的真正平等之后，配偶权被平等分配给夫妻双方。依据《牛津法律词典》的解释，配偶权是指一方配偶具有的请求另一方配偶陪伴、帮助和钟爱的权利，此前针对丈夫特权的配偶权之失的诉讼在 1982 年英国司法法令中被废除。[①]《布莱克法律词典》对配偶权也做了同样的定义。[②] 而配偶权之失指的是配偶一方有权从另一方获得的包括配偶合作、救助、钟爱、性关系等利益的损失，配偶权之失可在“人身伤害”和“过失致死”的诉讼中从侵权行为人处获得损害赔偿。美国自 1950 年起开始承认妻子有权就过失侵害配偶权提起诉讼，现如今美国有 48 个州及华盛顿哥伦比亚特区承认丈夫和妻子具有同等的提起配偶权之诉的权利。[③]

从配偶权的演进过程可以看出，配偶权从家父转移到丈夫手中，权利内容发生了较大变化，但是权利性质并未改变，即丈夫对妻子享有的权利相当于主人对奴仆享有的权利。第三人的侵权行为，侵害的不是丈夫的人身或财产，而是存在于夫妻关系之间的权利。

有关侵害配偶权的侵权行为有三种：一为离间夫妻感情，二为通奸，三为侵害配偶的人身。相应的诉讼是引诱之诉、通奸之诉和配偶权损失之诉。尽管有如上三个分类，但是普通法系国家并不将配偶权之失过多地进行分割，因为配偶权所涵盖的物质利益和精神利益事实上难以区分，当他人故意或过失侵害某一项夫妻关系时，物质和精神上的损失大都同时发生。

近年来，美国有许多州已废止夫妻对第三人以离间夫妻感情或通奸为由的一切诉权。其主要原因无外乎人权观念的加强，现代人身自由与性自由意识取代传统婚姻观占据上风。现在因侵害配偶权提出诉讼的主要就是配偶权损失之诉。近期的大部分判例确认夫妻双方有平等的配偶权利，当夫妻一方受到第三人的伤害时，他方有权在损害赔偿之诉中一并要求赔偿“配偶权损失”，即赔偿因无法享受受害配偶所尽义务而丧失的婚姻利益。[④]因此，配偶权已不再是夫妻之间的权利义务问题，而是夫妻一方对第三人所

---

① Bryan A. Garner, *Black's Law Dictionary* (8th edition), Thomason West, 2004, p. 932.

② Id., pp. 2768—2769.

③ Jacob Lippman, “The Breakdown of Consortium”, 30(5) *Columbia Law Review* 659 (1930).

④ 美国法认为，如一方因他人的侵权行为导致其受伤害，间接地造成另一方配偶权益的丧失，即配偶“服务损失”——配偶间有相互提供服务，包括配偶间扶助、伴随及性的义务，则另一方有权依法提出损害赔偿。参见纪欣：《美国家事法》，台湾五南图书出版公司 2002 年版，第 87 页。

享有的一种婚姻利益。

大陆法系国家的法律中从来没有明确规定过“配偶权”，在这些国家，配偶权一词纯粹是一个学理上的概念。康德的配偶权理论[①]对后世的影响很大，不少学者追随康德，主张婚姻关系是一种权利而受法律保护。[②] 在一夫一妻制的婚姻制度下，婚外性关系在任何时期都未因法律或道德的惩罚而绝迹，为了从法律上寻求对婚外性行为的制裁之道，配偶权理论作为一种法解释方法，在学说及判例上长期以来扮演着重要的角色。但是，近几十年来，西方国家在经历了“性革命”思潮之后，随着婚姻观念及两性结合模式的多元化，个人自由权及隐私权日益受重视，配偶权理论受到了空前的挑战。从西方发达国家的发展趋势看，配偶权的适用范围正逐渐在判例及学说上萎缩，甚至在一些国家已经被抛弃。[③]

大陆法系国家法律中夫妻身份关系用“夫妻的权利和义务”“配偶的权利和义务”“婚姻的效力”等表示。如德国当代家庭法区分“婚姻共同生活”和“婚姻财产法”；其中前者包括共同生活的义务（同居、料理共同事务、共同使用家庭用具和住宅、辅佐、体谅、共同决定家庭事务等）、家务料理和从事职业、扶养义务、日常家事代理权、婚姻姓氏等；而后者的内容具有特定性，主要涉及婚姻在何种程度上构成一个“财产及财产管理”的共同体，扶养和日常家事代理显然不在其内。[④] 夫妻忠实或性的权利义务为大陆法系婚姻法中身份权的内容之一。各国对夫妻忠实的含义规定得不尽一致，除了性的忠实外，部分国家还规定不得恶意遗弃配偶，不得牺牲、损害配偶他方的利益，法国、日本、德国、瑞士、比利时等还规定夫妻负相互帮助、救援

---

① 康德认为婚姻双方彼此的关系是平等的占有关系，婚姻主体彼此拥有两种权利，一是对人权，一是对物权。夫妻的对人权是指，婚姻为人格主体间的契约，人格主体在性方面互相有权请求对方履行某种作为或不作为义务，再透过此权利而对他方的肉体加以占有、使用。夫妻的对物权，即夫妻相互具有物权的支配关系，基于这一支配关系而拥有的权利，即可以排除第三人的独占的、排他的配偶权。从康德的婚姻理论可知，夫妻相互拥有排他的、独占的配偶权，与有配偶之人通奸，就是侵害被害配偶的排他的、独占的配偶权。参见林秀雄：《婚姻家庭法之研究》，中国政法大学出版社 2001 年版，第 162—164 页。

② 参见同上书，第 168—170 页。

③ 〔德〕迪特尔·施瓦布：《德国家庭法》，王葆莳译，法律出版社 2010 年版，第 82—83、63—108 页。

④ 李志敏主编：《比较家庭法》，北京大学出版社 1988 年版，第 105—106 页。

等义务。[①] 关于特殊身份权的救济，除了可以像一般身份权（人格权）一样请求不特定的相对人停止侵害、消除影响、赔偿损失之外，还可请求特定的相对人（身份相对方）承担以上责任。然而对于第三人侵害夫妻忠实权利，则并非所有国家均支持侵权救济；日本、法国等国持肯定态度，而德国等国则给予否定，认为唯有在配偶一方配合下才会发生婚姻妨害，婚姻危机的原因总是来自夫妻关系本身，所以其本质上属于婚姻内部事件，不能将损害赔偿的责任转嫁给外部，从而其不适用侵权法的规定。[②] 依据持否定态度国家的观点，第三人的侵害不算侵害，配偶之间的侵害才是主要侵权事由。

我国法律是否需要规定"配偶权"？这个问题曾是 2001 年修订《婚姻法》前后讨论非常热烈的问题。我国学理上对配偶权有诸多不同的见解。广义说认为，配偶权是指配偶双方基于特定的配偶身份而享有的一切权利与义务。[③] 狭义说认为，配偶权是指配偶双方基于特定的配偶身份而享有的人身权或身份权。[④] 有人主张配偶权包括 15 种权利，有同居权、贞操请求权、感情联络权、生活互助权、离婚权、抚养权、财产管理权、日常家事代理权、监护权、收养子女权、住所商定权、行为能力欠缺宣告权、失踪宣告权、死亡宣告权、继承权。[⑤] 另有人主张配偶权包括 7 项内容，即夫妻姓氏权，住所决定权，同居义务，贞操义务，职业、学习和社会活动自由权，日常事务代理权，相互抚养、扶助权。[⑥] 最狭义说认为，配偶权是指配偶双方基于特定的配偶身份而产生的同居的权利义务和忠实的权利义务[⑦]；或认为配偶权是指基于

---

① 夏吟兰、蒋月、薛宁兰：《21 世纪婚姻家庭关系新规制：新婚姻法解说与研究》，中国检察出版社 2001 年版，第 248、253—261 页；邵世星：《简论配偶权》，载《广西政法管理干部学院学报》2000 年第 3 期；陈林林：《婚姻侵权及保护——以配偶权为基点》，载《学术交流》1999 年第 2 期；罗思荣：《论配偶权的性质和内容》，载《黑龙江社会科学》2003 年第 5 期；张晖：《婚姻法修改再掀高潮》，载《民主与法制》2000 年第 17 期。

② 同上。

③ 张俊浩主编：《民法学原理》（修订第 3 版），中国政法大学出版社 2000 年版，第 163、254 页。

④ 蒋月：《配偶身份权的内涵和类型界定》，载《法商研究》1999 年第 4 期。

⑤ 参见张俊浩主编：《民法学原理》（修订第 3 版），中国政法大学出版社 2000 年版，第 161 页。

⑥ 参见杨立新：《人身权法论》（第 3 版），人民法院出版社 2006 年版，第 726 页。

⑦ 吴晓芊：《配偶权若干问题研究》，载《广州大学学报（社会科学版）》2004 年第 6 期。

合法婚姻关系而在夫妻双方之间发生的，由夫妻双方平等地专属享有对方陪伴生活、钟爱、帮助的基本身份权利[①]。可见，我国学者所要表述的配偶权的内容与夫妻权利义务相同。然而遗憾的是，英美法系中的配偶权并非是指夫妻之间具有的实实在在的权利，配偶权的作用仅在于具有对外效力，即第三人侵害夫妻关系时，配偶另一方可利用该权利提起诉讼。而我国并无意往此方向发展。相反，配偶权作为夫妻间内容明确的权利，任何一方均可在遭受权利侵害时针对另一方提起救济。事实上，我国基本采用的是大陆法系夫妻身份权利义务制度的有关做法。有鉴于此，笔者认为，不宜用配偶权这一概念指称夫妻之间的权利与义务，不如沿用夫妻之间的权利义务这一概括性质的名词来指称更为妥当。

二、当代夫妻人身权利义务的发展及其对中国法的启示

当代夫妻人身权利义务的发展出现了一些新面貌。

（一）夫妻姓名权

在当代法律制度下，夫妻在法律上的地位已经平等，除个别国家外，有关夫妻姓名权的问题已越来越变成一个文化传统问题，与配偶的独立人格似乎已无关系。欧洲各国民法对于夫妻的姓氏，原来都采取妻用夫姓的原则，后因这一强制性规定有违男女平等原则，而修正为夫妻共同约定婚姓，无约定时，以夫姓为婚姓。这样的规定仍然难逃夫妻不平等的指责，所以近年来各国又修改有关夫妻姓氏的法律规定，倾向于男女双方约定婚姓；无约定时，夫妻有权保留各自婚前的姓氏。

（二）住所决定权

在住所决定权方面，现代法律实行夫妻平等，多数立法例采取“协商一致主义”。如法国和瑞士等国民法均规定婚姻住所应由夫妻双方共同决定，一方不同意他方的决定时，并无服从的义务。[②] 婚后住所实际上也是依从传统文化而为法律认可的一种现象。不论采用哪一种立法模式的国家，都不可能干预夫妻双方对住所的任意约定。

在中国的传统文化中，男娶女嫁，妻从夫居，婚后住所决定权专属于夫，

---

① 马强：《配偶权研究》，载《法律适用》2000 年第 8 期。

② 参见《法国民法典》第 215 条、《瑞士民法典》第 162 条。

这既是丈夫的权利，更是一种义务，即应由夫提供婚后住所。即使是在今天，许多青年人结婚后即脱离双方父母，成立自己的家庭，住所的提供在大多数人看来仍属夫家的“义务”。从我国民众婚嫁习惯来看，在城乡特别是在乡村一般是由男方准备结婚用房即不动产，女方准备家具、电器等日常生活用品即动产。[①] 而到目前为止，我们也没有见到关于夫妻双方的任何一方因侵犯对方“住所决定权”而被起诉的案例。恰恰相反，由于最高人民法院《关于适用〈中华人民共和国婚姻法〉若干问题的解释（三）》的一些条款没有保护妇女对丈夫或公婆提供的婚房的权利[②]，被指“不符合夫妻共同财产制的精神”，“没有考虑对妇女更为典型的经历和经验”，“貌似中立的法律推行起来却对男性更加有利”，呼吁“为了保证妇女的权利能够得到平等的保护和实现，有关离婚住房分割的法律规则应当对妇女的权利给予特别的关注”。[③] 这说明提供住所在我国现实生活中可能更被视为一种婚姻义务，而非权利。即使《婚姻法》修改后明确将夫妻双方平等的住所决定权规定为夫妻人身关系的内容之一，其实质仍然为夫妻共同决定，它既不是夫妻一方对另一方享有的权利，也不是一方应对另一方承担的义务。此外，考虑到我国很多地方特别是农村地区仍然保留着“男娶女嫁，妻从夫居”的传统，为鼓励婚姻定居方式的男女平等，可以保留现行《婚姻法》的规定：根据男女双方约定，女方可以成为男方家庭的成员，男方可以成为女方家庭的成员。

（三）同居义务

西方家庭法理论一般认为，因婚姻关系的成立，夫妻应以配偶身份共同生活，这是婚姻本质上的当然效果，即夫妻须互负同居义务。从西方国家有关同居法律的规定看，夫妻同居均以义务规范的形式出现，而不是将同居规定为夫妻的权利。而且，该项义务一般仅为宣誓性规范，并无形成效力。[④] 当夫妻一方无正当理由不履行同居义务时，对方不得请求强制履行，因为这涉及当事人的人身自由权。对于无正当理由不履行同居义务的法律后果，

---

① 参见马忆南：《何以按财产法规则处置》，载《法制日报》2011 年 8 月 25 日。

② 参见最高人民法院《关于适用〈中华人民共和国婚姻法〉若干问题的解释（三）》第 7 条、第 10 条。

③ 参见马忆南：《妇女权利视角下的司法解释三》，载《中国妇女报》2011 年 8 月 30 日；马忆南：《离婚住房分割的历史考察》，载《月旦民商法杂志》（台湾）2012 年第 37 期。

④ 王洪：《婚姻家庭法热点问题研究》，重庆大学出版社 2000 年版，第 13 页。

多数立法例仅规定构成诉请别居或离婚的原因。也有少数国家法律规定其他的后果，主要有：(1) 一方无正当理由不履行同居义务，对方不负支付生活费的义务；(2) 一方无正当理由不履行同居义务，可认为债务不履行，对方因此而受损害，可请求损害赔偿，但以财产上的损害为限，非财产上的损害，不在请求赔偿之列。

公开而长期同居应当是结婚所要追求的一种合法目标。至于婚后是否同居，应当属于个人及家庭生活隐私的范畴，法律不宜加以过问。从法律上说，配偶双方是否同居也不影响婚姻的效力。如果我国婚姻法要把夫妻同居规定为夫妻人身关系的内容之一，那么立法也应以义务为本位，且因婚姻关系的特殊性，涉及夫妻双方的人身自由，这一义务并无法律强制效力，即不能也不可能强制义务人履行同居义务，否则，任何强制公民履行同居义务的法律都是违背宪法所确认和保护的公民的基本人身自由权利的，既不符合现代社会尊重和保护人权的基本理念，也构成违宪。对于夫妻一方不履行同居义务的法律后果，可认定为遗弃行为，构成离婚的原因。既然同居是义务，就不能人为地牵强解释为法律权利，一方不履行同居义务的后果就不宜规定为侵权责任。①

（四）忠实义务

在近代立法史上，法国、意大利、瑞士、葡萄牙等国民法明定夫妻相互负有忠实义务。其他国家民法虽无明定夫妻有守贞的义务，但依民法规定配偶通奸为离婚原因之一，因此学说解释上多认为夫妻互负守贞义务。判例上亦认为夫妻一方违反此义务而与人通奸者，应负债务不履行的责任，他方配偶得对其请求损害赔偿。我国台湾地区“民法”并无夫妻忠实义务的规定，但学说上一致认为夫妻互负守贞义务，判例上亦多认为夫妻一方违反此义务而与他人通奸者，系侵害他方配偶的权利，故以侵权行为责任论之。

关于相奸人的责任，近代各国民法虽无明文规定，但学说及实务上多以侵权责任论之。夫妻一方因他方配偶通奸而受财产上的损害时，得向相奸人请求赔偿，但受害配偶可否向相奸人请求精神上损害赔偿，则有肯定与否定二说。持否定说者的主要理由在于：被害配偶在民事上可依民法之规定

---

① 王洪：《婚姻家庭法热点问题研究》，重庆大学出版社 2000 年版，第 13—15 页。

请求法院判决离婚,并可向通奸配偶请求离婚损害赔偿。为维护婚姻生活的圆满、安全及幸福,法律之保护已相当周密,无须在法律之外,另予精神损害赔偿。而且,民法规定精神损害赔偿仅限于身体、健康、名誉或自由等人格权被不法侵害时,始可请求。仅因通奸而请求相奸人给予精神损害赔偿,并无明文根据。持肯定说者却认为:"在通常情形,与有配偶者通奸而造成财产上之损害,究属不多,纵或有之,赔偿数额亦甚微小,故若不使受害人请求相当之抚慰金,则加害人几可不负任何责任,非特不足保护被害人,对于公益亦有不利。"①为了保护被害配偶的利益,肯定说者从不同的角度,寻求被害配偶得对相奸人请求精神上损害赔偿的根据。至于被害配偶因通奸所受侵害的权利,究竟属于何种性质,有的认为是配偶权、亲属权、身份权,有的认为是人格利益,还有的认为是名誉权。② 第二次世界大战以来,婚姻观念发生了巨大变化,夫妻应平等友爱,但不妨碍配偶个人的精神、经济自立和独立发展。人们对婚外性关系更加宽容,婚外性关系的道德舆论日渐淡化,惩罚成年人之间自愿发生性行为的法律逐渐被废止。世界上有不少国家的夫妻关系法发生了很大变化,很多国家不再规定夫妻忠实义务和违反夫妻忠实义务要承担法律责任。在实行无过错的破裂离婚主义的国家,通奸的规定已完全从法律中消失。通奸已不再作为一个离婚的理由,而被吸收到婚姻关系无可挽回地破裂这一抽象的离婚理由之中。以通奸为由向干扰婚姻关系的第三人提出的法律诉讼也消失了。③ 如英国 1970 年修正《婚姻诉讼法》,删除了因通奸所生的损害赔偿请求权,仅把一方与他人通奸规定为证明婚姻关系破裂的法定情形之一。美国 1976 年之后,实务上认为要已婚者因与他人有自然的、自发的性关系而负责任,已非国家所关心之事,甚至认为此种损害赔偿之请求,是侵害个人基于自然合意性关系的隐私权。④ 以瑞士法的发展为例,原《瑞士民法典》第 159 条规定:"夫妻互负忠实和扶助的义务。"而 1998 年及之后的民法修订则深受现代法治观念的影响,在离婚及别居制度方面采用了破裂主义,但是第 115 条规定主张婚姻关系

---

① 王泽鉴:《民法学说与判例研究》(第一册),中国政法大学出版社 1998 年版,第 376 页。

② 参见刘士国:《现代侵权损害赔偿研究》,法律出版社 1998 年版,第 176 页。

③ 王洪:《婚姻家庭法热点问题研究》,重庆大学出版社 2000 年版,第 26 页。

④ 参见林秀雄:《婚姻家庭法之研究》,中国政法大学出版社 2001 年版,第 168—170 页。

不可挽回地破裂的一方必须持有令人信服的理由，且其自身对于婚姻关系的破裂不负有责任。与此同时，有关夫妻一方过错的条款相继废止，如尽管夫妻忠实义务依旧不变，但通奸、过错赔偿等条款相应废除。改革后的婚姻财产制度采用分别财产制与对家庭或配偶较多贡献的津贴补偿制，因而离婚或别居时的财产分割以及一方对另一方的财产利益补偿主要以照顾弱势方的生活为原则，一方的过错不再作为经济补偿请求权的理由。此制度变革体现出瑞士婚姻法趋向于建构平等的、伙伴型的夫妻关系，对于夫妻忠实义务的实施则相对较为薄弱。

我国现行《婚姻法》并未规定夫妻的同居义务和忠实义务，修改《婚姻法》时，是否有必要将其提升为法定义务，这是目前争议很大的问题。

笔者比较赞赏德国民法的规定和做法，《德国民法典》第 1353 条规定：婚姻双方相互之间有义务过共同的婚姻生活；婚姻双方互相向对方负责。在建立共同的婚姻生活之后，婚姻一方如果滥用其权利而提出要求或者婚姻已经破裂，则婚姻另一方无义务满足其要求。配偶一方可以通过确立婚姻共同生活的申请，要求另一方履行人身上的婚姻义务。但获得的裁判不具有执行力。此种诉讼的目的在于确认被告的义务（类似于确认判决），并敦促当事人履行其义务。可以通过诉讼确立的义务包括：建立共同家庭生活、保持婚姻忠诚、料理家务、在家务或企业的协作以及对财产状况的告知。原告必须存在需要保护的权利，才能提出该申请。配偶一方提出的确立要求属于权利滥用或婚姻已经破裂的，被告有权根据第 1353 条第 2 款的规定拒绝确立婚姻共同生活，该申请不能获得批准。

德国现行法中，除了确立程序，没有其他针对违反婚姻义务行为的停止侵害请求权或排除妨害婚姻请求权。因为这些申请（例如要求停止通奸行为）不符合《关于家庭事件和非诉事件的程序的法律》第 120 条第 3 款的规定，根据该规定，婚姻的人身属性使其免受停止侵害请求权的法律强制力。只有当违反婚姻义务的行为同时也构成对伴侣绝对权利的妨害，即配偶一方侵害了另一方作为法律上的人而享有的绝对权利，例如身体的完整权、姓名权、人格权、荣誉以及财产权时，才能提出停止侵害和排除妨害的请求权。婚姻共同生活并不能剥夺伴侣的一般法律保护。这也适用于对隐私的保护，例如不能对伴侣的电话秘密录音，也不能损害其通信秘密。

虽然德国司法实践中扩大了对配偶权利的保护范围——婚姻在空间和内容上的受保护权，该权利不受伴侣或第三者的侵害，据此，妻子有权对丈夫提出请求，要求丈夫的情人离开婚姻住宅，妻子也有权直接对该情人提出请求，要求其停止对婚姻共同生活的侵害，但这种婚姻妨害程序不能被配偶用来变相地通过法律强制力或经济压力要求配偶另一方停止和他人的暧昧关系。

如果配偶一方和第三人存在违反婚姻义务的不当关系，另一方是否享有对该第三人提出停止侵害请求或损害赔偿请求的权利？例如，妻子抛下丈夫和子女搬到男性朋友那里，男方要求他的情敌停止和妻子的不正当关系，并赔偿因妻子出走而雇人料理家务的费用。德国联邦普通法院认为，侵害上述权利既不产生消极请求权，也不产生损害赔偿义务。法院指出，这种婚姻妨害唯有在得到配偶一方的配合时才会发生，所以其在本质上属于婚姻内部事件。德国联邦普通法院认为，婚姻的空间和内容领域受法律保护。侵害该领域会引起针对第三人的停止侵害请求权和侵权请求权。例如，妻子在外地参加培训，丈夫乘机将情人领到家中居住，不幸被提前回家的妻子撞破。妻子可以要求该情人离开婚姻住宅，也可以要求她将来不得进入该婚姻住宅。另外，妻子还可以从妨害共同占有权的角度提出赔偿请求。[①]

三、夫妻忠诚协议的效力

最高人民法院《关于适用〈中华人民共和国婚姻法〉若干问题的解释(三)》内部草案第4条曾经规定了对“忠诚协议”纠纷的处理：“夫妻一方以婚前或婚后双方所签订的相互忠实、违反予以赔偿的财产性协议主张权利的，人民法院不予受理；已经受理的，裁定驳回起诉。”当时另一种意见是删除该条。最高人民法院《关于适用〈中华人民共和国婚姻法〉若干问题的解释(三)》最终删除了该条。但有关夫妻忠诚协议的效力问题的争议并没有停止。

---

① 〔德〕迪特尔·施瓦布：《德国家庭法》，王葆莳译，法律出版社2010年版，第76—83页。

关于协议的效力，有人认为无效，有人认为有效。①

认为无效的理由是：(1) 夫妻忠诚协议对夫妻一些基本人身权利特别是人身自由、性自由进行限制甚至剥夺，违背宪法。(2) 我国《婚姻法》第4条规定“夫妻应当互相忠实”，忠实不是法定义务，当事人不能请求“不忠赔偿”。(3) 忠诚协议中的赔偿金，实质为侵权损害赔偿金，通过协议预先确定侵权损害赔偿额，有违法理。损害赔偿是以损害事实为基础，其数额不能由双方当事人预先约定。损害赔偿适用填补原则，数额上应依照法律规定的标准进行计算，而不是凭空想象。(4) 我国《合同法》规定“婚姻、收养、监护等有关身份关系的协议，适用其他法律的规定”，忠诚协议不适用《合同法》。“不忠赔偿”缺乏合同债权发生的根据，虽以合同的合法形式存在，但不属于合同之债。

认为有效的理由是：(1) 忠诚协议符合契约自由原则，且具备合同的有效要件。(2) 忠诚协议实际上是一种附条件的夫妻财产关系约定。(3) 忠诚协议是将我国《婚姻法》第4条的夫妻忠实义务具体化，符合法律的原则和精神。(4) 忠诚协议中的赔偿金也可以约定。实际上一方违反忠诚义务对无过错方造成的伤害是无法据实核定的，尤其是精神上的损害赔偿。与此类似的是《婚姻法》规定的离婚损害赔偿数额，也只能依据法官的自由裁量权“酌情”判决，实践已经证明大部分当事人对法官的裁量赔偿额都不能认同，因此由当事人自己约定赔偿数额是较为可行的一种方式，故而不能据此否定忠诚协议的效力。

笔者认为，夫妻忠实义务目前还是一项道德义务。我国《婚姻法》第4条“夫妻双方应当互相忠实，互相尊重”，只是一种倡导性规定，并非强制性义务。最高人民法院《关于适用〈中华人民共和国婚姻法〉若干问题的解释(一)》第3条规定：“当事人仅以婚姻法第4条为依据提起诉讼的，人民法院不予受理；已经受理的，裁定驳回起诉。”当事人自然会转而寻求契约的救济方式。夫妻忠诚协议是用合同方式设定忠实义务后，通过追究对方违约责

① 王歌雅：《夫妻忠诚协议：价值认知与效力判断》，载夏吟兰、龙翼飞、郭兵、薛宁兰主编：《婚姻家庭法前沿——聚焦司法解释》，社会科学文献出版社2010年版，第34—48页；邵世星：《浅谈男女间忠诚协议的性质和效力》，载同上书，第49—53页；张翼杰：《浅谈夫妻忠诚协议的效力》，载同上书，第54—59页；吴晓芳：《当前婚姻家庭案件中的若干新情况新问题》，载《民事审判指导与参考》2007年第2集，法律出版社2007年版。

任来实现救济的。夫妻忠诚协议为广义的民事契约。夫妻忠诚协议符合我国民法及合同法中“合同”之含义，但由于涉及身份关系，所以并不由我国《合同法》来调整。不能因为身份协议不适用《合同法》就否认它具有“合同”的本质特点。[①] 笔者认为，应当有限制地承认忠诚协议的效力。

判断忠诚协议的效力时应考虑当事人是否具有相应的行为能力，意思表示是否真实，以及内容是否违反法律或者公序良俗。无民事行为能力人和限制民事行为能力人订立的忠诚协议无效；一方以欺诈、胁迫手段或者乘人之危，使对方在违背真实意愿情况下签订的协议无效；违反法律或者公序良俗的忠诚协议亦无效。

对忠诚协议的效力审查，要考虑对夫妻基本人权的保护，如人身自由、人格尊严不受侵犯，保护通信秘密权等。如有的夫妻忠诚协议约定：“每晚十二点之前必须回家”，“女方有权随时检查男方手机”，“不许提离婚，谁先提出离婚，谁就净身出户”，等等，类似的协议均因限制法律所保护的公民基本人权而归于无效。

符合公序良俗是忠诚协议效力认定的重要标准。凡危害家庭关系的协议应属无效，有违性道德的协议亦无效。前者如断绝亲子关系协议、免除夫妻互相扶养义务协议等；后者如允许配偶包二奶协议、对婚外同居情人的赠与协议等。

对忠诚协议的效力审查，还要考虑对第三人利益的保护，防止协议侵害第三人的利益。比如，忠诚协议中若把一方丧失分割共同财产的权利作为违约责任，则可能影响该方对债权人的清偿能力。若把“父母由其自行赡养”或“子女由其自行抚养”作为违约责任，也可能会侵害父母、子女等第三人享受亲属扶养的权益。此类忠诚协议是违反法律或者公序良俗的。

我国现行法律未将夫妻同居义务及忠实义务上升为法定义务；一方违背忠实义务的离婚损害赔偿仅限于重婚、有配偶者与其他异性同居的情形，不包括其他不忠情形；即使是严重违背忠实义务的行为，也只能在离婚诉讼中要求赔偿；在婚内因配偶违背忠实义务受到侵权的当事人多数情况下得不到法律有效救济，夫妻签订忠诚协议追究过错方责任，是公民自我救济的有效方式。通过有限认可协议的效力，对受害方进行一定的补偿和慰藉，对

---

① 参见王利明：《民法》(第4版)，中国人民大学出版社2008年版，第431页。

违法者进行惩罚，体现了公平正义的价值，并有助于树立公民健康文明的婚姻观。在此过程中，不排除有人会滥用忠诚协议，无过错方为得到协议约定的高额财产，可能会不择手段查找对方出轨证据而侵害他人隐私，故司法实践中对夫妻忠诚协议效力的认定应当特别谨慎，部分忠诚协议的效力是被完全否定的，部分忠诚协议在严格审查下是可以被认定有效的。

鉴于对忠诚协议的认识还存在诸多争议，各地法院尚难以形成统一的审判标准。[①] 笔者认为，在这个问题上短期内还不具备立法的条件，以不写进《婚姻法》为宜。

四、夫妻生育权冲突解决模式

妻子“擅自堕胎”，丈夫以生育权被侵犯为由诉至法院要求赔偿的案例在今天的生活中越来越多，对此，不仅法院的判决不一，学界的认识也争议颇大。最高人民法院《关于适用〈中华人民共和国婚姻法〉若干问题的解释（三）》第9条专门对此作了规定。

（一）生育权是一种人格权而非身份权

笔者认为生育权是一种人格权而非身份权。

首先，生育权是民事主体固有的权利。人格权的固有性从实质上讲是指人格权是体现人之为人的本性的权利，按照自然法学派的观点，“人格权是人们基于自然法则、人类理性和道德而具有的体现人类本性的权利”[②]。生育行为既是人作为高等动物生物机能的表现，又是个人生命延续和家族存续的前提，是一种同时具有自然属性和社会属性的天赋人权。由于身份权的特征之一在于其不是民事主体固有的，而是通过一定的行为或事实取得或消灭的，因此与生育权的固有性相悖。

其次，作为生育权客体的生育利益是人格利益而非身份利益。人格利益是指人的人身和行为自由、安全以及精神自由等利益；身份利益是指权利主体基于一定身份所取得的利益，如配偶之间的相互忠诚与陪伴，父母对子女的保护和教育等。生育权所针对的生育利益体现的是人的行为自由，人

---

① 例如上海市高级人民法院在《民一庭民事法律适用问答选登（二）》中认为“夫妻忠诚协议”无效；2007年2月25日，安徽省高级人民法院法官在安徽法院网“法官热线”栏目解答“夫妻忠诚协议书是否有效”，该院法官认为“夫妻忠诚协议”有效。

② 参见王利明：《民法》（第4版），中国人民大学出版社2008年版，第431页。

可以自由地决定生育这一与自己的生活方式、未来发展等密切相关的重大事项。因此,生育利益从本质上讲是人的生育意志自由,属于人格利益中自由的范畴,而非基于夫妻身份所产生的身份利益。

最后,生育权是维护主体独立人格所必备的权利。"生育权所体现的生育意志自由是主体精神存在形式的重要组成部分,并间接地对主体物质存在形式的维护与延续起着重要作用"。[①] 生育权涉及人对自己私生活最隐秘的,但又与个人人身自由与精神自由、生活方式和未来发展最密不可分的重大事项的自主权,因此,其对维护主体的独立性及培养主体独立的人格意识有着非常重大的意义。

(二) 生育权是一种绝对权和支配权

生育权作为人格权是一种绝对权。生育权的义务主体是权利主体以外的任何人(包括配偶),这些义务主体都负有不得侵犯权利主体生育权的不作为义务。一般来说,夫妻任何一方生育权的实现都需要对方的配合,这样容易让人产生生育权是相对权的误解,笔者认为可以做如下解释:首先,如果认为生育权是相对权,则特定的义务主体是谁呢?只能是配偶另一方,那么配偶的配合行为就成了一种义务,如果不配合,即构成对另一方生育权的侵犯,这显然违背生育权的本质;且由于夫妻双方都享有生育权而造成只要双方行使权利的意见不一致即构成双方侵权的荒谬情况。其次,既然相对权的义务主体是特定的,且如果认为生育权是相对权,那么其义务主体只能是配偶另一方,导致生育权只能对抗配偶而不能对抗配偶以外的任何第三人,与人身权的本质不容。事实上,夫妻双方任何一方的生育权的实现都需要对方的配合,这是由人的生理特点决定的,并不能以此否认生育权的绝对权属性。"夫妻双方无论配合与否都是基于自己的独立意志行使生育自由权的行为,而不是履行其配合他方行使生育权的积极义务。"[②]

人格权属于支配权,因此生育权是支配权。同样,由于夫妻任何一方的生育权的实现依赖于对方的配合,容易让人产生生育权是请求权的误解,对此,笔者认为可以比照以上的分析进行澄清。

---

① 樊丽君:《生育权性质的法理分析及夫妻生育权冲突解决原则》,载《北京化工大学学报(社会科学版)》2005 年第 4 期。

② 同上。

（三）妻子“擅自堕胎”不侵犯丈夫生育权

所谓夫妻之间侵害生育权的行为，实际上多数时候并非是侵权，而是夫妻生育权行使的冲突。由于生育权的人格权属性，以及夫妻须协力才能完成生育行为这一人的生物属性的制约，生育权行使的冲突在所难免。

比照民法上将损害事实、因果关系和过错作为侵权责任的构成要件①，似乎可以得出妻子“擅自堕胎”符合侵权责任的构成，侵犯了丈夫生育权的结论。但是，考虑这一问题，不能忽略生育权人格权的性质。例如，夫妻双方都享有婚姻自主权，不能因为一方想离婚另一方反对，而认为想离婚的一方侵犯了对方的婚姻自主权。事实上，生育权和婚姻自主权一样，都是夫妻双方各自为法律所确认的人格权，其行使受到法律的同等保护，不能因为权利行使的冲突就认为构成侵权。

对于法律同等保护的权利因行使造成的冲突，一般认为，权利人应善意行使权利，由于权利行使的不善给对方造成的损失，行为人应当承担责任。因此，很多学者指出，妻子要堕胎必须善意，即必须与丈夫协商，征得丈夫的同意，或至少履行告知的义务，否则私自堕胎要承担侵权责任。② 笔者以为，无论在法理上还是实践上，对妻子的堕胎都不应该有善意行使权利的要求，相反，其堕胎的自由应该受到几乎绝对的保障。从法理上讲，要求妻子“善意堕胎”的观点违背了生育权绝对权和支配权的性质。如果法律赋予丈夫对妻子人工流产的同意权，实际上就是承认丈夫对妻子的生育利益具有支配性，等于在妻子生育权的客体上设定了两个不相容的权利；如果规定妻子人工流产有告知丈夫的义务，等于为妻子设定了一个与生育权的排他支配性不相容的告知义务。③

之所以要赋予女性对堕胎几乎完全的自由，最重要的理由是基于女性在生育过程中的天然作用。在自然生育的过程中，女性是生育活动的主要

---

① 樊丽君：《生育权性质的法理分析及夫妻生育权冲突解决原则》，载《北京化工大学学报（社会科学版）》2005 年第 4 期。

② 王利明：《侵权行为法研究》（上卷），中国人民大学出版社 2004 年版，第 341 页。

③ 王晨、艾连北：《再论生育权》，载《当代法学》2003 年第 1 期——“妻子未与丈夫协商，自行引产，虽是在行使自己的生育权，但该权利的行使侵犯了丈夫的生育权，因而应是违法的”；李文康：《生育权侵权及其法律救济》，载《湖南科技学院学报》2005 年第 7 期——“夫妻一方与相对方生育意愿相左，可以自主避孕、堕胎、流产，自主选择生育方式等，但是必须履行告知义务”。

承担者，而男性只需要承担将精子输入女性体内的责任——这种工作对他来说实在太容易，并且其实根本不能说是责任而实际上是一件愉快的事情。而从怀孕到分娩的整个过程中，女性不仅要忍受妊娠反应等生理上的痛苦，还要承受怀孕带来的精神压力。此外，在社会竞争异常残酷的今天，怀孕生子还可能意味着工作的丧失和自身发展的落伍。女权主义者特别强调，生育权应该包括妇女拥有"支配自己身体"的权利，如果女性不能支配自己的身体，不能拥有拒绝生育的权利，就必然成为生育的工具，就必然没有尊严和人权可言。

第二次世界大战后，外国法律实践明确涉及生育决定权问题。工业化国家几乎无一例外地赋予妇女不生育的权利，并且妇女有权自行决定生育或者终止妊娠。

英国、澳大利亚、加拿大的有关法律和司法判例都明确肯定，丈夫没有阻止妻子堕胎的权利。[①] 美国最高法院通过一系列判例将生育解释为人的基本公民自由，将其纳入公民隐私权的保护范围；此外，法官们否定了丈夫对妻子流产的同意权，明确指出"在父亲的利益和母亲的私权冲突时，法院倾向于保护后者"[②]。美国最高法院在罗伊诉威德案(*Roe v. Wade*)中的立场，同样是坚持丈夫没有权利阻止妻子堕胎。[③] 在密苏里诉丹福德案(*Planned Parent-hood of Central Missoun v. Danford*)中，美国最高法院认为，"国家不能约束和禁止怀孕最初十二星期或者之前的堕胎。当医生和怀孕妇女作出了堕胎决定，国家不能要求配偶同意堕胎作为先决条件"。[④] 由于历史和现实的种种原因，女性在社会中的地位仍处于劣势，妻子在家庭中也往往属于弱势的一方，在生育权的行使上亦如此。当夫妻双方生育权行使冲突时，由于丈夫的强势，其对妻子生育权行使自由的侵犯可能是无形的，且具有非常强的隐蔽性，并往往可能涉及家庭暴力和"婚内强奸"。如果

---

① 邢玉霞：《现代婚姻家庭中生育权冲突之法律救济》，载《法学杂志》2009 年第 7 期。

② 廖雅慈：《人工生育及其法律道德问题研究》，赵淑慧、何家弘译，中国法制出版社 1995 年版，第 103—104 页。

③ 夏吟兰：《美国现代婚姻家庭制度》，中国政法大学出版社 1999 年版，第 87 页。

④ 〔美〕罗纳德·德沃金：《自由的法：对美国宪法的道德解读》，刘丽君译，上海人民出版社 2001 年版，第 59 页；〔美〕瑞科雅·索琳歌尔：《妇女对法律的反抗：美国"罗伊"案判决前堕胎法的理论与实践》，徐平译，广西师范大学出版社 2003 年版，第 249 页。

法律再赋予丈夫对妻子堕胎的同意权或要求妻子堕胎前履行告知义务，无异于给男方的隐性强势再披上合法的外衣，女性的生育自由将彻底成为空想。尤其是在我国根深蒂固的传统生育观念下，妇女在生育问题上承受着巨大的痛苦和压力，并且这种压抑甚至已经侵入女性自己的思维自觉中，使得无数妻子默默忍受着丈夫在生育问题上的"强权"。因此，所谓要求妻子"善意堕胎"和履行告知义务的观点是绝对不可取的，它几乎将在法律上否定妻子的生育权。最高人民法院《关于适用〈中华人民共和国婚姻法〉若干问题的解释(三)》第 9 条规定，夫以妻擅自中止妊娠侵犯其生育权为由请求损害赔偿的，人民法院不予支持。笔者认为这种立法取向是正确的。

（四）夫妻生育权冲突的解决模式

传统的人类生育过程需要男女两性共同完成，因此，夫妻生育权的行使只有通过协商达成一致才可以达到生育的目的。由于夫妻双方几乎不太可能对是否生育、何时生育以及生育几个孩子有明确的约定，因此有学者指出，结婚的行为是对夫妻双方事实上的生育约定的确认，对于婚姻双方，可以推定有生育的契约。[①] 他们同时指出，考虑目前我国的具体情况，夫妻双方缔结婚姻，就可以认为达成了生育子女的合意，由此在婚姻存续期间，夫妻双方应该就达成的生育合意履行义务。[②] 对此，笔者不敢苟同。

诚然，在目前的社会中，家庭仍然是人口繁衍的主要场所，多数夫妻结婚后会生育子女，但这也只能说明生育行为是婚姻的可能结果而非必然结果，"丁克"家庭的日渐增多是一个不争的事实。此外，即使夫妻双方有生育的打算，对于何时生育、生育几个子女的问题可能仍有分歧，并且这仍属于夫妻个人生育权的范畴，应由夫妻个人自由决定。如果武断地推定夫妻结婚后即对生育达成了合意，那么就非常容易导致夫妻一方对自己本来没有签订的契约构成违约并应承担责任，而这是不公平的，并且在事实上严重地减损了生育权的绝对权属性。

笔者以为，从解决夫妻生育权冲突的角度，应对夫妻婚后的生育契约作否定推定，即推定夫妻婚后没有签订生育契约。如果没有生育契约，任何人

---

① 廖雅慈:《人工生育及其法律道德问题研究》，赵淑慧、何家弘译，中国法制出版社 1995 年版，第 103—104 页。

② 孙科峰:《生育权范畴论析》，载《学术探索》2004 年第 2 期。

都不必承担为父或为母之义务，当然自己甘愿承担该义务的除外。[①]

这样的推定是针对夫妻生育权冲突的解决的，如果没有冲突，夫妻的生育权和谐行使，当然此推定也就没有必要；而如果夫妻的生育权行使发生冲突，应首先推定夫妻双方并未签订生育契约，若一方认为有此契约，则要承担举证责任证明此契约的存在。之所以这样推定，首先是因为如前所述，对生育契约的肯定推定弊端明显；其次，在夫妻生育权行使冲突的情况下，一旦认定生育契约存在，则会对反对生育一方的生育权构成极大的限制，并且他/她可能迫于赔偿的压力而不得不面对自己并不希望出生的孩子，对孩子的成长也可能不利，不符合"未成年人利益最大化"原则的要求，因此举证责任应由认为存在生育契约的一方承担。

在妻子未告知丈夫而自行堕胎的情况下，丈夫若想主张赔偿，必须证明双方存在生育契约从而要求妻子承担违约责任。如果丈夫可以证明双方存在事实上的生育契约，比如夫妻婚后一直没有采用任何避孕措施等，则女方无故不履行约定私自堕胎，应当承担违约责任。同时，笔者认为，在夫妻双方事实上达成生育契约后到女方分娩前，如果男方有足以影响女方生育选择的过错，则女方不经过男方同意堕胎并不违约，不承担赔偿责任。对婚姻中男方证明夫妻双方存在生育契约确立严格的证明标准，使得男方的举证责任非常沉重，可以在事实上维护女性的身体自由和尊严，保护其生育权的有效行使。如果男方无法证明双方存在生育合意，则女方对是否堕胎拥有完全和绝对的选择权。

当然，夫妻双方不能在生育问题上达成合意，并不意味着丈夫的生育权永远无法实现，可以考虑将此纳入判决离婚的理由中以对丈夫进行救济。最高人民法院《关于适用〈中华人民共和国婚姻法〉若干问题的解释（三）》第9条规定，夫妻双方因生育问题发生纠纷，致使夫妻感情破裂，一方请求离婚经调解无效的，人民法院应准予离婚。笔者认为，将夫妻生育权的冲突纳入判决离婚的理由中，以保护男性的生育权，这种做法是妥当的。

---

① 笔者认为，对是否生育这个问题，只要不违背有关计划生育的强制规定，夫妻双方也可以作出某种约定和协商。比如，可以约定是否生育、何时生育以及在相关法律、法规允许的范围内生几个孩子等事项。这些事前的约定有利于化解由于这个问题引起的夫妻矛盾，也有利于在诉讼中作为一种裁判的依据。参见申卫星：《从生命的孕育到出生的民法思考》，载《法学杂志》2010年第1期。

五、日常家事代理权

(一) 我国婚姻家庭法引入日常家事代理权制度的理由

我国是否有引进日常家事代理权制度的必要呢？笔者认为，答案是肯定的，主要理由如下：

第一，日常家事代理权制度作为一种代理制度，扩张了夫妻双方的意思自治，使夫妻双方在日常家务的处理中无须事必躬亲，从而突破了夫妻各自在时间、精力上的局限性，满足了夫妻双方处理日趋复杂化、多样化的社会事务和家庭事务的需求。

从日常家事代理权制度的起源上看，日常家事代理权正是产生于丈夫在处理日常家务中的力不从心。随着我国社会主义市场经济的发展完善，社会和家庭事务日趋繁杂，人们的生活节奏也逐渐加快，夫妻双方对于家庭事务的处理愈来愈追求快捷、便利和安全，我国现行《婚姻法》要求夫妻双方共同处理财产的规定已经难以满足社会生活的实际需要。日常家事代理权制度确立了夫妻双方在处理日常家庭事务中互享代理权的准则，使夫妻双方在日常家事的范围内，仅凭个人的意愿即可作出决定，从而便利了夫妻生活，提高了夫妻双方处理家庭事务的效率，符合我国社会的发展趋势。

第二，日常家事代理权制度保护第三人利益，维护交易安全，满足了我国市场经济发展的需要。

夫妻关系是人与人之间最紧密的联系，婚姻家庭中的财产关系，由于和夫妻之间的人身关系密不可分，因而具有很大的隐秘性和模糊性。正是由于这种隐秘性和模糊性，在夫妻双方与第三方进行交易时，对于该第三人利益的保护成为保护交易安全的关键。日常家事代理权制度确定了在日常家事范围内夫妻的法定代理权和连带责任，也就为交易中第三方利益的保护提供了切实的法律依据。

笔者认为，亲属法虽然隶属于民法的范畴，却并不等同于一般的民事法律，民法的一般规则也不能简单地照搬到亲属法中。将夫妻财产关系简单地视为一般的共同共有关系，将夫妻关系等同于合伙，无论在法学理论上还是司法实践中都是不合理的(夫妻关系毕竟要比合伙关系紧密得多，在日常家事范围内，尤其如此)。仅依表见代理认定日常家事范围内夫妻之间的代理关系是远远不够的，以日常家事代理权制度确定夫妻在日常家事范围内的法定代理权，即使在共同财产制占主导地位的我国，也是极为必要的。我国婚姻家庭法应当为夫妻处理家庭事务确立这样的原则：夫妻处理共同财产，对于重大事务必须夫妻双方共同协商，达成协议方可进行；对于日常家事则可由一方行使法定代理权，以便利日常生活。

（二）日常家事代理权的结构和内容

在大陆法系国家，一般认为日常家事代理权只存在于具有合法婚姻关系的配偶之间。但是，也有日本学者[①]认为由于事实婚姻关系从外部难以判断，为保护第三人的利益，事实婚姻中的男女双方也应推定适用日常家事代理权。英美法系中“由于同居产生的代理”同样适用于情妇，因为英美法上的这种代理是基于同居关系（cohabitation）产生的，而不是婚姻的当然效力。即使是合法夫妻，如果没有“家庭住所”（domestic establishment），也不能认定代理权的存在。[②]

日常家事代理权的行使一般认为以日常家事为限。日常家事指夫妻双方及他们共同的未成年子女（或未成熟子女，即未结婚之未成年子女）日常共同生活所必要的事项，通常包括购买家用食物、能源、衣着、正当的保健、娱乐、医疗、子女的教育、仆人的雇佣、馈赠亲友、报纸杂志的订购等。日常家事的范围因夫妻的社会地位、职业、资产、收入等有所不同。夫妻共同生活所在地的风俗习惯对日常家事的范围也有很大影响。在特殊情况下，例如出现紧急情况而丈夫不在家，或者婚丧嫁娶时也可以得到相应扩张。例如瑞士民法规定，妻子为维持一家生计，得处分不动产。各国司法实践中一般也认为，为准备子女结婚，妻子代理权的范围可以相应扩大。德国1976年《第一号婚姻改革法》规定的家务权限，不以日常家事为范围，而以“家庭生活相当之需要”[③]为范围，较之日常家事范围有所区别。属于日常家事范围内的行为于家庭生活的需要不“相当”的，被排除于日常家事代理权限之外；而租赁房屋、贷款本不属于日常家事范围，因生活需要，被纳入权限之内。修正后的家务权限似乎更加符合日常家事代理权之立法宗旨。

英美法上的“由于同居产生的代理”其权限范围仅限于购买生活必需

① 孙科峰：《生育权范畴论析》，载《学术探索》2004年第2期。

② 参见〔日〕山口纯夫：《日常家事债务的连带责任》，载星野英一主编：《民法讲座七：亲属继承》，日本有斐阁1984年版，第125页。

③ 《德国民法典》第1357条。

品，然而，所谓“生活必需品”不仅仅限于生存所必需的衣食等，还包括“与丈夫的地位和财产相适应的，有益于健康和心情愉快的必需品”。[①] 有时珠宝、金表都可以作为必需品，甚至由于同居的诉讼或者离婚的诉讼所产生的费用也可以作为这种必需品要求丈夫返还。但是，这种代理权的权限仍然要比大陆法系日常家事代理权狭窄得多。

日常家事代理权在行使时应以何人的名义？各国和地区的法律对夫妻日常家事代理权及其责任已有明文规定，因而没有像普通代理一样严格地要求明示本人的名义，只要相对人了解是在日常家事范围内的行为就可以。例如，依瑞士民法解释，关于日常家事的妻子的法律行为，推定为以丈夫的名义所为。日本民法学者、我国台湾地区民法学者也有同样见解。[②] 关于日常家事代理权行使时权利人的注意义务，《德国民法典》第 1359 条规定：“配偶于婚姻关系所生义务之履行，惟就处理自己事务通常注意所用之注意互负其责。”日本民法学者、我国台湾地区民法学者都作此种解释[③]，认为夫妻在行使日常家事代理权时负有与为自己事务时通常的注意义务同样的注意义务，而且不得请求报酬。在夫权制度下，各国亲属法一般规定妻子行使日常家事代理权，由丈夫取得权利、负担义务。随着夫妻平等处理财产的权利被各国法律所承认，各国法律纷纷规定夫妻双方共同取得权利、负担义务。

对于日常家事代理权权利行使的限制，大陆法系各国和地区的亲属法一般规定：夫妻之一方，滥用日常家事代理权或者明显不堪行使时，他方得限制之，但不得对抗善意第三人。例如我国台湾地区“民法典”第 1003 条、《瑞士民法典》第 174 条、《德国民法典》第 1357 条都有类似的规定。各国或地区限制日常家事代理权的原因，有代理权的滥用和不堪行使两种。所谓“不堪行使”是指当事人由于疾病不能行使或者由于精神或身体状况不能认识或遵守代理权的界限。这其实也是一种对代理权的滥用，只不过没有主观过错。而对代理权的滥用包括对上述注意义务的违反，超越日常家事范围代理等。我国台湾地区“民法典”只规定了代理权的滥用，但是学理解释

---

① G. H. L. Fridman, *The Law of Agency* (2nd edition), Butterworths, 1966, p. 68.

② 参见〔日〕谷口知平：《美国婚姻法有关夫妻间权利与义务的规定》，载《外国婚姻家庭法资料选编(下)》，中国政法大学民法教研室 1984 年编，第 439 页。

③ 〔日〕我妻荣·有泉亨：《日本民法·亲属法》，夏玉芝译，工商出版社 1996 年版，第 66 页；史尚宽：《亲属法论》，中国政法大学出版社 2000 年版，第 314—315 页。

一般认为也应包括不堪行使。对日常家事代理权的限制有部分限制和全部限制之分。部分限制，如禁止某种购买或不得为超出一定金额的借贷。而全部限制是指对某一项代理权的剥夺，如禁止一切购买或借贷。当然，如果限制不符合法定的理由，被限制人有权请求法院予以撤销。[①]

对于日常家事代理权的限制，各国民法一般要求必须使特定相对人得知，对日常家事代理权的限制不得对抗善意第三人。善意第三人是指不知有限制存在的相对人，且一般认为不要求第三人无过失。也有国家的民法规定，经主管官署公告或登于财产登记簿，可对抗善意第三人，例如《瑞士民法典》第 174 条。但恶意第三人，即明知夫妻一方逾越代理权限仍然与之为法律行为的相对人，不得主张代理权的存在。

那么，应如何构建日常家事代理制度，使其融入我国婚姻家庭法的架构之中？笔者提出以下建议：

第一，在中国婚姻家庭法中，可以将日常家事代理权视为婚姻的当然效力规定在夫妻的权利义务一节，参照大陆法系各国的有关规定。

第二，对于日常家事的范围，我国婚姻家庭法不宜作过于具体的规定。由于日常家事的范围因各地区客观条件的不同而存在差异，并因时间的推移而发生改变，在这一问题上赋予法官一定限度的自由裁量权，是明智之举。

第三，日常家事代理权的行使无须以本人的名义，只要在日常家事的范围内，就应当推定夫妻一方的行为为代表夫妻双方所为的行为。

第四，应当在婚姻家庭法中明确规定，夫妻双方不得以约定的形式限制或者取消日常家事代理权；但对于夫妻一方因不堪行使日常家事代理权而滥用权利的行为，夫妻另一方得予以限制，这种限制不得对抗善意第三人。

第五，日常家事代理权的消灭应当以婚姻关系的终止为前提。

---

① 《德国民法典》第 1357 条第 2 款规定："夫妻一方可以限制或排除夫妻另一方处理效果也及于自己的事务；无充分理由而进行限制或排除的，监护法院应依申请予以撤销。"

第九章　夫妻财产制度研究

第一节　我国法定夫妻财产制

法定夫妻财产制是法律强制规定夫妻实施的一种财产制度。[①] 在夫妻没有约定选择财产制的情况下，方适用法定财产制。法定夫妻财产制虽然是一国的法律制度，但它受该国的传统文化意识、民众生活习惯和社会经济发展等诸因素制约，各国都有与自己本国文化传统、生活习惯相适应的夫妻财产制形式。纵观各国法定夫妻财产制的规定，其法定夫妻财产制的形式主要有：共同财产制、分别财产制与共同财产制的复合形态。[②] 共同财产制是指除夫妻个人特有财产外，夫妻的其他财产归夫妻双方共同所有，夫妻对共同财产有平等的占有、使用、收益和处分的权利。我国采取的法定夫妻财产制是夫妻共同财产制。分别财产制与共同财产制的复合形态是指在夫妻婚姻关系存续期间所得的财产各归各所有，各自独立享有对财产的占有、使用、收益和处分的权利，仅限于婚姻关系存续期间使用；而在夫妻离婚时则转向婚姻共同财产制，将婚后任何一方所得的财产视为共同财产来分割。

一、我国法定夫妻财产制的现状

我国 1980 年《婚姻法》和 2001 年修订的《婚姻法》采婚后所得共同制为法定财产制。根据我国《婚姻法》的规定，如果夫妻没有约定或约定不明，除夫妻个人特有财产之外，婚姻关系存续期间夫妻一方或双方所得的财产属

---

① 蒋月：《夫妻的权利与义务》，法律出版社 2001 年版，第 85、138 页。

② 史尚宽：《亲属法论》，中国政法大学出版社 2000 年版，第 330—331 页。

于夫妻共同所有。据此规定,我国现行法定夫妻财产制采取的是“婚后所得共同制”。[①]

将婚后所得共同制作为我国的法定夫妻财产制形式,主要理由是:其一,由我国家庭成员共同生活的习俗决定。我国家庭成员的同居方式是“同居共财”,这一传统的婚姻家庭习惯影响深远。传统中国社会,家庭成员同居共财,父母在,子女不得别籍异财,如果分异财产,需承担不孝罪名。[②] 其二,符合婚姻共同生活体的本质要求,由夫妻关系的亲密属性决定。夫妻关系不同于其他任何关系,夫妻因结婚而互为配偶,共同生活,既有感情精神层面的交流,又有共同抚养子女和消费财产等物质层面的合作,承载着维持人类繁衍和夫妻双方生存的功能。夫妻共同财产制的特点正是将夫妻婚后的生活视为一个整体,共同管理、使用、处分其婚后所得财产,反映了夫妻共同生活、共同消费的现实,使夫妻的经济生活与身份关系趋于一致,有利于婚姻关系的稳定。夫妻共同财产制的本质在于谋求夫妻经济生活与身份趋于一致,表现其在内部及对外均为一体,较能符合婚姻的伦理机能。[③] 其三,“同居共财”是当前中国人对婚姻普遍持有的观念,婚后所得共同制符合绝大多数夫妻婚姻生活的实际。[④] 婚后所得共同制符合中国人对婚姻普遍持有的“同居共财”的观念。因为夫妻是共同生活的伴侣,无论何方所得财产均属于夫妻双方共有,这有助于加强婚姻内部的凝聚力,婚后所得共同制适应夫妻共同生活的团体性,在伦理上与夫妻关系较为吻合。[⑤] 其四,实行共同财产制是现代社会承认家务劳动的需要。夫妻共同财产是基于夫妻身份产生的,共同财产制推定所有的配偶对家庭财富的贡献是相等的,即使一方参加社会工作,另一方承担家务劳动,双方对家庭的贡献都是一样的,任何一方对家庭收入都有平等的所有权。

夫妻共同财产制承认婚后夫妻在财产取得上的共同努力,有助于增强

---

① 共同财产制又分为:一般共同制、动产及婚后所得共同制、婚后所得共同制、劳动所得共同制等类型。参见陈苇:《中国婚姻家庭法立法研究》,群众出版社 2000 年版,第 177 页。

② 瞿同祖:《中国法律与中国社会》,中华书局 1981 年版,第 16 页。

③ 戴东雄:《亲属法论文集》,台湾东大图书公司 1988 年版,第 164 页。

④ 夏吟兰、薛宁兰:《论夫妻共同财产的认定与分割——以三市离婚案件调查数据分析为路径》,载夏吟兰、龙翼飞主编:《家事法研究》(2011 年卷),社会科学文献出版社 2011 年版。

⑤ 蒋月:《夫妻的权利与义务》,法律出版社 2001 年版,第 85、138 页。

夫妻感情，加强婚姻内部的凝聚力，促进了婚姻关系的稳定。

（一）夫妻共同财产

夫妻共同财产是指夫妻一方或双方在婚姻关系存续期间的所得，除法律另有规定或夫妻双方另有约定外，均归夫妻共同所有的财产。

我国《婚姻法》第 17 条第 1 款对夫妻共同财产的范围作了规定，为指导审判实践，我国最高人民法院又作出了具体的司法解释。根据《婚姻法》第 17 条的规定，夫妻在婚姻关系存续期间所得的下列财产，归夫妻共同所有：(1) 工资、奖金；(2) 生产、经营的收益；(3) 知识产权的收益；(4) 继承或赠与所得的财产，但《婚姻法》第 18 条第 3 项规定的除外；(5) 其他应当归共同所有的财产。这一规定是采取列举式和概括式相结合的方式，前 4 项明确列举了四种财产属于夫妻共同财产；第 5 项是抽象概括式的规定。

针对《婚姻法》第 17 条第 5 项的“其他应当归共同所有的财产”，最高人民法院《关于适用〈中华人民共和国婚姻法〉若干问题的解释（二）》第 11 条补充规定了“其他应当归共同所有的财产”：(1) 一方以个人财产投资取得的收益；(2) 男女双方实际取得或应当取得的住房补贴、住房公积金；(3) 男女双方实际取得或应当取得的养老保险金、破产安置补偿费。最高人民法院《关于适用〈中华人民共和国婚姻法〉若干问题的解释（三）》第 5 条增补规定，夫妻一方个人财产在婚后产生的收益，除孳息和自然增值外，应认定为夫妻共同财产。

我国夫妻共同财产的规定具有以下特征：第一，共同财产是指婚后夫妻双方的劳动所得以及通过其他合法方式获得的收入和财产。如夫妻双方婚后工作所获得的工资、奖金、津贴等收入；夫妻一方婚后继承的遗产，但遗产确定归一方所有的除外等。第二，从财产所有权产生的时间看，以结婚为起点。如果夫妻没有约定选择夫妻财产制，从结婚之日起，所得财产为夫妻共同财产。第三，从共同财产的性质看，属于共同共有。共同共有是共有人平等和不分份额地享有共有权的共有形态。[①] 由此，夫妻基于夫妻关系而形成夫妻共同财产，在夫妻关系存续期间，一般不得请求分割共同财产，夫妻任何一方对共同财产的权利及于共同财产的全部，夫妻对于共同财产享有平等的管理权。

---

① 张俊浩主编：《民法学原理》(修订第 3 版)，中国政法大学出版社 2000 年版，第 442 页。

夫妻对共同财产享有共同共有的权利，即享有平等的占有、使用、收益和处分的权利。《婚姻法》第 17 条第 2 款规定："夫妻对共同所有的财产，有平等的处理权"。最高人民法院《关于适用〈中华人民共和国婚姻法〉若干问题的解释(一)》中的第 17 条规定对《婚姻法》第 17 条第 2 款关于"夫妻对共同所有的财产，有平等的处理权"的规定，应当理解为：(1) 夫或妻在处理夫妻共同财产上的权利是平等的。因日常生活需要而处理夫妻共同财产的，任何一方均有权决定。(2) 夫或妻非因日常生活需要对夫妻共同财产做重要处理决定，夫妻双方应当平等协商，取得一致意见。他人有理由相信其为夫妻双方共同意思表示的，另一方不得以不同意或不知道为由对抗善意第三人。

(二) 夫妻个人财产

夫妻个人财产的范围包括夫妻婚前个人财产和婚后个人特有财产。在明确规定夫妻共同财产以外，我国《婚姻法》还明确规定了夫妻个人财产范围，即夫妻个人特有财产。《婚姻法》第 18 条规定，夫妻一方的财产包括：(1) 一方婚前的财产；(2) 一方因身体受到伤害获得的医疗费、残疾人生活补助费等费用；(3) 遗嘱或遗赠合同中确定只归夫或妻一方的财产；(4) 一方专用的生活用品；(5) 其他应当归一方的财产。最高人民法院《关于适用〈中华人民共和国婚姻法〉若干问题的解释(二)》第 13 条补充"军人的伤亡保险金、伤残补助金、医药生活补助费属于个人财产"。但考虑军人配偶的利益，军人所得复员费、自主择业费等费用，仍属于夫妻共同财产，以夫妻婚姻关系存续年限乘以年平均值，所得数额为夫妻共同财产。夫妻对自己的个人财产各自享有财产所有权，有占有、使用、收益和处分的权利。

二、法定夫妻财产制的比较研究

(一) 法定夫妻财产制的种类

大陆法系各国基于本国国情，对法定夫妻财产制形式的规定也不尽相同，主要有两大类：以共同财产制为基本形式的法定夫妻财产制和采用分别财产制与共同财产制复合形式的法定夫妻财产制。

1. 以共同财产制为基本形式的法定夫妻财产制

采用共同财产制的国家有法国、意大利、葡萄牙等国以及美国的一些州。从共同制形成的时间来看，都是婚后所得共同制。

法国的法定财产制是劳动所得共同制加上特有财产所得共同制，共同财产包括夫妻婚后双方或一方劳动所得或他们特有财产的孳息与收入形成的节余。任何财产,不论是动产还是不动产,如无法证明属于个人所有,均视为共同财产。同时,法律明确规定了夫妻个人特有财产的范围,如婚前财产;婚后个人使用的衣物、人身伤害请求赔偿诉权、不得让与的债权与抚恤金等具有人身性质的财产以及与人身相关的权利;继承和受遗赠的财产①。法国的夫妻法定共同财产制,一方面采取以共同财产制为基本形态的婚后所得共同财产制;另一方面又规定了夫妻个人财产,尽量限定共同财产的范围。

意大利的法定财产制是共同财产制,包括夫妻共同所有的财产和个人所有的财产,前者主要是夫妻双方在婚姻关系存续期间共同或分别取得的物品,但个人物品除外;后者是夫妻一方在婚前享有所有权或某一物权的物品,以及根据法典相关规定属于个人所有的一方在婚后取得的财产。②

葡萄牙的法定财产制为婚后取得共同制。③ 根据法典的规定,在此种所有制之下,夫妻共同财产是夫妻双方在婚姻关系存续期间以其劳动取得之收入;对于其他根据法律规定的个人财产,由夫妻一方享有财产权。

当共有财产与个人特有财产无法区分时,上述国家均规定了对共同财产的推定制,即对无法确定财产性质的,推定为夫妻共同财产。

2. 采用分别财产制与共同财产制复合形态的法定夫妻财产制

夫妻财产制的基本理念是男女平等,这是世界各国的共同原则。④ 各国法定夫妻财产制类型均从早期的夫妻分别财产制向离婚时适用的夫妻婚后共同制发展,由早期的注重形式平等发展为现代的关注实质平等。

为保护经济上的弱者即家庭主妇的利益,评价家务劳动的价值,实行分别财产制的国家已经不是纯粹的分别财产制,而转向婚姻共同财产制。20世纪以后,具有社会法性质的夫妻财产制风行世界⑤,采用夫妻法定分别财产制的国家针对该制度不利于保护无经济能力的配偶方的利益和追求夫妻形式平等的缺陷进行改良,将共同财产制并入使用,即在婚姻关系存续期间

---

① 参见《法国民法典》第 1401、1402、1405 条。

② 参见《意大利民法典》第 159、177、179 条。

③ 参见《葡萄牙民法典》第 1717 条。

④ 林秀雄:《夫妻财产制之研究》,中国政法大学出版社 2001 年版,第 40 页。

⑤ 同上书,第 35 页。

适用分别财产制，在离婚时适用共同财产制。这种混合了分别制与共同制形式的新型夫妻法定财产制在各国法典中规定的名称不一。如德国规定为剩余共同制[①]，也称财产增加额共同制[②]；瑞士称所得参与制[③]。这种制度突破了夫妻分别财产制的局限，兼采分别制和共同制的长处，在婚姻关系存续期间财产各归各，离婚时按共同财产分割。采取这一制度是基于夫妻共同生活、相互扶助的特点，以保护夫妻经济地位弱势的一方，保护从事家务劳动而无职业收入的配偶一方的利益。[④] 如瑞士的所得参与制与德国的剩余共同制类似，在财产制结束的时候，将法定的所得部分与法定的夫妻一方自有财产相分离，然后对该所得在夫妻之间进行均衡。夫妻在婚姻关系存续期间虽然财产各归各所有，但是，在德国这种分别财产制受到对整体财产处分权的限制。德国规定一方只有在得到另一方允许时，才能担负处分自己的全部财产的义务；一方未经另一方同意处分其财产的，另一方有权对第三人在诉讼上主张处分无效（《德国民法典》第 1365 条）。

英国通过判例推定财产为夫妻共同所有。如 1955 年在 *Cobb v. Cobb* 案件中，丹宁法官推出"家庭财产"（family assets）的法理，将夫妻共同的观念导入英国。[⑤] 英国不仅通过判例法推定适用共同制，而且修正了制定法，采用合伙（partnership）概念，承认家务劳动的价值。如 1964 年的《已婚妇女财产法》具有社会法的性质，规定如无相反协议，为了婚姻家庭支出或类似的目的，丈夫交给妻子的金钱所节约下的金钱以及由此金钱所取得的任何财产，平等地归夫妻共有。[⑥] 因此，原采取分别财产制的英国也在夫妻离婚时引入了共同财产制的观念，接近德国的财产增加额共同制，但与德国不同的，一是住房适用共有原理；二是住房以外的财产在婚姻关系存续期间分别所有；解除时财产较少的一方，对另一方有平衡双方财产均等的请求权。

---

① 史尚宽：《亲属法论》，中国政法大学出版社 2000 年版，第 331 页。

② 参见《德国民法典》第 1363—1407 条。

③ 参见《瑞士民法典》第 181 条。

④ 夏吟兰、何俊萍：《现代大陆法系亲属法之发展变革》，载《法学论坛》2011 年第 2 期。

⑤ 所谓"家庭财产"的法理是指房屋或家具如果是为婚姻关系存续而准备的，则归夫妻共有。家庭财产分为资产性财产和收益性财产。前者指住房、家具等；后者指夫妻的收入能力。参见 1956 年 *Fribance v. Fribance* 案；1962 年 *Hine v. Hine* 案。另参见林秀雄：《夫妻财产制之研究》，中国政法大学出版社 2001 年版，第 106—108 页。

⑥ 林秀雄：《夫妻财产制之研究》，中国政法大学出版社 2001 年版，第 157—158 页。

英国没有像德国法一样,规定所有的财产都适用共同制。

美国有8个州在历史上承袭了法国和西班牙的共同财产制,共同财产制以婚姻是分享或合伙关系的理论为基础,推定所有的配偶对家庭财富积累的贡献是相等的。[①] 分别财产制曾经是美国普通法州的主要财产制度,在一些州已被婚姻财产制所取代,通过"婚姻财产"机制均衡配偶的财产利益[②],在婚姻关系存续期间配偶双方取得的财产为共有财产,无经济能力方因此对有经济收入的一方所得的财产享有平等的所有权。

关于法定夫妻财产制,一些国家采取不同类型的共同制形式,如法国和意大利等国家采取单一的共同制。这种共同制的优点在于它符合婚姻生活共同体的本质要求[③],有利于保障夫妻经济能力较弱一方的财产权益,实现夫妻家庭地位实际上的平等。但其缺陷在于对共同财产的处分上,尤其是夫妻一方擅自处分共同财产会侵害配偶一方的利益,或者,由于配偶一方的限制使得一方无法按照自己的意愿处分共同财产。面对共同财产制的财产共同处分的难题,另外一些国家,如德国和瑞士,采取了不同于法国共同制的财产增加额共同制,这一财产制兼采共同制和分别制的优势,在婚姻关系存续期间坚持了夫妻财产所有权的相对独立性,在离婚时又保障了经济弱势方的财产利益;在实行分别财产制的同时,兼具有共同财产制的色彩。英国的"家庭财产"或美国"婚姻财产"都使得其法定夫妻财产制的内容打上了"共同财产制"的烙印。

(二) 夫妻共同财产管理权的行使

1. 共同财产管理权的行使

对夫妻共同财产,夫妻各方均有权单独管理。如法国规定,夫妻一方有权单独管理共同财产并进行处分,夫妻一方无欺诈而完成的行为,对另一方具有对抗效力;分开从事职业的配偶,唯一有权完成该职业所必要的管理与处分行为(《法国民法典》第1421条)。瑞士规定配偶间任何一方可在普通管理的范围内对夫妻财产负责并处分共同财产(《瑞士民法典》第227条)。

---

① 夏吟兰:《美国现代婚姻家庭制度》,中国政法大学出版社1999年版,第70页。

② 马忆南、邓丽:《当代英美家庭法的新发展与新思潮》,载《法学论坛》2011年第2期。

③ 陈苇:《中国婚姻家庭法立法研究》,群众出版社2000年版,第206页。

2. 对共同财产的处分

（1）处分共同财产时的限制

夫妻一方的单独管理应有利于配偶双方的利益，单独管理处分共同财产时要受到限制，即一方处分时需要征得对方的同意。如法国规定非经另一方，夫妻任何一方均不得生前无偿处分共同财产；夫妻任何一方均不得让与属于共同财产的不动产、商业营业资产以及经营的事业，或者用这些财产设定物权；夫妻一方均不得将属于共同财产的乡村地产或商业、工业或手工业用不动产用于租赁（《法国民法典》第1422—1425条）。瑞士规定除普通管理外，在其他任何情况下仅可由配偶双方共同或配偶一方在取得他方同意的情况下单独对夫妻财产制负责并处分共同财产；配偶一方在他方的同意下以共同财产的资金个人从事某职业或个人经营某事业的，可进行该经营或职业活动所引起的所有法律行为（《瑞士民法典》第228、229条）。

（2）分别制与共同制复合形态下处分个人财产的限制

在婚姻关系存续期间，夫妻任何一方均可对自己的财产进行管理和处分，但是，禁止配偶一方对该所得进行恶意处分。如德国规定夫妻任何一方均独立管理其财产；但该方在管理其财产时受到对整体财产处分权的限制（《德国民法典》第1364、1365条）。配偶一方只有经配偶另一方允许，才能担负处分自己的全部财产的义务。这表明法律保护夫妻合法财产权益，夫妻管理各自财产的自主与限制并存。

从上述规定看，涉及对重要的或特殊的夫妻共同财产的处分，一般都需要得到双方的同意，因为财产共有情况下，财产的处分必须符合全部共同所有人的意愿，各国都限制单方处分共同财产行为的效力。实行分别财产制和剩余共同制的国家甚至限制一方对其个人全部财产即潜在的共有财产的处分。

3. 对非财产管理方的救济

夫妻一方有权单独管理共同财产并进行处分，但对其在管理时的过错应承担责任。当共同财产的管理危害配偶另一方利益时，受害配偶可向法院起诉请求取消管理人的管理资格，或授权自己管理。法国规定如管理方无管理能力或者有欺诈行为，另一方可以向法院起诉由本人取代；对管理方擅自处分共同财产的行为，赋予受害方享有撤销权。未经他方同意，夫妻任何一方均不得擅自处分据以保障家庭住宅的权利，也不得处分住宅内配备的动产。未同意的一方配偶，得请求撤销处分。请求撤销处分行为的诉权，在知道该行为之日起一年内行使。如夫妻一方对共同财产有越权行为，另一方得诉请撤销此种行为；但如该另一方批准此种行为，不在此限。该另一方配偶自其知道越权行为之日起 2 年期间，均可向法院提出撤销之诉；但是，如共同财产制解除后已超过 2 年，不得再行提起此种诉讼（《法国民法典》第 215、1426、1427 条）。这些规定既为受害方积极保护自己的财产权益提供了有效的救济途径，也保证了共同财产的管理效率。

（三）规定终结夫妻共同制的非常法定财产制

根据不同的适用原因，大陆法系国家的民法典又将法定夫妻财产制分为通常法定财产制与非常法定财产制两种。通常法定财产制是指配偶在无约定的情况下自动适用法律规定的夫妻共同制。非常法定财产制是指婚姻关系存续期间，因发生特定事由，依法终止夫妻共同制，改为适用分别财产制。

在夫妻共同财产制下，只有出现法定事由，夫妻一方提出分产申请，并经法院判决，才能实行分别财产制。法国规定如因夫妻一方理事混乱、管理不善或行为不端，继续维持共同财产制将使另一方配偶的利益受到危害时，该另一方配偶得诉请法院分别财产（《法国民法典》第 1443 条）。德国规定因配偶一方无管理共同财产的能力或滥用管理共同财产权利的，违反协助扶养家庭义务的，或自身招致债务，共同财产负债过度的等，配偶一方可以起诉法院，法院判决废止财产共同制的，适用分别财产制（《德国民法典》第 1447—1449 条）。瑞士规定在配偶一方危害他方或婚姻共同生活的利益，拒绝向申请人报告其收入、财产及债务或共同财产状况，或无理由拒绝给予处分共同财产之必要同意、持续无判断能力等情况下，配偶另一方可以请求法官命令实行夫妻分别财产制（《瑞士民法典》第 185 条）。

因此，在婚姻关系存续期间，共同财产制的实行也不是一成不变的。夫妻共同财产制的实行应该有利于夫妻双方的利益，如果出现夫妻一方不善管理等行为，继续维持共同财产制将会使另一方配偶的利益受到危害时，另一方配偶就可请求法院改变为分别财产。非常财产制保障夫妻一方财产利益免受损害，对非财产管理方予以救济并维护交易安全，以弥补通常法定财产制的不足。从各国规定看，由夫妻共同财产制进入非常财产制状态，应由法律明确规定适用的情形。法律对非常财产制的规定属于强行性规定，不允许当事人事先或事后约定其适用,或者排除其适用。

（四）夫妻共同债务的清偿

多数国家的立法规定夫妻共同债务由夫妻共同财产偿还。法国规定将夫妻采用共同财产制期间所发生的债务视为共同债务,为维持家庭日常开支与子女教育的支出,夫妻双方应当负担的生活费用以及缔结的债务,属于永久性负债;在共同财产制期间发生的其他债务,视情况,属永久性共同债务,或者给予补偿;对夫妻各方在共同财产制期间所负的债务,无论其发生原因如何,均得请求用共同财产为清偿,但如作为债务人的夫妻一方有欺诈或者债权人有恶意,不在此限;在相应场合,如有必要,应对共同财产给予补偿(《法国民法典》第1409、1413条)。德国规定由夫或妻管理共有财产时,基于在财产共同制存续期间所实施的法律行为而产生的债务,仅在管理共同财产的配偶一方实施该法律行为或该方同意实施时,或该法律行为不经其同意也为共同财产的利益而有效力时,共同财产才就该债务负责任(《德国民法典》第1437—1443条)。瑞士规定,配偶任何一方须以自有财产和共同财产负责的债务为:在其行使夫妻财产共同体的代理权或共同财产的管理权时发生的债务;在其从事职业或经营事业中发生的债务,但仅以动用共同财产之资金或将收益归入共同财产者为限(《瑞士民法典》第233条)。法国以共同财产制的存续期间作为判断依据;德国以负债的原因或双方负债的合意作为判断共同债务的依据;瑞士从保护债权人方面,将夫妻共同财产制期间所发生的债务视为共同债务,由共有财产偿还,从保护夫妻财产权方面,对于共同债务的清偿仅以产生该债务的共同财产为限,不涉及夫妻其他共有财产。因此,上述国家首先规定了夫妻共同债务由夫妻共同财产偿还的规则;其次,规定夫妻双方对共同债务承担连带责任;最后,排除夫妻一方与债权人恶意串通伪造共同债务。

三、法定夫妻财产制的前沿问题

（一）我国夫妻共同财产范围存在的问题

我国《婚姻法》在概括式地规定了婚后所得共有财产制后,采取列举的方式明确了夫妻财产的范围。但是,通过进一步的分析会发现立法在夫妻共同财产的范围、法条之间的衔接、对财产的具体认定等方面仍存在不足。

1. 夫妻共同财产方面

我国《婚姻法》第17条关于夫妻共同财产的范围的规定是将列举式和概括式相结合，试图全面概括夫妻共同财产的范围。但是，这一条文存在以下不足之处：第一，列举的财产范围较窄，遗漏了其他收入。如第17条第1项的“工资、奖金”范围太窄，现在有许多人从事非固定工作而获得报酬，还有用人单位承担或者支付给员工的社会保险费、劳动保护费、福利费等，也不属于“工资”范围。有学者认为应增加“其他劳务报酬”，因为工资、奖金等都属于劳动收入。[①] 第二，列举的财产项目比较抽象，常人难以理解，如第17条第2项“生产、经营的收益”以及第3项“知识产权的收益”，均需作出进一步具体的解释。第三，最高人民法院《关于适用〈中华人民共和国婚姻法〉若干问题的解释（二）》第11条补充规定的“其他应当归共同所有的财产”[②]的解释仍然模糊、缺乏准确计算方法，使得共同财产范围不明确。如“投资取得的收益”颇具概括性，需要进一步理解“投资”的含义；对住房补贴、住房公积金、养老保险金、破产安置补偿费等与个人身份密切相关的收入不能全都模糊地纳入共同财产范围，需要依据结婚时间长短，精确地计算出夫妻共同财产的数额，而将个人财产排除在外。

2. 夫妻个人特有财产方面

个人特有财产制是由法律直接规定一定范围的财产归所有者个人所有并排斥其配偶共有的财产制度。个人特有财产制是对共同财产范围的缩小和限制。实行夫妻共同财产制，不是将夫妻的全部财产都归属为共同财产，夫妻婚前的个人财产在婚后仍然是其个人特有财产。夫妻婚后一方接受赠与指定或遗嘱指定给一方的财产，也应属于个人财产；这是因为，继承或接受赠与所得的财产与夫妻一方个人的情感、身份有着密切关系。此外，保险金、因受害得到的补偿金等也应属于个人财产。

我国《婚姻法》关于法定夫妻共同财产制的规定存在的不足，即该法第

---

① 王利明主编：《中国民法典学者建议稿及立法理由：人格权编·婚姻家庭编·继承编》，法律出版社2005年版，第143页。

② 最高人民法院《关于适用〈中华人民共和国婚姻法〉若干问题的解释（二）》第11条规定：“婚姻关系存续期间，下列财产属于婚姻法第17条规定的‘其他应当归共同所有的财产’：（一）一方以个人财产投资取得的收益；（二）男女双方实际取得或应当取得的住房补贴、住房公积金；（三）男女双方实际取得或应当取得的养老保险金、破产安置补偿费。”

17 条关于夫妻共同财产范围和第 18 条关于夫妻个人财产范围的规定相冲突[①],两个条文都在具体列举的情况之后规定了一个概括性条款“其他……”,即共同财产和个人财产都存在可扩容进来的财产,这一规定与夫妻共同制相冲突。对无法确定区分共同所有或个人所有的财产,应该推定为共同财产,才能体现共同制的价值。

(二)欠缺对夫妻共同财产的管理规则

共同财产制一直是我国的法定夫妻财产制,夫妻在婚姻关系存续期间所得的法定财产归夫妻双方共同所有。这一制度适应了我国家庭成员同财共居的生活习惯,有利于保护经济地位上处于弱势的配偶一方的利益。但是,也应看到,共同财产制在管理上存在问题。《婚姻法》第 17 条第 2 款规定:“夫妻对共同所有的财产,有平等的处理权。”法律关于夫妻共同财产规定的“平等的处理权”,显得高度概括和抽象,对此,最高人民法院《关于适用〈中华人民共和国婚姻法〉若干问题的解释(一)》第 17 条规定:“婚姻法第 17 条关于‘夫或妻对夫妻共同所有的财产,有平等的处理权’的规定,应当理解为:(一)夫或妻在处理夫妻共同财产上的权利是平等的。因日常生活需要而处理夫妻共同财产的,任何一方均有权决定。(二)夫或妻非因日常生活需要对夫妻共同财产做重要处理决定,夫妻双方应当平等协商,取得一致意见。他人有理由相信其为夫妻双方共同意思表示的,另一方不得以不同意或不知道为由对抗善意第三人。”因此,最高人民法院进一步将对夫妻共同财产的处分分为两种情形分别对待:第一种情形是因日常生活需要,任何一方都有权决定,无须征得另一方的同意;第二种情形是非因日常生活需要而处分夫妻共同财产的,需要平等协商、共同决定,这可以理解为是对重大夫妻共同财产处分的规定。同时,该司法解释相应地规定了处分的对内效力和对外效力,有利于夫妻对共同财产的管理和对善意第三人利益的保护。但是,该规定过于简单,对于有关夫妻共同财产行使和管理的重要内容未能给予明确的指引,其缺陷也很明显。简单的规定很难有效地发挥法律维护当事人合法权益以及市场交易安全的作用。

对夫妻共同财产的管理,缺少管理人的报告义务。生活中除夫妻双方共同经营外,多数家庭是夫妻一方经营共同财产,而另一方不知晓其共同财

① 裴桦:《夫妻共同财产制研究》,法律出版社 2009 年版,第 95 页。

产经营的状况。如果经营方故意隐匿共同财产，另一方则很难发现。立法欠缺对经营管理方的权利和义务的规定，而且，对违反方的违法行为缺乏制裁措施。如司法解释对一方擅自处分夫妻共同财产的处理简单化，用市场经济的财产法规则处理解决亲属关系中的财产问题，即缺乏对受害方配偶的有效救济方法。[①]

（三）夫妻共同财产制缺少退出机制

夫妻共同财产制的行使不是一成不变的，在婚姻关系存续期间如果出现非正常情况，如一方挥霍转移共同财产，使得另一方的财产权受到侵害或将会受到侵害，原来的夫妻共同财产制不利于保护另一方配偶的财产权益，这就需要中止共同制的实行，由共同财产制转入非常财产制状态。如果立法没有规定如何由共同财产制转为非常财产制，缺少在特殊情况下共同财产制的退出机制，则不利于对配偶一方利益的保护。在我国《婚姻法》欠缺规定的情况下，最高人民法院《关于适用〈中华人民共和国婚姻法〉若干问题的解释（三）》第4条补充了类似"非常财产制"的规定："婚姻关系存续期间，夫妻一方请求分割共同财产的，人民法院不予支持，但有下列重大理由且不损害债权人利益的除外：（一）一方有隐藏、转移、变卖、毁损、挥霍夫妻共同财产或者伪造夫妻共同债务等严重损害夫妻共同财产利益行为的；（二）一方负有法定扶养义务的人患重大疾病需要医治，另一方不同意支付相关医疗费用的。"发生上述严重损害配偶一方利益的行为时，受害方可以起诉到法院请求分割夫妻共同财产。但是，严格地讲，这条规定不属于非常财产制，缺乏对分割以后夫妻财产状态的属性及后果的规范，即分割夫妻共同财产之后财产性质由夫妻共同财产转变为夫妻个人财产，从此夫妻法定财产制进入分别财产制的状态。

（四）推定夫妻共同债务存在的问题

我国《婚姻法》第41条规定，离婚时，原为夫妻共同生活所负的债务，应当共同偿还。但是，对于什么是夫妻共同债务，法律并没有清晰明确的规定，仅是抽象地概括了夫妻共同债务的特性。

---

① 例如最高人民法院《关于适用〈中华人民共和国婚姻法〉若干问题的解释（三）》第11条规定："一方未经另一方同意出售夫妻共同共有的房屋，第三人善意购买、支付合理对价并办理产权登记手续，另一方主张追回该房屋的，人民法院不予支持。夫妻一方擅自处分共同共有的房屋造成另一方损失，离婚时另一方请求赔偿损失的，人民法院应予支持。"

根据我国《婚姻法》及相关司法解释的规定，在婚姻关系存续期间夫妻共同财产制的情况下，夫妻所负债务均推定为共同债务，由夫妻连带清偿，即使夫妻一方死亡，生存一方也要以共有财产清偿，除非夫妻一方能够证明该债务为夫妻个人债务或证明债权人知道该债务为夫妻个人债务。[①] 为了维护债权人利益以及交易安全，将婚姻关系存续期间所产生的债务均推定为夫妻共同债务，由夫妻双方共同偿还，法律规定的夫妻共同债务的内容比较简单，没有考虑配偶的财产权益保护问题，利益保护完全侧重债权人一边，缺乏对债权人利益和配偶利益之间的有效平衡，《婚姻法》及其司法解释关于夫妻共同债务的认定和处理，偏重牺牲配偶财产权来保护社会交易安全，表现了立法上和司法上的矫枉过正。在此问题上，对夫妻共同债务制度的规范设立应力求平衡，既要保护债权人的利益，又要防止侵害夫妻另一方的利益。

四、完善我国法定夫妻财产制的立法建议

（一）明确界定夫妻共同财产的范围

我国《婚姻法》规定了婚后所得共同制，规定了夫妻共同财产和个人财产的范围，反映了婚姻关系的本质要求，符合我国国情。它保障了婚姻家庭共同生活，保障了夫妻弱势方的合法权益，有利于实现夫妻家庭地位平等。但是，现行法律就夫妻共同财产的范围及确定等方面的规定还存在一些不足，亟待立法补充规定，就此有以下几方面完善建议：

（1）明确界定夫妻共同财产，适当增缩夫妻共同财产的范围。增加的夫妻共同财产范围有两方面：一是在工资收入后，增加其他报酬；二是将夫妻一方婚后所得的知识产权的财产期待权，归属于夫妻共同财产。夫妻一方婚后所得的知识产权的财产期待权，属于婚后尚未取得的预期经济利益，应该属于夫妻共同所有。

限缩夫妻共同财产范围是指婚后一方继承或受赠的财产，如果被继承人或赠与人没有特指给夫妻双方的，应属于夫妻个人财产。因为这些财产

---

① 参见我国《婚姻法》第 19、41 条；最高人民法院《关于适用〈中华人民共和国婚姻法〉若干问题的解释（一）》第 18 条；最高人民法院《关于适用〈中华人民共和国婚姻法〉若干问题的解释（二）》第 23—26 条。

关系的发生与继承人、受赠人的身份关系密切，界定为个人财产，旨在保护夫妻个人财产权益，因而可借鉴国外立法[①]，将夫妻一方继承或受赠的财产作为一方个人所有的财产。由此，最高人民法院《关于适用〈中华人民共和国婚姻法〉若干问题的解释(三)》有关父母赠送子女房产属于赠送给子女方的规定就有了法律依据。

(2) 建议增设规定推定婚后所得共有财产规则，不能证明是个人财产的应推定为夫妻共同财产。法定夫妻财产制应该有一价值偏向，即在共同财产与个人财产无法分清的情况下，应推定为共同财产，这也符合夫妻共同财产制的立法目的。

(3) 精确计算夫妻共同财产数额。夫妻共同财产的数额通常是以婚姻关系存续期间的全部财产之和，排除婚前或婚后的个人财产。司法实践中有些费用的给付是一次性的，如军人的复员费等，这些金钱虽然是一次性发放，但是，并不都是夫妻共同财产，需要严格计算出婚姻关系存续期间的所得，才是夫妻共同财产，对此，可借鉴最高人民法院《关于适用〈中华人民共和国婚姻法〉若干问题的解释(二)》第 14 条："人民法院审理离婚案件，涉及分割发放到军人名下的复员费、自主择业费等一次性费用的，以夫妻婚姻关系存续年限乘以年平均值，所得数额为夫妻共同财产。前款所称年平均值，是指将发放到军人名下的上述费用总额按具体年限均分得出的数额。其具体年限为人均寿命 70 岁与军人入伍时实际年龄的差额。"如一次性发放的买断工龄款、养老金和住房补贴等，都可参照上述计算方法，计算出夫妻共同财产的数额。

(二) 增设夫妻共同财产和夫妻个人财产管理的规定

1. 增加对共同财产及个人财产的管理义务和责任

在夫妻共同财产方面实行分类管理，从管理主体方面可分为一方单独管理和双方共同管理。夫妻共同财产制设定夫妻对其共同享有的财产享有共有权，但在对财产的管理方面，不可能两个人都事必躬亲地管理共同财产，基于共同生活的客观原因和情感信任的主观原因，对于一般日常生活需要的财产的管理，通常可由任何一方单独行使管理权。

---

① 参见《法国民法典》第 1405 条、《德国民法典》第 1418 条、《瑞士民法典》第 198 条、《葡萄牙民法典》第 1722 条、《意大利民法典》第 179 条。

增补夫妻日常家事代理权,夫妻在日常家事范围内互为代理人,任何一方就日常家事同第三人实施法律行为,另一方对由此而产生的债务负连带责任。夫妻共同管理共有财产最符合共有的属性,但共同管理易造成管理效率低下,共同管理的行使应限制在相对合理的范围内。由此,只有对价值较大的共有财产,才有必要规定共同行使管理权。借鉴外国法的相关内容,可规定对于夫妻共有的不动产、商业营业资产与经营资产、公司股权、知识产权以及价值大的动产等,必须夫妻双方协商一致,任何一方不得擅自处分;对于无偿赠与或低于正常价值转让夫妻共有财产,夫妻双方须协商一致。

2. 规范管理人的义务

建议我国《婚姻法》在夫妻财产制部分,增加规定“在婚姻关系存续期间,夫妻就其共同财产,互负报告义务”。无论是共同管理,还是夫妻一方单独管理,具体管理共有财产的夫妻一方有向对方报告管理进度、管理状况的义务。

强化夫妻之间的告知义务,使得夫妻共同财产处于透明状态,实现夫妻对共同财产的知情权,或者规定:“在婚姻关系存续期间,男女双方对夫妻共有财产,享受同等的知情权,一方有权了解配偶财产状况,另一方不得隐瞒”。作为共同财产所有人,采取联名登记比较可行。夫妻双方可直接作为产权人进行登记,或在产权证件上联合署名,简单明确地解决夫妻共同财产所有权的权属,避免日后对其所有权的异议。规定夫妻对共同财产的知情权,有关部门应协助夫妻一方实现其夫妻共同财产状况的知情权。如配偶一方可向工商部门了解配偶一方注册公司的资产登记情况。此外,夫妻双方也可就其共同财产的行使及管理,签订相互告知义务的协议,约定告知实施的具体事项等。

3. 增设夫妻财产管理人的责任和对受害方的救济

管理夫妻共有财产的夫妻一方由于过错致共有财产损失,损害对方财产权益的,应该向对方承担法律责任。由于责任发生于夫妻之间,由于夫妻的特殊身份关系,其责任承担上应与一般侵权行为相区别。通常夫妻一方管理共有财产致财产受损,结果是夫妻双方共同地承担了受损后果,因为管理人和夫妻另一方是财产共有人,因此,不宜使管理人承担过重的责任,以管理人过错为主观要件即可,以补偿夫妻另一方损失为宜。如果管理人与第三方恶意串通伪造债务、隐匿或转移财产，则与前者不同，管理人不仅应承担故意侵权的民事责任，还应承担其他形式的法律责任。

对受害方的救济是指在夫妻一方行使管理权侵害或可能侵害对方利益的情况下，受害方可请求法院撤销侵权方的侵权行为，判令停止侵害、排除妨碍、消除危险；撤销侵权方的管理权；或授权自己亲自行使管理权。发生以下情形，受害方可请求救济：夫妻一方擅自决定本应由夫妻双方共同决定的事务的；管理夫妻共有财产的一方拒绝对方的询问，或未依法定或约定向对方报告共同财产管理情况的；夫妻一方对共同财产的管理证明其无管理能力或者有欺诈行为的；夫妻一方正在进行的行为，如隐匿共有财产、转移共有财产、无偿或低价处分共有财产等，损害夫妻共同利益的；夫妻一方有赌博、吸毒、挥霍财产等恶习的；等等。

（三）增设夫妻非常财产制

我国夫妻非常财产制的立法应借鉴国外的立法经验并结合我国的现实情况和司法实践，在规定我国夫妻非常财产制的适用理由方面，可采用列举与概括相结合的方式，尽可能多地包含社会生活中可能出现的情况，考虑夫妻婚姻义务遵守和夫妻财产权的保护等方面的因素，列举出适用非常财产制的具体理由。因此，我国适用夫妻非常财产制的情形，可包含如下内容：夫妻一方拒绝履行法定的抚养、扶养义务的；夫妻一方被宣告失踪，影响对共同财产管理的；夫妻一方拒绝向对方报告自己的财务状况、共同财产管理状况的；夫妻一方以欺诈、胁迫等方式损害对方财产权的；夫妻一方以隐匿财产、虚构支出、与第三人串通编造债务等方式侵占共有财产的；夫妻一方滥用管理权致使共同财产受损或有损害威胁的；夫妻一方永久性地丧失判断能力的；夫妻一方擅自处分共同财产，严重损害对方管理权的；继续行使共同制，将使夫妻一方利益受到严重损害的其他事由。[①] 增补法定非常财产制，应对情况的变化，及时解除共同财产制，有利于保护当事人财产利益。非常财产制与共同制相辅相成，能适应调整夫妻财产关系的一般情况与特殊情况的需要。

（四）夫妻共同债务的认定和清偿

借鉴国外立法经验，并结合我国实际情况，我国设立夫妻共同债务制度

---

① 薛宁兰、许莉：《我国夫妻财产制立法若干问题探讨》，载《法学论坛》2011 年第 2 期。

应着重考虑以下几个方面：

（1）明确界定夫妻共同债务。夫妻共同债务的清偿涉及第三人利益及交易安全的保护。故夫妻共同财产范围的确定，须以保护夫妻财产权和交易安全为前提。对于夫妻共同债务的认定，应考虑共同债务产生的原因、影响债务的各种因素以及所涉及的相关各方的利益，建立一种平衡机制，平衡保护债权人利益和配偶财产权益，确立夫妻共同债务的标准。基于夫妻共同债务的性质，即共同债务应基于夫妻或家庭成员的共同生活需要，夫妻共同债务具体可包括因维持家庭日常开支与子女教育所负的债务、因履行扶养义务所负的债务、因一方从事家庭经营活动所负的债务。

（2）建立夫妻财产制登记和公示制度。我国婚姻关系的建立，以国家机关的登记为必要条件，除符合法定条件的事实婚姻外，没有进行婚姻登记就不能产生婚姻关系，因此，由登记机关负责夫妻财产制公示最为合适。至于公示形式，因为夫妻财产状况属于公民个人的私事，不能对外公布，但为了公共交易安全，需要在一定限度之内公开夫妻财产制类型，因此，可以设置夫妻财产制登记簿，以供需要了解信息的相关第三人在登记机关的办公场所查阅和了解。

（3）实行共同债务清偿原则。夫妻共同生活所负的债务，应当共同偿还。共同财产不足清偿，或财产归各自所有的，由双方协议清偿；协议不成时，由人民法院判决。夫妻个人债务原则上应由个人偿还。夫妻一方未经对方同意负有债务，且该债务没有用于家庭共同生活或履行法定扶养义务的，应为夫妻一方的个人债务；如果一方主张其为共同债务，应承担举证责任。

第二节 夫妻财产制契约

改革开放至今，我国社会经济发展迅猛，民众财富增长明显，社会价值观念也呈多元化趋势。在这种情形下，长期占据主导地位的法定夫妻财产制已不能满足民众对婚姻财产关系的要求；而离婚率的增高，财产关系的复杂化，也使约定夫妻财产制越来越受到关注。

约定夫妻财产制是指由婚姻当事人以契约方式选择适用的夫妻财产

制，其效力优先于法定夫妻财产制。设置约定夫妻财产制的目的是赋予婚姻当事人选择夫妻财产制类型或变更法定夫妻财产制内容的权利。

我国现行《婚姻法》对约定夫妻财产制的规定比较简单，已不能适应日益复杂的夫妻财产关系的要求；随着《合同法》《物权法》的颁布实施，婚姻当事人关于财产的约定究竟如何适用法律，在理论界和司法实践中也存在较大分歧。因此，有必要在厘清夫妻财产制契约基本理论的基础上，完善我国约定夫妻财产制立法。

一、夫妻财产制契约的法理分析

夫妻财产制契约历史悠久。“欧洲中世纪以来，已开始实行夫妻间的财产契约。”[①]及至近代亲属立法，夫妻财产制契约因其特有的立法功能为多数国家所采纳。[②] 探讨夫妻财产制契约立法，必须首先在法理上厘清夫妻财产制契约的含义及性质。

（一）夫妻财产制契约的界定

夫妻财产制契约，也称婚姻财产契约[③]，是指夫妻或即将成为夫妻之人，就夫妻之间的财产关系采用何种夫妻财产制所订立的契约。[④] 夫妻财产制契约以夫妻间的财产关系为调整对象，不涉及夫妻人格权或身份权。夫妻财产制契约也不等同于夫妻之间有关财产的契约。

在现代亲属立法中，夫妻不因婚姻身份的产生而丧失其独立人格，已婚双方仍是独立的民事主体，彼此拥有独立的人身和财产权利，可以缔结各类以财产为内容的契约，这些契约既包括附随于夫妻身份的夫妻财产制契约，也包括与夫妻身份无关的其他财产契约，二者在适用法律方面存在根本差异，应当加以区分。夫妻财产制契约具有以下特征：

（1）主体具有特定性。夫妻财产制契约的当事人须具有夫妻身份。当事人可以在婚前缔结夫妻财产制契约，但如婚姻关系不成立，则该契约不生

---

① 戴东雄、戴瑀如：《婚姻法与夫妻财产制》，台湾三民书局 2009 年版，第 135—153 页。

② 夫妻财产制契约的功能主要是修正法定夫妻财产制之不足，缓和地方法统一适用法定夫妻财产制的冲突，最大限度尊重婚姻当事人意思自治等。参见林秀雄：《夫妻财产制之研究》，中国政法大学出版社 2001 年版，第 192—201 页。

③ 也有称婚姻合同（如德国民法）、夫妻财产约定（我国）等。

④ 余延满：《亲属法原论》，法律出版社 2007 年版，第 285—289 页。

效。所以,有效的夫妻财产制契约的当事人一定具备夫妻身份。夫妻可以成为一般财产契约的主体,但不具备夫妻身份的人不能成为夫妻财产制契约的主体。

(2) 内容涉及夫妻财产制的选择与变更。夫妻财产制契约的内容主要是选择夫妻财产制或变更、排除法定夫妻财产制的适用。

与夫妻财产制无关的其他婚姻效力不属于夫妻财产制契约的内容。如,夫妻有日常家务代理权,基于此代理权所发生的财产关系,不能成为夫妻财产制契约的内容。

夫妻之间与配偶身份无关的财产契约也不是夫妻财产制契约。如配偶之间所订立的财产契约,在非配偶之间也能订立时,不能称为夫妻财产制契约。故夫妻之间的财产赠与、买卖、租赁或使用借贷契约不是夫妻财产制契约所能约定的内容。[①]

(3) 效力具有特殊性。夫妻财产制契约效力不同于一般财产契约,其特殊性主要表现在两方面:

一是效力上的附随性。夫妻财产制契约以财产关系为内容,其本身是独立的法律行为,但其效力附随于婚姻身份,与婚姻关系的存在密不可分。该契约可以在婚前或婚后订立[②],但必须以婚姻有效成立为生效要件。婚姻不成立、婚姻被宣告无效或被撤销,夫妻财产制契约也不生效。婚姻关系终止,夫妻财产制契约的效力也终止。

二是直接变动财产归属,无须再履行其他财产变动行为。与一般财产契约的效力不同,"夫妻财产制契约的订立,直接发生夫妻间的财产关系权利与义务之变动,不必再有有关所有权或其他权利移转之个别法律行为"[③]。德国学者对当事人以契约选择适用一般共有制的效力表述为[④]:"一般共同制在财产领域将配偶双方视为统一的整体。采用该财产制的,原本属于配偶各自的财产转化为双方的共同共有。""采财产一般共有制的,配偶双方无

---

① 戴东雄、戴瑀如:《婚姻法与夫妻财产制》,台湾三民书局 2009 年版,第 135—153 页。

② 也有国家限制夫妻财产制契约的订立时间,仅可在婚前及结婚同时订立,如法国、日本。

③ 戴东雄、戴瑀如:《婚姻法与夫妻财产制》,台湾三民书局 2009 年版,第 135—153 页。

④ 一般共有制是指夫妻双方婚前及婚后所得财产,除特有财产外,均属于夫妻共有财产的财产制度。

须通过单个处分行为将各自所属之物转为共同共有财产。共同财产根据总括继受原则直接产生，也就是说，在该财产制开始之时，配偶双方所属之物自动结合为共同财产。配偶一方拥有不动产，该不动产也成为共同财产的，另一方有权要求在土地登记簿上变更登记。财产一般共有制存续期间，即使配偶一方单独完成了所有权取得行为，也不能成为单独所有人；该财产在取得之时直接成为共同财产。”①这一表述全面、清楚地反映了夫妻财产制契约在效力上的特殊性。

(4) 形式具有要式性。夫妻财产制契约优先于法定夫妻财产制的适用，产生直接变动夫妻财产的法律效果，要求当事人对夫妻财产制契约的订立持更为慎重态度，故立法多将夫妻财产制契约设定为要式契约，需符合法律规定的形式才能生效。

对夫妻财产制契约的特殊性，史尚宽先生曾将其概括为：“夫妻财产契约，与未婚或已婚配偶间有财产法内容之法律行为不同。在前者关于配偶间婚姻财产法上之秩序，惟得于配偶间行之。其他法律行为(例如赠与、买卖、借贷、租赁、合伙)则在其人(配偶)之间，亦为可能。夫妻财产契约不必及于全部财产，对于一定之个个财产，亦为可能，例如一笔土地为特有财产或为付与夫管理之财产。其与其他法律行为不同者，在于决定配偶之婚姻财产法上之地位，非仅一般的决定为权利主体之地位。”②区分夫妻财产制契约与夫妻之间一般财产契约的差异，是准确适用法律的前提。

(二) 夫妻财产制契约的性质

夫妻财产制契约不同于一般的财产契约，对于其性质，学术界也存在争议。具有代表性的观点主要有两种：一是财产行为说。持这一观点的学者认为，夫妻财产制契约的当事人虽然具有特殊性，但其内容却是夫妻之间的财产关系，因此本质上属于财产契约的一种。③ 二是身份行为说。持这一观点的学者认为，身份行为分为三种，包括：(1) 形成的身份行为，即直接创设、废止、变动身份的法律行为，如结婚行为、收养行为；(2) 支配的身份行

① 〔德〕迪特尔·施瓦布：《德国家庭法》，王葆莳译，法律出版社 2010 年版，第 114 页。

② 史尚宽：《亲属法论》，中国政法大学出版社 2000 年版，第 341 页。

③ 我国台湾地区学者多持这一观点。参见史尚宽：《亲属法论》，中国政法大学出版社 2000 年版，第 339—340 页；林秀雄：《夫妻财产制之研究》，中国政法大学出版社 2001 年版，第 187—188 页。

为，即基于身份而对他人为身份上的支配行为，如婚姻之同意行为；(3) 附随的身份行为，即效力上附随于形成身份行为的行为，如夫妻财产制契约行为。根据这一分类，夫妻财产制契约虽然不直接变动身份，但因效力上附随于身份的变动，性质上也属于身份行为。[①]

关于夫妻财产制契约的性质之争，根本上源于对身份行为界定的差异。身份法律行为有广义、狭义之分。广义的身份法律行为是指"与身份变动相关联的行为"或"由身份法调整的行为"，包括上述形成、支配及附随三种类型的行为。狭义的身份法律行为是指"以身份变动为内容"的法律行为，仅限于形成的身份法律行为。将夫妻财产制契约认定为身份法律行为，采用了广义身份法律行为说。

从民事法律行为的分类看，将民事法律行为分为身份法律行为与财产法律行为，依据的是调整对象的不同。以身份关系的产生和消灭为调整对象的，为身份法律行为；以财产关系产生、变更和消灭为调整对象的，为财产法律行为。此处的身份法律行为应特指形成身份的法律行为。夫妻财产制契约虽然从属于婚姻关系，但仍应为一个独立的契约。"其性质取决于其规定的内容，其所附从的婚姻关系并不决定其性质。"[②]据此，夫妻财产制契约应纳入财产法律行为范畴。

通说认为，对夫妻财产制契约性质认定上的差异，直接影响到该行为的法律适用。将夫妻财产制契约认定为财产行为，则契约效力的判定应适用财产法的一般规定。将夫妻财产制契约认定为附随的身份行为，则契约效力的判定应适用身份法的特殊规定。对此，笔者认为值得商榷。

将夫妻财产制契约在性质上认定为财产法律行为，并不意味着只能或必须适用财产法，更不能将夫妻财产制契约直接等同于财产法中的某类契约。夫妻财产制契约的内容是与身份变动相关联的财产关系，不考虑此类财产关系与身份变动的关联性和附随性，将其等同于普通财产契约而直接适用财产法的规定，无疑违背夫妻订立财产制契约的本意。

作为身份法的亲属法是规定亲属身份的产生、消灭以及基于身份而产

① 这一观点由日本学者中川善之助博士提出，为日本多数学者认可，取代了以往认为夫妻财产制契约为财产行为的通说。参见林秀雄：《夫妻财产制之研究》，中国政法大学出版社2001年版，第188页。

② 余延满：《亲属法原论》，法律出版社2007年版，第285—289页。

生的权利义务的法律规范。亲属间的权利义务，既有身份上的权利义务，又有财产上的权利义务。[①] 故亲属法虽然性质上属于身份法，但其调整对象并不限于身份关系，也包括财产关系。此处的财产关系，既包括由法律直接规定的财产关系，也包括当事人以契约方式约定的财产关系。形成身份的法律行为由亲属法调整；附随于亲属身份、以变动财产为内容的行为，同样也是亲属法的调整对象，不能因为夫妻财产制契约以财产关系为内容就将其排除在身份法调整范围之外。采广义说的学者将夫妻财产制契约纳入身份法律行为，其本意只是在于强调夫妻财产制契约不同于一般的财产法律行为，具有特殊性，应受身份法调整，但并不意味着其在法律适用上可以等同于形成身份的法律行为。

无论是将夫妻财产制契约认定为财产法律行为，还是认定为附随身份的法律行为，都不应导致法律适用上的差异。夫妻财产制契约是亲属法中的财产法律行为，理应适用亲属法中关于财产行为的特别规定。亲属法对特定亲属之间财产关系的调整，体现了亲属身份所固有的伦理性，财产法上通行的等价有偿、意思自治等原则在亲属法中会受到一定的限制。只有在亲属法中无特别规定的情况下，夫妻财产制契约才可以适用财产法的一般规定，但在适用中同样应顾及亲属关系特有的伦理。

我国现行立法对夫妻财产制契约规定过于简单，未能突出其作为附随身份的财产行为的特殊性，导致司法实践中适用法律存在争议，因此，有必要从立法上予以完善。

二、夫妻财产制契约的立法例比较

近代以来，各国立法一般都承认夫妻可依协议方式确立彼此之间的财产关系，但大陆法系与英美法系的夫妻财产制契约立法存在较大差异。夫妻财产制是大陆法系的产物，而早期英美法系中并无综合夫妻财产关系的完整的夫妻财产制度。[②] 正因为如此，在大陆法系诸国中，虽然存在用语差异，但一般都有关于夫妻财产制契约的规定。而在英美法中，夫妻之间订立的双方权利义务关系的契约称为“婚姻协议”，“婚姻协议”又区分为“婚前协

---

① 史尚宽：《亲属法论》，中国政法大学出版社 2000 年版，第 341 页。

② 林秀雄：《夫妻财产制之研究》，中国政法大学出版社 2001 年版，第 94 页。

议”与“婚后协议”①,此类协议与夫妻财产制契约有共同之处,也有差异②。本部分将以大陆法系国家的夫妻财产制契约为研究对象。

夫妻财产制契约立法主要涉及契约的订立时间、内容、形式、公示方法以及生效条件等方面,比较分析如下:

(一) 夫妻财产制契约的订立时间

关于夫妻财产制契约的订立时间,各国和地区主要有两种不同的立法例:

第一,限制主义,即夫妻财产制契约的订立时间限制在婚前或结婚时。采取这种模式的主要有法国、日本、韩国、菲律宾、巴西、葡萄牙等。如《法国民法典》第 1395 条规定:“有关夫妻财产的各项协议,应在举行民事结婚仪式之前订定,但仅于举行民事结婚仪式之日起开始生效。”《巴西民法典》第 1639 条规定:“允许待婚人在结婚前对其财产按他们乐意的形式为约定。”日本、韩国、菲律宾、葡萄牙等国也只认可婚前财产协议有变更或排除法定夫妻财产制适用的功能。③

采限制主义立法的国家和地区对夫妻财产制契约的变更也有限制。如《日本民法典》第 758 条规定:“夫妻财产契约于婚姻申报后,不得变更。”法国民法虽允许当事人在婚后变更夫妻财产制契约,但要求通过诉讼,以法院判决方式进行。④

---

① 夏吟兰:《美国现代婚姻家庭制度》,中国政法大学出版社 1997 年版,第 56—57 页。

② 二者共同之处在于:均以夫妻之间的权利义务为协议内容,且都以婚姻关系的成立或存续为生效条件。二者不同之处在于:夫妻财产制契约以变动法定夫妻财产制为目的,内容或是选择某类夫妻财产制,或是对法定夫妻财产制某些规定予以变动,或直接创设新型夫妻财产制度,但一般不涉及离婚及死亡时财产归属问题。而婚姻协议不仅包括夫妻之间财产归属的规定,还会涉及离婚时的救济、死亡时的财产分配,甚至包括对夫妻人身关系的约定(当然有所限制),相比而言,婚姻协议的内容并不统一,范围更大。如美国《统一婚前协议法案》将婚前协议定义为:未婚夫妻间经过对婚姻的深思熟虑所达成的于婚姻关系成立时生效的协议。内容包括一方或双方的财产在何时何处取得或在何处给付;分居、离婚、过错死亡利益的处理;对配偶扶养义务的修改或免除;遗嘱、信托或其他协议;人寿保险政策的所有权及死亡利益的处理;法律适用的选择以及其他不违反公共政策和刑法规定的协议。但子女抚养,不受婚前协议的影响。

③ 参见《日本民法典》第 755 条;《韩国民法典》,金玉珍译,北京大学出版社 2009 年版,第 829 条。下文若无特别说明,所引《韩国民法典》均为此版本,不再一一注明。另参见《葡萄牙民法典》第 1698 条;《菲律宾民法典》,蒋军洲译,厦门大学出版社 2011 年版,第 118 条。

④ 参见《法国民法典》第 1396、1397 条。

第二，自由主义，即对夫妻财产制契约的订立时间不加限制，允许婚前、结婚时及婚后以夫妻财产制契约方式变动法定夫妻财产制的适用。采这种模式的国家和地区有德国、瑞士、意大利、美国路易斯安那州及我国台湾地区。如《德国民法典》第1408条规定："婚姻双方可以通过合同（婚姻合同）规定其婚姻财产制关系，特别是在结婚之后对婚姻财产制予以撤销或变更。"《瑞士民法典》第182条规定："婚姻契约可在婚前或婚后缔结。"意大利、我国台湾地区对夫妻财产制契约的订立时间也无特别限制。①

采自由主义立法的国家和地区也允许当事人以协议方式变更夫妻财产制契约，但要求采用与缔结协议相同的形式。如我国台湾地区"民法"第1007条规定："夫妻财产制契约之订立、变更或废止，应以书面为之。"

（二）夫妻财产制契约的内容

通说认为，对夫妻财产制契约的内容，各国和地区立法主要有两种模式②：

第一，选择式的夫妻财产制契约。即设置几种典型的夫妻财产制，由当事人选择，当事人不能选择立法设置之外的财产制。如《瑞士民法典》第182条第2款规定："未婚双方或配偶双方仅可在法律的范围内选择、中止或变更其财产制。"我国台湾地区"民法"第1004条规定："夫妻得于结婚前或结婚后，以契约就本法所定制约定财产制中，选择其一，为其夫妻财产制。"

第二，独创式的夫妻财产制契约。即法律不限制夫妻财产制契约内容，允许当事人根据自己的意愿任意选择夫妻财产制，或变动法定夫妻财产制。如《法国民法典》第1387条规定："……夫妻之间的特别约定，只要不违反善良风俗和以下各项规定，如其认为适当，得随其意愿订立之。"《葡萄牙民法典》第1698条："拟结婚之双方当事人得于婚前协定内自由订立婚姻财产制，既可从本法典规定之财产制度中选出一种，亦可在法律限制之范围内订立认为适合之财产制度。"日本、韩国以及菲律宾等国也采这种模式，不对夫妻财产制契约的内容予以特别限制。

需要说明的是，各国关于夫妻财产制契约的内容规定相对复杂，很多情

---

① 参见我国台湾地区"民法"第1004条、《意大利民法典》第162条第2款。

② 林秀雄：《夫妻财产制之研究》，中国政法大学出版社2001年版，第185—186页。

况下并不能简单将其纳入上述两种模式。如学界通常认为德国立法采选择式夫妻财产制模式[①],即当事人可以选择分别财产制(第1414条)和一般共有制(第1415—1518条)两种类型的夫妻财产制。但在《德国家庭法》一书中,德国学者迪特尔·施瓦特教授指出,上述两种是法律明确规定可供选择的,因此也称选择性财产制。而夫妻财产合同包括了以下内容[②]:(1)配偶双方(订婚双方)可以通过夫妻财产合同排除法定财产制,并从可供选择的财产制(即分别财产制和财产一般共同制)中选择其一作为他们的财产制;(2)当事人可以在婚后通过夫妻财产合同变更法定或约定的财产制;通过约定排除或废止法定财产制;通过财产合同方式修改或补充法定财产制度的具体规定;(3)可以通过夫妻财产合同排除增益补偿;(4)配偶一方可以通过夫妻财产合同将自己的财产托付给他方管理。[③] 可见,德国的夫妻财产合同内容并不限于选择法律规定的两种夫妻财产制类型,还可以以合同方式修改、补充法定夫妻财产制的内容。

关于夫妻财产制契约的内容,立法既要考虑约定内容具有确定性,又要兼顾当事人的意思自治。正因如此,即使是采取选择式的立法模式,夫妻财产制契约的内容也并不局限于选择某一类型的财产制以替代法定夫妻财产制,往往还允许当事人对法定夫妻财产制予以部分变更或废弃。在这种情况下,当事人之间实际适用的还是法定夫妻财产制,只是以夫妻财产制契约的方式对法定夫妻财产制的某些规定予以排除或变更。当然,如果夫妻财产制契约对法定夫妻财产制有根本意义上的变更,则应认为是以其他类型的夫妻财产制替代了法定夫妻财产制。

(三)夫妻财产制契约的形式及公示方法

关于夫妻财产制契约的形式要件的立法模式有两种:

第一,要式主义。夫妻财产制契约虽然规范的是财产关系,但因与身份相关联,多数国家采要式主义立法。如《德国民法典》第1410条规定:"订立婚姻合同必须双方当事人同时到场并由公证人记录。"《意大利民法典》第162条规定:"结婚协议应当以公证的方式缔结,否则无效。"瑞士、法国、葡

---

① 林秀雄:《夫妻财产制之研究》,中国政法大学出版社2001年版,第185—186页。

② 〔德〕迪特尔·施瓦布:《德国家庭法》,王葆莳译,法律出版社2010年版,第117—119页。

③ 《德国民法典》第1413、1414、1415条。

萄牙等也有类似规定。

第二,不要式主义。也有国家对夫妻财产制契约的形式无特别规定,只是明确,未经登记或申报的夫妻财产制契约,不得对抗第三人,如日本、韩国等。这些国家一般均将夫妻财产制契约的订立时间限于婚前,且不允许任意变更。如《韩国民法典》第829条规定:"夫妻于婚姻成立前就财产有约定的,婚姻期间不得变更,但有正当理由时,可经法院的许可变更。"

夫妻选择适用的财产制类型不仅直接关系双方的利益,还涉及第三人。故为使夫妻财产制契约可以产生对抗第三人的效力,立法一般都规定了特别的公示方法,具有代表性的就是登记。如德国法中规定,如果婚姻双方排除或变更法定婚姻财产制,则对于婚姻一方与第三人之间所采取的法律行为,只在婚姻合同在采取上述法律行为之时已在主管的初级法院的婚姻财产制登记簿上登记或已为该第三人所知的情况下,婚姻双方方得以此针对第三人对该法律行为提出异议。[①] 韩国民法亦规定,"夫妻就其财产另行约定,但至婚姻成立时仍未登记的,不得以其对抗夫妻的承继人或第三人"。[②]

(四)夫妻财产制契约的生效条件

夫妻财产制契约应符合一般契约之有效条件自不待言,但在生效要件方面也有特殊性。对此,各国立法多有特别规定,主要涉及缔结夫妻财产制契约的当事人的行为能力。

各国对夫妻财产制契约当事人的行为能力,主要有三种立法态度:

第一,原则上与一般财产法行为能力相同。德国、日本等国立法持这一态度。德国法中同时明确,限制行为能力人经法定代理人同意可以订立婚姻合同,但法定代理人不得为限制行为能力的婚姻一方或有行为能力的被照管人订立婚姻合同。[③]

第二,有判断能力即可缔结夫妻财产制契约。如瑞士民法规定,欲缔结婚姻契约者,须有判断能力。未成年人或禁治产人须取得其法定代理人的同意。[④]

---

① 参见《德国民法典》第1412条。

② 参见《韩国民法典》第829条。

③ 参见《德国民法典》第1411条。

④ 参见《瑞士民法典》第183条。

第三,具备婚姻行为能力同时具备缔结夫妻财产制契约的能力。[①] 在法定婚龄低于成年年龄的情况下,未成年人可以结婚,也就具备缔结夫妻财产制契约的能力,但应有法定监护人的同意或参与。如《菲律宾民法典》第120条规定:“依法可以缔结婚姻的未成年人,也可以签订其婚姻财产协议;但只有在法律指定的给予未成年人婚姻以同意的人参与婚前协议时,该协议才有效。没有父母或监护人的,将由家庭委员会对婚姻财产协议给予同意。”法国民法亦有类似规定。[②]

可以看出,虽然各国对夫妻财产制契约当事人的行为能力规定不一,但都考虑该契约具有附随身份的性质,对其行为能力之要求不完全等同于一般财产行为,如不得代理或对代理予以严格限制。

三、我国夫妻财产制契约的立法及司法实务分析

我国历史上正式的夫妻财产约定立法,始自1930年的《中华民国民法亲属编》。[③] 新中国成立后,1950年《婚姻法》未涉及夫妻财产约定的内容,但其立法本意对夫妻之间的财产约定持认可态度。[④] 1980年《婚姻法》在确立婚后所得共有制为法定夫妻财产制的同时,又规定“双方另有约定的除外”,形成了以法定财产制为主、约定财产制为辅的夫妻财产制模式,但关于夫妻财产约定只有“除外”一句规定,并无具体内容。

2001年修订的《婚姻法》第19条规定:“夫妻可以约定婚姻关系存续期间所得的财产以及婚前财产归各自所有、共同所有或部分各自所有、部分共同所有。约定应当采用书面形式。没有约定或约定不明确的,适用本法第

---

① 通说认为,结婚行为的当事人只需具有婚姻意思能力,并不必须具备完全民事行为能力。

② 参见《法国民法典》第1398条。

③ 杨大文主编:《亲属法》(第3版),法律出版社2003年版,第132页。

④ 中央人民政府法制委员会1950年4月14日作出的《关于中华人民共和国婚姻法起草经过和起草理由的报告》中指出:这种概括性的规定(指第10条关于夫妻财产的规定),不仅不妨碍夫妻间真正根据男女权利平等和地位平等原则来作出对于任何种类家庭财产的所有权、处理权与管理权相互自由的约定;相反,对一切种类的家庭财产问题,都可以用夫妻双方平等的自由自愿的约定方法来解决,也正是夫妻双方对于家庭财产有平等的所有权与处理权的另一具体表现。参见刘素萍主编:《婚姻法学参考资料》,中国人民大学出版社1989年版,第65页。

17 条、第 18 条的规定。夫妻对婚姻关系存续期间所得的财产以及婚前财产的约定,对双方具有拘束力。夫妻对婚姻关系存续期间所得的财产约定归各自所有的,夫或妻一方对外所负的债务,第三人知道该约定的,以夫或妻一方所有的财产清偿。"这一规定的立法意义在于,"充分肯定了夫妻约定财产制,夫妻约定财产制不再是夫妻共同财产的有益补充,而是同共同财产制一样是夫妻财产制度的重要组成部分"①。

(一) 夫妻财产制契约的立法分析

我国现行夫妻财产制契约立法只有《婚姻法》第 19 条,准确解读该条之规定是研究我国夫妻财产制契约立法的基础。

(1) 约定时间及财产范围均不受限制。我国夫妻财产制契约的订立时间不受限制。当事人可以在婚前、结婚时或结婚后订立夫妻财产制契约,婚前订立的契约,须婚姻关系成立时生效。婚后订立的契约,对此前已经形成的夫妻财产关系可以变动,但不能对抗第三人。

可以约定的财产范围不受限制,既包括婚前财产,也包括婚后财产,既可以对已有财产加以约定,也可以对将来财产加以约定,且不受特有财产不得约定的限制。②

(2) 约定内容实采独创式立法模式(也称任意式立法模式)。关于夫妻财产约定的内容,第 19 条规定了全部共有、分别所有和部分共有、部分分别所有三种情形,对此,相关释义和学者均解读为:约定为选择式立法模式,当事人只能在三种财产制中选择其一,这三种模式分别为一般共有制、分别财产制和部分共有制。③ 但笔者认为,这样的解读并不准确。

作为某一特定类型的夫妻财产制,其内容应是确定的。如果说"全部共有""分别所有"的内涵从文义上解读是明确的,则"部分共有、部分分别所有"的内容是不确定的,因为从文义上解读,只能得出当事人的财产一部分属于共有、一部分属于个人,但哪些财产属于共有、哪些财产属于分别所有,则完全取决于当事人的约定。根据当事人的不同约定,部分共有可能是婚

---

① 全国人大常委会法制工作委员会民法室编著:《〈中华人民共和国婚姻法〉释解》,群众出版社 2001 年版,第 79 页。

② 一般情况下,约定选择共有制多有限制,即特有财产不得通过约定成为共有财产。

③ 最高人民法院民事审判第一庭编著:《最高人民法院婚姻法司法解释(三)理解与适用》,人民法院出版社 2011 年版,第 13 页。

后动产所得共有，也可能是婚后劳动所得共有；部分分别所有可能是无偿取得财产分别所有，可能是婚前分别所有、婚后一律共有。就夫妻财产归属而言，第19条不仅允许当事人对婚后财产加以约定，也允许当事人对婚前财产加以约定，而全部所有、分别所有及部分共有、部分分别所有，实际上已经涵盖了夫妻双方财产归属可以约定的所有情形。所以，从条文本意看，立法对当事人之间的财产约定并无限制，更符合独创式立法模式的特征。

(3) 约定须采书面形式。夫妻财产制契约为要式行为，我国立法要求夫妻约定须采书面形式，但对欠缺书面形式的约定的效力无明文规定。从法理上分析，对要式法律行为欠缺形式要件的后果，财产法与身份法的规定有所不同。

在财产法中，要式行为欠缺形式要件一般会导致行为无效，但同时会有例外规定。如我国《合同法》第36条规定："法律、行政法规或者当事人约定采用书面形式订立合同，当事人未采用书面形式但一方已经履行主要义务，对方接受的，该合同成立。"据此，要式合同虽欠缺形式要件，但如当事人已经实际履行，则不影响合同的效力。

在身份法中，形成身份的法律行为均为要式行为。欠缺形式要件的行为被认定为该行为不成立、不存在或无效。[①] 当事人的实际履行一般不能弥补形式上的欠缺。如结婚行为必须登记，未登记而共同生活的，并不能成立婚姻。[②]

附随身份的法律行为也属于要式行为，但如欠缺形式要件效力如何，各国立法均无明确规定。从夫妻财产制契约的性质分析，其本质是对夫妻财产关系的规制，是财产契约，其特殊性在于效力上附随于身份法律行为。因此，夫妻财产制契约的生效条件应参照财产法中的规定，即使欠缺形式要件，但如当事人已经实际履行，就不宜否认其效力。

(4) 约定对夫妻双方有约束力，但不能当然对抗第三人。第19条对夫

---

① 如《德国民法典》中规定，结婚的意思表示必须在民事身份官员面前作出，即必须获得民事身份官员的协助。违反民事身份官员强制协助规定的，会导致婚姻不成立，参见《德国民法典》第1310条；我国现行《婚姻法》不承认未经登记的婚姻，欠缺婚姻登记而以夫妻名义共同生活的当事人之间只有同居关系。可见，即使当事人有结婚的意思表示，并且已经履行了夫妻之间的相关权利义务，也不能弥补形式要件的欠缺。

② 立法在特别情形下承认事实婚姻效力的除外。

妻财产约定的效力表述为“对双方具有约束力”，但对该约束力的性质并无规定，司法实务中存在较大争议。从法理上分析，夫妻财产制契约不同于一般财产契约，它可以直接在夫妻之间产生财产权利变动的效果，无须再履行相关财产变动手续。对此，前文已有分析。

我国立法对夫妻财产约定没有规定公示方法，故财产约定原则上只能对夫妻双方产生约束力，不能对抗第三人。只有在债权人知晓的情况下，夫妻双方的约定才能产生对抗效力。配偶一方既无法控制、介入对方的举债行为，更不可能将双方的财产约定告知债权人，故这一规定实质上导致夫妻财产制契约只能拘束夫妻双方，很少有可能产生对抗第三人的效力。以债权人知晓的方式作为产生对抗效力的条件，对债权人的保护可谓周全，但对约定当事人，特别是举债一方的配偶则极为不利。这一规定表明在保护配偶财产权和维护交易安全的冲突中，我国立法更倾向于对交易安全的维护。

立法未明确公示方法的原因可能有二：一是观念上认为夫妻之间的财产约定涉及较多个人隐私，不宜公示；二是立法当时没有合适的机构可以承担公示行为。国外立法中普遍采用登记方式，但在我国没有对应的登记机构存在，当时的婚姻登记机关也不具备婚姻财产约定登记的条件。

概括而言，我国夫妻财产制契约立法整体上比较简单、概括，内容不够明确，在适用中容易引起歧义。

（二）夫妻财产制契约的适用现状

自 2001 年修订的《婚姻法》确立相对完整的夫妻财产制契约以来，该制度在现实生活中的适用比例一直处在低位。相关调研报告显示，在我国，夫妻婚前或婚后对夫妻财产制类型作出约定的很少。2002 年，由婚姻家庭法学研究会部分理事主持的中国法学会“婚姻法执行中的问题”课题组在北京、厦门、哈尔滨三市对离婚诉讼案件开展调查。结果显示：离婚夫妻中，绝大多数对其财产未作任何约定，适用法定婚后所得共同制占案件总数的比例，哈尔滨为 85％，北京则高达 97.4％。7 年后，国家社会科学基金项目“民法典体系中的婚姻家庭法新架构研究”课题组的调查统计显示，这种状况依旧如前，在 391 件被调查案件中，体现夫妻财产制类型的有 277 件，其中，明确实行婚后所得共同制的，哈尔滨有 63 件，北京 141 件，上海 61 件；当事人约定财产归各自所有的8件,约定财产部分各自所有、部分共有的4件。[①]

对约定夫妻财产制在我国适用比例不高的原因,学者认为主要是"同居共财"观念仍在民众中占主导地位,我国法定夫妻财产制采婚后所得共同制,与多数民众的婚姻财产状况相符,故无须对财产加以特别约定。笔者认为,我国目前法定夫妻财产制仍占主导地位,这一事实客观存在。但调查数据显示,约定夫妻财产制适用比例较低,其原因可能还与离婚案件的调查样本选择有关。相关调研均以诉讼离婚案件为调研对象,未考虑登记离婚的情形;即使是诉讼离婚,在调解结案的情况下,当事人适用夫妻财产制的类型往往也不明确。在调解离婚或登记离婚中,约定夫妻财产制的比例如何,尚需进一步调研。[②]

值得关注的是,近年来,司法实务中涉及夫妻财产约定的纠纷呈明显增多趋势,特别是关于房产归属的约定,在法律适用中存在较大争议。争议的焦点在于:夫妻约定一方婚前所有的房产,婚后为夫妻双方共有或为对方所有时,是否需要履行物权变动的程序,即对方对房产共有权或所有权的取得是否以变更登记为条件?离婚时,原产权人是否可以赠与合同中赠与物尚未交付为由,行使撤销权?此类案件存在"同案不同判"现象,成为司法实务中的难点。

(三)夫妻财产制契约的司法实务分析

针对现实生活中夫妻约定房产归属引发的纠纷,最高人民法院《关于适用〈中华人民共和国婚姻法〉若干问题的解释(三)》第6条规定:"婚前或者婚姻关系存续期间,当事人约定将一方所有的房产赠与另一方,赠与方在赠与房产变更登记之前撤销赠与,另一方请求判令继续履行的,人民法院可以按照合同法第186条的规定处理。"

最高人民法院的法条释义中对该第6条的立法背景有如下解释:"夫妻在婚前或婚姻关系存续期间约定将一方个人所有的房产赠与对方,但未办理房产过户手续,后双方感情破裂起诉离婚,赠与房产的一方主张撤销赠与,另一方主张继续履行赠与合同,请求人民法院判令赠与房产一方办理过

---

① 夏吟兰、薛宁兰:《论夫妻共同财产的认定与分割——以三市离婚案件调查数据分析为路径》,载夏吟兰、龙翼飞主编:《家事法研究》(2011年卷),社会科学文献出版社2011年版。

② 按常理推断,如当事人之间有夫妻财产约定,离婚时财产分割应更容易达成一致意见,因此,采登记离婚或经调解达成离婚协议的几率会更高。

户手续。在此问题的处理上，各地法院存在两种完全不同的认识和做法……针对审判实践中同案不同判的情况，很有必要对此问题予以明确规范。”①

如仅从条文文义及上述立法背景解释看，最高人民法院《关于适用〈中华人民共和国婚姻法〉若干问题的解释（三）》第6条关于“夫妻之间房产赠与”的规定，与《婚姻法》第19条关于夫妻财产制契约的规定并无冲突。第6条只是明确了“夫妻之间的房产赠与，适用《合同法》中赠与合同的相关规定，在未交付（变更登记）之前，赠与人享有任意撤销权”。简单而言，就是夫妻之间的房产赠与等同于普通人之间的赠与。

但实际上该条的立法本意并非如此。最高人民法院相关负责人在答记者问中对此条作了以下解释：“经反复研究论证后，我们认为，我国婚姻法规定了三种夫妻财产约定的模式，即分别所有、共同共有和部分共同共有，并不包括将一方所有财产约定为另一方所有的情形。将一方所有的财产约定为另一方所有，也就是夫妻之间的赠与行为，虽然双方达成了有效的协议，但因未办理房屋变更登记手续，依照物权法的规定，房屋所有权尚未转移，而依照合同法关于赠与一节的规定，赠与房产的一方可以撤销赠与。”②

根据这一解释，最高人民法院《关于适用〈中华人民共和国婚姻法〉若干问题的解释（三）》第6条之规定隐含着这样一个推定，即夫妻约定一方所有财产归另一方所有（在更多情况下，是约定夫妻一方所有财产归夫妻共同共有），就是夫妻之间的赠与行为，因此可以直接适用《合同法》第186条之规定。

笔者认为，这一推定并不符合现实生活中夫妻之间财产约定的本意，也混淆了夫妻财产制契约与夫妻之间赠与这两种性质完全不同的行为。

夫妻财产制契约所涉及的财产的范围，既包括将来取得的财产，也包括既有财产（婚前财产），《婚姻法》第19条将其表述为可以对“婚姻关系存续期间所得的财产以及婚前财产”加以约定。立法允许对一方或双方的既有财产加以约定，则意味着当事人可以通过夫妻财产制契约处分自己的既有

---

① 最高人民法院民事审判第一庭编著：《最高人民法院婚姻法司法解释（三）理解与适用》，人民法院出版社2011年版，第102页。

② 同上书，第13页。

财产，且该处分为无偿处分，除非只允许当事人选择分别财产制。在当事人约定选择一般共有制[①]或部分共有制的情形下，该约定实际上就隐含了无偿转移财产的行为，也可以说，夫妻财产制契约本身就包含有所谓的“赠与行为”。因夫妻财产制契约中存在无偿转移财产行为，就将其直接等同于普通的赠与合同，不仅理论上不能成立，实际上也架空了夫妻约定财产制。

如前文分析，《婚姻法》第19条对夫妻约定财产制的内容实质上采取的是任意式立法模式，当事人可以通过约定，全部或部分变动法定夫妻财产制的适用；约定既可及于全部财产，也可及于个别财产。相关释义中曾将夫妻可以约定财产的内容表述为：“一是婚姻关系存续期间所得的财产归各自所有。如夫妻可约定一方所得的工资、奖金，生产经营的收益等，归该方所有。二是婚姻关系存续期间所得的财产共同所有或部分共同所有、部分各自所有。如夫妻可约定各自工资、奖金一半归夫妻共有，一半归各自所有。三是约定婚前财产归各自所有、共同所有或部分各自所有、部分共同所有。如夫妻可以约定女方婚前父母所送的嫁妆归夫妻共同所有。当然也可以约定一方婚前财产在婚后归对方所有。”[②]此处明确将“一方婚前财产在婚后归对方所有”列为可以约定的范围。最高人民法院《关于适用〈中华人民共和国婚姻法〉若干问题的解释（一）》第19条规定：“婚姻法第18条规定为夫妻一方所有的财产，不因婚姻关系的延续而转化为夫妻共同财产。但当事人另有约定的除外。”从这一规定也可以推出：如果当事人有约定，一方个人财产可以转化为夫妻共同财产或者对方个人财产。据此，夫妻约定一方婚前所有房产婚后归夫妻双方共有或归另一方所有，即使另一方取得房产共有权或所有权不存在对价，也不能等同于赠与行为，而属于夫妻财产制契约。

夫妻之间除可以缔结夫妻财产制契约之外，当然也可以订立一般财产契约。只是前者与夫妻身份密切相关，具有附随身份的特性；后者内容及效力均与夫妻身份无关。在适用法律上，前者适用身份法，后者适用财产法。但在司法实务中，区分夫妻双方的约定是夫妻财产制契约还是夫妻之间的赠与确实存在困难。

---

① 即夫妻双方婚前、婚后财产除法律规定的特有财产之外，均属于夫妻共有财产，我国《婚姻法》第19条表述为“共同所有”，没有规定特有财产。

② 全国人大常委会法制工作委员会民法室编著：《〈中华人民共和国婚姻法〉释解》，群众出版社2001年版，第79页。

笔者认为,在法律规定不具体、当事人约定不明确的情况下,界定夫妻之间财产约定的性质,应充分探究当事人的本意。一般情况下,夫妻之间关于不动产归属无偿移转的约定多与夫妻身份的设立及维系密切相关,即具有附随身份的意思;从社会常理判断,夫妻一方将自己所有的最重要的财产——房屋移转对方所有或与对方共有,期待的多是与对方缔结婚姻,以达到永久共同生活的目的。所以,将此类约定首先推定为夫妻财产制契约更为合理。只有在当事人明示赠与,即明确表达了财产移转与身份无关,即使无身份存在或身份消灭也同样移转的情况下,才能视为赠与行为。德国学者在探讨夫妻之间财产给付行为性质时也特别强调,"当事人的意图是判断赠与存在与否的重要标准,即假设当事人在想到离婚的可能性后仍然作出此种给予(才能视为赠与行为)";并指出,"即使不存在对等的给予,(德国)判例中也很少将夫妻之间的给予行为认定为赠与,而是视为'以婚姻为条件的给予',从而不适用有关赠与的规定"。[①] 可见,界定夫妻之间财产约定的性质究竟为夫妻财产制契约还是赠与合同,并不取决于其所涉财产变动是否具有对价,而取决于财产变动行为是否与夫妻身份相关联。

夫妻财产制契约可以直接产生权利变动的效果,无须再实施交付行为。如夫妻约定一方婚前所有房屋婚后归夫妻双方共有或归对方所有,即使该房屋未经产权变更登记,也已发生物权变动的效力,只是该约定不能产生对抗第三人的效力。夫妻一方可以要求对方协助变更房产登记以达到公示目的,也可以在离婚或对方死亡时直接主张对该房屋的共有权或所有权。

将夫妻财产制契约与夫妻之间的赠与行为混淆,既反映了审判人员对夫妻财产制契约的理解不够深入、准确,也凸显了我国夫妻财产制契约立法的不足。

四、我国夫妻财产制契约的立法完善

为解决我国夫妻财产制契约适用中的问题,应从以下几方面完善现行立法:

(一)明确当事人的主体资格

夫妻财产制契约当事人的主体资格主要涉及以下问题:

---

① 〔德〕迪特尔·施瓦布:《德国家庭法》,王葆莳译,法律出版社2010年版,第109页。

(1) 是否需要对当事人的身份有特别要求。现行立法允许当事人婚前、婚后订立夫妻财产制契约,实际上对当事人的身份并无限制。婚前订立契约的,只需结婚时双方均认可所订立的协议,即能产生效力。这一立法得到学界肯定,认为不限制订立时间,体现了契约自由原则,也可以顺应夫妻共同生活变化的需要。① 对此,笔者持认同态度。

(2) 是否需对当事人的行为能力有特别规定。现行立法对当事人的行为能力未作特别规定,一般理解为当事人应具备完全民事行为能力。由于我国法定婚龄高于成年年龄,故不存在未成年人因结婚而取得行为能力的情形。夫妻财产制契约本质上属于财产契约,且契约内容事关当事人的婚姻财产地位,属重大财产行为。当事人如属限制行为能力人,即使可以结婚,也不能缔结夫妻财产制契约。

(3) 是否允许法定代理人代理。夫妻财产制契约虽属财产行为,但附随于夫妻身份,不宜适用代理。一方面,从国外立法例看,如认可未成年人结婚,一般也认可未成年人可以缔结夫妻财产制契约,只是需要征得法定代理人之许可或参与,实际上是坚持由婚姻当事人本人缔结夫妻财产制契约的原则。我国台湾地区学者也认为:"夫妻财产制契约为基于婚姻身份之从契约,因而具有一身专属性,不得由他人代理。"②另一方面,配偶一方无行为能力或限制行为能力的,另一方为其第一顺位法定代理人,如允许配偶作为代理人,则意味着代理人代被代理人与自己订立夫妻财产制契约,属于自己代理。如变更代理人,则需要证明原法定代理人有侵害被代理人的情形。在婚姻关系存续的情况下,通过变更法定代理人、签订夫妻财产制契约的方式来保护无行为能力或限制行为能力的一方利益,并不具有可行性和必要性。当事人因无行为能力或限制行为能力而不得订立夫妻财产制契约,可以适用法定夫妻财产制,并不影响其财产权利的行使与保护。

(二) 明确夫妻财产制契约的内容和效力

现实生活中,婚姻当事人之间的财产约定多种多样,如何认定其性质十分困难。因此,明确我国约定夫妻财产制的具体内容,不仅可以减少法律适

---

① 梁慧星主编:《中国民法典草案建议稿附理由·亲属编》,法律出版社 2006 年版,第 79 页。

② 戴东雄、戴瑀如:《婚姻法与夫妻财产制》,台湾三民书局 2009 年版,第 135—153 页。

用中的争议,也可以对民众选择约定夫妻财产制有所引导。就我国现行约定夫妻财产制的内容而言,需要进一步明确约定夫妻财产制的类型与效力。

《婚姻法》第 19 条将约定的内容表述为“各自所有、共同所有或部分各自所有、部分共同所有”,依前文分析,这一规定看似明确,却不符合约定夫妻财产制类型化的要求,实质上属于任意式立法模式。任意式立法模式虽然体现了对当事人意思自治的尊重,但也容易使当事人之间的财产关系不够确定和稳定,且不易达到公示效果。

笔者建议,我国夫妻财产制契约应采选择式立法模式。首先,当事人可以选择一般共同制与分别财产制替代法定夫妻财产制。一般共有制是指夫妻双方的婚前财产与婚后所得财产均属于夫妻共有财产,但专属于个人的生活用品、夫妻一方的人身损害赔偿金以及夫妻特别约定保留的财产除外。分别财产制是指夫妻双方的婚前财产以及婚后各自所得的财产归个人所有,但双方特别约定共有的除外。这两种夫妻财产制度均是现实生活中最常见、当事人选择最多的类型。其次,当事人可以约定部分变更法定夫妻财产制。鉴于将选择对象限于两种财产制类型可能无法满足民众对夫妻财产的特殊安排,立法也应允许当事人约定部分变更法定财产制的内容,未经协议排除或变更的法定财产制的条款仍然有效,此类约定并非排除婚后所得共有制。如当事人的约定与婚后所得共有制的基本原则不符,则不属于部分变更之类型。

《婚姻法》第 19 条将夫妻财产约定的对内效力规定为:“约定,对双方具有约束力。”这一表述容易引发歧义。这里的“约束力”不同于一般财产合同所产生的合同之债的效力,其效力规则具有特殊性,应适用亲属法的调整。约定生效,即在夫妻之间产生财产权利的变动,无须再有其他交付行为。夫妻财产制契约具有权利(物权)变动的效力,对此,我国未来立法应予以明确。

（三）明确夫妻财产制契约的公示方法

由于夫妻财产制契约事关当事人的婚姻财产地位,不仅涉及夫妻双方的财产权利,还会涉及第三人及交易安全,故国外立法中均有公示方法之规定。我国现有夫妻财产约定只有在债权人知道的情况下,才能产生对抗效力,体现了对交易安全的重视,但显然不能充分发挥夫妻财产约定的作用,对举债方配偶的保护明显不周。建立怎样的公示制度,才能达到兼顾交易安全和配偶利益的目的值得探讨。

从国外立法例看,一般均采用登记方式。具体登记机构可以是婚姻登记机关,也可以是法院。登记是最佳公示方式,我国立法也应采用登记作为夫妻财产制契约的公示方式。就我国现状分析,在婚姻登记可以实现全国联网查询的前提下,由婚姻登记机关负责夫妻财产制契约登记比较可行。

需要说明的是,夫妻财产制契约的内容是当事人对夫妻财产制的选择,其登记旨在公示当事人的婚姻财产制状况,不能替代其中特定财产的登记。从交易便捷和安全角度出发,夫妻财产制契约即使已经登记,如其中涉及对不动产和特殊动产的约定,同样需要采取物权法中规定的公示方法,才能对抗善意第三人。

第十章 亲子关系立法研究

亲子关系法是调整父母子女之间权利义务关系法律规范的总称，简称“亲子法”。[①] “亲”即父母，“子”即子女，亲子关系即是父母子女关系。亲子法历来是家庭法或亲属法的核心部分，也是随社会制度发展而不断变化的。[②] 法律对亲子关系的调整，主要表现为确立亲子关系发生、变更、消灭的规则，和亲子之间的权利义务。这表现为两项制度：一是自然血亲之间亲子关系的确认制度；二是亲权制度，即父母子女之间的权利与义务。收养制度也是亲子法的重要内容。鉴于我国专门制定有《收养法》，学界对收养这一创设亲子关系法律行为的研究也比较成熟，在此对收养制度不予展开。

第一节 我国现行亲子关系立法模式

本章所谓亲子关系立法模式，是指亲子关系在一国或地区立法中的位置及其制度构造。通常，亲子法的内容包括父母子女的分类、父母子女间的权利义务（亲权或父母照顾权）、亲子关系的确认（推定、否认与认领）以及收养等。[③] 亲子关系的类型有三种：通常的父母子女关系、父母离婚后的亲子关系、同居关系中的亲子关系。

---

① 参见杨大文主编：《亲属法》，法律出版社 1997 年版，第 235 页。

② 李志敏主编：《比较家庭法》，北京大学出版社 1988 年版，第 209 页。

③ 陈明侠：《亲子法基本问题研究》，载梁慧星主编：《民商法论丛》（第 6 卷），法律出版社 1997 年版。

一、新中国成立初期的亲子关系立法模式

1950年,新中国成立之后的第一部法律——《婚姻法》颁布。1950年《婚姻法》开启了新中国亲子关系立法的序幕。在其章节体例中,"父母子女间的关系"独立成章,置于第三章"夫妻间的权利和义务"之后、第五章"离婚"之前。这一立法设计的初衷是:"父母子女间的关系,是夫妻关系直接产生的结果,是婚姻制度中的有机组成部分";新的社会中"是主张和提倡一切劳动人民相互帮助相互关怀的新道德的,因而在《婚姻法》中更不能不有关于'父母子女间的关系'这一专章的规定"。[①] 这一立法解释表达了亲子关系在婚姻家庭法中的地位和应有之立法体例。

1950年《婚姻法》第四章"父母子女间的关系"共计四条,内容有三个方面:

(1) 父母子女的种类。该章没有设专条明示父母子女的种类。从条文内容可见,1950年《婚姻法》调整的亲子关系包括三类:亲生父母子女(包括婚生与非婚生)、养父母子女、继父母子女。

(2) 父母子女间的权利与义务。父母子女间的权利与义务是婚姻家庭法规制的核心内容。1950年《婚姻法》着重就父母子女间相互扶养的义务、相互继承遗产的权利设专条明示。其第13条第1款规定:"父母对于子女有抚养教育的义务;子女对于父母有赡养扶助的义务;双方均不得虐待或遗弃。"第14条则明示:"父母子女有互相继承遗产的权利。"

(3) 非婚生子女的法律地位与生父认领。传统婚姻家庭法根据子女是否在婚姻关系中受胎或出生,将子女分为婚生子女与非婚生子女。婚生子女即是婚姻关系存续期间受胎或者出生的子女;非婚生子女则是没有婚姻关系的男女所生子女。例如,男女未婚同居所生子女、有配偶者与婚外第三人所生子女、妇女遭强奸后所生子女。1950年《婚姻法》继承革命根据地时期的婚姻立法传统,对非婚生子女地位设专条规定,其第15条第1款指出"非婚生子女享受与婚生子女同等的权利,任何人不得加以危害或歧视"。这一条款在用语和文字表达上对根据地时期婚姻立法有所发展。它不再使

---

① 陈绍禹:《关于中华人民共和国婚姻法起草经过和起草理由的报告》,载刘素萍主编:《婚姻法学参考资料》,中国人民大学出版社1989年版,第66—67页。

用1934年《中华苏维埃共和国婚姻法》、1942年《晋冀鲁豫边区婚姻暂行条例》中所谓"私生子"一词[①]，改用"非婚生子女"这一较为中性的词语。同时，它对非婚生子女法律地位的表述更为概括和周延。例如，虐待、遗弃、杀害都属侵害非婚生子女权利的具体表现形式，立法如此表述难免有所遗漏，而用"危害或歧视"，可囊括各种侵害非婚生子女利益的行为。[②]

1950年《婚姻法》除确立非婚生子女具有与婚生子女平等的法律地位外，还明确了生父的抚育责任，即"非婚生子女经生母或其他人证物证证明其生父者，其生父应负担子女必需的生活费和教育费全部或一部，直至子女18岁为止。如经生母同意，生父可将子女领回抚养。"（第15条第2款）虽然，这不是成熟的有关子女认领的制度设计，却明确了这一制度的主要内容，成为我国建立子女认领制度的雏形。

1950年《婚姻法》对亲子关系的调整，还包括离婚后的亲子关系。这体现在第六章"离婚后子女的抚养和教育"中，其第20条第1、2款明确指出："父母与子女间的血亲关系，不因父母离婚而消灭。离婚后，子女无论由父方或母方抚养，仍是父母双方的子女。离婚后父母对于所生的子女，仍有抚养和教育的责任。"该章还对离婚后子女抚养费、教育费的负担及减免等作出规定。

通常，学界在评价1950年《婚姻法》的历史功绩时认为，它是解放妇女，恢复妇女权利的宣言书。其实，对于亲子关系立法，它也是废除漠视子女利益的封建主义婚姻家庭制度，建立保护子女合法利益的新民主主义婚姻家庭制度（即社会主义婚姻家庭制度）的基本法。[③] 消除父母子女间、婚生与非婚生子女间、继子女之间的歧视，确立平等和基本权利保护的新型亲子关系是1950年《婚姻法》的一大特色。

---

① 1934年《中华苏维埃共和国婚姻法》第19条规定："一切私生子得享受本婚姻法上关于合法小孩的一切权利，禁止虐待、抛弃私生子。"1942年《晋冀鲁豫边区婚姻暂行条例》第23条规定："禁止杀害私生子，私生子之生父，经其生母指出证明，其生父须负责带领，与正式子女有同等地位。"转引自刘素萍主编：《婚姻法学参考资料》，中国人民大学出版社1989年版，第30页、第38页。

② 1946年《陕甘宁边区婚姻条例》第13条规定："非结婚所生之子女与结婚所生之子女，享受同等权利，不得歧视。"转引自同上书，第32页。

③ 巫昌祯：《我与婚姻法》，法律出版社2001年版，第7页。

二、现行亲子关系立法模式及其特点

我国现行亲子关系立法模式为1980年《婚姻法》[①]和1986年《民法通则》所确立。1980年《婚姻法》在1950年《婚姻法》基础上，总结新中国成立三十余年的实践经验，结合改革开放以来婚姻家庭领域的新情况与问题制定。在它的章节结构中，我们发现1950年《婚姻法》中独立成章的"父母子女间的关系"与"夫妻间的权利义务"被合并为1980年《婚姻法》的第三章"家庭关系"。这样的立法体例设计虽在法理上能够自圆其说，却未必能够突显亲子关系在婚姻家庭法中的位置，也难以在有限的法条数量下，细化亲子法的具体制度规则。不仅如此，这一立法体例也不利于夫妻人身权和财产权的法律调整，尤其影响夫妻财产制立法的规模和结构。而在大陆法系民法典立法例中，亲子关系、夫妻关系在亲属(家庭)编中都是独立的章节。

2001年，立法机关对1980年《婚姻法》作出重大修改，但亲子关系立法体例未有根本性改变。亲子关系依旧位于第三章"家庭关系"中，并居于"夫妻的权利义务"条款之后。至于1986年《民法通则》确立的将父母对未成年子女的权利与义务纳入监护制度的立法模式，2001年修订的《婚姻法》尚未触及，依然维持将亲权内容纳入监护制度的"大监护"[②]立法模式，而对亲子关系的完善，主要是增设子女姓氏选择的规定(第22条)，对现有条文中的个别用语作出修改，如将第23条父母"管教和保护"未成年子女的权利和义务改为"保护和教育"未成年子女的权利和义务等。在离婚一章，增加了离异父母一方对子女享有探望权的规定(第38条)。

综上可见，我国现行《婚姻法》规制亲子关系的理念及内容与1950年《婚姻法》基本一致，然其立法体例的设置似不及前者。相对于同处一章于2001年获得较大制度完善的夫妻财产制，亲子关系的条文数量与制度构成愈发显得单薄。

---

① 1980年《婚姻法》由第五届全国人民代表大会第三次会议通过，自1981年1月1日起施行，1950年《婚姻法》同时废止。

② 蒋月、韩珺：《论父母保护教养未成年子女的权利义务——兼论亲权与监护之争》，载《东南学术》2001年第2期。

第二节 大陆法系主要国家立法模式比较

中国自清朝末年法制改革开始，在法律形式上实现了亲属法从古代型到近现代型的转向。对于民法典立法，清末立法者选择、移植了大陆法系德国的五编制模式。1911年颁布的《大清民律草案》，作为中国近代第一部民法典，在体例上将亲属法作为独立一编。“五四”时期科学、民主的反传统思潮，又为中国进入大陆法系行列奠定了思想基础。于1930年公布的《中华民国民法》（至今我国台湾地区仍沿用该法），也采德国民法的编制体例，专设亲属一编。鉴于中国近现代民法向大陆法系立法体例靠拢的历史，谨以大陆法系的代表——法国、德国和日本民法典中的亲子关系立法为例，做一比较法的观察。

一、法国法

在法国，1804年颁行的《法国民法典》随时代变迁多次修改。法国法中亲子法的修改始于1871年。[①]《法国民法典》深受罗马法影响，其总体结构主要以国法大全中《法学阶梯》的体例为基础，构筑了人法、物法、取得财产的各种方法的三编制体例。在这一体例下，亲子关系立法居于第一卷“人”（法）中，具体由第七编亲子关系，第八编收养子女，第九编亲权，第十编未成年、监护及解除亲权组成。《法国民法典》从第311条到第487条系统规定了亲子关系的确定、婚生子女、非婚生子女、养子女、与子女人身相关的亲权、与子女财产相关的亲权、亲权的行使、亲权的转移、亲权的丧失或部分撤销、亲权的解除等内容，主要体现为以下制度：

1. 父母子女的种类

1804年的《拿破仑法典》确立了三种亲子关系，即父母与婚生子女、父母与非婚生子女、父母与养子女。现《法国民法典》第一卷“人”之第七编“亲子关系”，主要就婚生和非婚生子女与父母关系的确认，即婚生子女推定与

---

① 参见王丽萍：《从“亲本位”向“子女本位”演变的亲子法》，载《金陵法律评论》2006年春季卷。

否认、非婚生子女准正与认领,以及确认亲子关系的诉讼和追索补偿费诉讼,作了较为全面的规定。对于养父母子女关系的调整,则专设第八编"收养子女"予以规制。

1994 年,法国通过第 94-653 号法令修改民法典。修改后的现行民法典除承认上述三种亲子关系外,还增加父母与人工生育子女的规定。《法国民法典》第 311-19 条明确了精子、卵子捐赠人的法律地位,规定他们与借助人工生育医学方法出生的儿童之间不具有任何亲子关系;第 311-20 条规定了夫妻对借助医学方法进行生育表示同意的方式和效力。他们应当向法官或公证人作出同意进行人工生育的意思表示。该项表示可以在实施人工生育之前撤回,并在人工生育方法实施之前,遇有当事人死亡、提出离婚或分居申请、已经停止共同生活时,失去效力。夫妻或同居男女表示同意后,就亲子关系提出异议或者要求取得身份的任何诉讼,法院不予受理。若事后父亲不承认由此出生的子女,可通过法院裁判宣告他们之间存在婚外父子女关系。

2. 亲子关系确认制度

法国法不仅体例架构承袭罗马法,亲子身份确认制度也采撷罗马法精髓。在法国法中,这一制度由婚生推定与否认、非婚生认领和准正两部分构成。

关于婚生子女的推定,法国法确立了推定的基本原则和方法,以及否认的规则。推定的基本原则采受孕说,即子女系在婚姻关系期间受胎者,夫即为父(第 312 条)。关于亲子关系推定的方法,1972 年 1 月 3 日第 72-3 号法律增加规定:"法律推定子女系在其出生之日前的第 300 日至第 180 日时期内受孕……视子女的利益所需要,受孕时间推定为该时期内的任何时候。"(第 311 条)对于婚生子女的否认,法律主要明确了否认的理由、否认权人、否认之诉的期限。法国法对于否认权人范围的规定,以生父为主。子女的生母、夫的继承人,以及成年子女也可以提起否认之诉;但是,他们的否认权受到一定限制。例如,1993 年 1 月 8 日第 93-22 号法律增加规定,子女在成年后两年内,可提起否认之诉(第 313-2 条第 2 款)。生母作为否认权人,仅限于"出于确认非婚生子女为婚生子女的目的",可以对原夫与子女的父子女关系提出异议(第 318 条)。夫的继承人在其"尚未提出否认之诉即已死亡,但可以提出此种诉讼的有效期间尚未届满"时,可提起此类诉讼(第 316-1 条)。法定否认之诉的期限,对丈夫而言,是在子女出生或发现欺诈行为之后的6个月内。

关于非婚生子女的认领和准正,法国法分专节规定。认领具体包括生父自愿认领与法院强制认领两种方式。《法国民法典》第335—339条规定了自愿认领的细节,第340—341条则确立了强制认领的条件、请求权人(仅限于子女本人)、请求权的有效期间(子女出生后2年内或者成年后2年内)。依1993年1月8日第93-22号法令,非婚生子女可因父母结婚或者经法院裁判,取得婚生子女的资格(第330条)。该资格取得产生的法律效果是:确立亲子关系的非婚生子女享有与婚生子女相同的权利,负相同的义务(第334条)。这实为传统法中的非婚生子女准正制度。

3. 亲权制度

亲权是父母对子女的权利义务的总称,源自古罗马的家长权和古日耳曼的父权。[①] 法国的亲权制度虽承袭罗马法,但几经修改,"在现行的《法国民法典》中父母对于未成年子女的亲权已没有家长权、支配权的品质,除了仍然沿用'亲权'这一制度术语外,在实质内容上主要表现为父母对于未成年子女的照顾、保护"[②]。

关于亲权的性质和内容,法典将"亲权"界定为父母双方共同的责任:是双亲的权利(力),也是他们必须承担的义务。[③] 亲权的内容分为人身上的亲权和财产上的亲权两大方面,具体包括:要求子女尊敬的权利;对于未成年子女的人身安全、健康、道德品行的保护和监督;对于子女的管教、生活照顾、居所指定等(第371—371-1、2、3、4条);对于子女的财产事务的管理权、财产用益权、法定代理权等(第382—387条)。

关于亲权的行使,1993年第93-22号法律确立了亲权由父母双方共同行使的原则。[④] 当父母一方去世或被依法剥夺亲权时,亲权才归由另一方行使(第373-1条);对于父母离婚或分居的,依第373-2条和第287条,父母仍然可以共同行使亲权。只有当双方不能协商一致或者法官认为双方协议违

---

① 陈苇主编:《外国婚姻家庭法比较研究》,群众出版社2006年版,第278页。

② 王丽萍:《亲子法研究》,法律出版社2004年版,第29—30页。

③ 《法国民法典》第371-1条规定:"亲权是以子女的利益为最终目的的各项权利与义务的整体。"

④ 〔德〕迪特尔·施瓦布:《20世纪德国婚姻家庭法改革综述》,王葆莳译,载夏吟兰、龙翼飞主编:《家事法研究》(2012年卷),社会科学文献出版社2012年版。

背子女利益时,“法官得指定由子女在其处惯常居住的父或母单方行使亲权”(1993 年第 93-22 号法律)。法典还规定父母非经法院判决,不得擅自放弃行使亲权。这是亲权所具有的不同于其他民事权利的性质使然。暂时中止亲权行使的法定情形主要有:第一,父或母因无能力、失踪、离家或其他原因,处于不能表示自己意思的;第二,父或母依法同意将其权利委托他人行使的;第三,父或母因抛弃家庭被判刑,满 6 个月未重新开始承担义务的(第 373 条)。

关于亲权的转移,第 376 条确立了非依法定情形,亲权不得抛弃或让与的原则。第 377 条确立的法定可转移的情形包括:第一,父母欲将不满 13 周岁的子女委托可信赖的人照管的;第二,父母对儿童不关心、放弃照管满一年的;第三,13 岁以下子女被收容,收容机构通知父母领回期限届满的。有上述法定情形之一,请求权人可向家事法院提出申请,由法官作出亲权部分或全部转移的判决(第 377 条)。

关于亲权的丧失或部分撤销,依第 378 条,父母因虐待子女,或者经常酗酒,明显行为不轨,或者因对子女不予照顾或引导,使子女的安全、健康与道德品行显然受到危害,而被刑事判决的,法院可宣告完全丧失或部分撤销其亲权。此宣告的效力及于与亲权相关的人身权和财产权。第 381 条允许这类父母向法院提出申请,请求恢复被剥夺的全部或部分亲权;同时,检察机关可向法院提起对这类父母监管下的儿童采取教育性救助措施。[①] 法律允许在此种情形下亲权和教育性救助措施共同行使,是基于儿童身心健康目的所作的制度选择。

对于与子女的财产相关的亲权,法国法明确了父与母特定情形下享有对子女财产的管理权和用益权、用益权的行使范围,以及该用益权即告停止的情形(第 382—387 条)。

二、德国法

1990 年施行的《德国民法典》在结构上采用总则、债的关系法、物权法、家庭法、继承法五编制,其第四编“家庭法”构成德国家庭法的基础。[②] 亲子

① 《法国民法典》在与子女人身相关的亲权一章中设专节规定对儿童的“教育性救助”。

② 〔德〕罗伯特·霍恩、海因·科茨、汉斯·G. 莱塞:《德国民商法导论》,楚建译,中国大百科全书出版社 1996 年版,第 208—209 页。

法的内容体现在第四编第二章“亲属”中，具体包括：亲子关系确认（出身）、亲属间的生活费义务、父母子女法律关系的一般规定、父母照顾权、青少年局的辅助以及收养六大方面。

1900年《德国民法典》兼具进步性和保守性。其进步性在亲子关系方面，体现为对父母照顾权的必要限制。其第1630条通过援引监护权的限制，对父母在财产领域的法定监护权设立诸多限制；第1666条强化了国家的监督职能，规定因父母滥用照顾权，“而使子女身体上、精神上或心灵上的幸福或使子女的财产受到危害，则在父母无意或无能力消除危害的情形，由家庭法院采取为消除危害所必需的措施”（第1款）。1900年《德国民法典》的保守性，主要体现为对非婚生子女法律地位的歧视性规定中。例如，第1589条第2款指出：“非婚生子女和其父亲不具有亲属关系。”父亲虽然应在子女年满16岁之前承担扶养义务，但他与该子女再无其他任何法律关系。对母亲而言，子女具有婚生子女地位，但她必须和其他监护人共同行使对子女的照顾权，并且不享有法定监护权。[①]

第二次世界大战后，随着德国家庭结构变化以及人们对夫妻和父母作用的看法的转变，德国家庭法得以彻底修改。[②] 立法者根据1949年《基本法》展开对家庭法的大幅度改革。亲子法改革的主要依据是《基本法》第6条第5款，该款指出：“法律应为非婚生子女提供与婚生子女同等身心发展机会和社会地位。”[③]在联邦宪法法院推动下，德国展开了对民法典一系列相关条文的违宪审查。例如，1969年删除民法典第1589条第2款，承认非婚生子女与其生父具有亲属关系；1981年宣布民法典第1705条违宪；1991年认为民法典第1738条第1款与基本法抵触；等等。同时，立法机关还颁布专门法，推动家庭法改革。1969年通过的《非婚生子女法律地位法》首先进行法律术语改革，用“婚外”（unehelich）代替“非婚”（nichtehelich），非婚生子女的称谓被彻底废除。

为构建统一的适用于婚生子和非婚生子的亲子关系法，1997年德国对

---

① 具体见《德国民法典》第1708条、第1705条、第1707条，这些条款现已废止。

② 〔德〕罗伯特·霍恩、海因·科茨、汉斯·G. 莱塞：《德国民商法导论》，楚建译，中国大百科全书出版社1996年版，第208—209页。

③ 〔德〕迪特尔·施瓦布：《20世纪德国婚姻家庭法改革综述》，王葆莳译，载夏吟兰、龙翼飞主编：《家事法研究》（2012年卷），社会科学文献出版社2012年版。

亲子法作出全面修订。统一的亲子关系法由四部法律组成[①]：第一，1997 年《修改子女权利法》，规定子女的出身、姓氏、交往权和收养权等问题。第二，1997 年《辅佐关系法》，废除对非婚生子女的强制性官方保佐；规定子女无论是婚生还是非婚生，在确认父亲身份和主张扶养请求权等事务中，均可申请青少年局进行辅佐；新的官方辅佐完全出于自愿，有照顾权的父母一方可以自行决定是否申请官方辅佐。第三，1997 年《继承权平权法》，规定非婚生子女对父亲及父系亲属享有完全的继承权。第四，1998 年《统一未成年子女扶养权利法》，规定婚生子女和非婚生子女均可通过简易程序主张扶养费。

德国法的改革还体现在以“父母照顾权”取代“亲权”上。1980 年 1 月 1 日生效的《关于父母照顾权的修订法案》认为，父母照顾权仅为纯粹工具，其存在的意义在于实现子女之福利。在非婚父母照顾权的改革方面，1991 年联邦宪法法院指示，允许非婚生子女的父母共同行使父母照顾权。为实现这一目的，立法者设立“照顾声明”制度：父母双方在公开文件上作出声明，表达愿意共同“承担”照顾权，即发生共同照顾的效果。[②] 故此，便有民法典第 1626a 条之规定，即原则上，由非婚生子女的母亲单方行使照顾权，当非婚父母共同声明或结婚时，则由父母共同享有对子女的照顾权。共同照顾权的享有不以父母共同生活为前提，但如果母亲拒绝作出照顾声明，父亲则无权提请法院审查母亲行为的合理性。这是否有利于实现子女最大利益、是否构成对父亲权利的不适当限制，值得反思。[③]

三、日本法

1896 年颁布的《日本民法典》在体例结构上遵循德国法的五编制，亲子法放在第四编“亲属”中，由第三章“父母子女”和第四章“亲权”两部分组成。第二次世界大战之后，日本对民法典的修改主要是亲属和继承两编。修订后的《日本民法典》将父母子女区分为两类：亲生父母子女和养父母子女。

---

① 〔德〕罗伯特·霍恩、海因·科茨、汉斯·G. 莱塞：《德国民商法导论》，楚建译，中国大百科全书出版社 1996 年版，第 360 页。

② 同上书，第 373 页。

③ 〔日〕星野英一：《日本民法的 100 年》，渠涛译，载渠涛主编：《中日民商法研究》（第 1 卷），法律出版社 2003 年版。

亲生父母子女关系又进一步区分为婚生父母子女与非婚生父母子女。[1] 对亲子关系种类做如此划分，必然使日本民法对亲子关系确认制度的构造设计无法摆脱传统亲子法的桎梏。从第772—790条的规定看，它和传统民法并无根本区别，由婚生推定与否认、非婚生认领和准正两部分构成。

亲权制度是日本亲子法的重点，在民法典中，它不仅与“父母子女”分章规定，内容也较为详细，由“总则”“亲权的效力”“亲权的丧失”三节组成。关于亲权的行使，民法典确立了父母处于婚姻关系中时，亲权由父母共同行使的原则（第818条）；父母离婚时，协议或由法院确定一方为亲权人（第819条）。关于亲权的内容，民法典在亲权的效力一节有详尽列举，例如，亲权人享有监护、教育子女的权利义务（第820条）；子女须以行使亲权的人指定的场所确定其居所，即亲权人享有对子女居所的决定权（第821条）；亲权人还享有对子女的惩戒权（第822条）、职业许可权（第823条）、财产管理权与代表权（第824条）等。亲权人的义务限于管理子女财产时“须以为自己管理相同的注意”行使其管理权，即负有财产管理中的注意义务（第827条）。关于亲权的丧失，日本法的特色在于，确立了法院宣告和亲权人辞任两种方式；同时确立了亲权可全部丧失或部分丧失（管理权丧失）两种情形。前者是指，当父或母滥用亲权或有显著劣迹时，家庭法院根据子女的亲属或检察官的请求，可宣告丧失亲权（第834条）。后者则是，行使亲权的父或母管理失当致使子女财产有陷入危机之虞时，家庭法院根据子女的其他亲属或检察官的请求，可以宣告其丧失管理权（第835条）。

四、比较与选择

法国、德国、日本是大陆法系民法典的代表。三国民法典产生的时代大致相同，都处于18世纪末到19世纪初的世纪交替时期。由于三国历史文化传统不同，20世纪以来，三国民法典亲子关系立法改革的步伐还有相当的差异。历经变革的三国亲子法的特色主要体现在如下三方面：

（一）努力消除传统亲子法对子女的身份歧视

传统家庭法受宗教道德观念影响，对子女的身份歧视突出表现在对非婚生子女法律地位和法定权利的规定上。法国1972年1月3日的法律确

---

[1] 陈苇主编：《外国婚姻家庭法比较研究》，群众出版社2006年版，第316页。

定非婚生子女与婚生子女具有平等的地位。民法典对非婚生子女取得婚生子女资格、他们与婚生子女享有平等的权利都有原则规定。值得一提的是，《法国民法典》专门为那些尚未确立父子女关系的非婚生子女设定了补助费请求权(第342条)。1977年12月29日第77-1456号法律规定：子女未成年期间可随时向其母怀孕期间与之有共同生活关系的人提起支付补助费的诉讼；如果子女在未成年期间没有提起，可在成年后2年内提起(第342条第2款)。此类补助费实为对该子女的抚养费。如果被告在诉讼中被证明有过错，法官还可判令被告支付保证子女生活与教育的补偿金(第342-3条)，由公益组织或法院指定的委托人代为收取。法国法对非婚生子女的特别保护突出体现在这一制度上，尤其是由"儿童社会援助基金、具有公益性质的慈善组织或法院确定的受委托人"代为收取补偿金，保障子女生活和教育支出的规定，凸显了国家公权力对非婚生子女的特别保护。

法国法和日本法均未取消对子女的婚生与非婚生区分，非婚生子女权利的享有较之婚生子女仍有差别。例如，在财产继承上，《法国民法典》第760条规定，非婚生子女与婚生子女共同继承亲生父母遗产时，"每一非婚生子女仅能继承如死者的所有子女都是婚生子女时本可继承的遗产的一半"。该条第2款还规定："由此而减少的非婚生子女继承遗产的部分，加给因父或母通奸而受到损害的婚生子女；此部分遗产，在婚生子女之间按其各自的继承份比例分配之。"这一规定明显带有歧视色彩，迫使子女牺牲财产利益补偿父母在道德和法律上的过错。至此，不难理解《法国民法典》第334条所言非婚生子女"一般"享有与婚生子女相同权利的用意。让子女为父母的婚外性行为承担责任，实为不公平。《日本民法典》也有类似规定，其第900条是同顺位的继承人法定应继份的规定，第4款指出："子女、直系尊亲属或兄弟姐妹有数人时，各自的继承份额为相等。但非婚生子女的继承份额为婚生子女继承份额的二分之一；……"

比较而言，德国法的改革更为彻底。1969年以来的一系列亲子关系立法改革，在消除对非婚生子女的法律歧视方面，从其称谓到权利的平等享有可谓具有划时代性，代表着人类亲子法发展的趋向。[①] 并且，非婚生子女在财产继承权实现方面所受到的不同于婚生子女的差别对待，也随着《德国民

① 《德国民法典》(第2版)，陈卫佐译注，法律出版社2006年版，第493页。

法典》第1934a条的废止而得以消除。

（二）亲子关系确认制度构成的差别

传统亲子法对亲子身份的确认，与当代亲子关系确认制度在目的和功能上有很大差别。尽管如此，源自罗马法的婚生子女推定与否认的原则和方法、非婚生子女（姘生子女）认领的方式等[①]，仍为大陆法系各国民法继承。在亲属法现代化进程中，法、德、日都对这一制度作出了不同程度的改良。

第一，关于亲子关系推定的原则。法国、日本继承传统，确立的婚生推定规则仅限于父亲身份的推定。德国法的改革更为彻底，在亲子关系确认制度中，增加对母亲身份的定义（第1591条），以父亲身份推定取代婚生推定（第1592条）；增加第1697a条，规定法官在处理父母照顾权、交往权以及看护等事务方面，应当考虑实际情况和各种可能性以及利害关系人的正当利益，作出最有利于子女利益的裁判。[②] 为进一步明确子女在亲子关系确认上的主体地位，实现其最佳利益，德国联邦法院确认"知悉自我基因出生是子女的一项具有高度人身属性的权利"。在德国联邦法院敦促下，2008年3月《德国民法典》增加第1598a条，赋予子女享有请求父母双方允许进行基因血缘检测，查明其出身的权利。如果亲子鉴定会构成对未成年子女最佳利益侵害的，法院应终止该程序。[③]

第二，关于可提起否认亲子关系之诉的权利人。追求血缘真实是亲子关系确认制度的初始目的。法律在追求血缘真实时，还需顾及亲子身份的安定，故对否认权人的范围和否认权的有效期间有规定，以限制权利人范围，并敦促其及时行使诉权，尽早稳定亲子关系。

否认权人的范围是否仅限于被推定的丈夫？亲子关系的否认是为求得法律推定与客观事实相一致而确立的法律救济途径。传统的"亲本位"的亲子法多认定仅被推定的丈夫享有否认权。其实，当代亲子法中的否认之诉

---

① 罗马法并不制裁姘度婚。受天主教宗教理论影响，为减少姘度婚，使"姘度"男女由姘度关系变为夫妻关系，通过非婚生子女认领制度中的"因日后结婚而成立之认领"这种间接方式使之合法化。姘生子女因此获得婚生子女的地位。参见陈朝璧：《罗马法原理》，法律出版社2006年版，第411—412页。

② 〔德〕迪特尔·施瓦布：《德国家庭法》，王葆莳译，法律出版社2010年版，第293—294页。

③ 〔德〕卡尔·拉伦茨：《德国民法通论》（上册），王晓晔、邵建东、程建英、徐国建、谢怀栻译，法律出版社2003年版，第283页。

不仅关系丈夫的利益，也关涉子女、母亲以及真实生父的利益，各相关利益方均应享有此否认权。为此，法、德、日三国规定有所不同。《日本民法典》第 774 条规定，只有被推定的丈夫有权提出否认之诉。如前所述，《法国民法典》原则上规定丈夫享有否认权，丈夫死亡后，在否认权有效期间内，其继承人也可提起该项诉讼；并且，子女的生母、成年子女也可以提起否认之诉。而《德国民法典》规定的有权对亲子关系提出否认之诉①的人范围最宽，依第 1600 条，与生母成立婚姻关系之人、承认父亲关系之人、子女、生母，以及依第 1592 条第 2 款对该类案件有管辖权的机关，都有撤销父亲身份的权利。

（三）亲权制度从称谓到内容的变化

法国法的亲权制度较为全面，涉及亲权的性质、内容、行使、转移、丧失或部分撤销等基本内容。为弥补父母亲权于保障未成年子女身心健康之不足，法国法在亲权制度中增加了“教育性救助措施”的规定。这是从保障儿童身心健康需要出发，在不限制双亲行使亲权的前提下，公权力予以适时介入。这也是法国法在亲权制度中及时融入国家监督因素的明证。而德国法不仅取消了子女的“婚生”与“非婚生”划分，还以“父母照顾权”取代亲权。父母照顾权“不是一种利己的，而是一种具有关心照顾特点的权利；它是一种以法律的形式，为了子女的利益而行使的权利，所以，它实际上是一种义务”②。可见，父母照顾权实为利他性的权利，是一种“义务权”。而在“亲权”概念中，“亲”的意思是指父母，“亲权”即父母对于未成年子女的权利。因此，使用“亲权”一词容易使人产生子女服从父母、父母管理子女、父母支配子女的想法。③ 德国法从“亲权”到“父母照顾权”，不只在法律术语上体现了子女本位的精神，更在其具体内容中把握了当代亲子法的主旋律，应为我国立法借鉴。相反，日本法中的亲权制度较为传统，父母权力的色彩较浓，难免与当代亲子法的时代要求相脱节。

法、德、日三国民法亲子关系立法的上述变化表明，20 世纪是人类婚姻家庭制度发生实质性变革的世纪。法律通过对子女在家庭中独立人格和主体地位的确认，彰显了平等/非歧视是当代亲子关系立法的基本价值取向。

---

① 否认之诉在德国法上被称为“撤销之诉”，否认权人则被称为“撤销权人”。

② 王丽萍：《论家庭对未成年人的保护——以父母照顾权为中心》，载《法商研究》2005 年第 6 期。

③ 王丽萍：《亲子法研究》，法律出版社 2004 年版，第 275 页。

因此，亲子关系立法以“子女为本位”是对传统亲子法的变革，是实现亲子之间平等、和谐这一新型人伦秩序的手段。

第三节　我国亲子关系立法的应然结构及相关内容

对我国现行亲子关系立法从结构到内容进行改造，需先对其特点有所认识：

第一，现行法秉持1950年《婚姻法》确立的亲子关系立法的基本理念，以建立无歧视的平等亲子关系，保护未成年子女在家庭中的利益为宗旨。

第二，对于通常的父母子女关系、离婚后的亲子关系，现行法分别在“家庭关系”一章和“离婚”一章中进行规制；还专条申明不得歧视非婚生子女，他们与婚生子女享有同等权利。这表明，我国《婚姻法》已将基于非婚姻关系（同居关系、耦合关系）产生的亲子关系纳入法律调整的范畴。这些非基于婚姻关系产生的亲子间权利义务与婚姻关系中的亲子之间无任何差别。这进一步反映出我国婚姻法一贯坚持的平等与非歧视的理念。未来我国民法婚姻家庭编立法应当继续坚持这一立法传统。

第三，亲子间权利义务的立法表达尚未体系化和概念化。现行《婚姻法》将之过于集中地表达为亲子间的抚养教育、赡养扶助的权利义务。而《民法通则》及其司法解释则将父母作为监护人的责任列举为六项。[①]《未成年人保护法》从监护角度重申了《婚姻法》《民法通则》关于父母作为监护人对未成年人的家庭保护。至于未成年子女在家庭中的权利、父母对于未成年子女的照顾权（亲权），现行法并没有区分，也没有逐一列举。

第四，基础性制度缺失。现行法对于亲子身份的确定缺乏基本的规则，更没有相应的制度构建。当今大多数国家和地区的立法例中有亲生推定制度、亲生否认制度，以及亲子认领制度。这些制度在亲子法的制度构造中属于基础性制度。依照这些基本制度规则，可确立父母子女身份。对父母子

---

① 参见最高人民法院《关于贯彻执行〈中华人民共和国民法通则〉若干问题的意见（试行）》第10条。

女而言，只有依法确认了双方的亲子身份，才可享有和承担亲子之间法定的权利义务。因此，“没有亲生子女的推定制度、否认制度、认领制度，亲子法的其他内容真的就处于‘皮之不存，毛将焉附’的境地”[①]。

可见，我国民法典亲属（婚姻家庭）编的亲子关系立法，首先应继续坚持现行亲子关系立法的宗旨。以消除一切歧视、保护未成年子女利益，促进家庭关系平等、和睦、稳定为宗旨；确立子女间的平等不区分原则和未成年子女最佳利益原则。其次，根据当今社会发展需要，积极吸收和借鉴大陆法系国家亲子关系立法的改革经验。

一、亲子法的应然结构

我国亲子关系立法还有三个急需解决的结构性问题。

（一）将《收养法》并入亲子法总体框架之中

收养是创制亲子关系的民事行为。由于我国 1980 年《婚姻法》对收养关系规定得非常原则，立法机关于 1991 年又颁行《收养法》。[②] 显然，《收养法》独立于《婚姻法》，是《婚姻法》无收养关系的设定、效力、变更、解除等一系列可操作性规则的必然结果。但是，这样的立法体例，一方面割裂了亲子关系立法的整体性，使法律适用难以统一；另一方面也易造成拟制血亲关系不属于家庭关系的误解。其实，基于收养所确立的养父母子女关系与亲生父母子女关系都是亲子法调整的对象，应当纳入统一的亲子立法体例。

（二）将亲权制度从“大监护”框架中剥离

亲权制度是大陆法系特有的制度。“大陆法系对于未成年人的保护从父母的角度出发，首先用亲子关系调整，无父母任亲权人的才用监护制度调整……因此，通常亲子关系常被规定在民法的亲属编中，而监护则规定在民法总则的部分。”[③]由我国《民法通则》确立的将亲权纳入监护的“大监护”体

---

① 陈苇主编：《外国婚姻家庭法比较研究》，群众出版社 2006 年版，第 313 页。

② 我国现行《婚姻法》第 26 条第 1 款规定：“国家保护合法的收养关系。养父母和养子女间的权利和义务，适用本法对父母子女关系的有关规定。”《收养法》于 1991 年 12 月 29 日颁布，1992 年 4 月 1 日起施行，1998 年修改。

③ 蒋月、韩珺：《论父母保护教养未成年子女的权利义务——兼论亲权与监护之争》，载《东南学术》2001 年第 2 期。

例,不仅与我国国情不符[①],也缺乏法理基础。首先,亲权与监护产生的基础不同。亲权产生的基础是亲子之间的血缘关系;监护则不同,监护人不限于有血缘关系的自然人,社会组织和政府部门也可担任。其次,两者的性质不同。亲权兼具权利义务性质,是权利义务的综合体;监护尽管以"权利"形式存在,但它更是一种义务。最后,由父母行使对未成年人的亲权,是父母的天职,亲权人无权要求获得报酬;而监护则不然,监护人依法享有就自己的监护活动请求报酬的权利。[②] 更为重要的是,亲权制度与监护制度的社会功能不同。亲权具有保护未成年人利益,维护家庭共同生活秩序之功能;监护则是为弥补未成年人和成年人行为能力之不足,保护其利益而设。因此,在立法体例上,亲权与监护应当分别立法。[③] 正如有学者所言:"我国现行亲子关系法中以监护制度代替亲权制度,是以一种纯社会性义务的制度作用建立在血缘、亲情基础上的社会关系之上,将一种由人类天性使然并得到我国传统文化加以深化的父母儿女之间的爱等同于一般性社会义务,实质上是一种法律制度上的缺失,也不能有效地调整现今我国的亲子关系"[④]。

(三)确立人工生育子女的法律地位

借助人工生育方式受孕并出生的子女,是人工生育子女。在目前医学技术下,人工生育方式主要是人工授精和试管婴儿。目前,我国《婚姻法》对人工授精所生子女的法律地位问题,没有明确规定。关于这类子女的法律地位,只有一些司法解释和部门规章针对部分问题作出规定,例如,最高人民法院《关于夫妻关系存续期间以人工授精所生子女的法律地位的函》[(1991)民他字第 12 号]中指出:"在夫妻关系存续期间,双方一致同意进行人工授精,所生子女应视为夫妻双方的婚生子女,父母子女之间的权利义务关系适用《婚姻法》的有关规定。"这是依据《民法通则》诚实信用原则和《婚姻法》保护子女权益原则而制定的。未来民法典亲属(婚姻家庭)编立法如

---

① 韩珺:《父母离婚后亲权行使问题探讨》,载《湖南省政法管理干部学院学报》2001 年第 2 期。

② 裴桦:《亲权与监护功能之比较及我国立法之选择》,中国法学会婚姻家庭法学研究会 2002 年年会论文。

③ 马铭:《我国亲子关系法之检讨——以历史、社会伦理为视角》,载《桂林师范高等专科学校学报》2008 年第 3 期。

④ 参见薛宁兰、解燕芳:《亲子关系确认制度的反思与重构——基于婚姻法司法解释(三)的讨论》,载《中华女子学院学报》2011 年第 2 期。

能对人工生育子女法律地位及其相关问题(如生殖细胞捐赠者法律地位、夫妻接受人工生育协议的效力等)设专章或专节予以规定,将能更全面地保护这些儿童及其父母的合法权益。

二、主要制度构造

(一)亲子关系确认制度

基于子女最佳利益和血统真实与身份安定平衡的立法原则,亲子关系确认制度在当代,应以有利于未成年子女身心健康,增强婚姻凝聚力,促进家庭和谐为目的。传统法上婚生子女推定与否认制度、非婚生子女认领与准正制度从称谓到构造都需要相应的改造。[①]

1. 制度的称谓

我国学者普遍赞同在民法典亲属(婚姻家庭)编中不再对子女做“婚生”与“非婚生”区分,而选择采用德国法,统称为“亲生子女”。然而,学者们对亲子关系确认制度的称谓,有不同选择。有称之为“亲子关系推定与否认制度和子女认领制度”的[②],也有叫“亲子身份关系确定制度”的[③],更有在民法典草案立法学者建议稿中称“亲子关系的推定、否认与认领制度”的[④]。笔者更愿意采用“亲子关系确认制度”的称谓。主要理由有二:第一,婚生推定、非婚生认领与准正,均是法律推定人们之间具有亲子关系的制度设计。传统法之所以有如此繁琐的名称安排与制度设计,除去法律制度本身所具有的逻辑构造外,还体现出时代的局限性。它是父权制下,由男性自身所生的确凿无疑的子女(主要是儿子)继承父亲身份和财产的需要,妻子和子女的

---

① 陈苇、靳玉馨:《建立我国亲子关系推定与否认制度研究》,载梁慧星主编:《民商法论丛》(第 27 卷),金桥文化出版有限公司 2003 年版。

② 孟令志:《论亲子关系的确定》,载夏吟兰、龙翼飞、郭兵、薛宁兰主编:《婚姻家庭法前沿——聚焦司法解释》,社会科学文献出版社 2010 年版,第 220—228 页。

③ 参见梁慧星主编:《中国民法典草案建议稿》,法律出版社 2003 年版,第 347 页。目前已出版的学者对中国民法典草案的建议稿有三个版本,另两个版本是:厦门大学法学院徐国栋教授主编:《绿色民法典草案》,社会科学文献出版社 2004 年版;中国人民大学法学院王利明主编:《中国民法典草案建议稿及说明》,中国法制出版社 2004 年版。这两个版本的学者建议稿仍将子女做婚生与非婚生区分,并设婚生子女推定与否认制度、非婚生子女认领与准正制度。

④ 王洪:《婚姻家庭法》,法律出版社 2003 年版,第 227 页;余延满:《亲属法原论》,法律出版社 2007 年版,第 384 页。

利益在这一制度中常常被忽视。第二,解构传统制度,不难发现,婚生推定、非婚生认领与准正都是关于自然血亲亲子关系确立的制度,它们的区别主要是适用对象不同。而婚生否认制度不过是法律为保证婚生推定的客观真实性,实现亲子之间利益平衡所做的制度安排,它本质上属于婚生推定制度的组成部分。

既然将传统制度概称为"亲子关系确认制度",其下各组成部分的称谓也宜做相应调整。具体而言,婚生推定可改称"子女的推定",婚生否定可称"子女的否认",非婚生子女的认领则为"子女的认领"。至于非婚生子女的准正制度,因法律不再对子女做"婚生"与"非婚生"区别,而失去存在的必要。①

2. 制度的内涵

从子女利益出发,取消"婚生子女"与"非婚生子女"的区分后,便是实现亲子关系确认规则统一,即无论子女是出生在婚姻关系还是非婚姻关系中,均适用统一的亲子关系推定规则。②

传统法上的婚生推定,名为对子女婚生身份的推定,实为父亲身份的确定。学者多认为,丈夫的父亲身份的推定,是这一制度的法定后果。③ 法国法、日本法确立婚生推定规则时也只规定父亲身份的推定。笔者认为,父亲身份的确定固然重要,但子女是夫妻双方的子女。基于夫妻平等理念和怀孕与生育由妇女单方承担的事实,亲子关系的推定不只是父亲身份的推定,也应包括母亲身份的确定,并且首先是母亲身份的确定。尤其是当代人工生育技术的应用,打破了罗马法所确立的"生母恒定"原则,是提供卵子或胚胎的妇女为母,还是生孩子的妇女为母,需要法律明确母亲身份认定的标准。1998 年修改后的《德国民法典》增加了母亲身份认定的规定,其第 1591 条指出:"子女的母亲是生该子女的女子。"这表明,在德国法上,母亲只能是生育子女的人。④

---

① 例如,《德国民法典》第 1722—1740 条是准正制度的规定,但这些条款现已被废止。

② 梁慧星主编:《中国民法典草案建议稿附理由·亲属编》,法律出版社 2006 年版,第 141 页。

③ 余延满:《亲属法原论》,法律出版社 2007 年版,第 404 页。

④ 《埃塞俄比亚民法典》中也有类似规定,其第 739 条规定"母子关系产生于出生的单纯事实"。

改造后的亲子关系确认制度中的子女认领，主要针对因通奸、强奸等耦合关系所生子女的亲子关系确立。自愿认领是身份法律行为，不得代理。对于生父自愿认领的，子女或其生母有权予以否认；子女成年后，生父或生母自愿认领的，须子女本人同意。自愿认领的意思表示应当采用书面形式，并应办理公证手续。认领不得附条件或附期限。自愿认领生效后，亲子关系溯及至子女出生之时。强制认领是经由法院以判决的方式确认亲子关系的制度。明确强制认领请求权人是其重要内容。法律可规定“未成年子女的生母或者其他法定代理人，有权向人民法院提出强制生父认领之诉。成年子女也有权提出强制生父认领之诉”[①]。从保护子女利益角度出发，原则上，法律不对认领请求权作法定期间的限制，但对已死亡的生父的认领请求权的行使应有法定期间的限制，以保护子女和其他继承人的财产继承权。

（二）父母子女间的权利义务

1. 父母照顾权（亲权）

前已述及，我国亲子关系立法体例上要坚持亲权独立存在的大陆法系惯例，内容上，要借鉴德国法，对传统亲权制度进行必要改造，改称亲权为“父母照顾权”。

照顾权是父母对未成年子女养育、照顾、保护义务和权利的总称。总体上可分为父母对未成年子女的人身照顾权和财产照顾权。父母照顾权有如下特点：其一，它基于父母身份，依法律的直接规定而产生。它是一种新型的权利，实为父母对未成年子女义务和权利的总称。其二，父母照顾权以保护子女利益为目的，其内容也为对子女人身及财产方面的照顾和保护。父母应为子女的最佳利益，为全面发展其个性、才能、智力和体力而行使照顾权。其三，父母照顾权是专属性权利，父母以外的人不能享有父母照顾权，父母也不能抛弃、转让该项权利。在民法上，子女是独立的民事主体，因此父母照顾权不是权利人利己的支配权和处分权。相反，针对父母照顾权，子女有权要求父母对他们予以尊重以及全面考虑子女的生理、心理及人格的需要。

父母照顾权可区分为人身照顾权和财产照顾权。人身照顾权主要包括

---

① 梁慧星主编：《中国民法典草案建议稿附理由 · 亲属编》，法律出版社 2006 年版，第145—153 页。

姓名决定权、居所决定权、教育权、职业同意权、法定代理权、交往权和子女交还请求权等;财产照顾权主要是财产管理权、子女财产及收益使用权、处分权。关于父母惩戒权,《日本民法典》确有此内容,其第822条规定:"行使亲权人,于必要范围内可以亲自惩戒子女。"①笔者认为,规定父母可以惩戒子女,与"子女本位"的当代亲子法相抵触,也易致使父母滥用照顾权。因此,我国立法不宜规定惩戒权,并且,法律还应明文规定"禁止使用有害于未成年子女身心健康的方式教育子女",以防治父母滥用照顾权。

2. 未成年子女在家庭中的权利与义务②

在民法上,人的权利能力始于出生。未成年子女在家庭中当然享有基本的民事权利,这是许多国家民法亲属编的惯例。

受抚养权,是未成年子女在家庭中最基本的权利,是其生存与发展的必要前提。在父母对于子女的一系列义务和责任中,抚养义务是最基本的。当父母不履行抚养义务时,未成年子女有权要求父母履行抚养义务。

未成年子女还享有接受父母教育、人格尊严受到尊重的权利。家庭教育是儿童教育不可或缺的重要部分。对未成年子女而言,父母的言行常常成为子女仿效的榜样。在家庭生活中,作为子女的第一任老师,父母应对子女在思想、品质、生活技能、文化知识等多个方面加以正确的引导和教诲。子女具有独立的人格,其人格尊严同样受法律保护,父母应以正确的方式教育子女,不得损害未成年人的人格尊严。

未成年子女享有与父母及其他亲属的交往权。首先,子女享有与父母任何一方交往的权利。父或母不得阻挠、限制子女与另一方的正常交往,但与父母一方交往会严重损害子女利益的除外。其次,子女有权与祖父母、外祖父母、兄弟姐妹正常交往;父或母不得阻挠、限制子女与他们的正常交往。尤其在父母离婚后,子女与其他亲属的交往权如果与其利益不相抵触的话,应当受到法律保护。此外,子女还享有受保护权、表达意见的权利和财产权。在家庭的共同生活中,未成年子女对于其依法获得的财产,如劳动收

① 《埃塞俄比亚民法典》第267条规定:"为了保证对未成年人的教育,监护人可以对其身体施加轻微的惩戒。"我国台湾地区"民法"第1085条也有类似规定:"父母得于必要范围内惩戒其子女。"

② 梁慧星主编:《中国民法典草案建议稿附理由·亲属编》,法律出版社2006年版,第145—153页。

入、接受赠与、遗赠和继承取得的财产及其收益，享有财产权。父母在内的任何人均不得侵犯未成年子女的财产权。

未成年子女在家庭中也承担一定的义务，包括一般性义务和服务义务。未成年子女在家庭生活中应当尊重、帮助和孝敬父母。这是其在家庭中对父母的一般性义务。与父母共同生活期间，子女还有义务承担与其年龄、体力和身体健康状况相适应的家务劳动，此为未成年子女的服务义务。法律做如此规定，目的在于增进亲子情感，也有利于子女的健康成长。

第四节 亲子法对未成年人权利的保障

一、亲权——父母子女关系的核心内容

传统大陆法系采用亲权概念涵盖父母与未成年子女关系的全部内容，但是在我国现行立法中，并未出现亲权的概念，而使用了一个适用更多场合但非亲属法领域的术语——监护。因此，有必要理清亲权的两个理论问题。

（一）理论问题之一：亲权抑或监护权

亲权制度源于罗马法和日耳曼法。在罗马法中称为家父权，表现为对家子的占有支配权；在日耳曼法中称为保护权，表现为对子女利益的保护。近现代许多国家的亲权制度一般多继受日耳曼法，以保护教育未成年子女为中心，亲权不仅为权利，而且是义务。[①]。但是我国《民法通则》从形式上并未延续“亲权”的立法模式，全文未出现亲权这一表述，而是用了“监护”这一表述。

从权利的内容来看，亲权和监护确实有很大的相似性，但两者在权利事实上还是存在区别的。监护可以分为三部分内容：身心监护、法定代理和财产监护。[②] 而传统的亲权，至少还包括若干权利无法融入监护，典型的有：（1）未成年子女姓名决定权；（2）居所指定权；（3）惩戒权；（4）子女交还请求权（即未成年子女出于父母的意志之外而非法脱离父母之时，父母有请求

---

① 余延满：《亲属法原论》，法律出版社 2007 年版，第 450 页。

② 王泽鉴：《民法概要》，中国政法大学出版社 2003 年版，第 661—662 页。

交还的权利)。上述四项权利(或者说职责),是典型的亲权内容,监护无法体现。[①]

无论是中国的文化习惯还是现实生活,都不排斥上述权利(或者说职责),至少可以说这些权利在我们的法律文化中是存在的,即使像子女交还请求权并无具体的立法条文作为依据。这也意味着,即使在立法中摈弃了亲权的概念,本质上我们还是认同亲权的内容。虽然我国近些年的立法继续沿用监护权的表述,例如《侵权责任法》第 2 条所列,但是如果回归至更传统的表述即亲权,并不会对现有的法律体系和知识造成冲击。

监护制度本质上具有行为能力之补足功能,这与强调人伦关系的父母子女关系在立法价值上并不完全一致。因此,使父母子女关系回归至亲权,而将监护制度更多的注意力确定在行为能力之补足,可能更符合法学发展与社会发展的需求。在我国民法典制定前的讨论中,引入这一话题,是有积极意义的,因为民法典的制定是解决我国亲权与监护权混用状态的良机。

为行文方便,特别是引用其他学者著述方便,本节部分内容仍然使用了"监护"。如果没有特别说明,父母子女关系中的监护,即为亲权之意。

(二) 理论问题之二:亲权——父母的权利还是责任

亲权究竟是"父母权利",还是"父母责任",源于对父母子女关系的不同定位。如果将父母子女关系的重心置于父母一端,甚至将子女看做是父母的"财产",那么亲权无疑是一项属于父母的权利,亲权存在的价值在于实现父母自身的利益。相反,如果将父母子女关系的重心置于未成年子女一端,那么亲权制度之本质无疑是为了子女利益的实现,对于其相对方即父母而言就应当是职责(或者义务)了。

亲权(监护权)的本质为职责,并非新说。早在 20 世纪 80 年代末,民法学者梁慧星教授就认为"监护并不是一种权利,而是一种职责,监护的内容在于保护被监护人的身体和财产,而不是对人的支配的权利。在罗马法中

---

① 在董某诉陈某等监护权纠纷案[山东省泗水县人民法院(2007)泗民一初字第 835 号判决]中,法院认为"被告陈某系孔蕾的祖母、被告徐某系孔蕾的姑姑,不论何种原因在未与原告董某协商好的情况下,将孔蕾带到北京上学,侵害了原告董某对孔蕾的监护权,被告应当停止侵权行为,将孔蕾送还给原告"。也即法院将"子女返回请求权"视为监护权的内容之一。判决来源:北大法宝,http://vip.chinalawinfo.com/NewLaw2002/SLC/SLC.asp? Db=fnl&Gid=117534538,最后访问日期:2015 年 9 月 15 日。

就把监护视为一种公职，而不是权利。我国民法设立监护制度，纯粹是为保护被监护人的利益，绝对不允许监护人借监护以谋求自身利益”①。虽然立法表述上，例如2009年的《侵权责任法》继续沿用监护权的表述，但事实上无论是《未成年人保护法》，还是最高人民法院发布的《关于贯彻执行〈中华人民共和国民法通则〉若干问题的意见（试行）》《关于贯彻执行〈中华人民共和国继承法〉若干问题的意见》②，都强调父母对未成年子女的监护之本质乃“保护之职责”，而非权利或者权力。立法者可能是从“民法是权利法”这样的习惯性表述出发，将父母职责表述为“亲权”或“监护权”。其实，这是一种词不达意的表述。无论从“亲权”的内容来看，还是从现今的学说来看，现代法意义上的“亲权”都不再是父母的一项权利，而更多的是一种责任。

亲权是父母子女关系的总括，涵盖了若干具体的权利义务关系，其内容具体包括：对未成年子女的教育；对未成年子女的经济扶助；非共同生活父（或者母）的探望；未成年子女重大事项的决定权；管理未成年子女的财产的权利与义务。以下将详述亲权的具体内容及实践中存在的法律问题。

二、亲权（父母责任）的内容

（一）对未成年子女的教育

虽然现代国家都提供了学校教育，但是这并不能免除父母教育孩子的职责。父母对未成年子女的教育，主要体现在直接教育与间接教育两个方面：所谓直接教育，是指父母对子女的身心健康的直接培养与教育。对于直接教育并无法律的直接规定，但是其被普遍认可，是亲权的当然之意，无须立法特别规定。所谓间接教育，是指父母应当配合国家的义务教育政策，不得使未成年子女辍学。我国《义务教育法》第5条第2款规定：“适龄儿童、少年的父母或者其他法定监护人应当依法保证其按时入学接受并完成义务教育。”

---

① 梁慧星：《民法》，四川人民出版社1989年版，第84页。

② 最高人民法院《关于贯彻执行〈中华人民共和国继承法〉若干问题的意见》第8条规定：“法定代理人代理被代理人行使继承权、受遗赠权，不得损害被代理人的利益。法定代理人一般不能代理被代理人放弃继承权、受遗赠权。明显损害被代理人利益的，应认定其代理行为无效。”此项规定，完全以未成年人（即被代理人）的利益作为首要的考虑因素，足以证明监护人（即此处的法定代理人）的利益不在法律的考量之中。

我国间接教育存在的一个问题是,《义务教育法》第 5 条第 2 款只规定了父母或者法定监护人的义务,并未规定其违反此项法定义务的法律后果,因此也产生了"12 岁女生辍学写书"[①]这样的争议。从《义务教育法》的立法本意看,国家使用纳税人的钱财用于青少年义务教育,乃公共利益之所在,即保证所有未成年人能通过九年学校教育获得将来融入社会经济生活的最基本的能力,而这些人恰恰是国家的未来希望所在。因此,未成年人作为限制行为能力人或者无行为能力人,自然不得作出不上学的决定。其父母或者其他监护人,则更不能作出一项有悖于子女利益、公共利益之决定。从比较法的角度看,《意大利刑法典》第 731 条规定,父母或者监护人无正当理由而妨碍未成年子女接受小学教育或者容忍其不接受小学教育的,将承担刑事责任。

从内容上看,直接教育往往更注重子女的身心健康,并且无固定的内容与模式,外界也很难对直接教育的效果进行评价。从比较法的角度看,《意大利民法典》第 147 条只有原则性规定:"婚姻中的夫妻双方负有根据子女的能力、爱好、抱负,养育、培养和教育子女的义务。"因此,直接教育更受传统、风俗、父母能力、家庭环境等的影响。但无论如何,父母承担着直接教育的职责。

(二) 对未成年子女的经济扶助

对未成年子女的抚养,也称作经济扶助,是指父母应当保障未成年子女基本生活和教育所需。

对未成年子女的经济扶助义务,除了直接抚养之外,也包括在特殊困难的情形下,应当寻求其他近亲属的资助甚至将未成年子女送养,以保障未成年子女最基本的生活。例如《意大利民法典》第 148 条规定:"父母的能力不足以履行规定义务的,由其他婚生或非婚生的血亲尊亲属,按亲属关系的远近顺序,向能力有限的父母提供必要的帮助,使其能够履行对子女承担的义务。"即在核心家庭无法承担的情况下,核心家庭之外的其他家庭成员,亦有保障未成年子女利益的义务。我国现行《婚姻法》第 29 条第 1 句规定:有负

---

① 新华网:《12 岁女生辍学写书是否违反义务教育法经起争议》,http://news.china.com/zh_cn/culture/edu/10000941/20031028/11561781.html,最后访问日期:2012 年 11 月 10 日。

担能力的兄、姐，对于父母已经死亡或父母无力抚养的未成年的弟、妹，有扶养的义务”。我国《收养法》也规定了送养作为保障未成年子女基本利益的解决路径：根据《收养法》第 5 条的规定，“有特殊困难无力抚养子女的生父母”可以作为送养人。

我国现行立法也对夫妻关系存续期间父母不履行抚养义务的救济途径做了规定。婚内抚养费的法律依据主要是《婚姻法》第 21 条第 2 款的规定：“父母不履行抚养义务时，未成年的或不能独立生活的子女，有要求父母付给抚养费的权利。”2011 年最高人民法院《关于适用〈中华人民共和国婚姻法〉若干问题的解释（三）》规定：“婚姻关系存续期间，父母双方或者一方拒不履行抚养子女义务，未成年或者不能独立生活的子女请求支付抚养费的，人民法院应予支持。”因此，夫妻关系存续期间，如果夫妻之一方出于各种原因离开家庭生活，另一方能代理未成年子女请求婚内的抚养费。值得注意的是，抚养费的给付以未成年人生活和成长需要为限，如果未成年子女和父或母共同生活并无生活困难，则其本人并无向未共同生活的母或父请求支付抚养费的请求权。现有相关判决都是在发生生活困难之时。①

我国现行立法和司法解释对父母离异后的抚养费的确定和支付，则做了更为明确的规定。《婚姻法》第 36 条第 1、2 款规定：“父母与子女间的关系，不因父母离婚而消除。离婚后，子女无论由父或母直接抚养，仍是父母双方的子女。离婚后，父母对于子女仍有抚养和教育的权利和义务。”《婚姻法》第 37 条又规定：“离婚后，一方抚养子女的，另一方应负担必要的生活费和教育费的一部或全部，负担费用的多少和期限长短，由双方协议，协议不成时，由法院判决。关于子女生活费和教育费的协议或判决，不妨碍子女在必要时向父母任何一方提出超过协议或判决原定数额的合理要求。”按照最高人民法院《关于人民法院审理离婚案件处理子女抚养问题的若干具体意见》第 7 条的规定：“子女抚养费的数额，可根据子女的实际需要、父母双方的负担能力和当地的实际生活水平确定。有固定收入，抚育费一般可按其

---

① 相关案例参见《父母分居病子告父未尽责 宾阳首判婚内抚养费案》，http://old.chinacourt.org/html/article/201108/03/460088.shtml，最后访问日期：2012 年 10 月 2 日；《女硕士“打婚内官司”索要抚养费》，http://www.legalinfo.gov.cn/pfkt/content/2012-09/24/content_3864024.htm?node=7905，最后访问日期：2012 年 10 月 2 日。

月总收入的20%至30%的比例给付。负担两个以上子女抚育费的，比例可适当提高，但一般不得超过月总收入的50%。无固定收入的，抚育费的数额可依据当年总收入或同行业平均收入，参照上述比例确定。有特殊情况的，可适当提高或降低上述比例。

（三）探望权：非共同生活父或母的探望

1. 探望权的含义及功能

探望权，也称探视权，是指父母离婚后，不直接抚养子女的一方依法享有对未与之共同生活的子女进行探视、看望、交往的权利。①

我国《婚姻法》对探望权的规定，一方面可以满足父母双方对子女关心、爱护的情感需要，并及时、充分了解子女的学习、生活情况，更好地对子女进行抚养、教育；另一方面可以增加子女与非直接抚养方的沟通与交流，减轻子女的家庭破碎感，有利于子女的健康成长。②

从探望制度的功能可以看出，探望是实现父母亲权即身心照顾的方式之一。但是探望绝不是父母单向利益的实现，探望的制度价值更多地应当落脚于对子女身心健康发展的保护。这是一个探望权立法的根本价值，不容忽视。但现实中，这个价值取向往往被遗忘。

2. 探望权的主体

依我国《婚姻法》第38条，探望权的主体为未直接抚养未成年子女的已离婚的父母一方。探望权的主体是否应限于离婚后不直接抚养子女的父母一方呢？我国绝大多数学者对此持否定的观点。如有的认为未与孩子共同生活的祖父母、外祖父母等近亲属亦应为探望权的主体③；特别是在父母已经死亡或不能行使亲权，而由祖父母、外祖父母担任监护人时，如果祖父母或外祖父母后又离婚的，未行使监护权的祖父母或外祖父母一方对其孙子女或外孙子女应享有探望权④。虽然现行立法并未对其他近亲属的探望权

---

① 在美国，称之为探视权。参见〔美〕哈里·D. 格劳斯、大卫·D. 梅耶：《美国家庭法精要》，陈苇译，中国政法大学出版社2010年版。

② 余延满：《亲属法原论》，法律出版社2007年版，第371页。

③ 夏吟兰、蒋月、薛宁兰：《21世纪婚姻家庭关系新规制：新婚姻法解说与研究》，中国检察出版社2001年版，第323—324页；王丽萍：《婚姻家庭法律制度研究》，山东人民出版社2004年版，第158页。

④ 黄保勇、赵浩：《探视权的立法研究》，载《河北法学》2000年第4期。

作出规定，但从探望制度的功能来看，将来的立法修订应当明确将探望权扩大至未与未成年子女共同生活的其他近亲属，包括其祖父母（外祖父母）、兄弟姐妹。

3. 探望权行使的基本原则

探望权的行使应遵循以下原则：（1）有利于子女身心健康原则。父母行使探望权的方式和时间应充分考虑子女的需要，不应给子女的身心健康带来不利影响。（2）意思自治原则。行使探望权的方式、时间由当事人协议；只有在协议不成时，才由人民法院判决。当然，如果当事人对此未达成协议，人民法院作出的生效的离婚判决书中未涉及探望的，当事人就探望权问题单独提起诉讼，人民法院应当受理。[①]（3）尊重未成年子女的意愿原则。鉴于设立探望权制度的初旨是保护未成年子女的利益，因此探望权行使的方式与时间，无论是由当事人约定，还是由法院判决确定，都应充分考虑子女本身的意愿。在完善我国有关立法时宜规定，未成年子女年满 10 周岁的，对于行使探望权的方式与时间，应征得其本人的同意。[②]

4. 婚内探望

如果说抚养费的给付，主要是为了未成年子女的利益，即基本物质生活的需要，在司法实践中得到救济应当不存在问题。但是父母对于未成年子女的职责并不仅仅在于物质生活的基本保障，还在于身心监护中的“心”之上。现行立法只规定了离婚后不直接抚养一方的探望权，并没有规定婚内分居或者其他原因不与未成年子女共同生活的一方的探望权。探望权并不单纯是父母的权利，至少从社会学角度看，父母（男女两性）均衡的影响，更有利于未成年子女的人格的健康发展。因此，探望不仅仅是父母的权利，同时也是父母的职责和未成年子女的权利。在司法判决中，已经有判决认定在夫妻分居期间，未与未成年子女共同居住的一方拥有探望权，另一方有协

---

① 参见最高人民法院《关于适用〈中华人民共和国婚姻法〉若干问题的解释（一）》第 24 条。

② 余延满：《亲属法原论》，法律出版社 2007 年版，第 374 页。

助配合的义务。[①]

综上所述,我国现行立法在探望(权)规定方面,从规范上看,存在探望主体过于狭窄、忽视未成年子女的意愿的缺陷,需要在今后的立法修改中进一步完善。此外,在探望的定性和观念上还存在过分强调“探望是父母针对子女的权利”的观念,而忽视了探望本身保护的是双方的利益,因此,一方面只要父母行为并无不当,未成年子女应当接受未共同生活的父或母的探望或交往,而无权拒绝;另一方面,如果父母无正当理由不予探望,未成年人子女有主动探望或者要求父母探望的权利。关于这一探望权性质或者探望制度功能方面的立法缺陷,将来立法修改也应当有所回应。

我国现行立法对探望权规范的另外一个不足之处是:立法规定只指向离婚后,未涵盖分居期间、解除同居关系后、婚姻被撤销、婚姻无效等情况,以及其他非婚生子的探望问题。将来的立法对此应当作出明确规定,允许准用离婚后的探望权的规定。

现实生活中,因探望权发生争议的并不罕见。探望的争议,最为常见的是与未成年人共同居住的一方不予配合协助甚至阻碍探望;其他的争议还

① 西安市中级人民法院(2011)西民一终字第01149号。该院认为,夫妻分居后,对子女的抚养应从有利于子女健康成长的角度出发,由夫妻双方共同协商,协商不成的,由人民法院根据当事人及子女的实际情况来决定。抚养权作为一种亲权,是父母对其子女的一项人身权利,当然包括分居期间不直接抚养孩子的一方探视子女的权利。直接抚养子女的一方有义务保障子女的健康成长,另一方有义务承担子女的生活和教育费用。不直接抚养子女的一方有探望子女的权利,另一方有协助的义务。韩某1、董某系夫妻关系,双方并未离婚,婚姻关系仍然存在,只是分居而已,两人均为女儿韩某2的法定监护人,故韩某1对其仍有法定的监护抚养义务,其当然享有抚养、探望韩某2的权利,这是法定监护人行使抚养权的体现。因此,韩某1起诉要求其有探望韩某2的权利,应予支持。现董某拒绝韩某1探望其女儿韩某2,并不利于韩某2的健康成长,原审法院判决驳回韩某1之诉讼请求不妥。综上,原审判决依法应予以改判(自2011年12月份起,韩某1每月探望孩子韩某2两次,时间为每月第一个星期六和第三个星期六,韩某1探望孩子时,董某应予协助)。案件来源:北大法宝,http://vip.chinalawinfo.com/newlaw2002/slc/slc.asp?db=fnl&gid=118255986,最后访问日期:2012年10月2日。

包括探望的方式(比如另一方能否将未成年人子女接走过夜[①])、探望的时间和频率[②]。关于这些争议,立法不宜作出统一的规定,只能在发生争议时,由法官依据“探望之实现应当有利于子女身心健康发展的方式进行”的原则作出个案的判定。

(四)对未成年子女重大事项的决定权

对未成年子女重大事项的决定权,不仅限于财产方面父母作为法定监护人的管理之责,还包括其他方面的重大事项的决定权,例如姓名、医疗方案、教育选择(入学选择、大学志愿选择等)、宗教信仰等方面的事项的决定权。遗憾的是,现行立法鲜有提及此项权利[③],但这并不妨碍实践中父母的此项权利。

本部分介绍的前三项权利(责任)完全可以是父或母一方与子女之间的关系;重大事项决定权则不一样:在父母双全的情况下,这是需要父母共同、同时行使的权利,因此,发生争议的可能性较多。

按照现行法,男女具有平等法律地位,父和母相对于未成年子女处于同等的地位,即父与母之间无顺位优先之说。现行立法的规定是推定父和母共同行使重大事项决定权,但并未规定父母发生分歧之时争议如何解决。

在现实生活中,较为常见的夫妻争议是子女随父姓还是随母姓的问题。

---

① 上海市崇明县人民法院(2012)崇民一(民)初字第1513号。在该案中法院认为:“原、被告离婚后,婚生女儿虽然随父亲一方共同生活,但依然是双方的子女,作为不直接抚养女儿的原告,有探望并和孩子单独相处的权利,对此,被告有协助的义务。探望权的行使应从孩子的健康成长出发,原告要求每月第一周的双休日将女儿接回共同生活的探望方式并无不当,本院予以支持。”案件来源:北大法宝,http://vip.chinalawinfo.com/NewLaw2002/SLC/SLC.asp? Db=fnl&Gid=118289632,最后访问日期:2012年10月2日。

② 重庆市九龙坡区人民法院(2012)九法民初字第03702号。在该案中被告同意原告每月探望婚生子不超过两次,时间在周六或周日的下午,每次不超过4小时,而原告要求每月探望婚生子4次,同意探望时间定在周六或周日的下午,每次不超过4小时。法院最终在调解无果的情况下,支持了原告的请求:“父母离婚后,子女无论由谁抚养,仍是父母的子女,不直接抚养子女的一方,有探望子女的权利,另一方有协助的义务。本案中,婚生子吕某某由被告负责抚养,原告作为父亲有探望婚生子的权利,被告有协助探望的义务,原告的诉讼请求理由正当,本院予以支持。”案例来源:北大法宝,http://vip.chinalawinfo.com/newlaw2002/slc/slc.asp? db=fnl&gid=118304185,最后访问日期:2012年10月2日。

③ 唯一有所提及的,可能是我国《侵权责任法》。该法第55条规定了未成年近亲属的知情同意权,即在手术、特殊检查、特殊治疗之时需要取得近亲属的书面同意。

严格地讲，我国实体法律并没有父母为子女命名权的正面直接表述。[①] 当前，夫妻双方都为独生子女的情形并不罕见，在城市，传统的女方进入夫家成为夫家成员的观念已被颠覆，因此父母双方都主张新生儿随自己姓而发生争议的情形并不罕见，但非常遗憾的是，现行法律法规对于父母的命名权、父与母之间发生争议的解决机制并无明确规定，尚需进一步完善。

在这方面，除了根据地方性习俗、传统之外，域外规定能给我们带来一定的参考。

《德国民法典》第1617条规定："父母无婚姻姓氏和共同进行父母照顾的情形下出生姓氏：(1) 父母不使用婚姻姓氏，并且父母共同照顾子女的，父母以对户籍机关的表示，将父或母在表示时所使用的姓氏确定为子女的出生姓氏。在出生被做成证书之后所作的表示，必须经过公证认证。父母对出生姓氏的确定也适用于父母的其他子女。(2) 父母在子女出生后1个月之内不作出确定的，家庭法院将确定权委托给父母一方。准用第1款的规定。法院可以为确定权的形式而向父母该方指定期限。在该期限届满之后，确定其未被行使的，子女获得被委以确定权的父母一方的姓氏。"该条虽未倾向性地规定子女应优先随父姓还是随母姓，但是给出了一个发生争议后的解决方案。

意大利是一个传统的父权社会（直到1975年婚姻法改革后，意大利女性才取得对孩子的共同监护权），在姓氏问题上也追随了罗马法系文化中的推定随父姓的立法传统，即只有父母双方合意或者非婚生子、遗腹子的情况下才随母姓。意大利宪法法院在2006年第61号判决中认为，新生儿随父姓并不违背宪法所规定的男女平等原则。[②] 2000年，意大利通过颁布总统令（*D. P. R. 396/2000 sull'ordinamento dello stato civile*）来满足部分女权运动团体的呼吁，规定只要母亲愿意，可以在父姓之后加上母姓作为未成

---

① 1950年《婚姻法》，作为新中国第一部《婚姻法》甚至没有明确子女随谁姓，所以子女随谁姓还是按照习惯，直到1980年《婚姻法》第16条才第一次以法律形式规定了"子女可以随父姓，也可以随母姓"，2001年修订的《婚姻法》继续在第22条规定了同样的内容。我们姑且把这条规定，间接地理解为冠姓权规定，甚至进一步理解为命名权的规定。从法理上看，"子女可以随父姓，也可以随母姓"是一条任意性的倡导性规范，从这一规范中，只能推导出父母"平等行使"命名权的法律规则。

② 判决原文来源于意大利宪法法院官方网站，http://www.cortecostituzionale.it/actionSchedaPronuncia.do? anno=2011&numero=61，最后访问日期：2012年10月1日。

年人的姓。

我国学者李永军教授认为“对于未成年人的姓氏，由夫妻双方协商决定；协商不成的，按照当地习惯确定”[①]。“按照当地习惯确定”也许可以适用于姓名之外的其他争议事项，但完全依靠当地习惯在人口流动性很大的今日已不现实，最终还需要立法和司法来解决。缺乏父母争议的法定解决之道，将构成对未成年子女保护的缺位，即部分关系未成年子女利益的事项久拖未决或者解决具有随意性。

三、离婚后的直接抚养权与未成年子女利益保护

（一）离婚后的父母子女关系

我国现行《婚姻法》第36条第1款规定：“父母与子女间的关系，不因父母离婚而消除。离婚后，子女无论由父或母直接抚养，仍是父母双方的子女。”此项规定过于模糊。其一方面确认了父母子女关系不因父母离婚而消除，另一方面并未明确规定离婚后父母子女关系具体应当如何，特别是不与子女共同生活居住的父（或者母）一方的权利、义务如何，未见详细规定。

但可以确定的一点是，共同居住的父或母一方与非共同居住一方的权利、义务（责任）不仅存在事实上的不同，而且在法律上也作了区别对待。例如最高人民法院《关于贯彻执行〈中华人民共和国民法通则〉若干问题的意见（试行）》第158条规定：“夫妻离婚后，未成年子女侵害他人权益的，同该子女共同生活的一方应当承担民事责任；如果独立承担民事责任确有困难的，可以责令未与该子女共同生活的一方共同承担民事责任。”根据此项规定，离婚后父母双方不再是平行的监护职责：非共同生活方承担的是后位的补充责任。

通说认为，离婚后未共同生活的父或母一方的监护职责并未消灭，这主要体现在支付抚养费和探望权（探望义务）之上。关于直接抚养、抚养费和探望权，上文已有所论述。

（二）离婚后直接抚养的判定

我国现行立法和司法解释中，对于离婚之时未成年子女抚养权和监护问题的规定，主要依据的是最高人民法院1993年《关于人民法院审理离婚

---

① 李永军：《论姓名权的性质与法律保护》，载《比较法研究》2012年第1期。

案件处理子女抚养问题的若干具体意见》。

该《意见》确定了未成年子女抚养权归属的基本原则:“从有利于子女身心健康,保障子女的合法权益出发,结合父母双方的抚养能力和抚养条件等具体情况妥善解决。”结合后续的规定,我们大致可以归纳出如下原则:

第一,父母意思自治原则。虽然我国法律规定两周岁以下的子女,一般随母方生活。但此项规定并非强制性规则,父母双方仍然可以意思自治的方式协议子女随父方生活。奉行意思自治原则的优势在于:父母的自愿决定通常最符合子女的最佳利益,并且也能让与子女共同生活的一方自愿履行抚养义务。但这样的规定也并非天衣无缝。在实践中,法院不具备主动去调查是否真的“对子女健康成长无不利影响”的能力,因此,在缺乏第三方评估的条件下,子女利益最大化只能是美好的愿望并且寄希望于父母的道德。不排除父母在作出抚养权归属的决定时,会考虑其他因素,比如是否准备再婚等。

第二,子女利益优先原则。这一原则体现在两周岁以下的子女,一般随母方生活;要求随父亲生活的,必须有重大的理由。《上海市高级人民法院婚姻家庭纠纷办案要件指南》规定:“若父方举证证明或法院查明有下列情形,应由父亲直接抚养,体现以子女方的利益为重的立法思想:(1) 母亲患有久治不愈的传染性疾病或其他严重疾病。如母亲仅患有一般性疾病,经治疗可以痊愈,则不在此限。如果父母双方均患有久治不愈的传染性疾病或其他严重疾病的,则应选择相对较轻、更有利于子女健康成长的一方直接抚养。(2) 母亲有抚养条件不尽抚养义务,此虽属违法行为,但如强迫其直接抚养,将对子女不利。如果父亲要求子女随其生活,可以允许。(3) 在现实生活中,母亲可能因工作、学习等原因,或者染有吸毒、赌博、卖淫等恶习,或者离家出走下落不明等原因,而无法或者难以妥善照顾小孩,致使子女无法随其共同生活,从维护子女利益出发,应当由父亲直接抚养。”

第三,尊重子女意愿原则。父母双方对 10 周岁以上未成年子女的直接抚养权发生争执的,应征询子女的意见。因其已具备一定的识别能力,尊重其意愿,更利于其健康成长。但这并非绝对,如子女的选择对其成长明显不利,则不能一味地从其选择。

最高人民法院《关于人民法院审理离婚案件处理子女扶养问题的若干具体意见》第 16 条确立了直接抚养权变更的四种情形,即“一方要求变更子女抚养关系有下列情形之一的，应予支持：(1) 与子女共同生活的一方因患严重疾病或因伤残无力继续抚养子女的；(2) 与子女共同生活的一方不尽抚养义务或有虐待子女行为，或其与子女共同生活对子女身心健康确有不利影响的；(3) 10 周岁以上未成年子女，愿随另一方生活，该方又有抚养能力的；(4) 有其他正当理由需要变更的”。

在司法实践中，变更抚养权的“其他正当理由”即第 4 项并不罕见，最为常见的是：父或母的另一方进行直接抚养更有利于子女的成长，即以“子女最佳利益”为原则要求变更。例如，重庆市永川区人民法院(2012)永民初字第 00210 号判决的“王某某诉罗某某变更抚养权纠纷案”中，法院认定“原被告虽然离婚时约定子女罗某由被告抚养，但事实上罗某随原告生活，由原告抚养教育至今。与被告相比，原告具有一定文化程度，更有利于罗某的学习。且罗某已随原告在城区生活、学习，原告也具有一定经济来源，比被告更具有宽松的生活氛围，为维护子女的合法权益，罗某由原告抚养教育更有利于其健康成长。原告要求变更子女抚养权的诉讼请求合理合法，本院予以支持”。①

在直接抚养的父或母死亡之时，另一方成为唯一的第一顺位的监护人，法律推定其承担直接抚养的职责，无须通过诉讼或者协议取得。但是这种顺位关系是否是强制性规定而不得通过当事人的协议或者根据“子女最佳利益原则”进行变通，下文将单独论述。

(三) 其他权利

我国现行立法只是原则性地确认了离婚后不共同生活的父或者母一方仍然是监护人，在具体的权利义务方面，只是列举了探望权和抚养义务(抚养费的支付)，其他具体的权利、义务并未提及。从法理和比较法的经验看，至少有以下具体权利值得一述。

(1) 知情权。知情权似乎可以为探望权吸收，即在探望之时可以同时实现知情权。但这是一种错误的理解，理由如下：第一，知情权对应的告知义务的主体是共同生活的一方；第二，在探望客观上不易实现的情况下(例如由于工作或者再婚的原因而客居异国他乡)，知情权也应当得到充分的保

① 案件来源：北大法宝，http://vip.chinalawinfo.com/newlaw2002/slc/slc.asp?db=fnl&gid=118283440，最后访问日期：2012 年 10 月 2 日。

障。知情权保护的不仅仅是非共同居住的家长一方的利益，同时也保护未成年子女的利益，并且使得对直接抚养人的监护职责的履行情况的监督得以实现。

(2) 重大事项共同决定权。即涉及未成年子女的重大事项的决定(例如医疗方案、教育的选择、高考志愿选择等)，原则上应当得到父母双方的一致决议，这是亲权的基本内容之一，不因未在一起共同生活而改变。但是在缺乏立法明文规定的情况下，我国现行的司法实践比较混乱，未成年人在其父母离婚后的姓氏(变更)问题即为典型。最高人民法院《关于人民法院审理离婚案件处理子女抚养问题的若干具体意见》第 19 条规定："父母不得因子女变更姓氏而拒付子女抚育费。父或母一方擅自将子女姓氏改为继母或继父姓氏而引起纠纷的，应责令恢复原姓氏。"但现行法律对于父或母一方未经对方同意而私自将子女姓名更改为己方姓氏的情形却没有作出明文规定，唯一的一个规范性文件是 2002 年 5 月 21 日公安部给安徽省公安厅的《公安部关于父母离婚后子女姓名变更有关问题的批复》[①]，根据这个《批复》的精神，任何情况下未成年子女姓名的变更都应当得到父母双方的同意。但各地法院司法判决并不统一，有认定"父母经协商后，一旦确定子女随一方姓，该方就实际取得了子女随其姓的权利"，即不能单方进行修改的[②]；也有认可单方修改虽有不妥但是不违反禁止性规定因而还是有效的。

四、监护顺位与未成年人利益保护

我国《民法通则》第 16 条规定了未成年人监护人的顺位。其第 1 款规定未成年人的父母是未成年人的监护人；第 2 款规定未成年人的父母已经死亡或者没有监护能力的，由有监护能力的人担任监护人，其中包括祖父母和兄姐。

现实中一个突出的问题是：此项规定是否是强制性的？可否通过适用

---

① 该《批复》内容如下："根据最高人民法院《关于变更子女姓氏问题的复函》([81]法民字第 11 号)的有关精神，对于离婚双方未经协商或协商未达成一致意见而其中一方要求变更子女姓名的，公安机关可以拒绝受理；对一方因向公安机关隐瞒离婚事实，而取得子女姓名变更的，若另一方要求恢复其子女原姓名且离婚双方协商不成，公安机关应予以恢复。"

② 中国法院网：《离婚后孩子改姓 前夫状告前妻胜诉》，http://old.chinacourt.org/html/article/200603/24/199556.shtml，最后访问日期：2012 年 10 月 2 日。

"子女最佳利益原则"来变通？

现行立法规定的监护顺位的机械适用，并不利于实现被监护人即未成年人最佳利益原则。从以下两起案例即可看出。

案例一　在"张某等诉张某监护权纠纷案"[①]中，原告张某1、范某系被告张某的父母，张某与胡某于2004年5月18日登记结婚，于2006年12月15日生育一女张丁。2011年12月12日张某与胡某登记离婚。离婚协议书中约定女儿张丁由胡某抚养，张某每月支付抚养费2000元。因学习需要，张丁随同两原告共同生活。2012年1月5日胡某因故去世。现两原告作为祖父母起诉至法院，要求判令张丁的监护权归其所有。

法院认为，父母对子女有抚养教育的权利和义务，有负担能力的祖父母对父母已经死亡或父母无抚养能力的孙子女有抚养教育的义务。两原告要求抚养孙女张丁的诉讼请求，因不符合《中华人民共和国婚姻法》规定的条件，不予支持。被告张某作为父亲应履行好保护和教育未成年子女的权利和义务。据此，依据《中华人民共和国婚姻法》第21条、第28条的规定，判决如下：

驳回原告张某1、范某的诉讼请求。

在本案中，法官机械适用"有负担能力的祖父母对父母已经死亡或父母无抚养能力的孙子女有抚养教育的义务"，认定只要父母一方还有抚养能力，那么祖父母无论如何都不能越位取得监护权。但是从本案不多的描述中，已经足以看出这样机械适用并不符合未成年子女最佳利益原则。

案例二　在"汪文亭与侯小存监护权纠纷上诉案"[②]中，未成年子女汪娃的父亲因事故去世，其爷爷和母亲达成协议约定由爷爷抚养。后来发生争议之后，法院认定"汪娃现刚满两周岁，需要抚养。汪某系汪娃的祖父，现已55岁，且平日里还要照顾其父的生活起居。作为汪娃母亲的侯某，身体健康，系汪娃的法定监护人。综合该案实际情况，由汪娃之母侯某对汪娃行使

---

① 浙江省杭州市上城区人民法院(2012)杭上民初字第191号案件。案例来源：北大法宝，http://www.pkulaw.cn/case/pfnl1970324837824023.htm/words，最后访问日期：2016年4月22日。

② 河南省驻马店市中级人民法院(2010)驻民二终字第14号。案例来源：北大法宝，http://vip.chinalawinfo.com/NewLaw2002/SLC/SLC.asp? Db=fnl&Gid=117718518，最后访问日期：2012年10月2日。

监护抚养权,对汪娃德成长更为有利。虽然汪某与侯某签有'抚养权转让协议',但是该协议违反了法律强制性规定,协议中转让监护内容应属无效"。法院的判决结论,虽然一方面考虑了"子女最佳利益原则",但是认定抚养权转让协议无效的直接理由是"该协议违反了法律强制性规定",值得商榷。

在父母一方去世之时,并不能一概而论将监护权认定为只能由另一方父母行使。我国《民法通则》所规定的顺位利益只能作为参考。首先,应当允许当事人的意思自治,只要协议安排不违背未成年子女的利益法律应当认可;其次,在当事人未能达成协议的情况下,应当遵从"子女最佳利益原则"进行判决[①];最后,适当考虑其他利益,例如前述案例一,未成年子女的母亲去世后,该未成年子女的祖父母或者外祖父母在有抚养能力的情况下,可以允许未成年子女的祖父母直接抚养,同时其生父也不丧失监护权。

综上所述,我国现行有关未成年人监护顺位的立法,过于考虑顺位主体的利益,而未考虑未成年子女的利益。因此在实践中不能一概认定顺位是强制性规定,应当柔性地并综合考虑各种利益之间的平衡后作出直接抚养权的归属判决。

五、相关前沿问题研究

(一)子女最佳利益原则与文化冲突

"子女最佳利益原则"始见于联合国《儿童权利公约》,后被各国立法和学说所接受,逐渐成为各国定位父母子女关系的基本原则之一。我国立法虽未直接明确采用此项原则,但是在立法和司法解释中,我们都能够找到这一原则的具体体现。

子女最佳利益原则的贯彻,需要充分考虑社会文化因素,不能将之作为

---

① 事实上已经有判决在父母一方死亡,另一方怠于履行监护职责的情况下,将监护判给第二顺位的祖父母。参见"梅某等与闫某申请变更监护人纠纷案",安徽怀远人民法院(2011)怀民一初字第01818号。在判决中法院认为"被申请人作为未成年人的法定监护人,在其丈夫去世后,未履行对其女儿抚养、照顾、教育、管理的监护职责,侵害被监护人的合法权益,且本院在庭审中征求被监护人的意见,被监护人明确表示愿意随其祖父母共同生活,不愿随其母亲生活,鉴于申请人的身体健康状况、经济条件,以及与被监护人在生活上的联系状况等因素,被监护人某某某由申请人梅某、潘某监护为宜,故对申请人申请变更监护人的申请,本院予以准许"。案例来源:北大法宝,http://vip.chinalawinfo.com/NewLaw2002/SLC/SLC.asp?Db=fnl&Gid=117826054,最后访问日期:2012年10月2日。

普世价值全盘接受，而应当在保障子女利益的前提下，适当考虑社会传统和文化因素。

在这方面，典型的例子是最高人民法院《关于人民法院审理离婚案件处理子女抚养问题的若干具体意见》。该《意见》一方面确立了“有利于子女身心健康，保障子女的合法权益”这一基本原则，同时也兼顾了其他利益。比如，对两周岁以上未成年子女，父母或母方均要求随其生活的：(1) 规定如果一方“已做绝育手术或因其他原因丧失生育能力的”，可优先考虑；(2) 规定如果一方“无其他子女，而另一方有其他子女的”，可优先考虑。上述两项规定，完全体现了“养儿防老”“老有所依”的观念。在社会保障严重缺位的中国社会，将未成年子女的抚养权优先考虑给无其他子女也没有能力再要孩子的一方，是符合中国国情的。

另外一个典型例子是：在父母离婚之时，如果多个未成年人一直共同生活，是否将他们分别交由父母各自抚养呢，还是让数个未成年人一直共同生活？从中国现行立法和司法解释来看，并无任何明确的规定。但是纯粹从未成年人本身的利益来看，让他们继续共同生活可能更有利：兄弟姐妹之间的相互依赖之情不能被忽视，并且能降低家庭的“分裂程度”。因此，在西欧的大部分国家，绝大多数情况下都会将未成年子女交由一方直接抚养，而另一方则支付抚养费并行使探望权等。在我国，从司法实践的情况看，如果离婚之时有两个子女，更多的判决是父母双方各抚养一个子女。而且理论上也鲜有讨论这样的抚养方案是否考虑了子女的最佳利益，而更多考虑的是父母之间的“公平”、抚养费支付的简化等因素，甚至还有传统文化的因素。

最后一点，从子女最佳利益原则出发，应当将未成年子女的财产独立于父母的财产。但是从中国的实际来看，真正做到这一点的也非常罕见，其中也有传统文化的影响。

(二) 未成年子女财产

虽然未成年子女，除部分童星外，有自己独立收入的比例很小，但是并不能否认未成年子女会有自己独立的财产。就财产来源而言，最常见的是来自近亲属的遗赠和赠与；其他情形还包括父母一方意外死亡后获得的死亡赔偿金、精神损害赔偿、保险金等。现在于离婚之时将部分共同财产（通常为不动产）直接赠与未成年子女的情形也不罕见。因此，未成年子女获得自己独立的财产，已经是常见现象。但是对于未成年子女财产的独立监管，一直被忽视。究其原因,在中国传统社会里,父母支配子女的人身(父母决定婚姻、送养),因此父母保管并支配子女的财产自然不在话下,甚至生活在一个家庭中的未成年子女更多情况下是没有独立财产的,或者其财产为“家庭共同财产”所吸收。这是传统文化的影响:概括地说,我国宗法制度下家族本位之“家族”,就是“同居共财”的亲属团体。[①] 也就是说,中国自古以来就没有父母子女财产生前分割的传统。

未成年子女财产的独立问题,无论是父母婚姻关系存续期间,还是父母离异之后,都会涉及未成年子女的利益。

在婚姻关系存续期间,如果不将未成年子女财产区分开来,至少理论上存在父母以未成年子女财产清偿个人债务或者夫妻共同债务的可能性,或者有债权人对之请求或者执行的可能性。因为如果未成年人的不动产未登记在其名下,存款未以其个人名义开户,债权人推定这些财产是属于其父母的财产,申请一并执行并不存在法律上的问题。

在父母离异的情况下,通常是一方与未成年子女共同生活居住,而另一方只是支付抚养费。在这种模式下,未成年子女财产的独立性更具有法律和现实意义。即对于不直接抚养子女的一方所支付的抚养费,另一方是否有汇报义务?也即在非直接抚养一方存在疑问之时,另一方是否有义务有责任证明对方所支付的抚养费已经全部用于未成年子女的生活与教育?在所支付的抚养费超过生活和教育必需的情况下,是否应当单独保管以供未成年人未来支配和使用?从未成年子女利益保护的角度看,从支付抚养费的父或母一方看,答案显然是肯定的。但现实中则是另一回事。从比较法的角度看,至少在意大利,直接抚养的一方在对方发生疑问之时有详细汇报的义务,这也是一种对直接抚养人义务履行的监督,值得我国立法借鉴。

在实践中,将子女财产独立化,是存在现实可能性的,即使这意味着一定的成本。就不动产而言,根据我国现行不动产登记的法律法规,将不动产登记于未成年子女名下不存在任何的法律障碍(部分地区要求附上监护人的姓名)。在存款方面,即使未成年人尚不能获得身份证,但是其户口本就足以用于开户。因此,从法律技术上看,未成年人自主拥有不动产和动产(例如银行存款)不存在任何障碍。

---

① 许莉:《〈中华民国民法·亲属〉研究》,法律出版社 2009 年版,第 14 页。

我国《民法通则》第 18 条第 1 款规定了监护人的义务："监护人应当履行监护职责，保护被监护人的人身、财产及其他合法权益，除为被监护人的利益外，不得处理被监护人的财产。"该条第 3 款还规定了其责任："监护人不履行监护职责或者侵害被监护人的合法权益的，应当承担责任；给被监护人造成财产损失的，应当赔偿损失。人民法院可以根据有关人员或者有关单位的申请，撤销监护人的资格。"

显然，我国《民法通则》的上述规定过于宽泛，缺乏可操作性。特别是考虑到未成年人作为限制行为能力人，请求监护人（父母）向其承担财产责任的现实可能性几乎为零。因此，今后的立法对此问题需要进一步明确，梳理出切实可行的规范，限制父母的权限，并且提供未来救济的可能性。

（三）子女遗体的捐献

最近出现父母捐献因故早夭孩子遗体的新闻很多，并且被新闻媒体作为正面新闻宣传。事实上除了伦理问题之外，尚有一个法律问题需要解决：父母是否有权决定子女遗体（包括器官）的捐献？

现在立法体系中，关于遗体和器官捐献并无高位阶的法律，只有卫生部的《人体器官移植条例》和各省的地方性规定。

其中卫生部的《人体器官移植条例》第 8 条第 1 款规定："捐献人体器官的公民应当具有完全民事行为能力。公民捐献其人体器官应当有书面形式的捐献意愿，对已经表示捐献其人体器官的意愿，有权予以撤销。"第 9 条规定："任何组织或者个人不得摘取未满 18 周岁公民的活体器官用于移植。"

依卫生部上述规定，只有完全民事行为能力人才是适格的捐献主体，因此排除了未成年人捐献的可能性。但是其第 9 条的禁止性规定，仅限于活体器官，即不适用于死亡之时的器官捐献。这是一个严重的法律漏洞！

地方性规定在死者遗体捐献方面则规定得更加宽松。例如《上海市遗体捐献条例》第 12 条第 2 款规定："生前未办理遗体捐献登记手续的自然人死亡后，其近亲属可以持本人以及死者身份证件办理遗体捐献登记手续；但死者生前明确表示不同意捐献遗体的除外。近亲属之间意见不一致的，登记机构不得办理遗体捐献登记手续。"这似乎给父母捐献其未成年子女的遗体开通了一条绿色大道。

虽然在捐献遗体（器官）的情形下，未成年子女已经死亡，不再有独立的权利和利益存在，但是这并不能证明其父母作出捐献的决定具有法律上的正当性。

从社会学、医学角度看，死亡之后的遗体捐献这样的利他行为值得鼓励，至少不应禁止。但是涉及未成年人时，应当谨慎，因为他们毕竟不具有独立的行为能力，也无法保证所有的父母都是无私的。比如在意大利，并不禁止未成年人作出死亡遗体（或者部分器官）捐献的意思表示，但是必须满足两个条件：第一，未成年人生前有明确的捐献的“意思表示”；第二，未成年人的意思表示得到父母双方（或者第一顺位的监护人）的同意。因此，未成年人生前的愿望是不能推定的。

（四）撤销监护资格

从比较法角度看，父母被取消监护权的情形并不罕见。例如电影《刮痧》中，由于文化差异，父亲给孩子刮痧治疗，结果是以“虐待”之名被法院剥夺了监护权。但是在中国文明中，父母被取消监护权则是非常罕见的。

从立法角度看，我国并不存在空白状况。《民法通则》第 18 条第 3 款规定：“人民法院可以根据有关人员或者有关单位的申请，撤销监护人的资格。”《未成年人保护法》第 53 条规定：“父母或者其他监护人不履行监护职责或者侵害被监护的未成年人的合法权益，经教育不改的，人民法院可以根据有关人员或者有关单位的申请，撤销其监护人的资格，依法另行指定监护人。被撤销监护资格的父母应当依法继续负担抚养费用。”

但是在实践中，该条规定一直是一纸空文，鲜有适用的案例。2014 年底最高人民法院、最高人民检察院、公安部、民政部四部委联合发布《关于依法处理监护人侵害未成年人权益行为若干问题的意见》，首次明确了申请撤销未成年人监护人资格的诉讼主体，细化了可以判决撤销监护人资格的七种情形。

江苏省徐州市铜山区人民法院于 2015 年 2 月 4 日作出终审判决，撤销某未成年人的父母的监护权，由铜山区民政局担任监护人，同时民政局将之寄养在某热心女士家。[①] 据悉，这是全国首例由民政部门申请撤销监护人资

① 受害女童小玲（化名）被生父性侵，远在河南的生母对孩子不闻不问，铜山区民政局根据检察机关的建议，向法院提出撤销小玲父母监护人资格的申请。铜山区法院受理案件后组成合议庭，经过深入细致的社会调查和对受害女童的心理干预，依照民事诉讼特别程序，于 2015 年 2 月 4 日公开开庭审理，当庭作出判决：撤销小玲父母邵某、王某的法定监护权；指定铜山区民政局为小玲的监护人。案例来源：江苏省徐州市中级人民法院官网，http://xzzy.chinacourt.org/public/detail.php?id=29755，最后访问日期：2016 年 4 月 22 日。

格的案件,也是四部委联合制定的《关于依法处理监护人侵害未成年人权益行为若干问题的意见》颁发后全国第一例司法实践。

应该说,四部委意见贯彻了"子女最佳利益原则",承认父母有可能侵犯未成年子女的利益,并且相对于过去的规定,显然更加具体,更具有可操作性。从这一点看,我们应该承认其进步。

但是,四部委意见还存在诸多不合理之处,值得探讨。

第一,对于撤销监护权的亲属法上的后果没有明确规定。从我国现行法律来看,撤销监护权之后,父母子女之间的其他权利义务关系,特别是父母的抚养义务是否消灭,相互之间的继承权是否消灭等,并未规定。即撤销监护权,是否导致父母子女关系的消灭或者中止,法律并未明确。

第二,"民政部门担任监护人的,承担抚养职责的儿童福利机构可以送养未成年人",这样的规定过于苛刻。送养将终局性地切断父母子女关系,应当是非常慎重的事情。这样涉及当事人基本权利变动的事项,由民政部门下属的儿童福利机构来行使,存在极大的滥用、错用可能性。

第三,在未建立较为完善的社工组织之前,在没有经过系统培训之前,现有的福利院系统的投入和配置尚无法满足对未成年人的精神和物质方面的照顾,而寄养的家庭往往也缺乏专业能力。因此,撤销监护权后未成年子女的抚养教育如何安排,本质上也是一个悬而未决的问题。

从比较法的角度看,无论是剥夺父母的监护权,还是临时性的收养,在监护障碍消除之后,往往还是鼓励孩子回归其原来的家庭。从实践的角度看,国外见证了一个放宽"监护权的恢复"的过程。因为,如学者所言,限制或者剥夺监护权制度的目的,不仅在于惩戒监护人,更在于保护未成年子女的健康成长与发展,并且通过司法介入,尽可能地让其原本所在的家庭承担家庭的功能,让其回归原来的家庭。①

从制度价值看,撤销或者暂停行使监护权是一个值得借鉴并且值得具体化的制度,因为至少能"警告"父母,提醒他们更好地履行监护职责,但在我国现行的体制下该项制度并不具备现实可操作性。在其他配套制度成熟之前,应当慎用。

综上所述,我国现行父母子女关系的立法,体系上过于繁杂,并且不乏

---

① Rossi Carleo, in Scritti in onore di Fazzalari, IV, Milano, 1994, p. 250.

相互冲突之处。[①] 从制度安排的角度看，宜统一规定于《婚姻法》中。从体系上看，应当区分基于父母子女关系而形成的亲权制度与以补足行为能力缺陷为核心内容的监护制度。从立法的制度价值来看，应当全面引入“子女最佳利益原则”，但是在个别具体的问题上，仍然应当考虑我们的传统文化和社会习俗的影响，立法不能过于超越社会现实。从具体的制度建构的角度看，应当转换“子女是父母的支配客体”的传统观念，树立“子女是独立主体”的观念。由于我国社会保障制度和非政府组织的不完善，比较法上政府（公权力）的介入制度虽然在理论上值得借鉴，但在中国现阶段还需要慎重对待。

① 例如关于孤儿的抚养，《民法通则》的规定与《收养法》第 17 条的规定、国务院办公厅《关于加强孤儿保障工作的意见》的规定并不完全一致。

第十一章 离婚诉讼实证研究

第一节 三市基层法院离婚案件调查

一、调查目的与方法

我国婚姻家庭法完善已纳入民法法典化进程。在民法典体系中重新架构婚姻家庭法，除借鉴大陆法系国家及地区民法典亲属编（家庭编）的有益经验外，还应立足我国婚姻家庭的现状与国情，通过社会调查与实证研究，总结、归纳现行婚姻家庭法律体系存在的问题，分析其成因，提出新的思路和建议。

国家社科基金项目“民法典体系中的婚姻家庭法新架构研究”课题组，从当前我国诉讼离婚案件入手，于 2010 年在北京、上海、哈尔滨三市各选择一个基层法院，以 2008 年调查法院审结的一审离婚案卷为样本，采取按月（12 个月）随机抽样的方法[①]，共计调阅 391 件离婚案件。通过对相关数据的统计分析，对当前我国大城市诉讼离婚案件的基本特点、现行《婚姻法》相关制度的实施状况有了初步了解。

我国 1980 年《婚姻法》经 2001 年修订后，在法定夫妻财产制、约定夫妻财产制、离婚法定理由等方面有重大修改，同时增设了离婚家务劳动补偿、

---

① 课题组在三市三个基层法院每月调取调解离婚案件 2 份、调解和好案件 2 份、判决不准离婚案件 3 份、判决准予离婚案件 4 份。考虑到调解结案在基层法院离婚案件结案方式中比例较大，为加大对《婚姻法》有关离婚夫妻财产分割、离婚救济制度规定实际应用的了解，课题组又决定每一调研点增加调取当年判决离婚的案卷 12 份。最终，上海市某区法院调阅案卷 128 件、哈尔滨市某区法院调阅 120 件、北京市某区法院调阅 143 件。

离婚损害赔偿制度。这些制度在离婚诉讼中的应用状况如何，一直为学术界关注。截至2012年年底，已出版发表的有关诉讼离婚案件的调查报告主要有：(1) 2002年，由中国法学会婚姻家庭法学研究会巫昌祯会长和夏吟兰教授主持的“婚姻法执行中的问题”课题组出版的《婚姻法执行状况调查》一书。课题组选择北京、哈尔滨、厦门三市中级法院和基层法院，对2001年4月至2002年12月被调查法院审结的离婚案件进行阅卷调查，共计阅卷1869份。在对数据进行统计和分析后，课题组提出若干立法和修法建议：例如，我国立法对事实婚姻应采相对承认主义，以司法解释界定事实婚姻的概念和认定要件；法律对夫妻一方家务劳动价值的承认不应限于适用分别财产制的情形，在分割夫妻共同财产时，应将其作为考量的因素，对尽义务较多、贡献较大者适当多分财产。[①] (2) 2006年，辽宁大学法学院焦淑敏教授等在辽宁省14个市各选择一个基层法院开展2004—2005年度裁判离婚案件抽样调查。其调查报告《辽宁省2004—2005年离婚案件情况调查》[②]，以我国教育及经济体制改革对婚姻家庭的影响为切入点，着重探讨了离婚导致未成年子女贫困的原因、离婚时住房的分配、离婚时经济补偿条款的适用，以及离婚损害赔偿的法定标准与证据认定原则。(3) 2007年，西南政法大学司法研究中心王晓玲，对西北G省T市M区人民法院2003—2005年审结的1004起离婚案件进行阅卷调查，调研报告《冲出围城：M法院离婚案件调查报告》[③]描述了当地离婚案件的基本特点、法院审理离婚案件的程序适用、结案方式和调解情况，并着重就离婚案件调解和好难、法定离婚标准模糊、乡规民约对法官审理离婚案件的影响阐发见解。

本章则将对照上述实证调研数据及作者对若干立法问题的讨论，引介相关社会学调查数据，对三市诉讼离婚案件的基本特点作一概括与分析，并对我国现行《婚姻法》相关制度，如法定离婚理由、夫妻财产制类型、夫妻共同财产认定、离婚夫妻共同财产分割原则、离婚救济措施的实际效用进行讨论，为民法典婚姻家庭编立法提供实证素材。

---

① 巫昌祯主编：《婚姻法执行状况调查》，中央文献出版社2004年版，第28—35页。

② 焦淑敏、关淑兰：《辽宁省2004—2005年离婚案件情况调查》，载陈苇主编：《家事法研究》(2006年卷)，群众出版社2007年版。

③ 王晓玲：《冲出围城：M法院离婚案件调查报告》，载《司法》2007年(年刊)。

二、离婚当事人基本情况

（一）原告的性别

本次调研在阅卷问题清单中对离婚当事人基本情况设计以原告为准，主要包括原告性别、年龄、文化程度、职业和月收入等。在 391 起离婚案件中，主动提起离婚诉讼的一方多为女性，占被调查案件的 59%。离婚诉讼的原告中女性多于男性，并非本次调查首次发现，早已为许多调查揭示。这说明，当代中国女性独立性增强，婚姻观念发生重大转变，懂得用法律的武器维护自身权益。具体如图 1 所示：

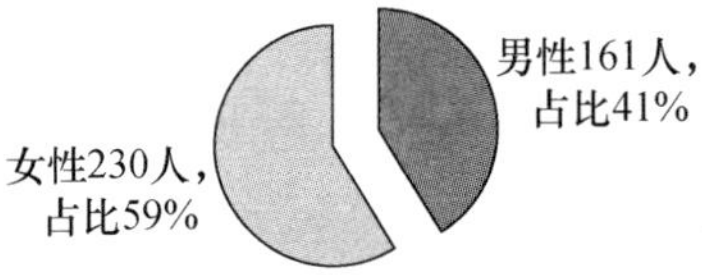

图 1　原告性别对比情况

（二）原告的年龄

本次调查显示，离婚原告的年龄，从 20 周岁到 61 周岁及以上，各年龄段都有。女性起诉离婚最多的年龄段在 31—40 周岁，占总数的 43.04%；然后依次为 20—30 周岁（28.26%）、41—50 周岁（20.87%）、51—60 周岁（6.96%）；61 周岁及以上（0.87%）；男性起诉离婚最多的年龄段同样为 31—40 周岁，占总数的 42.86%；然后依次为 41—50 周岁（27.95%）、20—

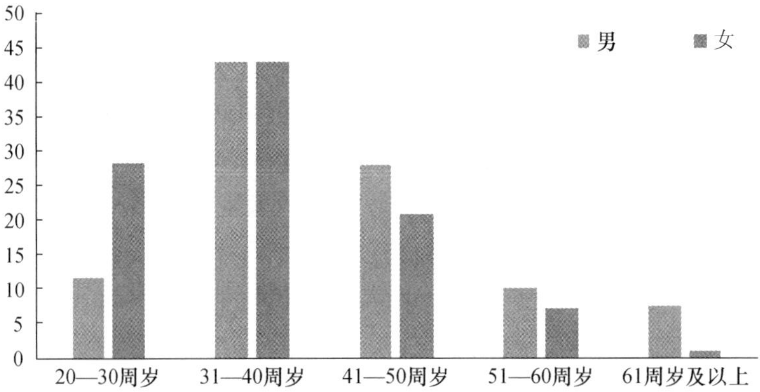

图 2　原告年龄分布情况

30周岁(11.80%)、41—50周岁(27.95%)、51—60周岁(9.93%)、61周岁及以上(7.45%)。具体如图2所示。

可见,无论男女,31—40周岁这一年龄段都是离婚的高发期。居第二位的年龄段在夫妻之间有些许差别,女性为20—30周岁之间、男性则为41—50周岁之间。这一方面说明,年轻女性对婚姻有新认识,不再以“靠忍让”来维持婚姻;另一方面也表明,对已婚男性而言,人到中年正值人生黄金期,不仅阅历丰富,也有一定的物质积累,他们离婚后再婚会比同处这一年龄段的女性有优势。比较而言,处在此年龄段的女性收入和社会地位均不及丈夫,并且受到更年期困扰,容易产生婚姻危机,致使男方起诉离婚的为多。

(三) 原告的文化程度、职业与收入

由于目前法院不再要求原告在离婚起诉状中填写本人文化程度、职业、收入等信息,致使这方面调研信息不完整,无法作出三地整体统计和图示。尽管如此,个别调研点数据还是可以展现一些基本情形,例如,哈尔滨调研点查阅的120件离婚案件中,未记载原告文化程度的,男性占27.5%,女性占31.3%;文盲的,男性为零,女性占1.2%;小学文化的,男性为零,女性占3.7%;初中文化的,男性30%,女性31.3%;高中学历的,男性占25%,女性占16.3%;大学学历的,男性占17.5%,女性占15%。可见,初中文化水平人群是离婚的高发人群,并且女性原告的文化程度普遍低于男性。

关于原告的职业,哈尔滨阅卷收集到有这一信息的,男性为原告的34件,女性为原告的66件;北京查阅到的,男性为原告的63件,女性为原告的60件;上海调查点无具体数。从案件涉及信息看,当事人的职业分布面很广,有企事业单位员工、农民工、教师、律师、船员、演员、咨询师、机关干部、私营业主等,也有失业人员。这与北京、哈尔滨两地的情形大致相同,这说明任何职业背景的人都可能提起离婚。北京、哈尔滨两地的统计数据显示,排在前三位的职业依次是:男女原告无业的,男性占21.65%,女性占38.89%;公司职员次之,男性占18.56%,女性占19.84%;占第三位的是事业单位员工,男性占19.58%,女性占15.08%。此外,在校研究生、服刑人员等起诉离婚的也有一定体现,但所占比例较低。北京、哈尔滨两地数据具体如图3所示:

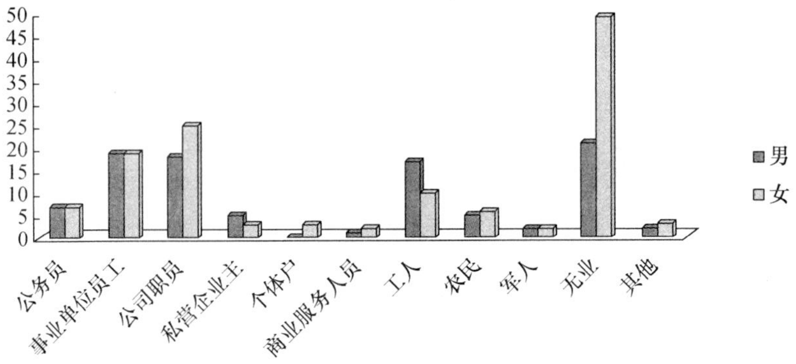

图 3 北京、哈尔滨两地原告职业分布情况

关于原告的收入，哈尔滨查阅到记载相关信息的，男性为原告的 6 件，女性为原告的 9 件；北京查阅到的，男性为原告的 26 件，女性为原告的 23 件；上海查阅到的，男性为原告的 4 件，女性为原告的 9 件，共计 77 件。其中，男女原告月收入以 1001—2000 元的为最多，男性占 38.89%，女性占 19.51%。数据显示，女性无收入及收入在 1000 元以下的明显多于男性。具体如图 4 所示：

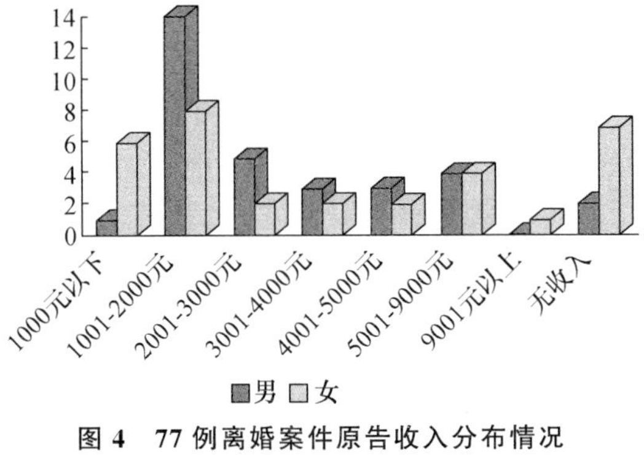

图 4 77 例离婚案件原告收入分布情况

（四）婚姻关系存续时间（婚后年数）

虽然，婚姻关系存续时间长短不能成为离婚率高低的决定因素，但通过相关数据可以看出社会发展、社会分化对人们婚姻稳定性的影响。一项有关 20 世纪 80 年代与 90 年代我国离婚水平与年龄分布变动趋势的社会学调查显示①，改革开放和社会迅速现代化，使我国离婚水平持续增长。20 世

① 曾毅、吴德清：《1980 年以来我国离婚水平与年龄分布的变动趋势》，载上海社会科学院家庭研究中心编：《中国家庭研究》（第 1 卷），上海社会科学院出版社 2006 年版，第 227 页。

纪80年代初与90年代初相比，夫妻离婚时的平均婚后年数在5—10年的由13.3%上升到31.5%，在10—15年的由10.2%上升到12.6%。

本次调查发现，婚姻存续时间在10—15年的离婚率最高，占20.8%；紧随其后的是1—3年，占19.47%；然后依次是4—6年，占17.87%；7—9年，占13.07%；16—19年，占9.6%；20—25年，占9.07%；26—30年，占4%；1年以下，占4%；30年以上，占2.13%。具体如图5所示：

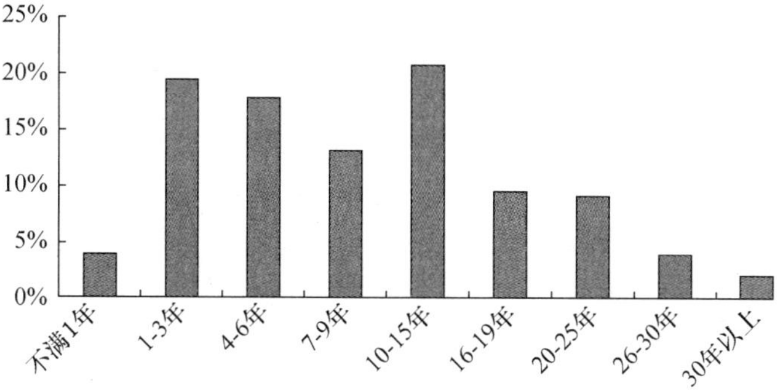

图5　婚姻关系存续时间

对上述数据，可从三方面作出分析：(1) 结婚时间较长(30年以上)或较短(不满1年)的夫妻的离婚率较低。这是因为结婚1年内的夫妻多数仍沉浸在新婚的喜悦中。而结婚30年以上的夫妻彼此之间已经形成一定默契，生活上的矛盾较少；加之，此时双方已经或者即将退休，与配偶相依为命、共度晚年成为许多老年夫妻的愿望。(2) 结婚1—9年夫妻的离婚率较高。此婚龄段的夫妻正处于婚姻磨合期，从浪漫的二人世界走向现实的家庭生活，难免产生矛盾，加之“自己还年轻，离了还可以再找”的心理因素，导致这部分人群有着比较高的离婚率。(3) 婚龄在10—15年夫妻的离婚率达到顶峰。此时处于相对稳定期的婚姻面临着子女成年独立、夫妻各自事业渐入佳境、昔日的核心家庭空巢化的困扰，加之社会现代化带来的舆论和亲友对离婚的宽容与理解，中年夫妻婚姻破裂的可能性大大超过青年夫妻和老年夫妻。

三、以数据为基础的相关制度分析

(一) 法定离婚理由

本次调查在阅卷问题清单中对当事人起诉离婚的理由作了分性别设计，分别对“原告为女方的，提起离婚的理由”和“原告为男方的，提起离婚的理由"作出统计。结果显示，妻为原告与夫为原告提起离婚的理由，既有相同点，也有不同点。具体如图 6 所示：

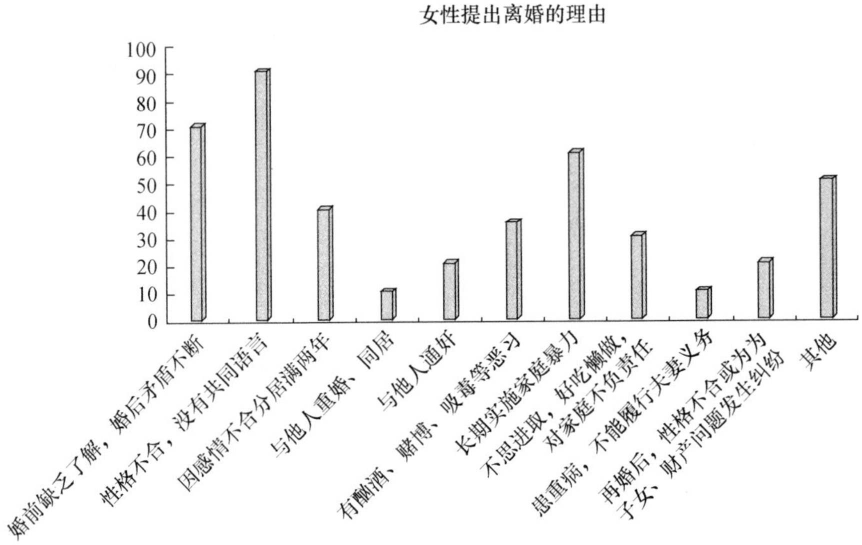

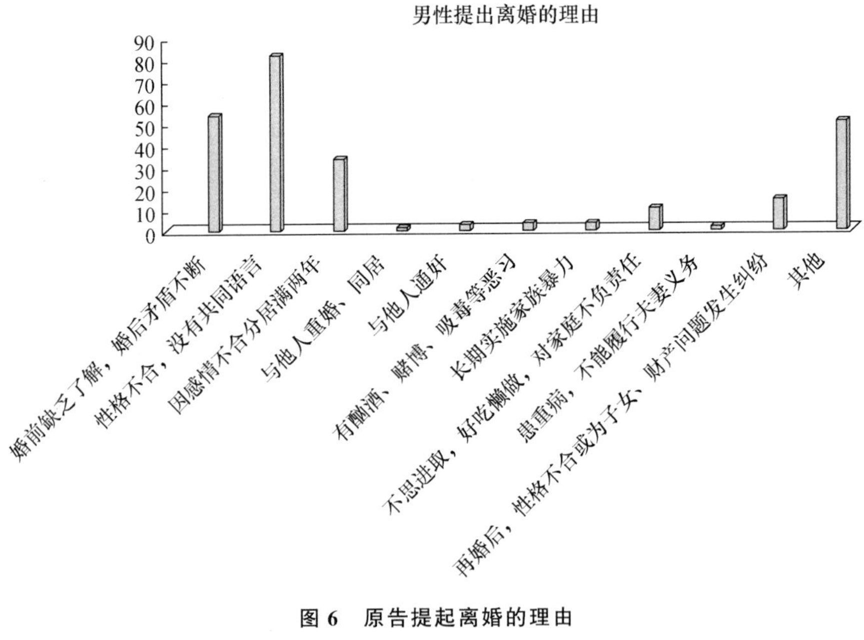

图 6　原告提起离婚的理由

上述两图可见,夫或妻为原告提起离婚的理由中以下原因最多:(1) 婚前缺乏了解,婚后矛盾不断;(2) 双方性格不合,没有共同语言;(3) 因感情不和分居满两年。其中,以双方性格不合为由的,在妻或夫作为原告的离婚理由中均最高,夫方达 31.18%,妻方为 23.6%。这一现象也为先前诸多调查所证实。早在 20 世纪 80 年代,我国社会学学者在研究中就发现,夫妻性格不合在所有离婚原因中居首位。[①] 2002 年,"婚姻法执行中的问题"课题组在北京的调查发现,以此为离婚理由的高达 60.5%[②];一项对 2002 年山东省烟台市十三个基层法院 2884 起离婚案件的调查显示,原告以"性格不合,经常争吵,无法共同生活"为由起诉离婚的达 1609 起,在全部案件总数中占 55.8%[③];2007 年王晓玲的调研数据显示,"性格不合"是男女原告的普遍主张,女性以此为由起诉离婚的占 42.25%;男性以此为由起诉离婚的占 51.27%[④]。

夫或妻起诉离婚的理由还显示出性别的差异。对于"对方长期实施家庭暴力""对方不思进取,好吃懒做,对家庭不负责任""对方有酗酒、赌博、吸毒等恶习"三项过错离婚理由,女方以此为由起诉离婚的明显高于男方,分别占 15.23%、7.61%、8.38%,而男方以此三项为由起诉离婚的分别仅占 1.52%、4.18%、1.52%。比较而言,"女方不思进取,好吃懒做,对家庭不负责任"是男方起诉离婚理由中相对较高的一项。至于现行《婚姻法》第 32 条第 3 款所举"重婚或有配偶者与他人同居的""实施家庭暴力或虐待、遗弃家庭成员的""有赌博、吸毒等恶习屡教不改的""因感情不和分居满二年"的法定离婚理由,在女方、男方提出的所有离婚理由中都不多见。

上述两方面数据进一步印证了先前一些学者对我国《婚姻法》第 32 条第 3 款列举的法定离婚理由妥当性的质疑。[⑤] 对夫妻双方"性格不合"高居各项离婚理由之首的现象,学者们有不同解释。一种解释认为,"这与现行《婚姻法》将离婚标准原则化为'感情确已破裂'有很大关系"。而且,性格不

---

① 曾毅主编:《中国八十年代离婚研究》,北京大学出版社 1995 年版,第 95 页。

② 巫昌祯主编:《婚姻法执行状况调查》,中央文献出版社 2004 年版,第 4 页。

③ 马忆南:《婚姻法第 32 条实证研究》,载《金陵法律评论》2006 年春季卷。

④ 王晓玲:《冲出围城:M 法院离婚案件调查报告》,载《司法》2007 年(年刊)。

⑤ 参见马忆南:《婚姻法第 32 条实证研究》,载《金陵法律评论》2006 年春季卷。

合“更为概括和抽象，具有囊括其他理由的包容力，使原告更倾向于选择其作为离婚理由”。[①] 另一种解释则认为，例示法定离婚理由的目的，是将最典型、最具代表性的几种情形列举出来，以便法官在审理案件时有一个实际可以遵循的标准。法律例示的离婚理由，应当全面、客观地反映国人现阶段离婚诉讼的实际情况。而《婚姻法》将“一方重婚或与他人同居”“一方实施家庭暴力或虐待、遗弃家庭成员”置于例示情形的重要位置，一方面与审判实践中反映出的离婚理由很不相符，另一方面也说明在我国，离婚仍然具有某种道德批判的功能。[②]

法定离婚理由，实为“裁判离婚标准”。它是诉讼离婚中法官判定夫妻感情是否确已破裂的法定情形。2001 年之前，审判实践中反映较多的立法问题是 1980 年《婚姻法》确立的“夫妻感情确已破裂”这一裁判离婚标准过于抽象，缺乏可操作性。为此，2001 年在修改《婚姻法》时，立法机关参照已有司法解释，对 1989 年最高人民法院《关于人民法院审理离婚案件如何认定夫妻感情确已破裂的若干具体意见》列举的 14 种“视为夫妻感情确已破裂”的情形，作出概括提炼，并在现行《婚姻法》第 32 条中增设第 3 款，列举四种具体情形，增加一项兜底条款。这一条款为法官审理离婚案件，准确适用法律，提供了具体可见的依据。现行《婚姻法》第 32 条采取概括性与列举性规定结合的方式，是立法技术的重大突破，具有积极意义。它确定了裁判离婚的边界，使法官的自由心证有所依据，以确保法律适用的一致性和法律的权威与尊严。[③] 但该条第 3 款所列情形是否与当今我国诉讼离婚现状相符，是否已将司法实践中最常见的离婚理由例示出来，值得反思。

（二）夫妻财产制类型选择

依照现行《婚姻法》第 17 条，我国实行的法定夫妻财产制是婚后所得共同制。所谓“婚后所得共同制”，是婚姻关系存续期间夫妻双方或一方所得的财产，除法律另有规定外，均为夫妻共同所有的制度。[④] 那么，这一制度是否符合我国社会生活实际，是否为民众普遍认可呢？本次调查统计数据显示，在 391 件被调查案件中，体现夫妻财产制类型的有 277 件，其中，明确实

---

① 王晓玲：《冲出围城：M 法院离婚案件调查报告》，载《司法》2007 年（年刊）。
② 马忆南：《婚姻法第 32 条实证研究》，载《金陵法律评论》2006 年春季卷。
③ 夏吟兰：《离婚自由与限制论》，中国政法大学出版社 2007 年版，第 171 页。
④ 巫昌祯、夏吟兰主编：《婚姻家庭法学》，中国政法大学出版社 2007 年版，第 113 页。

行法定婚后所得共同制的共265件，分别为哈尔滨63件、北京141件、上海61件；当事人约定财产归各自所有的8件；约定财产部分各自所有、部分共有的4件。具体情形如图7所示：

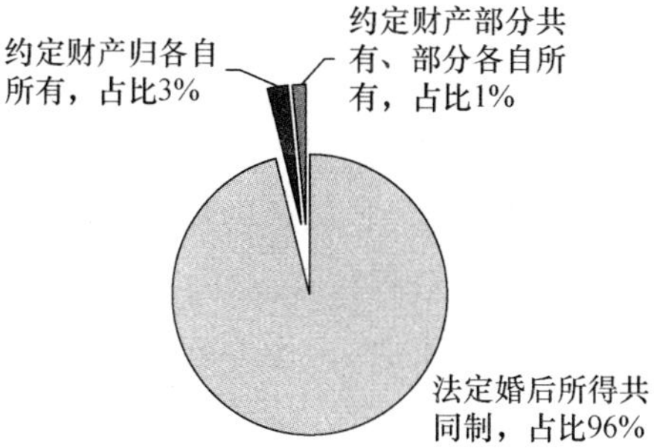

图7　离婚当事人实行的财产制形式

这一结果与先前学者调查相一致。2000年，厦门大学法学院教授蒋月在福建城乡两地的865份问卷调查显示，婚后所得共同制是城乡居民能够接受的夫妻财产制度的首选类型，城市居民中选择采取此种财产制类型的比例为23.9%，农村居民高达69.2%；而愿意通过夫妻约定确定婚后财产制的比例很低，城市居民为2.7%，农村居民只有1.1%。[①] 2002年，中国法学会婚姻家庭法学研究会“婚姻法执行中的问题”课题组的调查结果也显示，离婚夫妻绝大多数对其财产未作任何约定，适用法定婚后所得共同财产制占案件总数的比例，哈尔滨为85%，北京则高达97.4%，厦门分项目报告虽未有具体数据，但其描述性结论称：“婚后所得共同财产制是本次调查范围内的当事人夫妻财产制的普遍情形。”[②]7年后，当我们再次到这些代表着当今我国婚姻家庭观念变化趋势的大城市调查，发现人们依旧愿意采用法律规定的夫妻财产制类型。可见，我国以婚后所得共同制作为法定夫妻财产制，符合绝大多数夫妻婚姻生活的实际。

我国台湾地区学者林秀雄教授认为，“完全合理、平等的法定夫妻财产制下，夫妻财产制契约（即约定财产制——引者注）实无用武之地。”“在法定夫妻财产制无法适应新的社会形态时，蛰伏已久的夫妻财产制契约又有发

---

① 蒋月：《夫妻的权利与义务》，法律出版社2001年版，第176—177页。

② 巫昌祯主编：《婚姻法执行状况调查》，中央文献出版社2004年版，第5、91、165页。

挥其修正机能的机会。”[①]这表明，在夫妻财产制结构中，约定财产制具有弥补法定财产制不足的机能。换言之，当一国的法定夫妻财产制类型与人们的婚姻传统和社会发展阶段相适应，有利于实现夫妻财产地位事实上的平等时，男女在婚前或婚后另行约定夫妻财产制类型的比例便不会太高。我国从1980年《婚姻法》开始，将婚后所得共同制作为法定夫妻财产制。立法之所以选择这一财产制类型，是综合我国社会生产力发展水平、人们的收入状况、家庭职能、妇女经济地位、文化传统等因素的结果。[②] 共同财产制比分别财产制更能反映夫妻关系的本质和特征。[③] 选择这一财产制为法定财产制与我国社会生产力发展水平相适应，也与夫妻关系的特性相吻合。它使得夫妻经济生活与身份生活趋同一致，有利于促进婚姻稳定，发挥家庭养老育幼职能。这一财产制还有利于承认家务劳动与社会劳动具有同等的价值，为在婚姻中献身家庭和孩子的配偶一方（主要是妻方）提供了有力的保护，有利于实现夫妻家庭地位的事实上平等。[④] 本次调查及此前相关调查都表明，我国现行《婚姻法》以婚后所得共同制为法定夫妻财产制，体现了上述立法宗旨，是合理的，也是符合绝大多数夫妻意愿的。

（三）夫妻共同财产认定

我国现行《婚姻法》第17条[⑤]列举性明确了夫妻共同财产的范围，第18条[⑥]则列举了夫妻一方的个人财产，以此限定并缩小了夫妻共同财产范围。而且这两条都设有兜底条款，即“其他应当归共同所有的财产”和“其他应当

---

① 林秀雄：《夫妻财产制之研究》，中国政法大学出版社2001年版，第196—197页。

② 裴桦：《夫妻共同财产制研究》，法律出版社2009年版，第52—59页。

③ 马忆南：《共同把财产制更能反映夫妻关系的本质和特征》，载李银河、马忆南主编：《婚姻法修改论争》，光明日报出版社1999年版，第319页。

④ 陈苇：《夫妻财产制立法研究——瑞士夫妻财产制研究及其对完善我国夫妻财产制的启示》和蒋月：《我国夫妻财产制立法的基本问题》，均载梁慧星主编：《民商法论丛》（第15卷），法律出版社2000年版。

⑤ 我国《婚姻法》第17条第1款规定：“夫妻在婚姻关系存续期间所得的下列财产，归夫妻共同所有：（一）工资、奖金；（二）生产、经营的收益；（三）知识产权的收益；（四）继承或赠与所得的财产，但本法第18条第3项规定的除外；（五）其他应当归共同所有的财产。”

⑥ 我国《婚姻法》第18条规定：“有下列情形之一的，为夫妻一方的财产：（一）一方的婚前财产；（二）一方因身体受到伤害获得的医疗费、残疾人生活补助费等费用；（三）遗嘱或赠与合同中确定只归夫或妻一方的财产；（四）一方专用的生活用品；（五）其他应当归一方的财产。”

归一方的财产”。例示性规定的优点在于，明确了夫妻共有或一方个人所有的财产，增加了法律的可操作性；为适应复杂多变的社会生活需要又增设了兜底条款，从而为立法解释和司法解释留有空间。但这在一定程度上，增加了司法实务中区分夫妻共有财产和一方个人财产的难度。

结合最高人民法院《关于适用〈中华人民共和国婚姻法〉若干问题的解释（二）》第11条对《婚姻法》第17条“其他应当归共同所有的财产”的解释[①]，本次调研对391起离婚案件中有法官对夫妻财产作出认定的情形予以统计，结果显示，有40起案件涉及法官对属于“其他应当归共同所有的财产”的认定。这既包括已经被法律和司法解释明确规定的财产，如婚后夫妻一方或双方从事生产、经营的收益，婚后夫妻一方实际取得或应当取得的住房公积金、住房补贴等，也包括法条所言“其他应当归共同所有的财产”，如无法认定为夫妻一方所有的他人赠与，用于偿还房贷的财产，夫妻婚后共同购买的生活用品，让与车位使用权的折价，以及夫妻双方婚后购买但登记在一方名下的婚姻住房、车辆等。具体如图8所示：

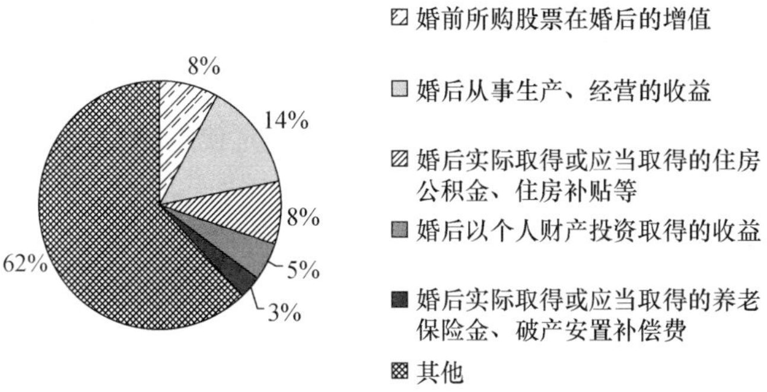

图8 其他应当归夫妻共有的财产的表现形式

在58起法官对夫妻个人财产进行认定的案件中，女方结婚时的陪嫁物品、婚前男方或男方父母为女方购买的“三金”（项链、戒指、耳环）、婚后一方因身体受到伤害获得的医疗费、残疾人生活补助费等费用、遗嘱或赠与合同

---

① 最高人民法院《关于适用〈中华人民共和国婚姻法〉若干问题的解释（二）》第11条规定，“婚姻关系存续期间，下列财产属于婚姻法第17条规定的‘其他应当归共同所有的财产’：（一）一方以个人财产投资取得的收益；（二）男女双方实际取得或者应当取得的住房补贴、住房公积金；（三）男女双方实际取得或者应当取得的养老保险金、破产安置补偿费。”

中确定归夫或妻一方所有的财产、一方专用的生活用品、一方对公司的投资、一方承租单位的住房、解除劳动关系的经济补偿金、风险抵押金等,被认定属于一方个人财产。其中,有些属于《婚姻法》第18条所列举的夫妻一方财产,有些则是法条所言"其他应当归一方的财产",如一方对公司的投资、一方承租单位的住房、一方解除劳动关系的经济补偿金、风险抵押金等。具体如图9所示:

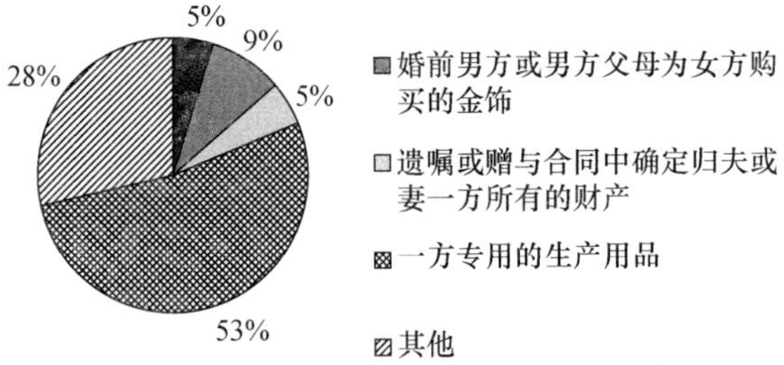

图9 夫妻个人财产的表现形式

可见,无论司法解释是否对《婚姻法》第17、18条的兜底条款作出解释,现实生活中,其他应当归夫妻共有或一方所有的财产均呈现多元化特点。法官判案除依法条,还按照一定的规则裁量。这使得探讨夫妻共同财产的认定规则,显得十分必要。

婚姻住房是夫妻财产的重要组成部分。近年来,我国住房制度改革逐步从福利分房向福利购房和按揭购房过渡,离婚当事人婚姻住房的产权类型与产权登记呈现多样化特点。从房屋产权归属看,在391件被调查案件中,显示房屋为夫妻双方所有的69件、为男方所有的25件、为女方所有的10件、为家庭共有的17件、房屋系双方承租的40件,共计161件。概要而言,离婚当事人的婚姻住房情况如图10所示。

可见,即使在北京、上海、哈尔滨这些经济相对发达的城市,婚姻住房仍以夫妻共有为主。在43件明确记载房屋产权登记的案件[①]中,属于婚前一方以个人财产全款购房,婚后取得房产证,房屋产权登记在自己名下的8

① "民法典体系中的婚姻家庭法新架构研究"课题组在哈尔滨市某区法院查阅到相关案件27件,北京市某区法院查阅到相关案件11件,上海市某区法院查阅到相关案件5件,总计43件。

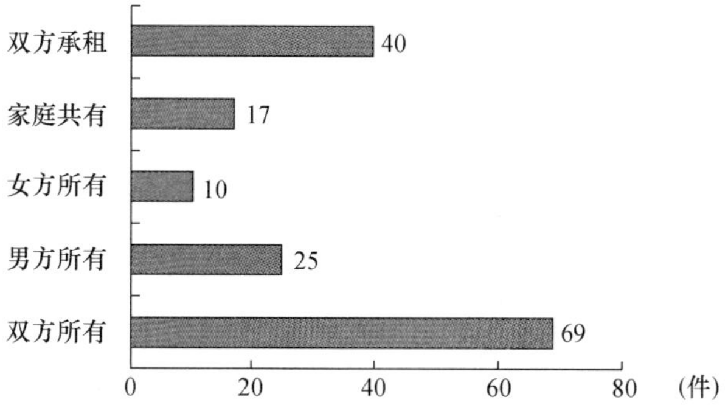

图 10　离婚当事人的婚姻住房情况

件；属于婚前一方以个人财产全款购房，婚后取得房产证，房屋产权登记在对方名下的 1 件；属于婚后双方以共同财产购买房屋，房屋产权登记在一方名下的 24 件；属于其他情形的 10 件，如房屋由一方婚前首付，婚后一方继续偿还，产权登记在自己名下，或房屋由男方出资，登记在男方父亲名下。可见，虽然当事人购买婚姻住房方式呈多样化态势，但仍以双方共同购买为主。

（四）夫妻共同财产分割的原则

依照我国《婚姻法》第 39 条第 1 款和最高人民法院 1993 年《关于人民法院审理离婚案件处理财产分割问题的若干具体意见》，我国离婚财产分割原则包括：男女平等原则；照顾子女和女方原则；照顾无过错方原则；尊重当事人意愿原则；有利生产、方便生活原则；不损害国家、集体和他人利益原则。为了解离婚分割夫妻共同财产原则在司法实践中的适用情况，本次调查在阅卷问题清单中特别设计了一个选择题，即“法官裁定分割夫妻共同财产适用的原则是：(1) 男女平等；(2) 照顾子女和女方；(3) 照顾无过错一方；(4) 尊重当事人意愿；(5) 有利生产、方便生活；(6) 其他。”哈尔滨某区法院查阅到相关案件 40 件，北京某区法院查阅到相关案件 42 件，上海市某区法院查阅到相关案件 27 件，共计 109 件。其中，适用尊重当事人意愿原则的 47 件，占 43％；适用男女平等原则的 36 件，占 33％；适用照顾子女和女方原则的 13 件，占 11％；适用有利生产、方便生活原则的 7 件，占 6.4％；适用照顾无过错方原则的 3 件，占 2.75％；适用其他原则的 3 件，占 2.75％。具体如图 11 所示：

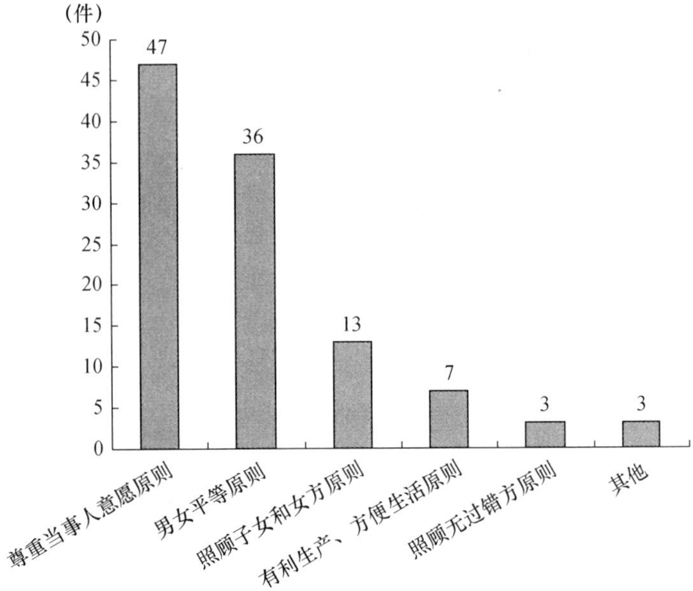

图 11　分割夫妻共同财产适用的原则

由上可见,109 起案件中,近一半案件的共同财产分割适用了尊重当事人意愿原则。这反映出法官在审理离婚案件时进行了大量调解工作,并最终尊重了当事人意愿,或者说,调解程序在法官审理离婚案件时得到了比较充分的运用。在当事人未能达成协议的 62 起案件中,有 36 件即 58%的案件适用了男女平等原则,均等分割了夫妻共同财产。这表明男女平等原则是法官处理夫妻共同财产分割的最主要原则。这一原则在离婚财产分割中的适用,就是对夫妻共同财产均等分割。依此原则,离婚双方对夫妻共同财产各享有 50%的所有权,在离婚时可各自分得 50%的份额。

除上述两项原则外,法官依次适用的原则是:照顾子女和女方原则(13 件,占 11%)、有利生产、方便生活原则(7 件,占 6.4%)、照顾无过错方原则及其他(各 3 件,分别占 2.75%)。照顾子女和女方利益是《婚姻法》保护妇女儿童权益原则在财产分割中的具体体现,在司法实践中法官会根据具体案情适用这一原则,对抚养子女的一方或女方在分割夫妻共同财产时适当多分割财产。有利生产、方便生活原则要求法官在具体分割财产时要考虑财产的使用价值,考虑双方和子女的实际需要;司法实践中,法官会斟酌考虑夫妻共同财产的价值和实际使用情况进行分割,但绝大多数不将其作为财产分割的原则，且适用的比例很低。法官适用照顾无过错方原则的前提是需要分清是非，确定有过错方的过错；鉴于实践中原告方举证困难，法官难以认定婚姻过错，故用这一原则分割夫妻共同财产的情形非常少见。

（五）离婚救济措施

离婚救济，是法律为离婚当事人中的弱势一方、受有损害的一方提供的法律救助手段。我国 2001 年修订的《婚姻法》，在原有离婚经济帮助的基础上，增设离婚损害赔偿，强化了这一制度。

本次调研从离婚经济帮助和离婚损害赔偿两方面展开。对离婚经济帮助主要从请求经济帮助的主体、请求的理由、法院调解或判决经济帮助的方式与数额三方面展开；对离婚损害赔偿主要调查统计了请求损害赔偿的主体、请求的理由、法官是否准予离婚损害赔偿及赔偿数额三项内容。汇总三地数据可见，离婚时一方请求法院判决给予经济帮助的案件 11 件、请求离婚损害赔偿的案件 18 件，仅占全部阅卷总数的 2.8%和 4.6%。

关于离婚经济帮助，从请求经济帮助的主体、请求的理由、法院调解或判决结果三方面，可勾勒其特点：(1) 请求经济帮助的主体中妻方比夫方多。在有记载的 11 起离婚案件中，女性提出此项要求的占 91%。这反映出我国男女两性的经济地位相差较大，国际公认的“离婚女性贫困化”现象在我国同样存在。(2) 请求经济帮助的理由中，一方无房居住的比例最高，为 5 例；身患重病或年过 60 岁的次之，为 3 例；无业或失业的有 2 例；子女上学的 1 例。(3) 法院调解或判决经济帮助的结果，11 起案件中，有 9 例法院准予提供经济帮助，并且全部是经法院调解双方达成协议来确定经济帮助的方式与数额。这与《婚姻法》规定法院审理离婚案件调解是必经程序有一定关系。当事人请求帮助的方式以给付金钱为主。金钱的给付数额跨度比较大，从给付 500 元以下到 3 万—5 万元不等，其中 6 例都是一方给付经济困难方 500 元以下；给付 1.5 万—2 万元的 2 例，3 万—5 万元的 1 例。尚无以住房的所有权或居住权作为经济帮助的标的的案件。已有研究认为，我国的离婚经济帮助措施“呈现出寻求帮助者比例低、实际受助者比例低、获得经济帮助数额低的‘三低’状态”[①]。本次调研一定程度上印证了这一结果。

---

① 巫昌祯主编：《婚姻法执行状况调查》，中央文献出版社 2004 年版，第 6 页。

关于离婚损害赔偿，从请求损害赔偿的主体、请求的理由、法官是否准予离婚损害赔偿及赔偿数额三方面，也可总结出如下特点：(1) 请求损害赔偿的主体以女方为多。在三市有记载的18起离婚案件中，女方提出此项要求的有14件，占78%。可见，即便是在经济发达的大城市，女性在家庭生活中的地位与男性相比也并不平等，女性的弱势地位导致其利益较易受到损害。(2) 一方请求损害赔偿的理由主要是对方实施家庭暴力，以此为理由的多达11件；配偶一方与他人同居的次之，有6件。(3) 法官准予离婚损害赔偿的比例低。仅有3例获得离婚损害赔偿，其中1例是过错方同意支付赔偿金。在不准予离婚损害赔偿的案件中，2例是因为受到家庭暴力的对象并非离婚当事人，而是该方当事人的父母。这表明很多离婚当事人并不真正理解离婚损害赔偿的内容，导致提起离婚损害赔偿的当事人很少，而要求离婚损害赔偿的当事人往往也无法得到赔偿。

四、结语

行动中的法，即法的执行者、遵守者在法律运行过程中所实际遵循的规则，是法律社会学关注的重点。[①] 本次调查并非社会学意义的定量研究，而是侧重从法律社会学视角出发，以三市三个基层法院一审终结的诉讼离婚案件为样本，对照已有相关实证调查数据，探寻并印证2001年《婚姻法》修正以来在诉讼中的应用状况，以此发现立法漏洞，为民法典体系中的婚姻家庭法新架构提供事实依据和研究结果。

我国已经进入经济社会快速发展的时期。社会学调查表明[②]，频繁的人口流动、急剧的城镇化，以及人们婚姻家庭观念的变化，使得我国婚姻家庭经历着全球化和市场化的洗礼，正步入现代化的过程。经济社会和婚姻家庭关系的现代化都不同程度地在诉讼离婚案件中有所体现。

诉讼离婚案件是最典型、最传统的民事纠纷，也是婚姻家庭关系发展变化的晴雨表。它不仅涉及当事人财产清算与分割，更要对夫妻间的情感、亲子间的亲情作出判断与了断。透过形形色色的诉讼离婚案件，可以看到我

---

① 朱景文主编：《法社会学》(第2版)，中国人民大学出版社2008年版，第7页。

② 中国社会科学院五城市家庭调查课题组(李银河执笔)：《五城市家庭结构与家庭关系调查报告》，http://www.sociology.cass.cn/shxw/shgz/shgz，最后访问日期：2011年1月7日。

国社会的巨大变化与经济社会快速发展对婚姻家庭的影响，由此，也会对现行《婚姻法》和司法解释的若干制度与规定的妥当性进行质疑与反思。

第二节　三市调研典型案例分析

典型案例一：家庭暴力致夫妻分居八年应判决准予离婚

（一）案件事实

原告关某某，女，56岁，退休工人。被告吴某，男，58岁，退休工人。关某某与吴某1980年初经人介绍相识，同年8月登记结婚，婚后第二年生下一女儿。婚姻关系存续期间，吴某以个人名义承租北京市某小区平房一间，用于双方共同生活。后因吴某殴打关某某，双方于2000年起开始分居。2008年4月，关某某向北京市某区法院提起诉讼，要求与被告吴某解除婚姻关系，依法分割夫妻共同财产。

庭审中，原告称：自己与丈夫婚前接触时间较短，彼此了解不够，婚后发现双方性格差异很大，沟通很少。丈夫酗酒，经常酒后打她和孩子。以前，考虑女儿还小，怕离婚影响孩子学业，现女儿已经成年并工作，才决定起诉离婚。原告提出，因为被告打她，要求被告赔偿2万元。对于分居期间在外租房费用，要求被告补偿1万元。被告辩称：不同意离婚。因为双方长期关系不睦影响到女儿择偶；再者，双方结婚长达28年，现在年龄都比较大，以后需要相互照顾。被告承认曾殴打过原告，同意赔偿2万元，但不同意补偿原告在外租房费用1万元。

法院审理查明，原被告确于1980年8月登记结婚，1981年生有一女儿。婚姻关系存续期间，被告多次对原告及女儿实施暴力，最终导致原告于2000年离家，在外租房居住，与被告分居长达8年。双方婚后无共有婚姻住房，长期居住在被告以个人名义承租的某小区一间平房中，双方也无其他住所。原告主张平均分割被告解除劳动关系时，单位支付的经济补偿金13万余元，并向法庭提交原单位出具的与被告解除劳动关系证明一份。该份证明内容有二：一是被告确与该单位解除劳动关系，单位支付解除劳动合同经济补偿金13万余元；二是被告住房公积金账户金额2万余元。法院对此书证予以采信。对于以被告名义承租的某小区平房一间,原被告均主张居住权,要求平均分割。

（二）法院判决

法院根据我国《婚姻法》第 32 条第 3 款第 4 项、第 39 条第 1 款,作出判决:(1) 原告与被告系自主结婚,两人因家庭矛盾争吵打斗并分居。至原告起诉离婚时,双方分居已达 8 年之久,应认定双方的夫妻感情已经完全破裂,故准许双方离婚。(2) 对于以被告个人名义承租的某小区一间平房,判由双方共同居住使用,该房屋今后涉及费用由两人平均负担。(3) 被告 2006 年与单位解除劳动合同的经济补偿金,为夫妻共同财产。考虑到被告与单位建立劳动关系是在婚姻关系成立之前,故参照被告工作年限(1969 年)与婚姻缔结时间(1980 年),对该项补偿金予以分割:原告分得 4.8 万元,其余归被告所有。(4) 被告名下的住房公积金 2.32 万余元,归被告所有,被告给付原告住房公积金折价款 1.16 万元。(5) 因被告对原告主张支付 2 万元实施家庭暴力赔偿金表示同意,法院不持异议,判决被告给付原告 2 万元离婚损害赔偿金。(6) 对原告主张被告支付 2000 年以来另行租房费用 1 万元的请求,因原告未提交充分证据,法院予以驳回。

（三）法理分析

本案是因家庭暴力导致夫妻双方分居 8 年、法院判决准予离婚的典型案件。离婚是夫妻身份关系的解除,但双方在婚姻的共同生活期间所生财产关系随之失去存在必要。法院判决双方离婚时,应一并处理财产事务,依法认定和分割双方婚后共同财产。本案涉及对婚姻关系存续期间一方与企业解除劳动合同所得的经济补偿金、住房公积金是否为夫妻共同财产的认定与分割。诉讼中,原告提出离婚损害赔偿请求,法院是否支持,也是对本案进行法理分析的要点。

1. 关于人民法院判决离婚的法定理由

依照我国现行《婚姻法》第 32 条第 2 款,夫妻感情确已破裂是人民法院准予离婚的法定标准。对该款规定的含意可从两方面理解:(1) 夫妻感情确已破裂是客观存在的事实,是法院判决离婚的实质要件,是实体性规定;(2) 调解无效只是诉讼离婚的程序性规定。如果夫妻感情没有破裂或者尚未完全破裂,即使调解(和好)无效,法院也不应准予离婚。那么,本案原被告的夫妻感情破裂是否到了应准予离婚的程度呢？对此,《婚姻法》第

32 条第 3 款作出列举性规定："有下列情形之一，调解无效的，应准予离婚：(一) 重婚或有配偶者与他人同居的；(二) 实施家庭暴力或虐待、遗弃家庭成员的；(三) 有赌博、吸毒等恶习屡教不改的；(四) 因感情不和分居满二年的；(五) 其他导致夫妻感情破裂的情形。"家庭暴力是对家庭成员人身权利的严重侵害。其中，夫妻之间的暴力(又称"婚姻暴力"或"配偶暴力")严重损害夫妻感情。配偶暴力的直接受害人是夫妻一方，但也会波及其他家庭成员尤其是未成年子女。故本款第 2 项将对家庭成员实施暴力作为法定离婚理由之一。本案中，导致夫妻感情破裂的直接原因是被告对原告及女儿有暴力行为，原告因此与被告分居达 8 年之久。双方分居时间之长，远远超过本款第 4 项列举的 2 年。可见，导致夫妻感情无可挽回地破裂的法定情形是双重的：一是被告对原告及女儿的暴力行为；二是原告与被告分居长达 8 年。基于此，可在学理上作出推定：原被告双方已无夫妻关系之实，该婚姻确无维系之必要。可见，受案法院判决解除原被告之间的婚姻关系，既有明确充分的法律依据，也符合法理。

2. 关于夫妻共同财产的认定与分配

我国从 1980 年《婚姻法》开始，实行婚后所得共同所有的法定夫妻财产制。学理而言，法定财产制适用的效力不及约定财产制，如果夫妻之间签订有夫妻财产制契约，便不适用法定财产制。因此，夫妻双方已经订立夫妻财产制契约是排除法定夫妻财产制适用的前提，否则，离婚时对双方财产关系的处理，当然适用基于法定财产制类型所确立的财产清算与分割规则。我国婚后所得共同制下的夫妻共同财产，是指在婚姻关系存续期间，夫妻一方或双方所得的财产，除法律另有规定或者夫妻双方另有约定外，均归夫妻共同所有的财产。此财产共有形式是婚姻期间不论双方对财产取得的贡献大小，不分份额的共同共有。当婚姻关系解体，分割夫妻共有财产时，以均等分割为基本准则。

我国现行《婚姻法》坚持婚后所得共同共有的法定夫妻财产制类型，同时，又列举性规定了夫妻共有财产和夫妻个人特有财产，限定并相对缩小了夫妻共同财产的范围。依照《婚姻法》第 17 条、第 18 条，本案所涉婚姻期间一方解除劳动合同的经济补偿金、住房公积金的归属不在法律明定范围内。

我国《婚姻法》第 17 条、第 18 条又都设有兜底条款——其他应当归夫妻共同所有或一方所有的财产，从而为立法解释或司法解释提供了可能。

2003年最高人民法院《关于适用〈中华人民共和国婚姻法〉若干问题的解释（二）》第11条指出："婚姻关系存续期间，下列财产属于婚姻法第17条规定的'其他应当归共同所有的财产'：（一）一方以个人财产投资取得的收益；（二）男女双方实际取得或者应当取得的住房补贴、住房公积金；（三）男女双方实际取得或者应当取得的养老保险金、破产安置补偿费。"本案原被告争议的被告解除劳动合同的补偿金虽不是单位破产时对员工的安置补偿费，但其功能与之相似，都是单位对员工提前离岗的精神抚慰和对员工未来生活的安置，应当类比破产安置补偿费，将之认定为夫妻共同财产。结合本案情况，分割时应当扣除被告与原告婚前相应年限的比例，将与婚姻关系存续期间相应工龄的补偿款在原被告之间均等分配。受案法院正是依据该司法解释，在分割时，顾及被告与单位建立劳动关系是在与原告结婚的11年前，判决给被告多分，这符合情理与法理。

对于婚姻期间被告一方的住房公积金，依上述司法解释第11条，应属于夫妻共同财产。然而，国务院2002年修改后的《住房公积金管理条例》第3条明确规定："职工个人缴存的住房公积金和职工所在单位为职工缴存的住房公积金，属于职工个人所有。"显然，该两项规定有所不同。但从住房公积金的性质与功能出发，宜将婚姻关系存续期间夫妻各自的住房公积金认定为夫妻共有财产。何谓"住房公积金"？依《住房公积金管理条例》第2条，它"是指国家机关、国有企业、城镇集体企业、外商投资企业、城镇私营企业及其他城镇企业、事业单位、民办非企业单位、社会团体及其在职职工缴存的长期住房储金"。它是我国城市住房制度改革过程中出现的新事物。国家将原先由单位一次性分房变为现在为每一职工建立住房公积金账户，它是一项个人储蓄、单位资助，统一管理、专项适用的住房长期储蓄金。《住房公积金管理条例》第5条明确指出："住房公积金应当用于职工购买、建造、翻建、大修自住住房，任何单位和个人不得挪作他用。"可见，住房公积金与职工家庭的关系极为密切，具有对职工家庭基本生活的保障功能，而不具备严格的、专属于特定人身的性质。[①] 既然住房公积金属于夫妻共有财产，离婚财产分割时应予以分割。本案法院判决第4项将被告名下的住房公积

---

① 最高人民法院民事审判第一庭编著：《最高人民法院婚姻法司法解释（二）的理解与适用》，人民法院出版社2004年版，第112—113页。

金 2.32 万元，认定归被告所有，便有所不当。同时，该项判决又令被告给付原告 1.16 万元折价款，似是前后矛盾。只有认定该款项为夫妻共有财产时，才会存在实际占有者对另一方的给付。从补偿数额看，被告给付原告的 1.16 万元折价补偿款，恰是全部住房公积金款项的一半，因此可以推定，该项判决的表述存在不周延之处，可表述为："被告名下的住房公积金 2.32 万余元，为双方共有财产，被告给付原告 1.16 万元。"

3. 关于离婚损害赔偿

离婚损害赔偿是我国 2001 年修改《婚姻法》时增设的制度。它具有"填补损害、精神抚慰、制裁和预防违法行为"①的功能。《婚姻法》增设这一制度，目的在于保障离婚自由，对无过错一方利益损失给予法律救济，并以民事责任方式惩罚过错方，从而明辨是非、遏制法定的四类违法行为。依《婚姻法》第 46 条②，我国离婚损害赔偿制度是夫妻一方的过错行为导致双方离婚时发生的赔偿，并非仅因离婚造成损害的赔偿，夫妻一方在婚姻存续期间的婚姻过错行为与双方离婚之间有着必然的因果关系。③ 随着最高人民法院三个《婚姻法》司法解释的发布，这一制度在司法实践中的运用规则逐渐清晰，例如，无过错方可以在离婚期间行使离婚损害赔偿请求权，也可以在双方离婚(包括登记离婚)后一年内单独提起该项请求，等等。

离婚损害赔偿请求权是法律赋予无过错配偶方在离婚时享有的权利。无过错方不提出此项请求，法院不得在审理离婚案件时主动提出，其他人如子女等近亲属也不能针对配偶一方的过错行为提出损害赔偿请求。最高人民法院《关于适用〈中华人民共和国婚姻法〉若干问题的解释(一)》第 29 条、第 30 条要求法院受理离婚案件时，应当书面告之离婚当事人享有离婚损害赔偿请求权，使当事人知晓该项权利，决定是否行使。本案原告在诉讼中提出被告曾对自己实施殴打，以此为由要求被告支付 2 万元赔偿金。被告对此表示愿意支付，法院也予以支持。如果被告不承认对原告曾实施暴力，或

---

① 陈苇:《中国婚姻家庭法立法研究》，群众出版社 2000 年版，第 297—298 页；夏吟兰:《民法亲属编离婚制度之探讨》，载《中华女子学院学报》2002 年第 4 期。

② 我国《婚姻法》第 46 条规定:"有下列情形之一，导致离婚的，无过错方有权请求损害赔偿:(一) 重婚的;(二) 有配偶者与他人同居的;(三) 实施家庭暴力的;(四) 虐待、遗弃家庭成员的。"

③ 薛宁兰、金玉珍主编:《亲属与继承法》，社会科学文献出版社 2009 年版，第 194 页。

者不同意支付2万元赔偿金,则原告在诉讼中应当对自己的主张提出必要的证据,法院对原告提供的证据会要求被告质证,以此认定是否存在家庭暴力;若确有家庭暴力发生,则须对被告应赔偿的数额作出裁决。本案被告同意支付2万元赔偿金,法院当然不应持异议。

典型案例二:照顾无过错方是离婚财产分割的原则之一

(一)案情事实

原告绍某某,男,46岁,无业;被告李某某,女,40岁,保险公司职员。邵某某与李某某系自主恋爱,1996年5月登记结婚。1997年7月女儿邵某出生。婚后邵某某与李某某因性格不合,经常发生矛盾,曾有过肢体冲突。2006年2月李某某从家中搬出,于当年3月起诉要求离婚,经法院判决驳回起诉。2007年5月,李某某再次起诉离婚,后又撤诉。2008年4月一天凌晨,绍某某报警称有男子留宿在其妻李某某租住房屋内。当地派出所警察出警,敲开李某某租住房门,发现一穿运动短裤和背心的男子睡在地铺上,同屋床上睡着原告以及被告的女儿绍某。绍某某征得女儿同意,将她带离李某某住所,之后,向法院提起离婚诉讼。

原告绍某某提出下列主张:要求自己抚养女儿,被告李某某每月支付抚育费1000元,到女儿满18周岁为止;要求依法分割双方婚姻存续期间各项财产共计价值123万余元,并由被告承担本案诉讼费用。被告同意离婚,起初主张自己抚养女儿,因为在与原告分居期间,女儿一直和她共同生活,后又松口,承诺若原告抚养女儿,同意每月给付1000元抚养费。原告和被告还对电器、家具的分割达成协议,但在房产和贵重财产分割方面存在巨大分歧。被告提出自己没有地方住,而原告有公房住,要求法院将两人婚后购买的房屋(市价200万元)判给自己,并给付原告100万元折价款。原告指证被告与第三人存在通奸行为,并提供警察出警记录。原告认为被告与异性关系暧昧,导致夫妻感情破裂。被告不同意原告陈述,对那天晚上朋友留宿家中作出解释:"那天家中灯坏了,我叫来朋友帮忙修。后邀他在家中吃饭。他喝了些酒,不便开车回去。我和女儿商量让他打地铺留宿一夜,我和女儿睡在床上。"庭审中,原告方的两个证人出庭作证。女儿邵某证明,自父母闹矛盾以来,一直随母亲居住。其间经常看到母亲与侯姓男子见面,并留宿。2008年4月那天晚上,家中灯没有坏,那晚她和母亲睡在床上,侯姓男子睡地铺。原告的朋友刘某证明，那天晚上接到原告电话后一同去被告住处。警察敲门十多分钟后，被告才穿着睡衣来开门，进屋后，那个男子穿运动内裤从里屋出来。警察对被告和那个男子进行了说服教育。原告坚持带走孩子，孩子也愿意，他就随原告带着孩子离开了。

一审法院审理查明，原被告婚后因性格不合产生矛盾，曾发生过一次肢体冲突。被告李某 2006 年 2 月从家中搬出。2008 年 4 月初，原告邵某某发现一男子留宿被告李某某住处，并报警。警察出警调解并有记录。现证实，该男子之前多次在被告李某某房内留宿。法院认为，被告李某某与异性关系暧昧，导致夫妻关系破裂，对此应承担过错责任，对共同财产分割应本着保护无过错方及儿童权益的原则处理。

（二）法院判决

一审法院依照我国《婚姻法》第 32 条第 2 款、第 36 条，第 37 条、第 39 条第 1 款、第 41 条，作出判决：(1) 准予绍某某与李某某离婚；(2) 女儿邵某由原告抚养，被告自 2008 年 7 月起每月给付抚育费 1000 元，到邵某 18 周岁为止；(3) 夫妻共同财产桑塔纳轿车一辆及其他物品，双方婚后所购坐落于本市某区某号房屋一套归原告邵某某所有；帕萨特牌小轿车一辆及其他电器归被告李某某所有；(4) 原告邵某某给付被告李某某财产折价款 45 万元；(5) 原告邵某某婚前承租坐落于本市某区某号房屋由原告继续居住使用。

被告李某某不服一审判决，向中级人民法院提起上诉。她请求撤销一审判决第 4 项，对双方共同财产重新分割；请求判令自己每月探视女儿两次。

二审法院经查认定一审法院查明的事实，并认为，在夫妻离婚财产分割过程中，应当本着照顾子女和无过错方的原则处理。李某某确实存在留宿婚外异性的行为，虽然她辩解是一般朋友关系，但该行为与一般社会伦理观念相违背，故一审认定李某某应当承担过错责任，并无不当。由于邵某某直接抚养女儿，且李某某有过错行为，在夫妻财产分割上可以适当照顾邵某某。双方所购房屋归邵某某所有，并给付李某某房屋折价款，但一审判决邵某某给付李某某的折价款数额过低，应酌情予以变更。对于上诉人李某某增加的探视权请求，二审法院经调解，上诉人和被上诉人未能达成一致意见，当事人可以另行起诉。

二审法院依据我国《民事诉讼法》第 170 条第 1 款第 2 项、《婚姻法》第 39 条第 1 款作出终审判决：维持一审判决第 1、2、3、5 项；变更一审判决第 4 项为：邵某某给付李某某财产折价款 80 万元。

（三）法理分析

离婚财产分割照顾无过错方，是最高人民法院 1993 年《关于人民法院审理离婚案件处理财产分割问题的若干具体意见》确立的一项基本原则。[①]它与我国《婚姻法》第 39 条第 1 款“照顾子女和女方权益的原则”共同构成我国离婚财产分割照顾原则的基本内容。我国离婚制度在总体上采无过错离婚主义，夫妻感情确已破裂是裁判离婚的标准。在此立法主义下，我国《婚姻法》将法定过错作为确定夫妻感情确已破裂的具体情形；对于具有法定过错者，即有重婚、与他人同居、实施家庭暴力或虐待、遗弃家庭成员情形之一的，离婚损害赔偿制度赋予无过错的受害一方在离婚时享有离婚损害赔偿请求权。从我国《婚姻法》第 46 条规定看，只有存在上述四种情形之一的，无过错配偶一方才享有此项赔偿请求权。在其他情形下，如一方与婚外第三人通奸等导致离婚的，则无损害赔偿之可能。因此，离婚财产分割时，将一方过错作为离婚财产分割的考虑因素之一，对无过错一方适当多分割财产，弥补其感情上、精神上遭受的伤害和痛苦，体现了离婚法的公平与正义。当然，对无过错方不能进行双重补偿，如果已经符合离婚损害赔偿的条件，就不得要求在财产分割时予以照顾。

本案审理法院经调查取证，确认被告女方在与原告的婚姻关系尚未解除之时，留宿婚外异性，致婚姻关系不能维持。考虑到被告女方的通奸行为损及夫妻感情，也不利于未成年子女身心健康，法院征求原被告的女儿（11 岁）意愿后，判决女儿由原告男方抚养。法院还将双方婚后购买房产判归原告男方所有，这既是法官适用离婚财产分割照顾无过错方原则的结果，也是对原告直接抚养女儿的补偿，有利于满足其未来生活之需。但一审判决原告支付被告 45 万元财产折价款，确实过低，会致女方今后生活陷于困顿。现行司法解释关于离婚财产分割照顾无过错方的规定，存在对婚姻过错缺

① 该司法解释指出：“人民法院审理离婚案件对夫妻共同财产的处理，应当依照《中华人民共和国婚姻法》《中华人民共和国妇女权益保障法》及有关法律规定……坚持男女平等，保护妇女、儿童的合法权益，照顾无过错方，尊重当事人意愿，有利生产、方便生活的原则，合情合理地予以解决。”

乏界定,“照顾”一词过于弹性之不足。制定我国民法典婚姻家庭编,对离婚财产分割与离婚救济制度体系化进行设计时,可扩大离婚损害赔偿范围,取消照顾无过错方原则作为离婚财产分割的考虑因素。①

典型案例三:结婚当日购买房屋与婚前财产在婚后经营收入的归属认定

(一)案件事实

原告陈某某,女,51岁,某私营公司副经理。被告刘某某,男,53岁,个体工商户。原被告曾是中学同学,婚前有过合伙经营关系。2007年4月16日双方登记结婚,并在当日以被告刘某某名义与某房地产开发有限公司签订商品房买卖合同,购买位于某市某区某公寓住房一套,房款总额45万余元。原被告均系再婚,婚后没有生育子女。

2008年11月陈某某向某区法院起诉离婚。她在诉状中写道:由于双方婚姻基础不牢,婚后经常遭到被告的无端猜疑,双方常为生活琐事发生矛盾。被告经常酗酒,并打骂她,曾将她打伤,她报过警。双方结婚一年半,已多次分居。被告的行为对她身心造成严重伤害,双方感情确已破裂,坚决要求离婚,并依法对两人的房产、粮油店利润及其他财产进行分割,原告方还提出对粮油店享有经营权。被告刘某某对原告提出的离婚诉求表示同意,但对原告要求分割房产、粮油店利润等财产有异议。被告认为,该房产的首付款27万是他婚前支付的,房产应为他个人财产,婚后偿还的15万元房贷,可一人一半。

一审期间,原告对双方争议房产和被告存款分别提起财产保全申请。法院认为原告申请符合法律规定,依照我国《民事诉讼法》下达两份裁定书:(1)冻结被告在某市某区某公寓住房的产权过户手续;(2)冻结被告在某市某银行账号内的全部存款。

(二)法院判决

法院着重就双方争执房产的购买细节、粮油店经营在双方婚后(2007年5月至2009年10月间)的利润情况开展调查。经原告举证、法院向某房地产开发有限公司调查取证,查明2007年2月7日原告陈某某向该公司缴

① 夏吟兰、薛宁兰:《论夫妻共同财产的认定与分割——以三市离婚案件调查数据分析为路径》,载夏吟兰、龙翼飞主编:《家事法研究》(2011年卷),社会科学文献出版社2011年版。

纳购房定金 2 万元；一周后，由被告刘某某向该公司缴纳购房款 11 万元；3 月 4 日被告缴纳购房款 14 万元；4 月 16 日，双方结婚日当天被告再次缴纳购房款 3 万余元。4 月 19 日房地产公司向刘某某开具 30 万余元的购房发票，余款 15 万元由刘某某于 4 月 26 日交清。法院认为，原被告与房地产开发公司签订购房合同前缴纳的钱款中，原告陈某某也缴纳了部分款项，据此可认定购买该房是原被告双方的共同行为；再者，双方选择登记结婚当日签订购房合同，且没有证据证明签订购房合同与登记结婚时间的先后顺序，故该房产应为夫妻共同财产。

关于双方争执的粮油店利润归属，法院查明，该粮油店系被告刘某某 2000 年与他人合伙开办，个体工商户营业执照登记业主为刘某某一人。法院认定，粮油店为被告婚前财产，应认定为他的个人财产，但双方婚姻关系存续期间粮油店的经营收入应认定为夫妻共同财产。法院查证粮油店 2008 年 5 月份全部利润 8 万余元，并经原被告双方确认。被告辩称粮油店每月收入不固定，但未向法庭提交其他月份经营收入证明。为此，法院以粮油店该月收入为依据，计算双方在婚姻关系存续期间（2007 年 5 月 1 日至 2009 年 10 月 30 日）的收入总额共计 234 万余元。

一审判决如下：(1) 准予原被告离婚；(2) 被告名下位于某市某区某公寓住房由原被告共同所有；(3) 被告于本判决生效之日起 30 日内给付原告婚姻关系存续期间经营收入人民币 105 万余元。

被告刘某某不服一审判决，提起上诉，请求二审法院撤销原审法院第二、三项判决。二审法院认为，由于无证据证明签订购房合同与登记结婚时间的先后顺序，故该房产应为夫妻共同财产；上诉人刘某某作为粮油店业主，应承担该店实际收入的举证责任。原审期间，上诉人和被上诉人均确认 2008 年 5 月粮油店全部利润为 8 万余元，且未提供其他月份收入证明，故原审法院以该月收入为依据，计算双方在婚姻关系存续期间的收入数额并无不当。2010 年 3 月，二审法院作出终审判决：驳回上诉，维持原判。

(三) 法理分析

本案从原告提起离婚之诉到二审法院最终结案，逾一年之久，几乎等同于原被告婚姻的存续时间。原被告对离婚并无异议，主要对房产和粮油店经营收入归属有争执，涉及财产数额较大。

由于原被告在婚前或婚后没有对实行何种夫妻财产制达成协议，故对本案争议财产的认定，应依我国《婚姻法》确立的法定夫妻财产制——婚后所得共同制的认定规则处理。在此财产制下，所谓“婚姻关系存续期间”，是指从男女双方取得结婚证之日起，到一方死亡或者双方离婚时止的期间；而夫妻分居期间或者离婚判决尚未生效期间，仍是婚姻关系存续期间。所谓“婚后所得”，是指夫妻一方或双方取得物的财产权是在婚姻关系存续期间。所谓“所得”，是指对某项财产所有权的取得，而不是必须实际占有该项财产。办案法官紧扣这几个关键点，重点对双方争执房产的所有权取得时间作出确定。通过对原被告结婚日期与签订购房合同日期的比较，一、二审法院得出一致结论：该房产属于双方在婚姻关系存续期间所得财产，应认定为夫妻共同财产。再者，本案所涉房屋不属于 2011 年 8 月 13 日实施的最高人民法院《关于适用〈中华人民共和国婚姻法〉若干问题的解释（三）》第 10 条规定的“夫妻一方婚前签订不动产买卖合同，以个人财产支付首付款并在银行贷款”的情形。这是因为，首先，该房屋首付款由原被告分别多次支付，并非被告一方以个人财产支付；其次，虽然该房产产权证只登记被告一人姓名，但购房过程显示，购买该房产是原被告双方的共同行为；最后，房屋买卖合同签订日与原被告结婚日在同一天，又无证据证明两者之先后顺序，故应将之认定为原被告共同财产。但一、二审判决均未对该项财产作出实际分割，不能排除日后原被告对分割该项房屋又生纠纷，诉至法院的情形出现。

依照我国《婚姻法》第 18 条，一方的婚前财产是其个人财产。本案所涉粮油店为被告婚前开设，有工商登记为证，应是其个人财产。原告方要求对粮油店享有经营权无法律和法理依据，法院当然不予准许。然而，一方婚前财产婚后所生利益的归属并不当然归原物所有权人所有。依照我国《婚姻法》第 17 条，婚后一方或双方从事生产、经营的收益是夫妻共同财产。这当然包括一方婚前财产在婚后的生产经营收益。本案所涉被告个人所有的粮油店在双方婚后的收入正属此类。至于如何在原被告之间分割，则是技术问题。一审法院在原被告不能提供婚姻存续期间粮油店每月利润的情形下，以双方确认的其中一个月的收入为标准，计算从双方婚后第一个月至判决书宣告之上一月共 18 个月的经营收入总额，再在两人之间平均分配，是合适的。本案判决中有关财产归属认定和财产分配方法都具有借鉴意义。

典型案例四：夫妻一方擅自处分财产（赠与）行为之效力

（一）案件事实

周某（女）与严某（男）系夫妻。季某（女）与严某原系同学，2007 年季某离婚后与严某建立情人关系并同居。同居期间，严某以银行转账方式，分两次给季某银行卡转入 10 万元和 200 万元。后季某、严某关系不睦，情人关系终结。2009 年 8 月 26 日，严某以给季某的 210 万元系借款为由，诉至法院要求季某还款。2010 年 1 月 26 日法院以不能认定两人之间形成借贷法律关系为由，判决驳回严某的诉讼请求。2010 年 2 月严某之妻周某诉至法院，称严某汇给季某的 210 万元属于严某经营所得，应为他们夫妻的共同财产，季某从严某处取得财产的行为侵害了她的合法权益，要求确认季某、严某之间的赠与合同无效，并由季某返还赠与款 210 万元，并支付自给付之日起至执行日止的利息。

一审法院认为，严某曾以借款起诉季某，但被判决驳回，且根据严某给予季某 210 万元的时间等因素考虑，在严某无其他借用等证据证实的情况下，应确认严某给付季某 210 万元系赠与。由于 210 万元系严某与周某的夫妻共同财产，且赠与时未征得周某同意，故严某将 210 万元全部赠与季某的行为侵害了周某的财产权。严某将属于夫妻共同财产中属于自己的份额赠与季某有效，而将属于周某的份额赠与季某无效，故季某应将受赠钱款的一半返还周某。至于周某要求季某支付利息的要求，于法无据，不予支持。

一审法院判决后，周某、严某、季某三人均表示不服，上诉至二审法院。周某诉称：基于我国《婚姻法》及相关司法解释，夫妻对婚姻关系存续期间的共同财产有平等的处理权，严某给付季某钱款的行为属赠与性质；严某未征得周某同意，支付给婚外情人季某数额巨大的钱款，其行为不道德，且已实际损害周某的权益，故季某应予以返还，要求撤销原判，改判支持周某的原审诉请。严某诉称：认同周某的上诉理由及请求。季某诉称：210 万元不属于周、严二人的夫妻共同财产，她本人无审查和返还义务；严某对本案系争财产损失也有责任，应当在考虑过错方的赔偿责任后判令返还余额，要求驳回周某的原审诉请。

（二）法院判决

二审法院审理认为，夫妻在婚姻关系存续期间取得的财产，归夫妻共同所有；对夫妻共有财产的处分，应当双方协商，取得一致意见，方可进行。本案争议的 210 万元，是严某与周某在夫妻关系存续期间取得，应为夫妻共有财产。严某未经周某同意，将该笔钱款赠与季某，属于擅自处分夫妻共有财产的行为，侵犯了周某的财产权。并且，严某的赠与行为是基于其与季某的非法同居关系，违反了我国《民法通则》确立的公序良俗原则和《婚姻法》的相关规定。季某明知严某有配偶而与之同居，并接受其赠与的 210 万元，具有明显的过错，其取得争议钱款的理由不正当，且主观上并非善意，理应对此产生的后果负责。因此，严某与季某的赠与合同关系无效，周某要求季某返还系争赠与款的理由充分，应予支持。至于周某要求季某赔偿利息损失，因缺乏相应的事实及法律依据，不予支持。

（三）法理分析

夫妻一方擅自将共有财产赠与第三人的行为是否有效，系本案争议焦点。对此类行为的效力，学界主要有三种观点：第一种观点认为，此类赠与行为有效。理由是：判断赠与行为是否有效主要考虑两个因素——意思表示真实与内容合法。通常情况下，夫妻一方将共同财产赠与婚外同居者多是自愿，其意思表示并非虚假。而其赠与动机（维持同居关系）的违法并不等同于内容违法，不能导致该赠与行为无效。① 第二种观点认为，此类赠与合同部分有效。理由是：夫或妻对夫妻共有财产都享有一定份额，夫妻一方有权将属于自己的财产赠与他人，而对于不属于自己所有的部分，夫妻一方的赠与行为则属无效。② 第三种观点认为，此类赠与合同一律无效。理由是：此类赠与合同实质上违反了公序良俗原则。③

笔者认同第三种观点，即此类赠与合同无效。理由有二：

第一，此类赠与合同的内容具有违法性。根据我国《民法通则》第 7 条、《婚姻法》第 4 条，民事活动不能违反公序良俗原则，婚姻当事人应彼此忠实，不能实施危害对方及婚姻稳定的行为。夫妻一方擅自将夫妻共有财产赠予婚外同居者，有违夫妻之间的忠实义务，也与社会公认的善良风俗相悖，不能认可其效力。那种认为“同居关系违法不同于赠与行为违法”，将

---

① 李曙明：《“二奶”的房子让人犯了难》，载《检察日报》2002 年 2 月 27 日。
② 同上。
③ 罗丽：《“二奶”受赠违反公序良俗》，载《检察日报》2002 年 3 月 13 日。

"维持同居关系"视为赠与行为动机的观点不能成立。在此类案件中,当事人双方对赠与的目的均心知肚明,这已经超越了动机只存在于一方心理而对方无法知晓的界限。"维持非法同居关系"已构成赠与行为的条件,是该行为的组成部分。因此,此类赠与行为实质上具有不法性,应属无效。[①]

第二,此类赠与合同处分了夫妻共有财产,侵害了配偶一方对共有财产的平等处分权。夫妻双方对共有财产享有平等处分权,除因日常生活之必需而为的处分行为外,其他重大财产的处分均应由夫妻双方协商一致。未经对方同意而为的擅自处分行为,性质上属于无权处分,在配偶另一方拒绝追认的情况下,该处分行为无效。且因赠与行为系无偿行为,第三人也不符合善意取得的条件。

本案一审判决持第二种观点,即认定赠与行为部分有效,这种观点亦有不妥。因为夫妻共有财产性质上属于共同共有,双方虽然对共有财产享有平等的处理权,但并不享有独立处分的份额权,夫妻对共有财产的处分只能协商一致。在婚姻关系存续期间,除日常生活所需外,夫妻任何一方不能擅自行使共有财产处分权,也无处分自己所谓"份额"之可能。[②] 例如,《瑞士民法典》第 215 条规定,"对于共同财产,配偶双方均不得自由处分其应有部分……";第 217 条规定,"对共同财产中某财产的处分,应得到他方同意。但属一般管理行为的,不在此限……"。其立法目的,正如史尚宽先生所阐释的:"共同财产为一单位,处于夫妻共同支配之下,与夫妻双方之人格结合,不容第三人参与,故其共同共有部分,任何一方不得让与或为其他处分……"。[③] 可见,此类行为不存在部分无效的情形。

有观点认为,如将此类赠与行为一律认定为无效,则同样存在过错甚至主要过错的丈夫可以通过妻子追回已赠与第三人的财产,而不付出任何代价,可谓"人财两得"。最高人民法院《关于适用〈中华人民共和国婚姻法〉若干问题的解释(三)》(征求意见稿)第 2 条曾规定:"有配偶者与他人同居,为解除同居关系约定了财产性补偿,一方要求支付该补偿或支付补偿后反悔

---

① 王泽鉴:《民法学说与判例研究》(第 3 册),中国政法大学出版社 2005 年版,第 122 页。

② 即使认为共同共有财产中也隐含份额,即份额均等,但这种份额只有在婚姻关系终止或婚姻存续期间诉请法院析产的情况下才能实现。

③ 史尚宽:《亲属法论》,中国政法大学出版社 2000 年版,第 429 页。

主张返还的,人民法院不予支持;但合法婚姻当事人以侵犯夫妻共同财产权为由起诉主张返还的,人民法院应当受理并根据具体情况作出处理。"这一条款将因维持婚外同居关系而为的财产给付行为,视为民法中的不法原因给付,其效力规则为:给付方已经给付的,不能主张返还;没有给付的,另一方不能依据约定主张给付。这在我国台湾地区"民法"中就有类似规定。[①]这种做法平衡了同居双方的利益,具有一定的合理性。但我国大陆地区与台湾地区的不同在于,大陆地区法定夫妻财产制为婚后所得共有制,所以,夫妻一方为维系婚外同居关系而为的给付,不仅存在给付原因的不法性,还多涉及对夫妻共有财产的侵害。笔者认为,现实生活中确有第三者因受欺骗而为同居行为,即其本身并无过错,由其全部承担不利后果看似不公平,但从维护社会公众道德底线考虑,在维护婚外同居者利益与维护家庭稳定的取舍上,侧重维护家庭稳定显然更符合法理与情理。为了维护婚外同居者的利益而给予其补偿,势必会助长婚外同居行为的发生,从而影响家庭这一"社会基本分子"的稳定。因此,如给付方以个人财产而为给付,可适用不法原因给付规则;如给付方以夫妻共有财产而为给付,则合法配偶得依共有人身份行使物上请求权,要求第三人返还财产。

综上可见,本案赠与合同中的合同条件因违反我国《民法通则》与《婚姻法》基本原则而导致赠与合同无效。综合考虑我国《物权法》《婚姻法》共有财产分割的规定,本案赠与合同应为全部无效,二审法院判决在我国现行法律框架内值得借鉴。法律作为"平衡的艺术",如何平衡婚姻家庭稳定与善意受赠人利益之间的关系,亦可借鉴我国台湾地区和其他国家的相关规定,以期达至公平。

典型案例五:离婚协议中涉他行为的性质及法律适用

(一)案件事实

李某与王某系夫妻关系,婚后生育李甲、李乙两女。2006年9月22日,李某和王某协议离婚,双方签订《自愿离婚协议书》,对孩子抚养和夫妻财产分割等事项作出约定。协议载明,李某同意将其持有的上海丙公司30%股权无偿赠与李甲、李乙各15%,将记在温州丙有限公司的25%股权无偿并

① 参见我国台湾地区"民法"第180条。

无条件地转与王某11%，李甲、李乙各22%。此外，协议书还涉及多项财产处理。协议生效后，王某和两个女儿取得了协议约定的上海丙公司25%股权，并变更工商登记。此后，李某不愿意继续按协议，将其余股权变更至李甲、李乙名下。据此，王某以李甲、李乙法定代理人的身份诉至法院，要求李某按协议约定变更股权。

一审法院认为，李甲、李乙主张的股权，并非由李某单方赠与，故李某与李甲、李乙之间没有直接的赠与合同关系。虽然协议中相关内容表述为“无偿赠与”，但该股权非个人财产而是夫妻共同财产。因此，并非李某个人单独赠与，而是李某与王某对夫妻共同财产的处理。他们所订《自愿离婚协议书》系双方真实意思表示，合法有效，其中有关财产分割的内容，对双方具有约束力。李某应自觉遵守协议书中的约定办理股权变更登记手续。一审判决李某、上海丙公司协助办理股权变更登记手续，并由李某支付案件受理费用。李某不服一审判决，提起上诉，称本案系赠与合同纠纷，上诉人因怀疑李甲非其亲生而撤销赠与决定。

（二）法院判决

二审法院经审理认为，本案争议焦点有二：一是李某的股权让与能否撤销；二是李甲、李乙的诉讼主体是否适格。针对第一个争议点，二审法院认为本案争议股权系李某和王某在离婚协议中对夫妻共同财产的处分，该处理方式与解除婚姻关系有着不可分割的关系，李某否认李甲为自己亲生子女并要求撤销股权转让，实质上是对整个离婚协议效力提出质疑，但其未在最高人民法院《关于适用〈中华人民共和国婚姻法〉若干问题的解释（二）》第9条规定的一年内提出撤销之诉，故离婚协议仍合法有效。对于第二个争议点，法院认为李某和王某在离婚协议中承诺将股权变更至李甲、李乙名下，两人作为财产受让人，有权主张权利，其诉讼主体适格。二审法院根据我国《民事诉讼法》第170条第1款第1项和第175条之规定，判决驳回上诉，维持原判。

（三）法理分析

本案涉及两个问题：一是离婚协议中夫妻将共同财产归属于子女的约定的性质；二是夫妻一方不履行离婚协议时，可通过何种方式加以救济。

通常，离婚协议涉及的内容主要有两个方面：一是对身份关系的处理；二是对财产关系的处理。身份关系主要是夫妻婚姻关系解除的约定、子女抚养问题的约定。财产关系则包括夫妻间财产的分割行为、涉及子女等第三人的财产处分行为。关于夫妻间财产分割行为的性质和效力，理论界和司法实务中并无太大争议，最高人民法院《关于适用〈中华人民共和国婚姻法〉若干问题的解释（三）》对此有明文规定。[①] 依该司法解释，离婚协议中的夫妻财产分割协议应视为附属于身份的财产行为，如果离婚协议不生效，则夫妻财产分割协议也不能发生效力。

对于离婚协议中涉及第三人的财产处分行为（主要表现为将夫妻共有财产约定归子女所有）的性质如何，司法解释中并无规定，学界也存在争议。多数观点将此类行为视为父母对子女的赠与行为，适用《合同法》对赠与合同的规定，如未交付，赠与人享有任意撤销权。[②] 这一观点值得商榷。

民法之赠与行为是赠与人向受赠人所为并为其接受的意思表示。但无论是约定双方财产归属子女，还是一方财产归属子女，均属夫妻双方分割财产的行为，非民法之赠与行为。赠与合同是赠与人向受赠人为赠与特定物的意思表示，受赠人表示接受的协议。合同缔约人是赠与人与受赠人。但无论约定双方财产归属子女，还是一方财产归属子女，离婚协议缔约人均是夫妻双方而非子女。因此，离婚协议不含夫妻与子女之赠与合同，不存在任意撤销赠与行为的问题。

将财产约定归子女所有的协议其性质同样属于离婚财产分割协议。离婚财产分割协议属于附随的身份法律行为，在效力上从属于离婚行为。一旦离婚行为生效，附随的财产协议一并生效，对协议当事人产生拘束力，当事人不得单方变更或撤销。据此，当事人同样不能以赠与行为未交付为由主张撤销该协议。

离婚协议如约定一方特定财产归属子女，实际上是一方向相对方允诺，将向子女给付指定财产；如约定双方特定财产归属子女，实际上是双方分别

---

① 最高人民法院《关于适用〈中华人民共和国婚姻法〉若干问题的解释（三）》第 14 条规定："当事人达成的以登记离婚或者到人民法院协议离婚为条件的财产分割协议，如果双方协议离婚未成，一方在离婚诉讼中反悔的，人民法院应当认定该财产分割协议没有生效，并根据实际情况依法对夫妻共同财产进行分割。"

② 参见杨慧文、郭晓菊：《离婚调解协议中房产赠与约定法律问题探析》，http://www.zwmscp.com/list.asp? unid=8694，最后访问日期：2010 年 3 月 7 日；张翊雯：《离婚协议中的赠与条款撤销问题探析》，http://www.zwmscp.com/list.asp? unid=8275，最后访问日期：2010 年 3 月 7 日。

向相对方允诺，将向子女给付指定财产 1/2 的份额。因此，在法理上，离婚协议约定夫妻一方或双方财产归属子女，应视为夫妻一方或双方允诺向第三人给付，属向第三人给付的合同。

离婚协议约定夫妻一方或双方财产归属子女，与其他向第三人给付合同的区别在于：(1) 属附随合同；(2) 第三人为子女；(3) 如约定双方财产归属子女，则合同双方均须向第三人给付。那么，夫妻协议离婚后，一方或双方不向子女为协议允诺之给付，作为第三人的子女有无给付请求权？

向第三人给付的合同中，第三人无请求权者通称"经由指令而为给付"；第三人有请求权者通称"为第三人利益合同"，简称"利他合同"，如保险、信托等。根据合同理论，判断向第三人给付合同之第三人有无请求权的根据，就是合同是否包含向第三人之允诺，无此允诺，向第三人给付合同就是"经由指令而为给付"合同，第三人无请求权，非受益人；有此允诺，向第三人给付合同就是利他合同，第三人有请求权，是受益人。① 某些法律制度的宗旨是为第三人设定对债务人的受益请求权，如保险、信托等，为实现其宗旨，节约交易成本，债务人向债权人作出允诺时，法律推定向第三人作出允诺，第三人因此而取得对债务人的请求权。

离婚协议约定夫妻一方或双方财产归属子女，探究其本意，是夫妻双方就离婚时财产归属向对方所作之允诺，一般并不包含向子女的允诺，应属"经由指令而为给付合同"。据此，协议离婚后，一方或双方不向子女为协议允诺之给付，子女无请求权。如一方不为给付，则构成违约，另一方有权请求其向子女给付；如双方均不为给付，双方均构成违约。无论一方违约还是双方违约，均适用《合同法》对违约的规定。夫妻离婚后协商变更离婚协议的，同样适用有关合同变更的规定，不受第三人的限制。

就本案而言，两级法院都充分考虑离婚协议效力的特殊性，认定协议中约定无偿移转财产给子女的行为不同于普通赠与行为，不得撤销，应予以肯定。但从法理上分析，在李某不履行离婚协议的情况下，应由协议的另一方当事人王某自己作为原告提起诉讼，而不宜认可王某以子女法定代理人的身份参与诉讼，除非协议中有明确向子女允诺的意思表示。

---

① 参见李锡鹤：《民法原理论稿》，法律出版社 2009 年版，第 217—218 页。

典型案例六：离婚经济帮助案件的审理应关注女性权益保护

（一）案件事实

原告张某，男，76岁，退休工人。被告李某，女，69岁，无职业。原、被告于1999年12月21日登记结婚，双方均系再婚，婚后无子女。2012年7月，双方因感情不和，起诉离婚。

庭审中，原告诉称：被告与其登记结婚时就目的不纯，经常利用各种手段骗取财物，且隐瞒事实多次。被告经常要求原告与其子女断绝关系；并要原告将其所有的房产过户到被告名下，不允许原告将此事告知子女。被告的所作所为已给原告的身心造成了极大伤害，现双方感情确已破裂，且无法继续共同生活，故原告诉讼至法院要求与被告离婚；要求被告返还金戒指一枚。被告辩称：与原告结婚后，自己就属于保姆型妻子。自己在结婚时能做家务，且结婚十余年来，一直都是自己承担家务劳动。现岁数较大，体弱多病，无法再承担家务劳动，故原告产生了抛弃她的念头。又因原告的子女过多干涉他们的夫妻关系，致使双方矛盾加重，现被告同意与原告离婚，但请求法院依法保护被告的合法权益。原告要求被告返还的金戒指，早已被原告要回，故不存在返还问题。

法院审理查明：原、被告确于1999年12月21日登记结婚，双方均系再婚，婚后无共同子女。现原告以双方性格不合、经常因家庭琐事发生争吵为由，诉至法院要求与被告离婚；要求被告返还金戒指一枚。被告同意与原告离婚，但要求依法分割夫妻共同存款5万元；要求原告承担被告因治病而产生的相关医药费及水电燃气费，共计31264.5元；要求原告依法承担夫妻关系存续期间的外债5.7万元，要求原告给付被告一次性经济帮助。

法院查明，2010年6月，原告曾向人民法院起诉离婚，法院判决不准离婚。原、被告自2010年7月起开始分居。分居后，原告曾给被告留下700元生活费。

（二）法院判决

原、被告在婚姻生活中不能妥善处理矛盾，因琐事发生争执而影响夫妻感情，现原、被告双方均无共同生活意愿，夫妻感情确已破裂，故对原告要求离婚的诉讼请求，予以支持。

夫妻之间有相互扶养的义务。被告无经济收入，在原告与被告分居生活后，原告只给付了被告700元作为生活费，远不能满足被告治病及生活需要。由于原告对被告未尽到扶养义务，故原告应依法承担夫妻关系存续期间被告因治病及日常生活所引发的债务31264.5元的清偿责任。原、被告对夫妻共同财产5万元有平等的处分权，对夫妻共同债务5.7万元应共同清偿。经法庭调查，金戒指已由原告索回，原告请求被告返还金戒指的诉讼请求，不予支持。

被告现年69岁，无经济收入，且与原告共同生活十多年，被告在与原告离婚后无住房，又身患疾病，无劳动能力，从保护妇女合法权益的角度考虑，原告应给予被告基本生活和住房上的经济帮助，故判决原告一次性给付被告经济帮助1万元。

（三）法理分析

本案争议焦点在于离婚财产分割、债务清偿，以及是否给予离婚经济帮助。关于本案的审理，应关注以下问题：

1. 离婚诉求的支持

我国《婚姻法》第32条规定："男女一方要求离婚的，可由有关部门进行调解或直接向人民法院提出离婚诉讼。人民法院审理离婚案件，应当进行调解；如感情确已破裂，调解无效，应准予离婚。有下列情形之一，调解无效的，应准予离婚：（一）重婚或有配偶者与他人同居的；（二）实施家庭暴力或虐待、遗弃家庭成员的；（三）有赌博、吸毒等恶习屡教不改的；（四）因感情不和分居满2年的；（五）其他导致夫妻感情破裂的情形。一方被宣告失踪，另一方提出离婚诉讼的，应准予离婚。"本案中，原、被告因感情不和已分居2年；被告无经济收入，原告在与被告分居时，只给被告700元生活费，有扶养能力却不履行扶养义务，具有遗弃情节，且原、被告双方均同意离婚，故依据我国《婚姻法》第32条，可认定原被告双方感情确已破裂，调解和好无效，准予离婚。

2. 夫妻共同债务的清偿

我国《婚姻法》第41条规定："离婚时，原为夫妻共同生活所负的债务，应当共同偿还。共同财产不足清偿的，或财产归各自所有的，由双方协议清偿；协议不成时，由人民法院判决。"这一规定构成我国离婚债务清偿制度的基本内涵，即"夫妻共同债务，夫妻共同偿还。夫妻共同债务，是指夫妻为家庭共同生活或履行抚养、赡养等法定义务所负的债务。凡确定为夫妻共同债务的，应以夫妻共同财产偿还。离婚时应先清偿共同债务，然后再分割共同财产。如果夫妻共同财产不足以清偿夫妻共同债务时，应以夫妻个人财产清偿，各方应承担的比例和具体清偿办法，由双方协议；协议不成时，由人民法院判决”。[①] 本案中，法院根据我国《婚姻法》第 41 条的规定，判决夫妻共同债务由双方共同清偿，符合形式正义。但在债务清偿责任承担环节，没有体现对经济困难一方的适当照顾，欠缺实质正义。

3. 离婚经济帮助的适用

我国《婚姻法》第 42 条规定：“离婚时，如一方生活困难，另一方应从其住房等个人财产中给予适当帮助。具体办法由双方协议；协议不成时，由人民法院判决。”离婚经济帮助，是我国《婚姻法》中的一项重要制度，该制度确立的宗旨，是救济生活困难方，避免其离婚后的生活困难，保障离婚自由。经济帮助制度的适用，有助于倡导离婚当事人间的相互救济，促进社会的和谐与稳定。本案中，法院判决原告给予被告 1 万元经济帮助费，符合我国《婚姻法》的规定，有助于女性权益的保护。因为，依据我国《妇女权益保障法》的规定，女性离婚后无房居住属于经济困难；另据我国《老年人权益保障法》的规定，年满 60 周岁属老年人。本案对被告的经济帮助，有助于被告在离婚后维持基本生活，避免离婚后陷入生活困难的境地。

本案的经济帮助属一次性、短期的经济帮助。从学理的角度看，本案采取长期的经济帮助将更加适宜。在司法实践中，经济帮助主要有两个特点：“一是请求经济帮助的主体以女性为主；二是请求经济帮助的事由相对集中，即无业、无房、收入低、抚养子女、身患重病等。这是经济帮助适用的前提条件。为此，进一步完善经济帮助制度，有助于经济帮助制度的具体适用，保障当事人的离婚权益。”[②]离婚经济帮助制度的完善，应“明确经济帮助的期限。即以短期帮助为主、长期帮助为辅。如一方年轻有劳动能力、生活暂时有困难的，另一方应给予短期的或一次性的经济帮助；结婚多年，一方年老病残、失去了劳动能力又无生活来源的，另一方应在居住和生活方面，给予适当的安排。短期的帮助可在离婚后的 2—5 年以内，长期帮助可在离

① 王歌雅主编：《婚姻家庭继承法学》，中国人民大学出版社 2009 年版，第 189 页。
② 王歌雅：《离婚救济制度：实践与反思》，载《法学论坛》2011 年第 2 期。

婚后5—10年以内,或视具体情况给予无期限的帮助”。[①] 只有进一步完善离婚经济帮助制度,才能保障离婚自由,确保经济困难的一方,尤其是经济困难的女性的离婚权益。

典型案例七:离婚损害赔偿案件中的过错认定

(一) 案件事实

原告王某,男,42岁,工人。被告白某,女,42岁,工人。原、被告于1999年6月登记结婚,结婚初期双方感情尚好,婚后无子女。2010年2月,双方因感情不和,起诉离婚。

庭审中,原告诉称:2007年4月份,被告以有朋友能帮找工作为由到沿海某市,每年回家两次,一次能在家待上三五天。这几年,原、被告的经济一直AA制。2009年11月8日,原告在家收到沿海某市公安局通知,称被告卖淫被依法拘留。此时,原告才恍然大悟。被告的行为深深伤害原告,致使夫妻感情完全破裂,无法继续共同生活。原告诉至法院要求与被告离婚,并将共同所有的房屋一套判归原告所有,要求被告给予精神损害赔偿20万元。被告辩称:(1) 同意与原告离婚;(2) 要求将共同所有的房屋一套判归被告所有;(3) 原告要求的精神损害赔偿没有法律依据,被告不同意给付。

(二) 法院判决

法院审理后认为,原告主张夫妻感情已破裂要求离婚,被告予以认可并同意离婚,经本院调解,双方和好无望,故对原告要求离婚的诉讼请求予以支持。因被告在婚姻关系存续期间从事卖淫活动,存在过错,按照最高人民法院《关于人民法院审理离婚案件处理财产分割问题的若干具体意见》关于离婚夫妻财产分割照顾无过错方的原则,综合原、被告双方离婚的原因,考虑被告的过错程度,对于财产进行如下分割:

(1) 夫妻共有房产归原告所有,由原告给付被告房屋折价款9万元(按房屋价值的30%计算)。

(2) 婚姻关系存续期间原告名下的养老保险金38993.95元及住房公积金70102.26元,原、被告均已认可该财产属夫妻共同财产,虽然该财产在原告名下,但此款由有关部门统一管理。由于被告提取和使用该款将受到

---

① 王歌雅:《离婚救济制度:实践与反思》,载《法学论坛》2011年第2期。

一定限制，所以原告养老保险、住房公积金账户上的资金归原告所有，由原告一次性给付被告32729元（按总额的30%计算）。对于原告主张被告给付精神损害赔偿金20万元的诉讼请求，因被告行为不符合最高人民法院《关于适用〈中华人民共和国婚姻法〉若干问题的解释（一）》第2条所规定的情形，故不予支持。

（三）法理分析

本案争议焦点是离婚损害赔偿。围绕该案件，应关注以下问题：

1. 过错的认定

根据我国《婚姻法》第46条的规定，有下列情形之一，导致离婚的，无过错方有权请求损害赔偿：(1) 重婚的；(2) 有配偶者与他人同居的；(3) 实施家庭暴力的；(4) 虐待、遗弃家庭成员的。本案中，被告从事卖淫活动，违背夫妻应当相互忠实、相互尊重的原则，严重伤害了原告的感情，法院在调解无效的前提下，准予离婚，符合法律规定。被告的卖淫行为并非我国《婚姻法》第46条规定的过错情形，故对被告的离婚损害赔偿请求，法院未予支持。本案中，被告的卖淫行为，并非判决书中所依据的最高人民法院《关于适用〈中华人民共和国婚姻法〉若干问题的解释（一）》第2条中的“有配偶与他人同居”的情形，显属适用法律不当。

2. 离婚财产的分割

我国《婚姻法》第39条第1款规定：“离婚时，夫妻的共同财产由双方协议处理；协议不成时，由人民法院根据财产的具体情况，照顾子女和女方权益的原则判决。”贯彻该条规定应把握下列原则：男女平等原则；照顾子女和女方的合法权益原则；有利于生产、方便生活；照顾无过错方原则；不损害国家、集体和他人利益的原则。本案中，基于被告的过错，法院在分割夫妻共同财产时，适用照顾无过错方原则，对原告给予照顾，符合我国《婚姻法》关于分割夫妻共同财产的规定和适用原则，有助于案件的公平解决。

3. 离婚精神损害赔偿

最高人民法院《关于适用〈中华人民共和国婚姻法〉若干问题的解释（一）》第28条指出：《婚姻法》第46条规定的“损害赔偿”，包括物质损害赔偿和精神损害赔偿。涉及精神损害赔偿的，适用最高人民法院《关于确定民事侵权精神损害赔偿责任若干问题的解释》的有关规定。本案中，原告要求精神损害赔偿20万元，之所以未获得法院支持，是因为被告的卖淫行为不属于我国《婚姻法》第 46 条规定的过错情形。

从学理的角度看,“离婚损害赔偿制度适用难,已成为法学界和实务界的共识。之所以如此,主要有以下几方面原因:一是过错事实难以认定。在司法实践中,除重婚行为相对较少外,其他三项事由,在离婚损害赔偿的事由中多有体现。尽管如此,普遍存在举证难的问题。”[①]二是离婚损害赔偿情形的界定过于狭窄。三是精神损害赔偿的数额难以确定。为此,我国离婚损害赔偿制度应从以下环节予以完善:一是适当拓宽离婚损害赔偿的请求情形。即将通奸、卖淫、嫖娼;一方婚前隐瞒精神病史和生理缺陷,婚后经治不愈;一方隐瞒传染病史,婚后传染给对方致其健康权受损害等情形,纳入离婚损害赔偿的请求范围。二是加强对损害赔偿的认定力度。首先,对无过错方的举证要求要适当从宽,依据最高人民法院《关于民事诉讼证据的若干规定》第 70 条第 3 项,只要视听资料的取得,不违反社会公共利益和社会公德,虽然未经对方同意,也应当采信并作为定案证据。对于无其他证据佐证的无疑点视听资料,只要对方当事人没有提供足以反驳的相关证据,结合案件情况,视听资料证明的事实存在的盖然性高,即可确认该视听资料的证明力。其次,放宽法院调查取证的范围。针对取证难,人民法院可依据前述《关于民事诉讼证据的若干规定》第 17 条第 3 项,依职权或依当事人的申请,对知情人进行调查,再将调查笔录当庭质证。三是适当提高离婚精神损害赔偿金的数额。从司法实践看,但凡准予离婚损害赔偿的案件,精神损害赔偿金的数额相对较低。为体现惩罚和抚慰的原则,在过错方的经济承受能力范围内,可适当提高精神损害赔偿金的数额,以达到警示和抚慰的目的。[②]

---

① 王歌雅:《离婚救济制度:实践与反思》,载《法学论坛》2011 年第 2 期。

② 同上。

第十二章　诉讼离婚制度理论研究

第一节　裁判离婚理由立法模式之选择

一、外国裁判离婚理由的发展

（一）近现代以来的外国离婚立法主义

近现代离婚理由经历了从有责主义到无责主义的发展过程。

1. 有责主义

有责主义，也称过错主义，是指基于婚姻一方当事人的过错而准许离婚。1792 年的法国离婚法准许一方提出合乎法定理由的离婚。1804 年《拿破仑民法典》更是明确列举了可以诉请离婚的具体过错情形。[①] 有责主义有两点重要特征：一是婚姻的解除是基于一方当事人的过错导致的；二是过错一方的离婚自由受到限制。将过错引入婚姻关系中，符合当时将婚姻视为一种民事契约的社会观念。[②] 有责主义的立法较之前的禁止离婚主义当然是莫大的进步，它使当事人有机会从死亡的婚姻中解脱出来；而相较专权离婚主义，当时的有责主义立法模式虽不可避免的还带有性别歧视的色彩，但

---

① 《拿破仑民法典》第 229—232 条规定：夫以妻通奸为理由，妻以夫通奸且于夫妻共同居所实行姘度为理由，夫妻双方以他方对自己有重大暴行、虐待与侮辱为理由，夫妻双方以他方受名誉刑的宣告为理由，得诉请离婚。《拿破仑民法典》，李浩培等译，商务印书馆 1979 年版，第 34 页。

② 法国 1791 年《宪法》第 7 条规定：法律只承认婚姻为民事契约关系。参见 http://www.conseil-constitutionnel.fr/conseil-constitutionnel/francais/la-constitution/les-constitutions-de-la-france/constitution-de-1791.5082.html，最后访问日期：2013 年 3 月 18 日。

给予了婚姻双方当事人一定的平等地位，任何一方都可以基于他方符合法定理由的过错而诉请离婚，离婚不再是丈夫的专权。

但是过错主义的立法模式也有其不足之处。很显然，这种立法模式“将离婚视为令人遗憾的事情，而不是失败婚姻的必然结果”[①]。将离婚权作为无过错方的特权，这使得无过错方可以通过不离婚的方式来报复过错方，甚至要挟过错方，这将使过错方和无过错方都被困于已经死亡的婚姻之中。而这种立法模式也决定了在离婚案件的审理过程中，无过错方必须证明对方存在符合法律规定的情形，因而也就必须采取各种方式收集相关证据证明对方的过错（这种证据收集的过程极有可能侵犯他人隐私），这一立法模式在很大程度上使得证据而非婚姻本身成为法庭审判的核心。在庭审中，无过错方必须再次回顾对方的过错，再次面对曾经遭受的痛苦。这样一种互相揭发的审理过程使得双方不可避免地会互相指责，发生争吵，甚至互相报复，这种将离婚案件的双方当事人放在对立面的立法模式“有污染婚姻诉讼之嫌，同时还对子女会有不良影响”[②]。

2. 无责主义（破裂主义）

无责主义，是指非因当事人的主观原因，而是由于客观存在的、妨碍婚姻维系的事实致使婚姻无法维持而允许双方当事人离婚。例如一方有不可治愈的严重疾病，一方失踪，分居达一定期限等。这些事项本身是不可归责于配偶任意一方的，但是由于这些事项本身使得婚姻得以延续的客观条件不再具备，对婚姻的继续维持造成妨碍，因此配偶一方得据此诉请离婚。[③]

在无责主义发展初期，主要是通过列举方式对允许离婚的客观情形进行规定。而随着离婚法的发展，“婚姻无可挽回地破裂”成为离婚的唯一理由。[④] 破裂主义，现已成为世界各国离婚立法的基本趋势。破裂主义的根本特点是不问离婚的具体事由，只要当事人诉请难以继续共同生活，法院确认

---

① 夏吟兰：《美国现代婚姻家庭制度》，中国政法大学出版社 1999 年版，第 141 页。

② 林秀雄：《婚姻家庭法之研究》，中国政法大学出版社 2001 年版，第 66 页。

③ 例如 1946 年《德意志联邦共和国婚姻法》就将配偶一方精神错乱或患有精神疾病，配偶一方患有严重的传染病或令人厌恶的疾病而无法治愈的，以及家庭共同生活中断已达三年以上的情况列为法定离婚理由。参见陈苇主编：《外国婚姻家庭法比较研究》，群众出版社 2006 年版，第 400 页。

④ 夏吟兰：《离婚自由与限制论》，中国政法大学出版社 2007 年版，第 26 页。

婚姻关系确已破裂且不可挽救便可判决离婚。

破裂主义最早见于1907年《瑞士民法典》,该法典在例示性规定之外又于第142条概括性规定,因严重损害婚姻关系的事件,配偶双方均无法继续维持婚姻共同生活时,配偶中的任何一方均可诉请离婚。这一规定被认为是"开现代破裂离婚主义之先河"[①]。但是该法继而规定"如上述严重损害的责任应主要由配偶一方承担时,仅他方可诉请离婚"[②]。当时,"破裂主义"的规定还带着明显的"过错主义"色彩。自20世纪60年代以来,"破裂主义"逐渐被世界许多国家所接受并采纳。"此抽象的破裂主义之采用,不仅超越了法系,也超越了社会体制。亦即不分大陆法系或英美法系,亦不问资本主义国家或社会主义国家,均有采用。可知抽象的破绽主义之离婚原因,已具有世界法之性质。"[③]"破裂主义"将关注点从婚姻中一方的道德问题转向婚姻本身维系的问题上,更为关注当事人婚姻的质量和婚姻存续的可能性,较"过错主义"而言,"破裂主义"并没有那么浓厚的道德色彩,法律在婚姻当事人之间扮演中立的角色,并不进行道德评价。但"破裂主义"是抽象的,何为"婚姻关系破裂"并没有一个确定的可以量度的标准,较之"过错主义"和列举式下的"无责主义",没有具体标准的"破裂主义"给予法官更多的自由裁量权,无形中给离婚制度增添了随意性和轻率性。

（二）当代外国裁判离婚理由的主要立法模式

1. 彻底的破裂主义

在破裂主义的大趋势下,现行立法例中主要有两种立法倾向:一是实行彻底的破裂主义。例如在德国,《关于改革婚姻法和家庭法的第一号法律》颁布后,自1977年起,在离婚原因上实行破裂原则,离婚不再以双方或一方的过错为要件。[④] 配偶双方的共同生活已不复存在且不能预期双方恢复共同生活的,即为婚姻破裂,可以诉请离婚。[⑤] 而对于婚姻破裂的推定,德国是

---

① 陈苇主编:《外国婚姻家庭法比较研究》,群众出版社2006年版,第405页。

② 《瑞士民法典》,殷生根译,法律出版社1987年版,第33页。

③ 林秀雄:《婚姻家庭法之研究》,中国政法大学出版社2001年版,第66页。

④ 参见曹艳芝:《德国离婚法的改革》,载《当代法学》2000年第6期。

⑤ 《德国民法典》第1565条规定:婚姻已破裂的,可以离婚。配偶双方的共同生活已不复存在且不能预期双方恢复共同生活的,即为婚姻破裂。但德国离婚法的破裂主义并不是毫无限制的。《德国民法典》第1565条第2款继而规定:配偶双方分居未满1年的,仅在婚姻的延续由于另一方自身的原因而对于申请的一方会意味着苦不堪言的苛刻时,才能离婚。

通过分居制度来实现的。[①] 英国采用的也是彻底的破裂主义的立法模式，并通过规定反省与考虑期的方式对婚姻关系破裂作出认定。[②]

上述立法例可见，彻底的破裂主义离婚原则下，离婚的标准是唯一的、确定的，即婚姻确已破裂。但是这个标准显得相当抽象且不好把握，因此法律必须通过一些技术性的手段来为婚姻确已破裂作出量度，例如分居时间，或者设立反省与考虑期。通过这种量化的方式，使得法官可以直接得出婚姻是否破裂的结论，从而作出是否准许离婚的判决。这种标准简单明确，在司法实践中易于掌握。同时离婚法设置的分居时间或者反省与考虑期也有利于帮助婚姻当事人理性地思考婚姻中存在的问题，从而避免盲目草率的离婚决定。但这种标准并不能将现实生活中所有婚姻解体的原因涵盖，而这一原则本身也并不关注这些具体的婚姻破裂的原因。这就不可避免地会存在一个问题，即它不能在婚姻破裂的具体原因发生之后直接得出婚姻破裂的结论，当事人可能必须继续维持已经死亡的婚姻以达到可以离婚的分居时间或反省与考虑期。当事人的痛苦并不能得到立即的解除，而必须经过漫长的等待才能从死亡的婚姻中走出去。

2. 兼采破裂主义和过错主义

第二种立法倾向是兼采破裂主义和过错主义。例如法国民法规定了三种不同情形：夫妻双方相互同意离婚；共同生活破裂；因有过错。[③] 应当注意的是，法国法定离婚理由中的过错并不像早期的过错主义那样有浓重的道

---

① 《德国民法典》第 1566 条规定：配偶双方 1 年以来分居且双方申请离婚或被申请的一方同意离婚的，不可辩驳地推定婚姻已破裂；配偶双方 3 年以来分居的，不可辩驳地推定婚姻已破裂。

② 1996 年《英国家庭法》对《离婚改革法》进行改革，规定只有在以下情况下，婚姻视为破裂：婚姻当事人一方或双方作出声明，称该婚姻已经破裂；婚姻当事人一方或双方作出声明的反省与考虑期已届满，而且提出离婚申请的申请人同时宣布：对婚姻破裂已经过反省且考虑了当事人对今后安排的要求，仍然认为婚姻无法维持。反省与考虑期为 9 个月，自法院收到声明之后的 14 天起算。参见《英国家庭法》，张雪忠等译，载中国法学会研究会编：《外国婚姻家庭法汇编》，群众出版社 2000 年版，第 5 页。

③ 《法国民法典》规定的因共同生活破裂而离婚的情形同德国法，是根据分居时间来判断的，如夫妻事实上分开生活已达 6 年，一方配偶得以共同生活持续中断而请求离婚。因过错而离婚是指夫妻一方，因另一方反复地或者严重地违反婚姻权利与义务的事实，致使夫妻共同生活不能忍受时，得请求离婚。它适用于通奸、拒绝同居、严重侮辱、严重干涉对方宗教自由、变性等情形。参见《法国民法典》(上册)，罗结珍译，法律出版社 2005 年版，第 215—227 页。

德色彩,或者说并不只关注于夫妻之间是否忠贞。这里的过错是一个比较宽泛的概念,它主要是指过错方的行为是否已经反复或严重地违反婚姻权利与义务,致使夫妻共同生活不能忍受。① 日本民法在这一问题上也兼采破裂主义和过错主义。②

从兼采破裂主义和过错主义的立法例来看,立法的方式并不统一,例如法国法采取的是概括立法模式,日本法则采取例示性立法模式。由于文化和观念不同,各国在具体如何认定婚姻破裂,以及将何种情形归为一方配偶的过错上也不一样。这种兼采破裂主义和过错主义的立法模式,一方面给诉请离婚的婚姻当事人提供了多样化的救济途径,同时他们也无须经过漫长的分居或考虑期就可以获得判决;另一方面法官也获得了更多的裁量权,法官可以根据不同的情形来判断婚姻的一方当事人是否存在过错继而判断是否应当准许离婚,而不仅仅是根据分居时间的长短机械地断定是否同意当事人的请求。从法国法和日本法的规定也可以看出,显然过错主义仍然发挥着重要的作用,但是它在与破裂主义融合的过程中,逐渐剥离了早期浓重的道德特别是性道德色彩,现在立法中规定的过错情形更多的是一种证据,法官需要据此来判断当事人的共同生活是否真的难以维持、不能忍受,而不是机械地认为只要存在过错就必须判决离婚。但如前所述,它并不能摆脱过错主义的一些问题,例如给原告巨大的证据压力,又如原被告之间的对抗性。

二、我国近现代以来裁判离婚理由的发展

步入近代社会,在内忧外患之下,清政府面对动荡不安的社会局势,开始变法修律。《大清民律草案》关于离婚的法律规定深受1898年《日本民法典》③影响,开始从有责主义的视角来审视婚姻的解体问题。④ 该《草案》规

---

① 例如法国都埃法院1984年的判决就认为夫妻一方极其频繁地从事工会活动,长期不归家,也可以构成这种对婚姻义务的严重的或者反复的违反。参见同上书,第227页。

② 日本民法将离婚分为协议离婚和裁判离婚。对于裁判离婚,日本《民法典》第770条第1项列举了五种情形,分别是配偶有不贞行为;被配偶恶意遗弃;配偶生死不明达三年以上;配偶患强度精神病且无康复希望;其他难以继续婚姻的重大事由。同时日本《民法典》强调即使存在前四种事由,但法院考虑有关情况,认为继续婚姻为相当时,可以驳回离婚请求。

③ 许莉:《〈中华民国民法·亲属〉研究》,法律出版社2009年版,第102页。

④ 马忆南:《二十世纪之中国婚姻家庭法学》,载《中外法学》1998年第2期。

定的法定离婚理由开始逐渐将关注点放到过错上，因夫妻一方有某种法律上的过错而准许离婚；同时受宗法社会传统的影响，也兼顾了家族主义下婚姻的目的性。但是，该《草案》虽然同时赋予夫妻提起离婚的权利，但是在对夫妻的性道德要求上却采用了不同标准。

中华民国民法[①]延续了《大清民律草案》以“有责主义”为主，兼顾“目的主义”的做法。但受西方文化思潮的影响，该法不再将家族视为婚姻的目的，而是将婚姻本身作为目的，即因某种情势婚姻本身难以为继而准许离异。同时，该法“从形式上剔除了古代法定离婚理由中丈夫专权的规定，夫妻双方在主张离婚的理由上基本一致，不因性别而存在差异，改变了传统社会中离婚理由对夫妻双方规定不一致的做法，消除了对男女两性在性道德方面的双重标准”[②]。

（一）新中国成立后的裁判离婚理由及立法论争

新中国成立之初，百废待兴，法律并不完善。1950 年《婚姻法》第 17 条第 1 款规定：“男女双方自愿离婚的，准予离婚。男女一方坚决要求离婚的，经区人民政府和司法机关调解无效时，亦准予离婚。”这一规定彻底抛弃了限制离婚主义的观点，采取自由离婚主义，并赋予夫妻双方平等的离婚权利。这也为之后的立法所承袭。“但另一方面，该法并未对裁判离婚理由作出明确的规定。这使得其后的很长一段时间内，关于离婚理由的问题，一直存在‘正当理由论’和‘感情论’的争论。”[③]“感情论”一方认为法院判决离婚应当以夫妻感情是否确已破裂为标准。而“正当理由论”则认为只有存在

---

① 中华民国《民律草案》第 1052 条规定：“夫妻之一方，以下列情事为限，得提起离婚之诉：一、重婚者。二、与人通奸者。三、夫妻之一方受他方不堪同居之虐待者。四、夫妻之一方对于他方之直系尊亲属为虐待，或受他方之直系尊亲属致虐待，致不堪为共同生活者。五、夫妻之一方以恶意遗弃他方在继续状态中者。六、夫妻之一方意图杀害他方者。七、有不治之恶疾者。八、有重大不治之精神病者。九、生死不明已逾三年者。十、被处三年以上徒刑或因犯不名誉之罪被处徒刑者。”参见杨立新点校：《大清民律草案·民国民律草案》，吉林人民出版社 2002 年版，第 357 页。

② 马忆南：《中国法上判决离婚理由的理论与实践》，载《法政理论》（日本）2006 年第 39（1）期。

③ 肖雪慧：《反对在“感情破裂”之外附加离婚条件》，载李银河、马忆南主编：《婚姻法修改论争》，光明日报出版社 1999 年版，第 172—175 页。

"正当理由"法院才应当准许离婚。[①]

1980 年《婚姻法》结束了"正当理由说"和"感情说"的争论,采取了"感情破裂说"的观点。[②] 但关于离婚理由问题的争论并未平息,一场"感情破裂说"和"关系破裂说"之间的争论甚嚣尘上,延续至今。

持"感情破裂说"的学者,"主要还是从马克思《论离婚法草案》提出的'法院判决的离婚只能是婚姻内部崩溃的记录',和恩格斯在《家庭、私有制和国家的起源》里所说的'没有爱情的婚姻是不道德的婚姻'里找根据"[③];认为"如果在'感情破裂'之外再加入其他条件,实际上是把感情因素排到极为次要的地位,而将判决离婚的法定理由由'感情破裂'改变为'婚姻关系破裂'则正是这种表现之一"[④]。而持"关系破裂说"的学者则认为,感情破裂说存在固有的不足之处:第一,法律不能对夫妻感情直接进行调整,法律只可能对已经存在的婚姻关系进行调整;第二,夫妻感情是十分主观的,而且具有极强的私密性,法官难以捉摸,会导致离婚审判的随意和不统一;第三,感情并不是婚姻生活的全部,也不是离异的唯一理由;第四,"感情确已破裂"这一标准以夫妻感情为前提,但这一前提条件并不必然满足。同时从司法实践看,因婚姻的基本功能和目的难以实现而非感情破裂而判决离婚的情况长期存在,如因一方失踪而判决离婚的。[⑤]

在 2001 年修改《婚姻法》之时,"关系破裂说"的学者主张应当将判决离婚的理由从"夫妻感情确已破裂"改为"婚姻关系确已破裂"。但是这一观点

---

① 在当时的政治环境下,离婚的正当理由大多是因一方政治或思想意识上的严重错误。但当时的学者认为应当"反对满足因资产阶级思想而提出的离婚请求。凡一方严重破坏共产主义道德,违背夫妻忠实义务或有其他违法犯罪等行为,使夫妻关系恶化以致对方据此请求离婚的,人民法院应当支持与满足这种正义要求。如果有罪过的一方提出离婚,这时有决定意义的是对方的态度"。参见刘云祥:《关于正确认识与处理当前的离婚问题——与幽桐同志商榷》,载《法学》1958 年第 3 期。

② 我国 1980 年《婚姻法》第 25 条规定:"男女一方要求离婚的,可由有关部门进行调解或直接向人民法院提出离婚诉讼。人民法院审理离婚案件,应当进行调解;如感情确已破裂,调解无效,应准予离婚。"

③ 肖雪慧:《反对在"感情破裂"之外附加离婚条件》,载李银河、马忆南主编:《婚姻法修改论争》,光明日报出版社 1999 年版,第 172—175 页。

④ 〔美〕罗斯科·庞德:《法理学》(第一卷),邓正来译,中国政法大学出版社 2004 年版,第 368 页。

⑤ 杨大文主编:《婚姻家庭法》,中国人民大学出版社 2001 年版,第 158 页。

并未被有关立法部门接受。2001年修订的《婚姻法》仍以“感情破裂”作为裁判离婚的法定理由。

（二）我国现行《婚姻法》的裁判离婚理由

我国现行《婚姻法》关于法定离婚理由的规定主要由两部分组成。一是概括性规定夫妻感情确已破裂应准予离婚，这是“感情破裂说”在法律上的体现，也是符合当今世界离婚立法主义的主流趋势的。婚姻的双方当事人若认为他们之间的感情已经破裂，婚姻关系难以为继，即可以提出离婚，而不需要受其他条件的限制。当事人双方都享有诉请离婚的权利，这也是婚姻自由的一种保障。而对法官来说，只需要判断离婚案件双方当事人的感情是否确已破裂，其婚姻关系是否难以维持，即可判断是否准许双方当事人离婚。只要夫妻感情确已破裂即应当准许离婚，而非只有符合法律规定的特殊情况才准许离婚。婚姻自由在这里得到了绝对的尊重。

二是这一条文通过例示性的规定列举了属于夫妻感情确已破裂的几种情形。[①] 这一规定渊源于1989年最高人民法院发布的《关于人民法院审理离婚案件如何认定夫妻感情确已破裂的若干具体意见》。该司法解释列举了14种可以被“视为夫妻感情确已破裂”的情形。在2001年修改《婚姻法》时，选择了其中4种情形成为《婚姻法》的例示性情形。

从例示性情形的选择看，首先，立法者并不倾向于将一些导致婚姻难以维系的纯粹客观的障碍规定为法定离婚理由。司法解释中诸如一方患有精神病、一方有生理缺陷或其他原因不能发生性行为等客观情形并未被列入2001年修订的《婚姻法》，而仅仅保留了一方被宣告失踪这一种情形。其次，这种例示性情形的选择体现了一种向过错主义回归的倾向。除兜底条款外，我国现行《婚姻法》列举的4项可以被认定为“夫妻感情确已破裂”的具体情形里，有3种都属于一方有过错的情形，而只有“因感情不和分居满二年的”是典型的“破裂主义”的规定。

---

① 我国现行《婚姻法》第32条规定：“男女一方要求离婚的，可由有关部门进行调解或直接向人民法院提起离婚诉讼。人民法院审理离婚案件，应当进行调解；如感情确已破裂，调解无效，应准予离婚。”同时通过例示性规定指出，“有下列情形之一，调解无效的，应准予离婚：（一）重婚或有配偶者与他人同居的；（二）实施家庭暴力或虐待、遗弃家庭成员的；（三）有赌博、吸毒等恶习屡教不改的；（四）因感情不和分居满二年的；（五）其他导致夫妻感情破裂的情形。一方被宣告失踪，另一方提出离婚诉讼的，应准予离婚。”

将我国2001年修订的《婚姻法》的法定离婚理由与1980年《婚姻法》的法定离婚理由对比可见，裁判离婚标准仍然是“夫妻感情确已破裂”，而离婚理由的立法理念则从彻底的破裂主义向兼采过错主义和破裂主义倾斜，立法模式也从概括式改为概括规定加例示情形。

三、我国裁判离婚理由的立法展望

（一）未来裁判离婚理由的立法模式

“有关法律的目的——亦即有关社会控制的目的以及作为社会控制之一种形式的法律秩序的目的——以及从这种法律目的来看法律律令应当是什么的哲学观、政治观、经济观和伦理观，乃是法官、法学家和法律制定者工作中的一个具有头等重要意义的要素。”[①]诚如庞德所言，法律本身就体现了立法者的目的，也体现了立法者所希望引导的价值观念。而离婚法作为家庭法的重要组成部分，还深受一国或地区传统文化积淀的影响。裁判离婚理由体现了我国的立法宗旨，反映了立法者的价值取向，同时深受我国文化习俗的影响。

那么，在裁判离婚的立法模式上究竟是采用过错主义还是破裂主义，在破裂主义里是采“感情破裂说”还是采“婚姻关系破裂说”，首先要注意的是所采纳的立法模式是否与我国离婚立法的基本原则和核心思想相符，是否体现了我国在离婚立法上的价值取向。

1. 我国现行婚姻立法的价值取向

保障离婚自由、反对轻率离婚是新中国离婚立法的核心思想。[②] 离婚自由是婚姻自由的重要组成部分。在现代社会，婚姻应当是双方当事人基于爱情，以永久生活为目的的合法结合。婚姻需要夫妻之间相互扶持协力。如果夫妻之间的感情已经消亡，共同生活难以为继，强行维持这种已经死亡

---

① 〔美〕罗斯科·庞德：《法理学》（第一卷），邓正来译，中国政法大学出版社2004年版，第368页。

② “保障离婚自由，反对轻率离婚”是我国自新中国成立后的第一部《婚姻法》即1950年《婚姻法》起，到现行《婚姻法》以来一直坚持的基本原则。早在1950年，法制委员会主任陈绍禹在中央人民政府委员会第七次会议中所作的《关于〈中华人民共和国婚姻法〉起草经过和起草理由的报告》中就对这一原则进行了阐述。参见《关于〈中华人民共和国婚姻法〉起草经过和起草理由的报告》，载张培田：《新中国法制研究史料通鉴》，中国政法大学出版社2003年版，第893—919页。

的婚姻对当事人、对家庭、对社会都是不利的。法律必须提供一种途径使当事人从这种不幸的婚姻中解脱出来。保障离婚自由，有利于提高生活质量，维护人们追求幸福的权利，也有利于稳定家庭关系。同时，保障离婚自由也意味着离婚并不是一种专权。离婚不应当成为婚姻一方当事人的特权，更不应当成为一方当事人压制报复另一方的手段。婚姻的双方当事人都应当享有平等的离婚权。“夫妻任何一方，无论是男方还是女方，有过错方还是无过错方，均可依照法定程序提出离婚。自由离婚主义更加符合婚姻的本质，是现代离婚立法的发展趋势。”①

早在新中国第一部《婚姻法》制定之时，“离婚自由”已经成为我国婚姻法所保障的当事人的基本权利。在 1950 年《婚姻法》制定之时，起草者们已经将之定义为是一部“根本否定了封建主义的婚姻制度，也根本区别于资本主义社会的所谓‘自由平等’的婚姻法”②。它所保障的离婚自由不同于资本主义国家婚姻法“在文字上很漂亮地写着”③的“婚姻自由”，而是得到法律明确规定的、男女任何一方均可以平等主张的离婚自由。2001 年修订的现行《婚姻法》颁布之际，立法者也强调“婚姻自由包括结婚自由、离婚自由和不结婚自由”④。

但是保障离婚自由并不意味着对离婚自由毫无限制。“在一定条件下对离婚自由予以适当的限制，是离婚自由衡平机制中重要的方面。当然，这种限制是法律为保障个人自由的实现，保障所有人的利益和社会公众的共同利益所设立的。”⑤近年来，“闪婚”“闪离”的问题越来越受到人们的关注，不负责任的“速食婚姻”态度在社会蔓延。轻率、肆意地处理离婚问题，不仅是对自己、对家庭的一种不负责任的行为，也可能扰乱家庭和社会秩序。因

---

① 邓颖超于 1950 年 5 月 14 日在中国张家口市委、张家口市人民政府为学习 1950 年《婚姻法》召开的扩大干部会上所作的《关于中华人民共和国婚姻法的报告》，载《党的文献》2010 年第 3 期。

② 杨大文主编：《婚姻家庭法》，中国人民大学出版社 2001 年版，第 158 页。

③ 邓颖超于 1950 年 5 月 14 日在中国张家口市委、张家口市人民政府为学习 1950 年《婚姻法》召开的扩大干部会上所作的《关于中华人民共和国婚姻法的报告》，载《党的文献》2010 年第 3 期。

④ 夏吟兰：《离婚衡平机制研究》，载《中华女子学院学报》2004 年第 5 期。

⑤ 阎军、吴坤：《修改婚姻法焦点问题诠释——全国人大常委会法工委副主任胡康生等答记者问》，载《吉林人大》2001 年第 7 期。

为离婚所带来的不仅仅是婚姻关系的终止，还伴随着财产问题、子女问题等。法律不能任由婚姻当事人自主、轻率地决定婚姻的存续，而必须通过一定的标准来规制离婚自由。

还应注意的是，除“保障离婚自由，反对轻率离婚”外，“稳固婚姻关系”也应当是我国离婚法的价值取向。英国法律委员会1966年有关离婚理由改革的报告 Reform of The Grounds of Divorce：The Field of Choice 写道，一部好的离婚法应该实现的目标是：巩固而非破坏婚姻的稳定性，而当一段婚姻无可挽回地破裂时，其徒有的法律外衣应当在最大的公平和最小的怨恨、悲痛与羞耻中被摧毁；同时表示良好的婚姻法应该能够确保离婚并不是那么容易的事，从而使当事人努力地维系婚姻的成功，特别是，克服暂时的困难。[①] 该法律委员会在1990年关于离婚理由的法律文件 The Ground for Divorce 中同样将挽救未破裂的婚姻关系作为离婚法的第一目标。[②] 已经死亡的婚姻应当被埋葬，但是尚未死亡的婚姻是应当得到法律的支持和挽救的，法律应当鼓励夫妻为挽救未死亡的婚姻而做的努力，这种鼓励包括程序上的和实体法上的。例如在程序上设置调解制度就是对这种和好行为的鼓励。而在实体法上，离婚理由的设定也应当反映立法者的这一价值取向。

2. 立法模式的选择

从“保障离婚自由，反对轻率离婚”的角度看，破裂主义的离婚立法模式符合我国离婚立法的价值取向。在破裂主义之下，倘若婚姻关系确已破裂，共同生活难以维持，且不可挽回，那么婚姻的任何一方当事人都有权诉请离婚，而法院也应据此解除双方的婚姻关系。而在法官对离婚案件作出裁判时，法官应该审慎地了解夫妻婚姻关系的现状，只有当婚姻无可挽回地破裂时，才能判决离婚。

虽然在现实生活中很多婚姻的解体是因为一方的过错导致的，但是这并不意味着采过错主义就是合适的。如前所述，彻底的过错主义的基本特

---

① Reform of the Grounds of Divorce：the Field of Choice (1966，Law Com. No. 6)，The Law Commission of UK，Paras. 15 and 16，http://www.worldlii.org/ew/other/EWLC/1966/6.html，最后访问日期：2013年3月18日。

② The Ground for Divorce (1990，Law Com. No. 192)，The Law Commission of UK，p. 10，http://www.official-documents.gov.uk/document/hc8990/hc06/0636/0636.pdf，最后访问日期：2013年3月18日。

征是诉请离婚只能由无过错方提出，当离婚成为了无过错方的专权时，离婚自由就很难得到保障。

“破裂”一词也意味着法律对未彻底破裂、未死亡的婚姻持支持、维护的态度，即便在这样的婚姻关系中一方可能存在过错，或者由于一些客观情势的影响，婚姻关系的存在有困难，但是法律仍然鼓励双方当事人为克服这些困难作出努力，为维系婚姻关系作出努力。

我国在坚持破裂主义立法模式之下，是选择“感情破裂说”还是“关系破裂说”的争论由来已久。在笔者看来，“感情破裂说”反映了婚姻解体的主观方面的原因，但是正如“关系破裂说”所坚持的一样，感情毕竟是属于婚姻当事人之间的主观心理状态，法官只能通过外部迹象来判断而无法确切地知道当事人隐秘的心理活动，让法官通过主观臆断来裁判当事人之间的感情并不合适；再者，婚姻解体所关系的不仅仅是当事人之间的感情，还关系到当事人在婚姻关系中所确立的各种权利义务关系，法官并不能裁断当事人感情的有无，而只能通过法律来判断婚姻这种民事关系是否应当被解除。在逻辑上，“关系破裂说”较之“感情破裂说”更为严谨科学。

立法者对这一问题曾经作出过回应，认为在离婚条件上，2001 年修订的《婚姻法》确立的“离婚的实质条件跟 1980 年《婚姻法》的精神、原则、条件是一以贯之的，没有变化”①。尽管立法者认为在裁判离婚理由问题上 2001 年修订的《婚姻法》规定的“感情破裂”标准是承袭 1980 年《婚姻法》而来的，但从我国《婚姻法》修改的历史来看，1980 年《婚姻法》将“夫妻感情确已破裂”作为裁判离婚标准实为偶然。

如前所述，在新中国成立之初，在裁判离婚标准问题上就存在“正当理由论”和“感情论”的争辩，但当时“正当理由论”实际上是司法审判的指导。②直到 1963 年，最高人民法院才在《关于贯彻执行民事政策几个问题的意见》

---

① 阎军、吴坤：《修改婚姻法焦点问题诠释——全国人大常委会法工委副主任胡康生等答记者问》，载《吉林人大》2001 年第 7 期。

② 1950 年陈绍禹所作的《关于中华人民共和国婚姻法起草经过和起草理由的报告》便对正当理由论进行了肯定并加以阐述，同年法制委员会在《关于婚姻法实施若干问题的解答》中也肯定了这一标准。而 1953 年最高人民法院在给吉林省磐石县人民法院的复函中更是重申了这一标准。参见金眉：《中国亲属法的近现代转型——从〈大清民律草案·亲属编〉到〈中华人民共和国婚姻法〉》，法律出版社 2010 年版，第 180—182 页。

中加入“感情完全破裂”的规定与“正当理由”一起作为法定离婚标准。而1979年最高人民法院《关于贯彻执行民事政策法律的意见》则明确将“夫妻关系事实上是否确已破裂和能否恢复和好”作为裁判离婚标准。从这一规定看，采用的是“关系破裂说”。但1980年《婚姻法》却又采用了“感情破裂说”。结合当时我国的社会现状和法律研究情况，可以看出，1980年《婚姻法》的立法者将“夫妻感情确已破裂”作为该法的法定离婚理由，并不意味着“感情破裂说”优于“关系破裂说”，实则是一种立法的偶然选择。

笔者了解到，在大多数离婚案件中，法官是不可能探寻到原被告双方感情的真实状况以及对婚姻关系维系的真实态度的，而只能从原被告在庭审时的陈述、原被告在矛盾发生后的举动等客观情状做判断。虽然在司法实践中法官坚称“感情破裂”是裁判离婚标准，但是法官的逻辑思路却是从客观层面出发，考虑夫妻关系的现状、夫妻对婚姻关系维系的态度，从而对当事人之间的夫妻关系作出判断。这本身是基于客观情况作出的，而并不是对双方隐秘的内心感情活动的判断。因此与其说在司法审判中法官所采的是“感情破裂说”，不如说是“关系破裂说”。

（二）未来裁判离婚理由的立法内容

1. 现行法规定的优点

1980年《婚姻法》采用的是概括性规定，而2001年修订的《婚姻法》采用的是概括规定加例示情形的立法模式。如前所述，这两种立法模式在域外立法中都有适用。域外立法例中采用概括性规定的如德国、英国，一般会相应规定一定的分居时间或考虑期作为可量度的标准，以限制法官的自由裁量权，将抽象的“破裂”用具体的方式确定下来。可以认为，如果经过漫长的考虑期或者分居期，婚姻当事人仍然认为共同生活难以继续，无法挽回，那么可以确定婚姻确实已经破裂，将婚姻当事人囿于死亡的婚姻中并无意义。这种考虑期或分居期的设置可以避免草率、随性的离异，同时也证明了婚姻破裂的事实。而在采取概括加例示规定的国家，例示情形一般都是配偶一方的严重的会危及夫妻感情的过错或者是某种客观的危及婚姻继续存续的情形，这种例示情形本身往往就说明了婚姻破裂的原因，法官可以根据例示情形发生与否来判断婚姻是否已经破裂。

1980年《婚姻法》采用的是概括性规定，该法只抽象地规定“感情确已破裂，调解无效，应准予离婚”。但是如何认定感情确已破裂却没有一个明确的标准,判断感情是否破裂全靠法官的自由裁量,法官的可操作空间太大,标准不具有确定性、统一性。而相较1980年《婚姻法》,2001年修订的《婚姻法》则通过例示情形列举了一些可能导致感情破裂的原因,更具有可操作性。

可以说,我国1980年《婚姻法》采用的是无因破裂的立法模式,即不问离婚原因如何,只要审判人员认为婚姻破裂就可判决离婚,而2001年修订的《婚姻法》更类似一种有因破裂的立法模式,即当事人需要提出充分的或法定的离婚原因来确证婚姻已经破裂。"有因破裂制度可以使婚姻当事人和法庭都能注意到离婚的道德合理性,这有利于控制那些轻率的离异和不道德意图的实现。导致婚姻破裂的原因作为判定婚姻破裂的客观标准,也授予了审判人员一个明确的、可资遵循的法律界限,便于执行,又可以避免执法的随意性。"[①]2001年修订的《婚姻法》虽然没有明确规定感情破裂的具体标准,但其所规定的例示情形实际上给司法审判人员划定了判断的标准,当原、被告之间的状态达到例示情形规定的相似程度时,可以推定原、被告的感情确已破裂。

此外,抽象的概括规定的立法模式中一般需要通过一段时间的分居期或考虑期来判断婚姻是否破裂无法挽救,因此当事人往往并不能立即得到救济。而例示性规定则很好地弥补了这一点,如果发生例示性情形,法官可以据此来判断婚姻当事人之间的感情是否破裂,从而立即使当事人从死亡的婚姻中解脱出来,而并不必须要经过漫长的分居时间或考虑期才能确定。

2. 现行法规定的不足

(1) 裁判标准过于模糊,不可预期。虽然笔者认为我国现行《婚姻法》的规定更类似于一种有因破裂的离婚立法模式,但如前所述,在立法者看来,现行《婚姻法》规定的离婚的实质条件与1980年《婚姻法》的精神、原则、条件是一致的。也即是说2001年修订的《婚姻法》所坚持的判断标准只有一个,即"夫妻感情确已破裂",该法规定的例示情形只是为夫妻感情确已破裂划定了一个衡量标准,只是列举了几种可以视为夫妻感情确已破裂的示例。但是从第十一章的实证分析可以看出,大多数原告并不是依据《婚姻法》所规定的具体情形来起诉的,那么在这种情况下,法官就需要根据个案

① 张思沛:《离婚理由的比较分析》,载《中国法学》1989年第1期。

的特殊情况对夫妻感情的现状作出评判。而"夫妻感情"毕竟是非常主观的，法官只能根据外部情状对"夫妻关系"作出判断，而无法对"夫妻感情"作出判断。法律规定的标准过于含糊，司法判决的随意性就难以避免。而从当事人的角度来看，"感情破裂"这一非常主观的标准使当事人难以对法官的司法活动作出准确的预期，当事人也无法为自己的诉讼活动作出努力——一个人要如何证明自己的感情呢？因此，这样的司法活动对当事人来说是非常困难的、完全不可预测的。

（2）裁判标准不协调统一。"我国离婚标准的规范形式与内容和效力之间缺乏统一协调和整合。"[①]我国现行《婚姻法》虽然规定了具体的例示情形，但《婚姻法》规定的唯一的法定离婚理由是"夫妻感情确已破裂"。例示情形只能作为婚姻破裂的证据来加以证明，而不是说只要存在例示情形，法官就可以断定夫妻感情破裂。在这种概括加例示规定中，"夫妻感情确已破裂，共同生活难以继续"才是离婚的裁判标准，而不能将例示情形作为裁判的标准，否则，适用的就是过错主义而不是破裂主义。而我国现行《婚姻法》的规定是只要有所述情形之一，调解无效，就可以推定夫妻感情确已破裂，应准予离婚。这种立法语言留给人的直观感受是法律规定的例示情形就是离婚原因，只要发生了这一情形，法院就可以据此作出准予离婚的判决，这与我国坚持的破裂主义离婚原则不相融合。

同时我国现行《婚姻法》在第 32 条第 4 款规定："一方被宣告失踪，另一方提出离婚诉讼的，应准予离婚。"这一规定与第 2 款的"夫妻感情确已破裂"的裁判离婚标准是并列的，但是很显然，一方被宣告失踪并不表示夫妻感情破裂，而只能说明夫妻关系难以维系，无法再维持共同生活，夫妻关系破裂。由此可以看出，虽然立法者坚称"夫妻感情确已破裂"是裁判离婚的唯一标准，而事实上，在同一条文中，在同样的裁判离婚的情况下，该法采用了"感情破裂"和"关系破裂"两种判断标准，这其实也从侧面说明该法采用"感情破裂说"并不是基于非常审慎的考虑作出的。

（3）例示情形的选择不科学。如前所述，例示情形其实给审判法官划定了一个参考标准，即原、被告之间的婚姻状态达到例示情形所描述的程度时，可以据此对夫妻感情状况作出推定。但从我国现行《婚姻法》所选取的

---

① 王礼仁：《婚姻诉讼前沿理论与审判实务》，人民法院出版社 2009 年版，第 461 页。

例示情形来看，一则多数例示情形有着浓重的过错主义色彩，二则例示情形规定的情况并不符合离婚案件的实际。

首先，该法所规定的例示情形将关注点主要放在婚姻的过错方，特别是过错方的道德品质问题上，而非感情破裂的问题上。虽然我国法定离婚理由采取的是破裂原则，但是通过这种例示规定，法律无意中扮演了道德评判的角色，根据例示规定作出的离婚判决，往往直接将婚姻的一方定位为过错方。

其次，从另一方面看，例示规定应当全面、客观地反映中国人现阶段离婚诉讼的实际情况，应当是现阶段中国民众在诉请离婚时最主要、最具代表性的情形。但实际上，现行《婚姻法》所例示出来的离婚理由，并不能代表现阶段中国民众诉请离婚的常态。笔者的调查显示，在 2002 年山东省烟台市 13 个基层法院审理的 2884 起离婚案件中，被法院认定为重婚的只有 1 起，认定为有配偶者与他人同居的为 3 起，认定为家庭暴力的 36 起。这个比例与这三种情形在我国立法上的重要地位并不吻合。大多数当事人诉请离婚的理由是“性格不合”“经常争吵”“无法共同生活”。[①] 而 2010 年，“民法典体系中的婚姻家庭法新架构研究”课题组分别对哈尔滨、上海、北京三地法院 2008 年审结的离婚案件进行调研的结果也显示，三地区当事人提起离婚诉讼的理由主要集中在六个方面：一是婚前缺乏了解，婚后矛盾不断；二是性格不合，没有共同语言；三是因感情不和分居满二年；四是酗酒、赌博、吸毒等恶习；五是长期实施家庭暴力；六是不思进取，好吃懒做，对家庭不负责任。[②] 从上述调研结果可以看出，我国现行《婚姻法》所选择的例示情形并不能代表现阶段中国民众诉请离婚的通常情形。而且在立法中作出这种例示规定可能会误导民众，让人产生社会道德败坏的感受。从《婚姻法》修订前后的一些情况来看，当时《婚姻法》选择这些情形加以规定是根据全国妇联、广东和上海等地的情况作出的[③]，并不能代表全国普遍情形。类似的例示情形并不独我国有此规定，但是在域外立法例中，这种过错情形通常是作为法定离婚理由直接规定的，也即是说法官并不需要据此情形推定出夫妻感情

① 马忆南：《婚姻法第 32 条实证分析》，载《金陵法律评论》2006 年春季卷。

② 司丹：《我国法定离婚理由的社会性别分析》，载《学术交流》2011 年第 9 期。

③ 胡康生：《修改完善婚姻法需要研究的六大问题》，载《法制日报》2000 年 7 月 13 日。

破裂再判决准予离婚，而是可以根据这一情形本身直接判决准予离婚。这便是我国离婚法中的例示情形与域外立法的主要不同。在我国离婚法中，例示情形是作为判断“夫妻感情确已破裂”的衡量标准出现的，它给法官设定了一种心理预期，即只有达到例示情形所规定的程度才可以推定“夫妻感情确已破裂”，这实际上是增加了离婚的难度，也增加了原告的证明压力。

（4）分居标准的限定过于含糊。我国现行《婚姻法》规定“因感情不和分居满两年的”，调解无效，应准予离婚。2002年学者对烟台法院的调查中显示，在2884起离婚案件中以该项请求离婚的为732起，其中有387起是第二次起诉离婚，而在这732起案件中，只有413起分居达二年以上。这说明，分居尚未成为中国人证明夫妻感情破裂或夫妻关系破裂的重要证据。[①]而在2010年对三地法院的调查中，分居已经成为离婚理由的第三主要事项。[②] 这说明修改后的《婚姻法》被更多民众所了解适用。

而在将分居作为主要的法定离婚理由规定的国家，往往会对此作出明确的规定。如《德国民法典》第1567条规定：“（1）在配偶双方之间，已不存在家庭的共同生活且可看出一方因拒绝过婚姻的共同生活而不欲恢复家庭的共同生活的，配偶双方即为分居。即使配偶双方在婚姻住宅内分居，家庭的共同生活也不复存在。（2）配偶双方为和好而短暂地共同生活，并不使第1566条所规定的期间中断或停止。”但是我国现行《婚姻法》对于分居制度的规定过于简略，没有规定分居的含义、分居时间的计算、分居的中断等，这会使法官的判断产生很强的随意性。有学者对分居这一问题进行的实证分析表明，在司法审判中，法官对分居实质标准的理解不一，对分居起算时间的认定标准也不相同。[③]

（5）增加了原告的举证压力。这种举证压力是由多方面因素导致的。首先，我国法定离婚理由的标准过于主观、含糊。我国法定离婚理由是“夫妻感情确已破裂”，但是并没有规定认定感情破裂的标准，这就使得原告无从搜集证据。而这一标准的含糊也使得法官很难从原告提供的证据来判断夫妻感情是否已经破裂，因为他们无法从原告的证据中找出能反映他们内

① 马忆南：《婚姻法第32条实证分析》，载《金陵法律评论》2006年春季卷。

② 司丹：《我国法定离婚理由的社会性别分析》，载《学术交流》2011年第9期。

③ 关于这一问题可以参见许春彬：《分居认定标准研究——以2009—2010年河南省部分基层法院离婚纠纷案件判决书为样本》，载《中华女子学院学报》2012年第1期。

心感情活动的例证抑或具体的符合法律例示情形的情状。因此,大部分的法官在无法作出确定判断时,只能通过认定"原告所提供的证据不能证明双方感情确已破裂"或"原告未能提供证据证明双方感情确已破裂"来作出不予离婚的判决。

其次,我国《婚姻法》规定的例示情形过于严苛。现行《婚姻法》规定的例示情形给"感情破裂"界定了一个很高的判断标准,这无形中加大了原告的证明难度,原告必须提出非常切实有力的证据来证明夫妻感情的破裂程度已经达到与例示情形相仿的程度,已经无可挽回地走向破裂。

(6) 缺乏对特殊情况的明确规定。与域外立法相比,我国离婚立法并未规定破裂原则的例外。这种例外包括两个方面,一种是指虽然一方存在过错行为,但婚姻存续期间,另一方当事人已经对配偶的这种行为表示了原谅、宽恕,或者这种过错行为本身就是在另一方配偶的默许、同意下进行时,法官不能根据这种情形认定婚姻确已破裂。例如《加拿大离婚法》第 11 条规定,法院应当确信原告并未事先对被告的行为表示默许或在事后表示宽恕,否则,应当驳回原告的离婚申请,但是,法院认为出于公共利益考虑应当准许离婚的除外。[①] 这一例外规定总体来说与我国的立法架构并不太契合,我国无论是民事法律还是刑事法律中关于宽恕、原谅的立法都不成熟,在婚姻法中进行这样的规定并不合适。而且,这种规定也并不符合中国人的道德观念和价值观念。

另一种例外情形是,虽然法院根据法律的规定可以认定婚姻关系确已破裂,但为了维护当事人一方、家庭、未成年子女等的利益,可判决不准离婚。这在德、日民法中都有体现,例如《日本民法典》第 770 条第 2 项规定即使存在法律规定的四种事由,但法院考虑有关情况,认为继续婚姻为相当时,可以驳回离婚请求。而《德国民法典》第 1568 条从未成年子女的利益和拒绝离婚一方的利益考虑,也相应规定了苛刻条款。[②] 这是因为,婚姻缔结

---

① Divorce Act of Canada (1985), Article 11(c), http://laws-lois. justice. gc. ca/eng/acts/D-3. 4/,最后访问日期:2013 年 3 月 18 日。

② 《德国民法典》第 1568 条规定:"为婚生的未成年子女的利益,如果且只要由于特殊原因而例外地有必要维持婚姻,或者,如果且只要离婚基于非正常情况而对于拒绝离婚的被申请人会意味着较为严峻的苛刻,以至在考虑到申请人的利益的情况下也显得例外地有必要维持婚姻的,即使婚姻已破裂,也不应该离婚。"

之后必然会引起一系列社会关系变动，婚姻不仅仅是夫妻双方之间的感情问题，还关系到子女问题、财产问题等，离婚会对已经形成并确立的身份关系和财产关系产生巨大的变化，倘若这种变化明显会影响法律所保护的利益，例如未成年子女的利益时，法律就需要对它进行干涉。这种例外规定对我国离婚法来说有可资借鉴之处，我国现行《婚姻法》中有的规定也体现了相同的价值取向，例如对现役军人配偶离婚权的限制①是对军人婚姻权利的保护；而在女方处于怀孕、分娩或中止妊娠等特殊情况下，对男方离婚权进行限制的规定②则是从保护妇女利益的角度出发。

（三）裁判离婚理由立法建议

在笔者看来，我国现行《婚姻法》关于裁判离婚理由的规定有其合理之处，但也存在一定的问题。如前所述，笔者认为，无论是从法律逻辑看，还是从司法实践角度看，“关系破裂说”较之“感情破裂说”更具可操作性，更客观，也更可预期。

从“关系破裂说”的角度来看，当配偶双方的共同生活已不复存在且不能预期双方恢复共同生活时，即可认定婚姻关系破裂，应当判决准予离婚。这意味着，从夫妻关系的现状来看，配偶双方已不再维系共同生活，而从夫妻关系的未来来看，并不能预期双方能恢复共同生活。

那么如何对“关系破裂”这一标准进行具体限定呢？笔者认为可以采取分居期加兜底条款的方式加以规定。首先，规定当夫妻之间分居达到一定时间时，可以认定婚姻关系破裂。这有两点优势，一是标准明确，易于操作，在这种情况下，法官只需要考虑分居这一情况即可作出判决，而这一情况本身又是十分客观的、可量化的标准；二是分居期的设定其实也给婚姻的双方当事人提供了和好的机会，使双方在矛盾发生之后能有时间来冷静思考，而不是冲动、轻率地诉请离婚。倘若双方经过分居期仍没能修复婚姻关系，那么也表明“不能预期双方恢复共同生活”，婚姻关系彻底破裂。但倘若要采纳分居期的规定，也就意味着法律应该同步对分居的实质标准、分居时间的

---

① 我国《婚姻法》第 33 条规定：“现役军人的配偶要求离婚，须得军人同意，但军人一方有重大过错的除外。”

② 我国《婚姻法》第 34 条规定：“女方在怀孕期间、分娩后 1 年内或中止妊娠后 6 个月内，男方不得提出离婚。女方提出离婚的，或人民法院认为确有必要受理男方离婚请求的，不在此限。”

计算标准作出明确规定。

其次，在分居期的规定之外，还应当加入一条兜底条款，以保证在配偶一方或双方的行为反复或严重地损害婚姻关系，违反夫妻间权利与义务，致使共同生活难以维持的情况下，配偶一方可以通过诉请离婚解除婚姻关系，而无须经过漫长的分居期。这一规定主要是针对那些矛盾非常严重的当事人而言的，例如家庭暴力的受害者，对他们来说，“迟到的”判决其实是对他们权利的侵害。

此外，从“维护婚姻关系”的立法价值出发，笔者认为，关于法定离婚理由的规定中应当体现法律是鼓励双方当事人为挽救尚未死亡的婚姻作出努力的。因此在法定离婚理由中，应该表明法律支持当事人通过协商、调解等方式来缓和、解决双方的纠纷矛盾，为挽救婚姻关系或者和平解除婚姻关系作出努力。

第二节 离婚财产清算的制度选择与价值追求

离婚财产清算，即离婚当事人对婚姻关系存续期间的财产依法进行清理、处理与清缴的民事行为，具体包括积极财产清算与消极财产清算。前者是指离婚财产分割；后者是指离婚债务清偿。离婚财产清算，可依私力救济与公力救济得以实现与完成。无论离婚当事人依据何种程序与路径完成财产清算，均须符合法律规定与道德选择。因为，“公正常常被看做德性之首，比‘星辰更让人崇敬’”，“正是由于公正是对他人的德性，唯有公正才是‘对他人的善’”，“公正所促进的是另一个人的利益，不论那个人是一个治理者还是一个合伙者。”①

一、实践检视

离婚财产清算，即夫妻的共同财产分割与共同债务清偿，是我国《婚姻法》中的一项基本制度，相关司法解释对此也有明确规定。然而，在司法实

① 〔古希腊〕亚里士多德：《尼各马可伦理学》，廖申白译注，商务印书馆2003年版，第130页。

践中,该制度的适用状况是否良好、能否达到实质正义和性别公正,则是我们必须关注的问题。

（一）夫妻财产制的适用

2010年,为了解我国离婚案件的宏观态势,学者们分别对北京、上海、哈尔滨三个城市2008年审结的离婚案卷进行抽样调查。① 在阅卷过程中,根据离婚当事人所显现的夫妻财产制的相关信息,得出如下结论:在上述三个城市中,夫妻财产制主要是婚后所得共同制,占案件总数的90%以上,分别财产制低于10%。在北京市,适用婚后所得共同制的案件共计141件,占案件总数的98.6%;约定财产归各自所有的1件,占案件总数的0.7%;约定婚后财产部分共有、部分各自所有的1件,占案件总数的0.7%。在上海市,适用婚后所得共同制的案件61件,占案件总数的45.41%,其他情形,在案卷中没有显现。在哈尔滨市,适用婚后所得共同制的案件63件,占案件总数的52.5%;约定财产归各自所有的7件,占案件总数的5.8%;约定婚后财产部分共有、部分归各自所有的3件,占案件总数的2.5%;未体现夫妻财产制类型的案件47件,占案件总数的39.2%。上述数据表明,目前民众采用的夫妻财产制的形式仍以婚后所得共同制为主,约定财产制为辅。②

（二）婚姻住房的所有状态

离婚财产清算,必然涉及离婚当事人的财产。在我国社会主义初级阶段,房产是民众的重要财产。对离婚当事人婚姻住房的考察,可以基本把握当事人的经济状况、生活质量和离婚财产清算的基本事项。在阅卷过程中,由于有些案卷并未记载离婚当事人的住房情况,故统计数据只就有记载的案件进行评价。

在北京,显明房屋系双方或一方所有的案件共22件,占案件总数的15.38%。其中,双方所有房屋17件,占案件总数的11.89%;男方所有房屋3件,占案件总数的2.1%;女方所有房屋2件,占案件总数的1.4%。房屋产权登记在一方名下的案件共11件,占案件总数的7.69%。其中,婚前一方以个人财产全款购房,婚后取得房产证,房屋产权登记在自己名下的3

① 北京市共查阅有效案卷143份,上海市共查阅有效案卷128份,哈尔滨市共查阅有效案卷120份。

② 王歌雅:《家务贡献补偿:适用冲突与制度反思》,载《求是学刊》2011年第5期。

件，占案件总数的2.1%；婚后双方以共同财产购买房屋，房屋产权登记在一方名下的6件，占案件总数的4.2%；婚前一方首付，婚后一方继续偿还贷款，房屋登记在自己名下的1件，占案件总数的0.7%；男方出资，登记在父亲名下的1件，占案件总数的0.7%。在上海，显明房屋由双方或一方所有的案件23件，占案件总数的19.87%。其中，男方所有房屋6件，占案件总数的5.17%；女方所有房屋4件，占案件总数的3.45%；家庭共有房屋13件，占案件总数的11.21%。双方所有的房屋中，房屋产权登记在一方名下的案件4件。其中，房屋产权登记在婚前一方名下的2件；婚后双方以共同财产购买房屋，房屋产权登记在一方名下的2件，各占案件总数的1.72%。在哈尔滨，夫妻双方或一方拥有房屋所有权的案件44件，占案件总数的36.67%。其中，双方所有房屋25件，占案件总数的20.8%；男方所有房屋15件，占案件总数的12.5%；女方所有房屋4件，占案件总数的3.3%。在拥有房屋所有权的离婚当事人中，婚前以个人财产全款购房，房屋产权登记在自己名下的16件，占案件总数的13.33%；婚前个人全款购房，婚后取得房产证，房产登记在自己名下或对方名下的都有体现，占案件总数的2%—7%。上述数据表明，在三个城市中，由于夫妻共同财产制是婚姻关系中的常规财产制形式，故夫妻共有房屋的比例相对较高。此外，由于男女两性收入差异的存在，男性独立所有房屋的比例高于女性。

（三）债务产生的原因

离婚财产清算，需要查明离婚当事人是否存有债务。债务的性质，直接关涉离婚当事人的利益及债权人的利益。至于引发债务的原因，则对债务性质的认定，具有积极意义。案卷显示，在北京，显明当事人债务情况的案件共51件，占案件总数的35.66%。其中，无债务负担的30件，占案件总数的20.98%；因女方治病负债的1件，占案件总数的0.7%；因购买婚姻住房而负债的8件，占案件总数的5.6%；因子女上学而负债的1件，占案件总数的0.7%；因购买家庭生活用品而负债的7件，占案件总数的4.9%；因投资而负债的1件，占案件总数的0.7%；因偿还贷款而负债的2件，占案件总数的1.4%；因一方的责任而发生损害赔偿负债的1件，占案件总数的0.7%。在上海，离婚当事人无债务负担的22件，占案件总数的18.97%；因父母治病而负债的2件，占案件总数的1.72%；因购买家庭生活用品负债的4件，占案件总数的3.445%；因投资而负债的3件，占案件总数的2.59%；因赌养父母、资助亲友负债的1件,占案件总数的0.86%。在哈尔滨,离婚当事人无债务负担的51件,占案件总数的42.5%;因男方或女方治病、子女上学、购买家庭生活用品、投资等原因负债的,所占比例相当,仅为案件总数的1%—2%;因其他原因负债的18件,占案件总数的15%,其中主要是由于房贷所导致的负债。上述数据表明,离婚当事人所负债务的性质多为夫妻共同债务,只有少数债务属夫妻个人债务。但当事人对夫妻债务性质的认知与判断则有较大的区别,引发矛盾与纠纷也相对普遍。

(四)法官认定的个人债务

当离婚当事人对债务的性质与债务的承担产生分歧时,财产清算的纠纷也即产生。为协调纠纷、平息矛盾、维护当事人的权益,法官将根据婚姻法的规定,结合案件的特点,在审核相关证据后,作出调解或判决。阅卷显示,在北京,法官认定属于夫妻个人债务的案件共7件,占案件总数的4.9%。其中,一方因赌博、吸毒、酗酒、浪费等恶习所负债务被认定属于个人债务的1件,占案件总数的0.7%;因一方的婚前债务或双方约定由一方偿还而认定属于个人债务的案件共3件,占案件总数的2.1%。在其他情形中,双方分割财产时均同意汽车归一方所有,购买该车的欠款由该方负担的1件;虽然为共同生活所需,但根据双方协议归个人承担的债务1件;一方因个人消费而贷款的1件,分别占案件总数的0.7%。在上海,法官认定属于夫妻个人债务的1件,即一方的婚前债务或双方约定由一方偿还的债务。在哈尔滨,法官认定属于夫妻个人债务的案件仅有5件,其中,夫妻一方的婚前债务或双方约定由一方偿还的债务3件,其他情形的2件。上述数据表明,法官在认定夫妻个人债务时,基本遵循了我国《婚姻法》及相关司法解释的规定,实现了立法与司法的统一。

(五)法官对个人财产的认定

离婚财产清算时,应对夫妻共同财产进行分割,对夫妻个人财产予以保护。在北京,法官对夫妻个人财产进行认定的相关案件共17件,占案件总数的11.89%。其中,遗嘱或赠与合同中确定归夫或妻一方所有的财产的2件,占案件总数的1.4%;一方专用的生活用品的2件,占案件总数的1.4%;属于婚前已有的财产的7件,占案件总数的4.9%;一方对公司投资的2件,原告承租单位住房的2件,解除劳动关系的经济补偿金、风险抵押金的2件,各占案件总数的1.4%。在上海,法官对夫妻个人财产进行认定的案件有 7 件。其中,属于女方结婚时的陪嫁物品的 2 件;婚前男方或男方父母为女方购买的“三金”(项链、戒指、耳环)的 3 件;遗嘱或赠与合同中确定归夫或妻一方所有的财产的 1 件;一方专用的生活用品的 1 件。在哈尔滨,法官对夫妻个人财产进行认定的案件共 34 件。其中,是一方专用的生活用品的 28 件,占案件总数的 23.3%;女方结婚时的陪嫁物品的 1 件、婚前男方为女方购买的“三金”的 2 件、其他情形的 3 件,共占案件总数的 5%。

(六) 法官认定的其他属于夫妻共有的财产

夫妻共同财产,在财产清算时,不仅要进行分割,而且要承担夫妻共同债务的清偿。认定夫妻共同财产的种类与范围,既可保护离婚当事人的合法权益,也可确保债权人的债权实现。在北京,法官对夫妻共有财产进行认定的相关案件共 20 件,占案件总数的 13.99%。其中,属于婚后夫妻一方或双方从事生产、经营的收益的 1 件,占案件总数的 0.7%;婚后夫妻一方实际取得或应当取得的住房公积金、住房补贴等的 2 件,占案件总数的 1.4%;夫妻一方实际取得或应当取得的养老保险金、破产安置补偿费、离职经济补偿金的 1 件,占案件总数的 0.7%。在其他情形中,无法认定为他人赠与的 2 件,用于偿还房贷的 2 件,各占案件总数的 1.4%;婚后共同购买生活用品的 10 件,占案件总数的 7%;与车位使用权的折价,以及婚后购买但登记在夫妻一方名下的房屋、车辆相关的 1 件,婚后购买的婚姻住房的 1 件,各占案件总数的 0.7%。在上海,法官认定属于夫妻共有财产的 4 件。其中,夫妻一方婚前购买的股票在婚后增值的 2 件;婚后夫妻一方或双方从事生产、经营的收益的 1 件;婚后夫妻一方以个人财产投资取得的收益的 1 件。在哈尔滨,法官对夫妻共有财产进行认定的案件共 16 件。其中,夫妻一方婚前购买的股票在婚后增值的 1 件,婚后夫妻一方或双方从事生产、经营的收益的 4 件;婚后夫妻一方实际取得或应当取得的住房公积金、住房补贴等以及夫妻一方以个人财产投资取得的收益的各 1 件;其他 9 件。法官认定的夫妻共有财产的种类并不单一,但各类财产所占比例大致相当。上述数据表明,在司法实践中,法官对夫妻共有财产的认定,基本遵循了我国现行《婚姻法》的原则与规定,体现出立法与司法的有机统一。

(七) 法官裁定分割夫妻共有财产适用的原则

分割夫妻共有财产,应遵循相应的原则。在阅卷中,可感受法官在审理离婚案件时所适用的原则。在北京,法官适用相关原则分割夫妻共有财产的共40件，占案件总数的27.97%。其中，男女平等的14件，占案件总数的9.8%；照顾子女和女方的10件，占案件总数的7%；照顾无过错一方的2件，占案件总数的1.4%；尊重当事人意愿的12件，占案件总数8.4%；有利生产、方便生活的4件，占案件总数的2.8%。在上海，法官适用相关原则分割夫妻共有财产的共27件。其中，男女平等的11件；照顾子女和女方的3件；尊重当事人意愿的11件；有利生产、方便生活的2件。在哈尔滨，法官适用相关原则分割夫妻共有财产的案件40件。其中，男女平等的11件，占案件总数的9.2%；尊重当事人意愿的24件，占案件总数的20%；照顾无过错方，有利生产、方便生活的各1件；其他的3件。上述数据表明，法官在审理离婚案件时，能够自觉适用分割夫妻共有财产的基本原则；同时，上述基本原则也有助于解决离婚纠纷，有助于促进离婚的形式正义与实质正义。

（八）夫妻共有财产不足以清偿共同债务时的清偿比例

当夫妻共有财产不足以清偿共同债务时，该债务如何清偿，是制约纠纷解决的关键所在。在北京，显明相关信息的案件共12件，占案件总数的8.4%。其中，均等清偿的9件，占案件总数的6.29%；男方多负担一些债务的1件，占案件总数的0.7%；全部由男方清偿的1件，占案件总数的0.7%；在其他清偿情形中，双方自由协商清偿债务的1件，占案件总数的0.7%。上述数据表明，债务清偿体现出男女平等的精神；同时，兼顾了照顾女方的原则，有助于避免离婚女性的贫困化和离婚后生活水平的下降，有助于促进社会性别的平等。

二、制度选择

阅卷结果显示，离婚财产清算制度，在我国司法实践中的适用状况基本良好，《婚姻法》及其司法解释中的相关规定得到了贯彻与实施。但《婚姻法》与司法解释未予规定的环节，则易于引发适用法律的差异与案件审理的差别，影响法律适用的公平与正义。检审离婚财产清算制度的立法现状与司法现实，有助于离婚财产清算制度的立法完善与适用正义。

（一）夫妻共同财产的分割

离婚时，对夫妻共同财产的分割，是离婚效力的重要内容。基于对夫妻财产制的实务考察，婚后所得共同制依然是我国现阶段民众婚姻家庭生活中的首要选择。婚后所得共同制的普遍选择态势，决定了夫妻离婚时对共同财产分割的必然选择。夫妻共同财产分割的制度设计,直接关涉当事人的权益保护,也直接关乎财产分割的程序正义与实质正义。

1. 坚持夫妻共同财产的分割原则

关于夫妻共同财产如何分割,各国均规定了财产分割的程序与原则,即先由夫妻双方协商解决;协商不成时,由法院裁决。"法院裁决的基本依据在大陆法系主要是均等分割原则,在英美法系主要是公平分割原则,一些国家同时还秉持对家庭住宅特别规定原则。均等原则是离婚时分割夫妻共同财产的重要原则。无论夫妻共同财产的取得权人及其所有权人是何方,只要在法律上被认定为夫妻共同财产,离婚时,夫妻双方就有权均等分割,各自获得该共同财产的一半。均等原则很好地体现了夫妻在共同生活期间的相互扶助、休戚与共的理念。"①"公平分割原则是指离婚分割夫妻共同财产时,考虑到夫妻财产状况和离婚时双方的具体情况由法官公平决定财产分割的份额。"②家庭住宅分割原则,是一些国家在分割夫妻共同财产之外的另行规定,以"确保双方离婚后均有住房或抚养子女一方能够有住房,或居住环境不发生重大变化,以保护未成年子女的利益,保护生活无着一方的利益,不至于使其在离婚后处于流离失所的状态"③。上述分割夫妻共同财产的原则虽功能不同,但对维护离婚当事人的利益均有衡平之效,且与夫妻财产制度、离婚制度等自成系统。

根据我国现行《婚姻法》第 39 条第 1 款的规定,同时,结合 1993 年最高人民法院《关于人民法院审理离婚案件处理财产分割问题的若干具体意见》的精神,人民法院审理离婚案件对夫妻共同财产的处理应当依照《婚姻法》《妇女权益保障法》及有关法律规定,分清个人财产、夫妻共同财产和家庭共同财产,坚持男女平等,保护妇女、儿童的权益,照顾无过错方,尊重当事人意愿,有利生产、方便生活的原则,合情合理地予以解决。上述内容,构成我国《婚姻法》分割夫妻共同财产的五项基本原则。阅卷结果显示,在司法实践中,上述五项原则得到了较好的实施,既体现出对夫妻共同财产均等分割的原则适用,又体现出对夫妻共同财产分割的公平价值考量。尽管近年来,

---

① 夏吟兰:《离婚自由与限制论》,中国政法大学出版社 2007 年版,第 201 页。

② 同上书,第 203 页。

③ 同上书,第 205 页。

围绕分割夫妻共同财产的原则，学界存有一定的争议，但我国现行分割夫妻共同财产的原则，符合我国社会主义初级阶段婚姻家庭关系的特定土壤与现实需要，具有原则引导与司法规范的价值，应予以坚持与完善。即在适用分割夫妻共同财产的原则时，还应对原则适用的具体考量因素予以细化，以避免原则的抽象与空洞。如《美国统一结婚离婚法》第 307 条规定，对婚姻财产的分割应考虑以下因素：双方对有关财产的获得所做的贡献；婚姻持续时间的长短；分配给夫妻一方财产的价值；财产分割生效时双方的经济状况，包括对家庭的适当供养或有子女监护权的一方生活适当一段时间的权利。为此，在我国司法实践中，分割夫妻共同财产应坚持五项原则，同时结合相关因素，对夫妻共同财产进行合情合理的分割，例如双方对财产积累的贡献；婚姻关系存续时间的长短及双方健康状况；财产的来源；双方的执业能力与收入状况；夫妻一方对另一方所做的贡献等。

2. 协调家务贡献补偿与夫妻共同财产的分割

我国现行《婚姻法》第 40 条规定："夫妻书面约定婚姻关系存续期间所得的财产归各自所有，一方因抚育子女、照料老人、协助另一方工作等付出较多义务的，离婚时有权向另一方请求补偿，另一方应当予以补偿。"这一规定，成为我国家务贡献补偿制度的核心与内涵。"家务贡献补偿制度具有如下特点：一是其适用于夫妻分别财产制；二是其仅适用于离婚之时；三是其平等适用于夫妻双方即男女两性；四是请求家务贡献补偿的主体是家务贡献较多的一方；五是家务贡献的内容包括抚育子女、照料老人、协助他方工作等。法律之所以将家务贡献补偿制度适用于分别财产制，是因为在夫妻财产分别所有的前提下，家务贡献难以通过夫妻共同积累的财产获得相应的回报。为实现权利与义务相一致的原则，家务贡献应得到相应的补偿。然而，由于我国的夫妻财产制在社会生活中多为婚后所得共同制，致使家务贡献补偿制度的适用比例相对较低。"①家务贡献补偿制度创设之初，是为救济家庭主妇在分别财产制下的财产权益和提升她们的家庭地位与社会地位，这对于特定历史条件下，保障女性利益、促进性别平等，具有重要意义。然而，当社会化的大机器生产把有劳动能力的女性从家庭中吸引出来，使其成为自食其力的劳动者后，女性则成为社会劳动和家务劳动的双重负担者。

① 王歌雅：《家务贡献补偿：适用冲突与制度反思》，载《求是学刊》2011 年第 5 期。

职业女性承担大量家务劳动后，能否要求家务贡献补偿以及如何实现家务贡献的补偿，无疑是棘手的问题。笔者建议，从以下两方面着手完善这一制度。

(1) 家务贡献补偿应延展适用于夫妻共同财产制。我国《婚姻法》第40条将家务贡献补偿制度界定并适用于夫妻分别财产制，不仅与其他相关国家的立法例相吻合，而且似乎体现了权利与义务相一致的原则。即"在夫妻分别财产制度下，离婚时双方无共同财产，如不作出一定的补偿，作出贡献的一方的价值就无从体现，作出的贡献也得不到任何回报。因此，适用分别财产制的夫妻一方应在离婚时对作出贡献或贡献较大的另一方予以补偿，以平衡夫妻双方的利益关系，体现法律的公平正义。"①然而，在夫妻共同财产制下，如何实现家务贡献的补偿，无疑耐人寻味。有观点认为，"共同财产制本身就是承认了家务劳动与社会劳动具有同等价值，否则，只从事家务劳动的一方无权分割共同财产"②。这一观点，对只从事家务劳动的一方非常适用；但对双职工家庭而言，却难以适用。因为，"在实际生活中，夫妻双方对婚姻家庭的贡献和从中获得的利益往往是不平衡的。承担家务较多的一方或作出牺牲的一方，往往其职业发展和其他方面受到了较大的牵制，社会地位与谋生能力相对较弱。而配偶他方，基于对方的奉献和牺牲从中获得巨大的利益，如学业的进步、事业的发展以及经济地位的提高等。"③"倘婚姻关系继续存续，家务贡献较多的一方可以从婚姻生活中获得相应的回报；倘婚姻关系解除，家务贡献较多的一方则无法再从婚姻生活中获得相应的回报，进而引发权利与义务的失衡、贡献与补偿的失衡。不仅如此，家务贡献较大的一方，因家务劳动挤压了其自身发展的时间和精力，减少了职业投入和经济收入，导致离婚后谋生能力较低、生活水平下降。"④正如学者所述：如果"把家庭领域界定为女性的领域，把家务劳动界定为女性的义务，对于那些职业女性来说是一条沉重的链条，不断撕扯着职业女性，使她们走得比男性慢，走得没男性远；对家庭主妇而言，它是一管褪色剂，使她们辛苦的劳动

---

① 夏吟兰：《离婚自由与限制论》，中国政法大学出版社2007年版，第221—222页。
② 同上书，第222页。
③ 同上书，第223页。
④ 王歌雅：《家务贡献补偿：适用冲突与制度反思》，载《求是学刊》2011年第5期。

失去意义，丧失价值”[①]。为确保公平与正义，“在夫妻共同财产制下，也应适用家务贡献补偿制度，使家务贡献者在依法分割夫妻共同财产的同时，获得相应的家务贡献补偿。具体补偿的方法，可参考夫妻双方的收入差与婚姻关系存续时间以及相应贡献等因素。简单的补偿方法应为：家务贡献补偿＝(夫妻双方的年收入差÷2)×婚姻关系存续年限”[②]。即在分割夫妻共同财产时，“也要将一方从事家务劳动和协助另一方工作以及对另一方事业发展所做的贡献作为分割夫妻共同财产时的考量因素。只有在对夫妻共同财产分割时，肯定夫妻一方从事家务劳动的价值和对另一方事业发展所做的贡献，对尽义务较多、贡献较大者适当多分财产，在目前我国的夫妻财产状态下才有可能通过对另一方的救济和补偿实现法律的公平和正义”[③]。

(2) 家务贡献补偿应适用法定与约定相结合的原则。家务劳动不仅是对婚姻家庭的贡献，而且是对婚姻家庭承担的责任。夫妻双方如何承担责任，当事人可以约定。对此，《瑞士民法典·亲属编》第163条作出原则性规定：“(一) 夫妻双方根据各自的能力承担共同维持家庭的责任。(二) 夫妻双方约定各自承担多少维持家庭的责任，特别是通过收入、照顾子女、维持家庭开支或者通过协助对方从事的工作、职业或行业来承担维持家庭的责任。(三) 上述情形表明夫妻双方考虑了婚姻共同生活的需要和个人的具体情况。”这一规定，“充分体现了婚姻当事人的意思自治，有助于家庭责任的合理分担。尤其是当婚姻当事人承担了相应的家庭责任后，则可获得相应的家务贡献补偿。关于家务贡献的补偿，应适用‘有约定从约定、无约定从法定’的原则。具体约定家务贡献补偿价值时，应参考相关因素：婚姻关系存续期间的长短，家务劳动的时间、强度与技能，从事家务劳动一方的逸失利益，补偿方的经济收入、预期经济效益和人力成本的增值等因素”[④]。适用法定与约定相结合的原则，也是分割夫妻共同财产的原则所要求的，有助于夫妻共同财产的分割与家务贡献补偿的协调。

---

① 沈奕斐：《被建构的女性：当代社会性别理论》，上海人民出版社2005年版，第203—204页。

② 王歌雅：《家务贡献补偿：适用冲突与制度反思》，载《求是学刊》2011年第5期。

③ 夏吟兰：《离婚自由与限制论》，中国政法大学出版社2007年版，第223页。

④ 王歌雅：《家务贡献补偿：适用冲突与制度反思》，载《求是学刊》2011年第5期。

（二）夫妻共同债务的清偿

夫妻共同债务清偿，是离婚效力之一。该效力既发生于离婚当事人之间，也发生于离婚当事人与债权人之间。对共同债务的清偿，既是离婚当事人的义务与责任，也是对债权人的有效保护，同时，对社会诚信风气的树立也具有积极意义。

1. 贯彻夫妻共同债务共同清偿的原则

在各国的婚姻立法中，关于夫妻的共同债务，均贯彻夫妻共同清偿原则，即以夫妻共同财产清偿共同债务，倘夫妻共同财产不足以清偿共同债务，以夫妻个人财产连带清偿或共同清偿。例如，《德国民法典》第1459条规定："除基于第1460条至第1462条发生其他效果外，夫的债权人和妻的债权人都可以请求就共同财产受清偿。配偶双方也亲自作为连带债务人就共同财产受清偿。"《菲律宾家庭法》第129条规定："共同债务由夫妻共同财产负责清偿。共同财产不足清偿的，根据本法第121条第2款规定，夫妻双方应以各自个人财产共同承担清偿责任。"《意大利民法典》第190条规定："夫妻共有财产无法清偿全部债务的，可以请求将夫妻个人各自财产作为辅助手段进行债务清偿，但是以债权额的半数为限。"上述规定，不仅为夫妻共同债务的清偿设定了清偿原则，也设定了清偿债务的财产性质。

我国《婚姻法》第41条确定了夫妻共同债务的清偿原则："离婚时，原为夫妻共同生活所负的债务，应当共同偿还。共同财产不足清偿的，或财产归各自所有的，由双方协议清偿；协议不成的，由人民法院判决。"1993年最高人民法院《关于人民法院审理离婚案件处理财产分割问题的若干具体意见》第17条第1款界定了夫妻共同债务的基本内涵："夫妻为共同生活或为履行抚养、赡养义务等所负债务，应认定为夫妻共同债务，离婚时应当以夫妻共同财产清偿。"前述阅卷结果显示，我国《婚姻法》规定的夫妻共同债务的清偿原则，在司法实践中得到了较好的贯彻执行。即人民法院能够在明晰夫妻共同债务与夫妻个人债务的基础上，结合离婚当事人的债务清偿能力，作出调解或判决。既维护了债权人的合法权益，又平衡了离婚当事人的债务承担责任。故我国现行《婚姻法》规定的夫妻共同债务的清偿原则应予以坚持，但应对夫妻共同债务的推定规则予以明确。即在婚姻关系存续期间，将夫妻一方所负下列债务推定为共同债务：（1）基于日常家事代理权所形成的债务。即将家事代理权范围内的债务认定为夫妻共同债务，因为"夫妻之间特殊的身份关系决定其对外产生外表授权，形成表见代理权，与债的相对性原理并不冲突”①。(2) 债权人有理由相信其为共同债务的情形。基于对债权人利益的保护，将债权人有理由相信其为共同债务的情形，认定为共同债务。“如债务人多次以个人名义举债均由夫妻共同偿还，而再次为数额、用途相当的举债应作为共同债务。”②

2. 协调夫妻共同债务与个人债务的清偿与追偿

当夫妻共同财产足以清偿夫妻的共同债务与个人债务时，并不涉及债务的清偿顺序。然而，当夫妻共同财产不足以清偿前述两种债务时，则有清偿顺序之分。故协调债务的清偿顺序与追偿规则，有助于离婚当事人和债权人利益的双重保护。

(1) 明确债务清偿的顺序规则。离婚当事人如何清偿夫妻的个人债务，我国《婚姻法》未作明确规定。相关司法解释则明确了债务清偿原则，即夫妻的个人债务，离婚时应当以夫妻个人财产清偿。结合我国《婚姻法》的规定和司法解释的精神，离婚当事人的债务清偿，应遵循如下原则：夫妻的共同债务，夫妻共同清偿；夫妻的个人债务，夫妻个人清偿。上述原则，与目前各国婚姻立法规定的债务清偿原则基本相同。然而，在夫妻共同财产不足以清偿共同债务，且双方协议不成时，人民法院如何进行判决，我国《婚姻法》没有明文规定。而我国《澳门民法典》第 1563 条规定：“属共同财产制者，共同财产先用以支付夫妻共同负责的债务，继而支付其他债务。”《美国统一婚姻财产法》第八节(b)款(4)项也规定：“在婚姻关系存续期间，配偶一方所负的其他任何债务，包括作为、不作为所致的债务，只能按如下顺序清偿：负债配偶一方的非婚姻财产；负债配偶一方从婚姻财产中所获利益。”上述规定明确了夫妻债务的清偿顺序，即夫妻共同财产优先用于清偿共同债务；当共同财产有剩余时，才清偿夫妻个人的其他债务。借鉴上述立法例，我国《婚姻法》应明确规定：夫妻共同财产首先应用以清偿共同债务，继而支付其他债务。

(2) 明确债务清偿的追偿规则。在司法实践中，对于夫妻的共同债务或个人债务，有以个人财产或共同财产清偿的情形。该情形的产生，既源于

---

① 裴桦：《夫妻共同财产制研究》，法律出版社 2009 年版，第 226 页。

② 同上书，第 227 页。

夫妻约定,也源于夫妻的擅自为之。基于夫妻约定而产生的债务清偿,遵循婚姻当事人的意思自治。基于夫妻擅自为之的债务清偿,则需明确债务清偿的追偿规则,以明晰当事人的权利边界。例如,《菲律宾家庭法》第 122 条规定:夫妻个人债务若"义务方配偶无特有财产或特有财产不足的,在支付本法第 121 条规定的负担后,可以强制执行夫妻共同财产,但在清算共同财产时,原应由配偶个人承担但已由夫妻双方共同财产垫付的部分应予扣除"。美国《路易斯安那州民法典》第 2364 条规定:"如共有财产被用来清偿夫妻一方的单方债务,则另一方有权在共有财产制终止后,要求返还该财产在使用时的一半数额。"其第 2365 条规定:"如夫妻一方以其单独财产清偿了共同债务,则其有权在共有财产制终止之后,要求追还该财产在使用时的一半数额。"上述相关规定,对我国《婚姻法》完善有借鉴意义。即为衡平离婚当事人的利益,我国《婚姻法》应明确规定:夫妻一方以共同财产清偿夫妻个人债务或以个人财产清偿夫妻共同债务后,在离婚时,有权向对方追还相应的价值或数额。

三、价值追求

离婚财产清算,是婚姻制度的重要组成部分,也是离婚效力的重要内容之一。离婚财产清算的公正与否,直接仰赖于离婚财产清算的制度公正和程序正义。"制度是影响人们经济生活的权利和义务的集合"①,是"规范化、定型化了的正式行为方式与交往关系结构"②。作为规范体系的财产清算制度,必须具备适宜的目的追求与检视标准:一是离婚财产清算制度适用的对象和范围只限于离婚当事人和离婚领域;二是离婚财产清算制度的社会适用与司法实践须体现性别关怀与实质正义;三是离婚财产清算制度的法律效力与社会功效得到婚姻中人和社会中人的高度重视与自觉适用。简而言之,离婚财产清算制度须具备道德上的合理性与法律上的公正性。于是,合理性与公正性成为离婚财产清算制度非同于其实用性与效力性的另一种理性追求。

---

① 〔美〕丹尼尔·W. 布罗姆利:《经济利益与经济制度》,陈郁译,上海三联书店、上海人民出版社 1996 年版,第 50—51 页。

② 高兆明:《制度公正论:变革时期道德失范研究》,上海文艺出版社 2001 年版,第 27 页。

（一）保障人格尊严

人格尊严，乃民事主体对自身的社会地位、社会价值的主观认知和客观评价。民事主体的人格尊严应予以尊重。[1] 在婚姻领域，基于"夫妻别体主义"的立法原则，"夫妻在婚姻关系中各为独立主体，人格平等"[2]，相互之间具有独立的人身权和财产权。而"个人财产权的概念意味着个人在社会范围内自治的正当性，意味着个人有权支配在私人领域内属于个人的物品"[3]。不仅如此，"财产权利是自我保存的自然权利的必然延伸与必然结果，并作为生命权的工具而成为人为自我保全而要求一切权利的前提基础"[4]。故离婚财产清算，是婚姻当事人的人格平等、人格独立的直接体现，至于离婚财产清算公正与否，直接关涉离婚当事人的人格尊严。为此，确保离婚财产清算制度的公正设计和价值追求，是对"支撑该制度的正义观的合理性的追问，这是制度本身公正性的根本方面"[5]。"在此基础上，它才能体现制度的目的性意义，即以人为目的：为公民的基本权利和自由提供以程序为核心的制度化保障，它既能为公民的人权平等提供保护，又能体现公民的自由意义和尊严。"[6]

（二）追求性别关怀

"现代多元社会是社会成员具有平等基本自由权利的社会，而平等基本自由权利并不是一个空洞的东西，它作为一种理念、时代精神，须存在于日常生活的各个环节、各个方面。对于自身财富的自由支配权、财富的平等交换权等，是这种平等的基本自由权利的具体呈现。通过社会矫正正义方式实现的社会二次分配，亦是这种平等基本自由权利的具体呈现：在日常生活中，每一个社会成员为了保持其自由、自尊的存在，必须以拥有一定的物质

---

① 杨震主编：《民法学》，中国人民大学出版社 2009 年版，第 183 页。

② 李志敏主编：《比较家庭法》，北京大学出版社 1988 年版，第 101 页。

③ 刘军宁：《共和·民主·宪政——自由主义思想研究》，上海三联书店 1998 年版，第 39—40 页。

④ 周安平：《性别与法律——性别平等的法律进路》，法律出版社 2007 年版，第 194 页。

⑤ 张卫明：《程序正义与制度公正——论罗尔斯"原初状态"的方法论意义》，载《伦理学》2011 年第 2 期。

⑥ 同上。

财富为基础，必须享有一定的物质财富。”①为此，离婚财产清算，必须体现出对社会成员平等的基本自由权利的尊重。即在保障离婚自由的同时，在离婚财产分割与债务清偿中，“对婚姻关系中处于弱势地位的一方和抚养子女的一方予以法律救济与制度保障，才能够实现法律的公平正义和对弱者的人文关怀，体现扶弱济贫、保护弱势群体利益的人权理念与精神，也才能够真正实现离婚自由对人性解放的真谛”②。因为，在社会生活和婚姻生活中，基于“男主外，女主内”的性别分工和社会分工，女性远离公共领域，成为家庭事务的主要承担者，丧失或基本丧失了在公共领域参与社会管理、创造财富的机会与能力，导致女性在公共领域和私人领域地位的弱化。正如罗尔斯所指出的：“妇女历史上受到的长期不公正，正是她们曾经且依然不公平地承担养育照管孩子的任务。”③不仅如此，“家庭虽然是妇女主要工作的场所，但却不是妇女主宰的场所，由于受到各种内外关系的影响，妇女在这一主要的活动场所中依然处于被支配的地位”④。因而，确保离婚财产清算的制度公正和程序正义，才能体现性别关怀的宗旨，确保离婚财产清算的程序公正和性别正义，进而实现对女性离婚时的财产权和离婚后的生存权与发展权的充分保障。正如恩格斯所述：“只要妇女仍然被排除于社会的生产劳动之外而只限于从事家庭的私人劳动，那么妇女的解放，妇女同男子的平等，现在和将来都是不可能的。妇女的解放，只有在妇女可以大量地、社会规模地参加生产，而家务劳动只占她们极少的工夫的时候，才有可能。”⑤

（三）崇尚意思自治

离婚财产清算，不仅需要公权力的规制，更需要当事人的意思自治。在保障人格尊严、追求性别关怀的法制背景下，倡导离婚当事人的意思自治，是协调和处理离婚财产清算纠纷的有效途径。首先，意思自治体现了离婚当事人的主体意识与人格精神。即“人生而具有不平等性。但是，只有具有

---

① 高兆明：《分配正义的两个考察维度》，载《南京师大学报（社会科学版）》2010 年第 1 期。

② 夏吟兰：《离婚自由与限制论》，中国政法大学出版社 2007 年版，第 194 页。

③ 〔美〕约翰·罗尔斯：《万民法·公共理性观念新论》，张晓辉、李仁良、邵红丽、李鑫译，吉林人民出版社 2001 年版，第 172 页。

④ 沈奕斐：《被建构的女性：当代社会性别理论》，上海人民出版社 2005 年版，第 207 页。

⑤ 马克思、恩格斯：《马克思恩格斯选集》（第 4 卷），人民出版社 1995 年版，第 162 页。

主体性意识与平等自由人格精神，就能够始终为争取自己的平等自由权利而斗争，就能够在精神上以平等的身份进入社会生活的具体过程，并以精神追求的特殊方式试图实现起点的平等，就有成为平等自由权利者的希望”[①]。因而，离婚财产清算，是采取“均等分割原则”抑或是“公平分割原则”，成为考察离婚财产清算的制度公平与程序正义的交集点和博弈点。其次，意思自治体现了离婚当事人的实质理性与形式理性。即离婚财产清算制度，“是参与者角色互动、意见对话与整合的场所，处于开放性、角色参与性、对话性和论证性阶段。它兼具主体性、契约共识性和民主性。参与性、透明性、话语论证性、主体性构成当代制度的范畴”[②]。同时，离婚财产清算制度，其“制度理性受沟通伦理指引……法律规范只有在论证话语中得到相关者的合作与赞同才能获得有效性”[③]。为此，离婚财产清算，是追求程序正义抑或是兼顾程序正义与实质正义，取决于离婚当事人的伦理选择与法律追求。至于离婚财产清算能否切实地保护离婚当事人的财产权益与人格尊严，避免离婚当事人陷于离婚后的贫困化或生活境遇的低质化，则是考察离婚财产清算的程序正义与制度公正的重要因素之一。正如阿马蒂亚·森所述：“贫困必须被视为基本可行能力的被剥夺，而不仅仅是收入低下，而这却是现在识别贫困的通行标准。”[④]尽管“收入不足确实是造成贫困生活的很强的诱发性条件，但还有其他因素也影响可行能力的被剥夺，从而影响到真实的贫困（收入不是产生可行能力的唯一工具）”[⑤]。

（四）维护婚姻秩序

“人可以生活在无自由、有秩序的社会中，却难以生活在有自由、无秩序的社会之中。”离婚财产清算，体现出秩序与自由的博弈。即离婚自由，既意

---

① 高兆明：《分配正义的两个考察维度》，载《南京师大学报（社会科学版）》2010 年第 1 期。

② 张卫明：《程序正义与制度公正——论罗尔斯“原初状态”的方法论意义》，载《伦理学》2011 年第 2 期。

③ 〔印度〕阿马蒂亚·森：《以自由看待发展》，任赜、于真译，中国人民大学出版社 2002 年版，第 85 页。

④ 章国锋：《关于一个公正世界的“乌托邦”构想——解读哈贝马斯〈交往行为理论〉》，山东人民出版社 2001 年版，第 160 页。

⑤ 〔印度〕阿马蒂亚·森：《以自由看待发展》，任赜、于真译，中国人民大学出版社 2002 年版，第 86 页。

味着解除婚姻关系的自由，也意味着离婚财产清算的自由。尽管“人是生而自由的，但却无往不在枷锁之中”[①]。故离婚自由也需遵循离婚的秩序，包括离婚财产清算秩序。离婚财产清算秩序的形成，首先，需要良好的离婚财产清算制度。为此，中外的婚姻立法均对离婚财产清算制度的含义作出明确阐释。即“离婚财产清算是因婚姻解体所产生的重要财产效力，有广义与狭义之分。狭义的离婚财产清算仅指离婚时的夫妻财产分割制度。广义的离婚财产清算则包括了离婚财产分割制度及离婚救济制度等与财产相关的体系化财产效力”[②]。离婚财产清算的目的，在于“使离婚财产的流转和归属既能达到权利平等的目的，又尽可能地实现了对弱者利益的保护和救济”[③]。由此可见，离婚财产清算制度，在于“通过制度以自由来限制自由的目的，使个人自由的行使不会损害他人和社会自由，从而实现对自由的保障。在这个意义上，一方面充分表明了在人类社会中，秩序对自由的优先；另一方面也反映了人们对自由的永恒追求，这不但是个人的内在价值诉求，也是社会制度的最高价值目标”[④]。其次，离婚财产清算秩序的形成，需要有良好的离婚财产清算道德。离婚财产清算道德，既源于离婚个体的道德追求，也源于离婚财产清算规则的社会塑造。“道德作为一种规范不是一种摆设，需要在社会生活中得以落实，对社会生活产生一定的效力，能够承担起社会给予的历史使命。亦即有效地调解人们相互之间的关系，提高个人的精神境界，以达到社会的和谐有序，而其社会地位主要体现在它作用发挥的程度上。”[⑤]因而，离婚财产清算的道德，就是在于强化离婚财产清算过程中的规则与道义，体现以人为本原则、公平公正原则、性别平等原则和主体性原则的价值追求，并最终实现对离婚财产清算行为的法律规范与道德调整，促进婚姻秩序的稳定。

（五）促进社会公正

公正，就是“制度安排和设置是正直合理而没有偏私，能以同一标准对

① 〔法〕卢梭：《社会契约论》，何兆武译，商务印书馆 1980 年版，第 8 页。

② 夏吟兰：《离婚自由与限制论》，中国政法大学出版社 2007 年版，第 193 页。

③ 同上。

④ 张卫明：《程序正义与制度公正——论罗尔斯“原初状态”的方法论意义》，载《伦理学》2011 年第 2 期。

⑤ 马永庆：《道德内在和谐论要》，载《伦理学》2011 年第 2 期。

待相同的人或事，体现为主体平等、机会平等、权利义务平等等方面”[①]。离婚财产清算的公正与否，直接关涉离婚当事人和社会中人对公正的理解与追求。因为，“在法权论的范围内，公民的活动不是为了道德，而是为了各自的利益或幸福，所以，这些公民只要不违反外在的、强制的法律，不损害他人的自由或利益，法律就不会强加干预。于是，一个正义的国家，就要尽量通过立法、行政和司法，通过法律的实施，而实现和保障每个公民正当的私人法权，从而在一种正义的状态中达成法权的实现”[②]。为此，离婚财产清算，必须体现出制度公正与价值追求。离婚财产清算制度的公正追求，首先在于形式正义与实质正义的和谐统一。即通过制度实践确保离婚当事人之间及其与利害关系人之间的正义。即“任何利益主体都不能片面地追求自身的利益，而要兼顾其他‘利益相关者’的利益，提倡义利兼顾、互利共赢，提高和增进‘社会综合利益’”[③]。其次，在于个体公正与社会公正的和谐统一。离婚财产清算，并非仅为私权范围的财产清算制度，其清算结果直接涉及社会正义这一根本问题。因而，建构科学、适用、严谨、公平的财产清算制度，是离婚立法的核心所在和价值追求。正如马克思所述：“人是人的最高本质”，“从而也归结为这样一条绝对命令：必须推翻那些使人成为受侮辱、被奴役、被遗弃和被蔑视的东西的一切关系”[④]。

离婚财产清算制度在司法实践中，之所以得到较理想的实施，是因为制度设计的公正合宜与制度实施的社会效果。为实现离婚财产清算制度的价值追求——保障人格尊严、追求性别关怀、崇尚意思自治、维护婚姻秩序、促进社会公正，我国婚姻立法还需对离婚财产清算制度进行检审与完善，进而为离婚当事人及利害关系人的权益保护提供法律支持。正如亚里士多德所述：“公正必定是适度的、平等的。”[⑤]

---

① 张卫明：《程序正义与制度公正——论罗尔斯“原初状态”的方法论意义》，载《伦理学》2011 年第 2 期。

② 舒远招：《康德伦理学中的正义概念》，载《伦理学》2011 年第 2 期。

③ 王正平、刘玉：《利益兼顾：构建社会主义和谐社会的根本道德原则》，载《伦理学》2011 年第 12 期。

④ 马克思、恩格斯：《马克思恩格斯选集》(第 1 卷)，人民出版社 1995 年版，第 9—10 页。

⑤ 〔古希腊〕亚里士多德：《尼各马可伦理学》，廖申白译，商务印书馆 2003 年版，第 134 页。

第三节 离婚救济的实践隐忧与功能建构

离婚救济,是离婚制度的重要组成部分。离婚救济在社会生活和司法实践中,能否实现其功能价值,不仅有赖于制度建构的前瞻性、逻辑性和适用性,也有赖于司法运行的适宜性、公正性和人文性。同时,离婚救济也须"本着自由与平等权利必须是普世性的价值建构这一信念",遵从"人文主义的绝对命令要求:'必须推翻那些使人成为被侮辱、被奴役、被遗忘和被蔑视的东西的一切关系'"。[①] 追求离婚救济"坚守人文、人性、人权的观念底线,以反对后现代理论的价值随意"[②]。

一、实践隐忧

我国离婚救济制度的全面建构,形成于2001年修订的《婚姻法》的制度设计。基于《婚姻法》第40条、第42条和第46条的规定,离婚救济制度包括家务贡献补偿、经济困难帮助和离婚损害赔偿。离婚救济,"通常指对离婚当事人所实行的有关人身和财产的救济措施"[③]。然而,离婚救济制度在实施十余年之后,实践隐忧开始显现,主要体现在以下三方面:

(一)离婚救济适用比例较低

为考察离婚救济制度的实践效果,国家社科基金项目"民法典体系中的婚姻家庭法新架构研究"课题组分别在北京、上海和哈尔滨三个城市开展了调研。调研结果显示,离婚救济制度适用的比例较低。首先,家务贡献补偿的适用比例极低。在三个基层法院的离婚案卷中,家务贡献补偿没有体现。经济帮助的适用比例较低。北京审结经济帮助案件共3件,占案件总数的2.1%;上海审结经济帮助案件共2件,占案件总数的1.7%;哈尔滨审结经济帮助案件共6件,占案件总数的5%。离婚损害赔偿的适用比例也较低。北京审结的离婚损害赔偿案件共9件,占案件总数的6.3%;上海审结的离

---

① 甘绍平:《新人文主义及其启示》,载《伦理学》2011年第11期。

② 同上。

③ 王歌雅:《离婚救济制度:实践与反思》,载《法学论坛》2011年第2期。

婚损害赔偿案件共4件，占案件总数的3.4%；哈尔滨审结的离婚损害赔偿案件共5件，占案件总数的4.1%。

（二）请求离婚救济的数额较低

阅卷结果显示，离婚救济制度的司法运行，不仅适用比例较低，而且救济数额也较低。第一，家务贡献补偿的请求数额未见显现。“在北京、上海、哈尔滨三个城市的离婚案卷中，显明家务劳动信息的案件相对较少。在仅有的显明家务劳动信息的案件中，没有家务贡献补偿的诉讼请求。”[①]第二，经济帮助的请求数额偏低。在北京、上海、哈尔滨三个城市仅有的11件请求经济帮助的案件中，请求经济帮助的方式均为给付金钱，其中请求给付数额100元以下的3件；100—2000元的1件；6000—8000元的1件；9000—1万元的1件；1.5万—2万元的1件；3万—5万元的2件；其他数额的2件。第三，离婚损害赔偿的请求数额未见显现。在仅有的18件请求离婚损害赔偿的案件中，当事人关于离婚损害赔偿的数额未具体提及，只是笼统请求给予离婚损害赔偿。

（三）请求离婚救济的主体多为女性

在阅卷范围内，请求离婚救济的性别较为单一，以女性为主。第一，家务贡献者以女性为主。在北京，显示家务劳动信息的案件共3件。其中，全部由女性承担家务劳动的1件；主要由女性承担，男性协助的1件；主要由男性承担，女性协助的1件。在上海，显示家务劳动信息的案件共5件。其中，主要由女性承担，男性协助的3件；主要由男性承担，女性协助的2件。在哈尔滨，显示家务劳动信息的案件共6件。其中，全部由女性承担的3件；全部由男性承担的2件；主要由女性承担，男性协助的1件。上述数据表明，男女两性对家务劳动虽都有所承担，但女性依然是家务劳动的主要承担者。[②] 第二，请求经济帮助者以女性为主。在北京、上海、哈尔滨共审结的11件离婚经济帮助案件中，请求经济帮助的主体以女性为主，男性请求经济帮助的只有1件。且女性请求经济帮助的事由相对集中，主要为无业或失业、无房居住、收入低、抚养子女、身患重病或年逾60周岁以及其他原因。第三，请求离婚损害赔偿的主体以女性为主。在三个城市共审结的18件离

① 王歌雅：《家务贡献补偿：适用冲突与制度反思》，载《求是学刊》2011年第5期。

② 同上。

婚损害赔偿案件中，女性提出离婚损害赔偿的共 14 件。请求离婚损害赔偿的事由相对集中，其中，配偶一方与他人同居的 6 件；配偶一方实施家庭暴力的 10 件；虐待、遗弃家庭成员的 1 件；其他事由 2 件。

二、救济掣肘

阅卷数据显示，离婚救济在司法运行中，存在低适用、低功效、低救济的特征。除家务贡献补偿、经济帮助、离婚损害赔偿的数额在案卷中未有显现外，具体适用离婚救济的案件数量也较少显现。在有记载的案件中，北京市某区法院准予离婚损害赔偿的案件仅有 3 件。离婚救济的“三低”现状，成为离婚救济的价值与功能实现的掣肘。而要充分发挥离婚救济的价值与功能，则要突破离婚救济在实践运行中的瓶颈，即阻碍离婚救济实践运行的文化原因、性别原因和制度原因。

（一）传统文化的影响

离婚救济制度，作为法制文化的重要组成部分，担负着扶弱济贫、匡扶正义的社会功能。因为，“无论是把救济看作是以权利为对象而进行的一系列救助性、补偿性活动，即对权利的救济，还是把救济本身视为一种权利，即救济权，在法律领域内制度化后的救济都是一种矫正机制，其目的是应对既存的权利缺损状态并力求消弭之，其核心则存在于救济方法的提供上”①。同时，离婚救济作为“一种合理的救济制度可以有效配置各种救济资源，使其利用达到最大化，增加缺损权利的救济途径；实现救济费用在各相关主体之间的合理负担，既可以满足社会对权利救济的潜在需求，又可以防止盲目寻求救济，从而节约救济资源”②。尽管离婚救济制度具有实现婚姻正义、性别正义、社会正义的功能，但在传统的婚姻文化、性别文化和社会文化尚未退出历史舞台的特定时代背景下，离婚救济制度还未能发挥其独特的救助与矫正功能，传统文化成为制约离婚救济制度实践运行的瓶颈之一：首先，婚姻无须正义。尽管“正义是社会制度的首要价值”③，但在传统婚姻文化范畴，婚姻则无正义可言。因为，基于“公与私”的二元对立结构，婚姻为私领

---

① 李俊：《离婚救济制度研究》，法律出版社 2008 年版，第 6 页。

② 同上书，第 7 页。

③ 〔美〕约翰·罗尔斯：《正义论》，何怀宏、何包钢、廖申白译，中国社会科学出版社 1988 年版，第 3 页。

域，私领域尚存宗法制度之遗迹。而“宗法制度之恶果，盖有四焉：一曰损害个人独立自尊之人格；一曰窒碍个人意思之自由；一曰剥夺个人法律上平等之权利；一曰养成依赖性，戕贼个人之生产力”[①]。基于传统宗法观念的影响，婚姻并非倡导正义的场所，婚姻救济的观念难以落实。其次，配偶无须正义。在传统婚姻观念中，婚姻既为伦理之实体，那么，婚姻的治理自然也就以伦理规范为主体，难以诉诸法律以实现矫正正义。正所谓：“西洋民族以个人为本位，东洋民族以家族为本位。西洋民族以法治为本位，以实利为本位；东洋民族以感情为本位，以虚文为本位。”[②]基于上述差别，我国的婚姻关系就难以如西方国家那样，将夫妇关系，视为“乃法律关系，权利关系，非纯然爱情关系也……盖其国为法治国，其家庭亦不得不为法治家庭；既为法治家庭，则亲子昆季夫妇，同为受治于法之一人，权利义务之间，自不得以感情之故，而有所损益”[③]。故传统婚姻家庭观念成为阻滞离婚救济制度实施的障碍。然而，“既然正义的禀性的特征是他律，它就只能在一定条件下才能导致正义的行为。为了克服这一条件性，使正义具有自律的外表，社会必须诉诸法律”[④]。为此，离婚救济，必须以法律的形式加以规制与实践，以确保离婚当事人的权益救济与尊严救济。

（二）社会性别的差异

在阅卷范围内，请求离婚救济的主体多为女性，体现出离婚救济制度在实施领域中的社会性别差异：

(1) 传统婚姻伦理观念的影响。在中国古代的婚姻立法中，虽没有现代语境下的严谨的、自成体系的离婚救济制度，却有对女性离婚利益的适当保护与救助。女性之所以成为离婚救助的对象，是因为女性人格的缺失、社会地位的低下和民事权利的弱化。女性人格的缺失，“表现为妻子没有独立的人格尊严，不具有姓名权、行动自由权、名誉权，她们的尊严任由丈夫践踏；婚姻地位的低下，表现为妻子没有婚姻自由权，任由丈夫依据‘七出’之条加以离异甚至嫁卖；民事权利弱化，表现为妻子必须忍受丈夫的虐待与遗

---

① 陈独秀：《独秀文存》(卷一)，安徽人民出版社 1987 年版，第 29 页。

② 同上。

③ 同上书，第 29—30 页。

④ 慈继伟：《正义的两面》，生活·读书·新知三联书店 2001 年版，第 33 页。

弃,不能希冀法律给予公正的保护”①。为此,“三不去”原则,便成为女性阻却“七出”的道义理由。“在中国古代,仁被视为‘众善之源,百善之本’。重仁爱是中国传统伦理的重要特色。在离婚模式中,仁德却发挥了正反两方面的作用。从正的角度说,‘三不去’中的‘有所取而无所归不去’,恰恰是仁爱之心的体现。从反的角度说,有恶疾则休妻,有违仁爱之道;但女性接受被休的现实,也恰恰是对夫家仁爱的体现。义乃道义。《商君书》说:‘敬长,义也。’‘三不去’中的‘尝更三年丧’不去,便是义之体现,是对妇德的褒扬。知报是指知恩图报,有恩必报。知报所倡导的是一种互惠互动的双向伦理关系。‘三不去’中的‘贱取贵不去’,乃是知报要求。如嫌贫爱富或先贫后富而出妻,则属背德,将为离婚伦理所摒弃。”②古代离婚伦理的价值定位——家族本位、父权本位和夫权本位,成为“片面苛求女性的伦理枷锁,深化了男女两性地位的不平等、社会价值判断的不公正、个人利益维护的不均衡,是离婚伦理自我更新与自我超越的症结所在,也是离婚领域剔除糟粕与移风易俗的重要指向”③。

(2) 现实社会性别差异的影响。女性成为离婚救济的主要群体,有着深刻的历史根源与社会根源,社会分层与性别排挤是主要原因之一。根据全国妇联、国家统计局于 2011 年 10 月 21 日作出的《第三期中国妇女社会地位调查主要数据》,女性的社会地位依然弱于男性。第一,女性受教育状况弱于男性。女性中接受过高中阶段及以上教育的占 33.7%;女性中接受过大学专科及以上高等教育的占 14.3%。第二,女性经济状况弱于男性。18—64 岁女性的在业率为 71.1%,城镇为 60.8%,农村为 82.0%。城镇和农村在业女性的年均劳动收入分别为男性的 67.3%和 56.0%。农村在业女性主要从事非农劳动的比例为 24.9%,男性为 36.8%,比 10 年前分别提高了 14.7%和 17.9%。第三,女性社会保障状况弱于男性。在非农业户口女性中,享有社会养老保障的比例为 73.3%,享有社会医疗保障的比例为 87.6%;农村户口女性中,享有社会养老保障的比例为 31.1%,享有社会医疗保障的比例为 95.05%。第四,女性政治状况弱于男性。只有 2.2%的在

① 王歌雅:《中国婚姻伦理嬗变研究》,中国社会科学出版社 2008 年版,第 179 页。

② 同上书,第 125—126 页。

③ 同上书,第 129 页。

业女性为国家机关、党群组织、企事业单位负责人，为男性相应比例的一半；高层人才所在单位一把手为男性的占 80.5%。第五，女性婚姻家庭状况弱于男性。72.7%的已婚者认为，与丈夫相比，妻子承担的家务劳动更多。被访者目前 3 岁以下孩子基本由家庭承担照顾责任，其中，母亲承担日间照顾责任的比例为 63.2%。城镇 25—34 岁有 6 岁以下孩子的母亲在业率为 72.0%，比同龄组没有年幼子女的女性低 10.9%。第六，女性劳动权益保障状况弱于男性。在工作日，女性的总劳动时间为 574 分钟，男性为 537 分钟。在休息日，女性的休闲时间为 240 分钟，男性为 297 分钟。第七，老年女性状况弱于男性。65 岁及以上老年女性近 3 年内做过健康体检的占 38.9%。54.1%的城镇老年女性首要生活来源为自己的离退休金或养老金，男性为 79.3%；农村老年女性的首要生活来源为其他家庭成员资助的比例为 59.1%，男性为 38.8%。第八，流动、留守女性状况弱于男性。流动女性在外打工期间遇到的主要问题是“被人看不起”和“工资被拖欠或克扣”的，分别占 14.7%和 14.2%。农村留守女性中，91.7%担心“丈夫在外的安全”，61.5%担心“家里有事没人商量”，60.1%担心“老人生病时没人帮忙”，56.0%担心“农忙时没人帮忙”。上述数据表明，近十年间，女性的社会地位均有所提升，但依然弱于男性。女性的教育、经济、社会保障、政治、婚姻家庭、劳动权益保障状况、老年女性状况、流动及留守女性状况弱于男性，必然导致女性的综合社会地位与婚姻家庭地位弱于男性，进而使女性成为离婚救济的主要请求主体。

（三）制度设计的局限

离婚救济制度在司法实践运行中的低适用、低功效、低救济的局限，不仅缘于婚姻家庭观念的影响和社会性别的差异，也缘于制度设计的局限。制度设计的局限，不仅表现为离婚救济系统内的欠缺，也表现为离婚救济系统外的遗憾。

(1) 离婚救济系统内的欠缺。离婚救济制度，既是婚姻家庭制度的重要组成部分，也是婚姻自由尤其是离婚自由的重要保障手段。离婚救济制度的科学严谨与和谐统一，不仅可以为离婚救济制度的“内在功力的提升、道德社会功效的发挥、道德的实现提供理性的梳理和可借鉴的探究思路，而且可为构建社会主义和谐社会提供道德支持，同时，从实践的层面为我国道德建设的实效性提供方法论的指导,以减少主观随意性"①。尽管离婚救济制度具有如此重要的道德功效和法制功效,但由于离婚救济制度欠缺内在和谐——离婚救济制度适用基础的局限,导致离婚救济制度的社会实践功效未能很好地发挥,具体表现有三:一是家务贡献补偿制度适用难。"主要原因是家务贡献补偿制度仅适用于采取分别财产制的当事人离婚之情形。然而阅卷调查显示,在北京、上海、哈尔滨三个城市中,夫妻财产制主要是婚后所得共同制,占案件总数的90%,分别财产制低于10%。约定财产制所占比例极低,必然制约家务贡献补偿的适用,从而使家务贡献较多的女性,难获相应的救济。"②二是经济帮助制度适用难。"具体原因是适用经济帮助的条件过于苛刻。依最高人民法院《关于适用〈中华人民共和国婚姻法〉若干问题的解释(一)》第27条的规定:婚姻法第24条所称'一方生活困难',是指依靠个人财产和离婚时分得的财产无法维持当地基本生活水平。一方离婚后没有住处的,属于生活困难。上述解释,既忽略了女性就业能力与收入水平弱于男性的社会现实,也忽略了女性基于离婚前后的生活落差而导致的相对生活困难,致使离婚后女性寻求经济帮助的路径过于狭窄,得到经济帮助的比例低。"③三是离婚损害赔偿制度适用难。具体原因是离婚损害赔偿的法定事由过于狭窄。通过阅卷,可以发现要求离婚损害赔偿的情形绝非《婚姻法》第46条规定的四种情形。其中,以男性通奸而诉请离婚的女性占一定比例。离婚救济制度适用难,与其制度设计本身存在必然的联系。因为,离婚救济制度"作为规范要求是人们行为的指向,其目的是通过形成特殊的行为准则调节社会关系,实现社会的和谐发展,提高个人的道德品质"④。在这个意义上,离婚救济制度"自身的因素在其中有着举足轻重的作用"。因为,离婚救济制度"自身的任何一个方面或部分都是以其整体的目标指向为其存在依据的,同时道德整体的存在,又需要其各个方面或部分的相互协调和作用所形成的合力"。因而,离婚救济制度"一个要素的失却或其整体失衡",都会造成离婚救济制度"自身的混乱,致使无法实

① 马永庆:《道德内在和谐论要》,载《伦理学》2011年第2期。

② 王歌雅:《排挤与救济:女性的离婚权益》,载《学术交流》2011年第9期。

③ 同上。

④ 马永庆:《道德内在和谐论要》,载《伦理学》2011年第2期。

现其社会目标”[①]。

（2）离婚救济系统外的遗憾。离婚救济制度的司法实践与社会应用的功效提升，既依赖于离婚救济系统内的和谐，也依赖于离婚救济系统外的统一。离婚救济系统内的和谐，是指离婚救济制度的“内在要素的协调一致和运行机制的功能化”。这是离婚救济制度的自身要求，是离婚救济制度“完善发展的条件和基础”[②]，其直接关系到离婚救济制度整体的实现。离婚救济系统外的统一，是指离婚救济制度与婚姻家庭制度以及社会诸制度的有机统一。

首先，与夫妻财产制的有机统一。离婚救济，与离婚当事人的财产密不可分；离婚救济制度的实施，也与婚姻当事人的夫妻财产制息息相关。夫妻财产制将制约离婚救济制度的实施。即当夫妻适用分别财产制时，由于婚姻当事人财产的范围、归属相对明晰，既便于家务贡献补偿制度的适用，也便于经济帮助制度和离婚损害赔偿制度的适用。因为，离婚救济的财产，来源于夫妻的个人财产。而夫妻如若适用婚后所得共同制，则不能适用家务贡献补偿制度；同时，也只能在依法分割夫妻共同财产之后，视婚姻当事人的个人财产状况、经济困难程度、损害赔偿事由等，综合考量是否适用经济帮助制度和离婚损害赔偿制度。然而，在司法实践中，婚姻当事人的夫妻财产制形式，恰恰制约了离婚救济制度尤其是家务贡献补偿制度的实施。例如，前述在北京、上海、哈尔滨三地的调研结果显示，在北京，适用婚后所得共同制的案件共计 141 件，占案件总数的 98.6%；在上海，适用婚后所得共同制的案件共计 49 件，占案件总数的 42.2%，其他情形，在案卷中没有显现；在哈尔滨，适用婚后所得共同制的案件共计 63 件，占案件总数的 52.5%，未体现夫妻财产制类型的案件 47 件，占案件总数的 39.2%。[③] 民众采取以婚后所得共同制为主、分别财产制为辅的夫妻财产制模式，必然直接导致家务贡献补偿制度的适用难、比例低、救济少；同时，也间接决定了经济帮助制度和离婚损害赔偿制度的适用比例低、功效低。这是因为，夫妻个人财产数量的多寡，间接影响离婚救济的适用与否和救济数量的多寡。由

① 马永庆：《道德内在和谐论要》，载《伦理学》2011 年第 2 期。
② 同上。
③ 王歌雅：《家务贡献补偿：适用冲突与制度反思》，载《求是学刊》2011 年第 5 期。

此可见,离婚救济制度诸要素之间、离婚救济制度诸要素与婚姻家庭制度之间是对立的统一。

其次,与我国《婚姻法》基本原则的有机统一。《婚姻法》第 4 条规定:夫妻应当互相忠实、互相尊重。忠实与尊重,既是夫妻的权利,也是夫妻的义务。倘夫妻一方违背忠实与尊重的义务,则应承担侵权责任。然而,离婚救济制度并未按上述逻辑关系进行设计,相反,与上述逻辑关系产生了立法与司法的背离。立法上的背离,表现为离婚损害赔偿救济的有限性。即"在现实生活中,夫妻违反互相忠实义务的行为有多种,如通奸、姘居、重婚、婚外恋等。但根据《婚姻法》第 46 条的规定,只有重婚、有配偶者与他人同居以及遗弃三种不忠实行为,在夫妻离婚时,方可依法提请离婚损害赔偿。至于通奸以及其他婚外恋等有违夫妻应当忠实义务的行为则不能依法获得损害赔偿"[①]。司法上的背离,则表现为"当事人仅以《婚姻法》第 4 条为依据提起诉讼的,人民法院不予受理;已经受理的,裁定驳回起诉"[②]。上述背离,导致离婚救济制度与婚姻忠实原则的脱节,制约了离婚救济制度的有效实施,影响了婚姻家庭制度功能的发挥。然而,离婚救济制度"作为一种规范不是一种摆设,需要在社会生活中得以落实,对社会生活产生一定的效力,能够承担起社会给予的历史使命。亦即有效地调节人们相互之间的关系,提高个人的精神境界,以达到社会的和谐和有序,而其社会地位主要就体现在它作用发挥的程度上"[③]。因此,离婚救济制度的系统内和谐与系统外和谐,是其自身发展的基础和动力。

最后,与社会性别制度的有机统一。社会性别,即英文"gender",强调性别的区分是由社会文化造成的,与生理基础无关。"作为一种社会制度,社会性别是产生分化的社会地位的过程,该过程用以分配权利义务。作为使这些地位呈不平等状况排列的分层体系的一部分,社会性别是建立在这种不平等地位上的社会结构的重要组成部分之一。"[④]社会性别差异,导致劳动的社会性别分工、社会性别收入和社会性别形象的差异,进而制约性别平等的实现。而"性别平等的实现应该是一个模糊性别的过程,或者说是超越

---

① 王歌雅:《夫妻忠诚协议:价值认知与效力判断》,载《政法论丛》2009 年第 5 期。

② 最高人民法院《关于适用〈中华人民共和国婚姻法〉若干问题的解释(一)》第 3 条。

③ 马永庆:《道德内在和谐论要》,载《伦理学》2011 年第 2 期。

④ 沈奕斐:《被建构的女性:当代社会性别理论》,上海人民出版社 2005 年版,第 43 页。

性别界限的过程。性别平等实际上就是人的平等，它与性别无关，它指涉的其实是‘人’的权利。因此，性别平等的进程，必须辅以阶级、种族等其他方面平等的步骤，这样才能真正实现‘人’的平等”[①]。基于上述理论，离婚救济制度的适用，也须与社会性别制度相统一。因为，在阅卷调查中，“女性的收入低于男性；女性无收入比例高于男性；女性低收入（1000 元以下）比例高于男性；女性高收入（3000 元以上）比例低于男性”[②]。女性收入相对较低，使女性成为离婚救济的请求主体，也使离婚救济制度的适用呈现出性别特征。然而，离婚救济制度作为一个系统，无论是在制度设计环节，还是在制度实施环节，均应以性别平等为宗旨。

三、功能建构

离婚救济，作为一个系统制度，既具有法制功能、伦理功能，也具有社会性别建构功能、人本精神弘扬功能。“阿马蒂亚·森曾揭示：自由既是发展的目的，又是发展的手段。即发展经济的目的是为了改善人们的生活状况，提高人们自由的能力；而人们生活状况的改善、自由能力的提高，又会促进经济的增长。”[③]离婚救济的适用，正是为了改善离婚当事人的生活状态，提高其自由的能力，以确保婚姻自由原则的贯彻实施。

（一）正义价值：功能建构的宗旨

“正义是社会制度的首要价值，正像真理是思想的首要价值一样。”[④]作为社会制度重要组成部分的离婚救济制度，同样担负着实践正义的价值，并将正义价值作为功能建构的首要追求。这是因为，离婚救济制度的正义价值，在于“否认为了一些分享更大利益而剥夺另一些人的自由是正当的，不承认许多享受的较大利益能绰绰有余地补偿强加于少数人的牺牲”[⑤]。

（1）离婚救济是平衡社会财富的背景性的制度安排。基于公共领域与私人领域的划分，家庭是团结性社群、伦理性群体，其正义原则是按需分配；

---

① 沈奕斐：《被建构的女性：当代社会性别理论》，上海人民出版社 2005 年版，第 75 页。

② 王歌雅：《家务贡献补偿：适用冲突与制度反思》，载《求是学刊》2011 年第 5 期。

③ 高兆明：《支付能力的正义向度》，载《伦理学》2011 年第 5 期。

④ 〔美〕约翰·罗尔斯：《正义论》，何怀宏、何包钢、廖申白译，中国社会科学出版社 1988 年版，第 3 页。

⑤ 同上书，第 3—4 页。

而在公共领域的公民性、工具性、经济性的联合体中,其正义原则是按应得分配。“在公共领域当中,法律主体的地位平等成为公民社会得以延续的基本保障;而在家庭领域中,平等远没有亲情那么重要,利他性的伦理原则使家庭领域中的平等从一开始就退避三舍。”[①]于是,平等乃至“性别平等只限于在公共领域的参与者之间,而私人领域中的不平等却又被法律不断地复制了下来”[②],并使发生在家庭中的暴力、不忠、奉献、服务、劳作等成为“公正以外”的元素,无须法律的援助与公正的支持,家庭领域也无正义可言。至于离婚救济的正义追求,也在“中性立法”或“中立”的社会背景下变得遥不可及。因而,离婚救济制度的功能建构,必须超越家庭领域无正义的非平等观念及性别歧视观念,在社会基本结构对于社会财富、社会资源进行合理配置与有效转让的背景下,保障社会成员在婚姻家庭关系中的平等与自由,并确保其基本权利的实现。因为,有关社会财富、社会资源分配的背景性制度安排,“不仅规定了社会成员在日常生活自发交换活动中的合道义、正当的有效范围,而且甚至还先在地在宏观上规定了社会财富在不同成员间的分配比例”[③]。为此,离婚救济的功能建构,就在于有效地救助基于离婚而导致的贫困者,以提高贫困者的自由能力,从而免予贫困的强制。贫困,必须被视为基本可行能力的被剥夺,而不仅仅是收入低下,而这却是现在识别贫困的同行标准。[④]

(2)离婚救济是实现矫正正义的系统性的制度设计。离婚救济的对象,是家务贡献者、经济困难者、权益受损者。对上述群体予以离婚救济,是要使“所有社会价值——自由和机会、收入和财富、自尊的基础——都要平等地分配,除非对其中的一种价值或所有价值的一种不平等分配合乎每一个人的利益”[⑤]。

首先,家务贡献补偿,是对家务贡献者的逸失利益的补偿。即“在实际

---

① 周安平:《性别与法律——性别平等的法律进路》,法律出版社2007年版,第40页。

② 同上书,第43页。

③ 高兆明:《支付能力的正义向度》,载《伦理学》2011年第5期。

④ 〔印度〕阿马蒂亚·森:《以自由看待发展》,任赜、于真译,中国人民大学出版社2002年版,第85页。

⑤ 〔美〕约翰·罗尔斯:《正义论》,何怀宏、何包钢、廖申白译,中国社会科学出版社1988年版,第62页。

生活中，夫妻双方对婚姻家庭的贡献和从中获得的利益往往是不平衡的。承担家务较多的一方或作出牺牲的一方，往往其职业发展和其他方面受到了较大的牵制，社会地位与谋生能力相对较弱”①。对其贡献与牺牲予以补偿，既是必要的，也是正义的。“因为，社会是一个旨在推进所有参加者的利益的合作体系，社会具有利益一致的典型特征，也具有利益冲突的典型特征，人们对协力产生的较大利益怎样分配十分关注，每个人都想获得较大份额而不是相反，这就产生了利益的冲突，就需要一系列原则在各种不同的决定利益分配的社会和经济安排之间进行选择，达成一种有关实现恰当分配份额的契约，提供一种在社会的基本制度中分配权利与义务的办法，确定社会合作的利益和负担的恰当分配，使各种对社会生活利益的冲突要求之间有一个恰当的平衡。”②

其次，经济困难帮助，是对经济困难者的资源欠缺的补偿。即在社会排挤的背景下，人的性别、年龄等“自然资质和天赋才能的差别在有效率的市场经济条件下，必然导致持有与分配的差别。这种不平等在相当长的历史时期之内，在每个人的自由发展成为一切人自由发展的条件具备之前，将是人类生活的一种自然倾向”③。为此，对离婚后处于经济困难者给予经济帮助，符合正义原则。而“要求那些先天有利的人只能在改善不利者的状况的条件下从他们的幸运中去获利，强调社会和经济的平等的安排要适合最少受惠者的最大利益，要求社会更多地关注那些天赋低和出身不利的人们，要求按平等的方向补偿由偶然因素造成的倾斜，这是较为合理的平等观”④。

最后，离婚损害赔偿，是对权益受损者的原有权益的补偿。离婚损害赔偿的适用，既源于赔偿者对婚姻权利的滥用，也源于赔偿者对婚姻义务的违反。请求离婚损害赔偿，是权利平等的一个方面。即“权利是自主的基础，一个人正确地维护和实现自己个人权利的过程，也就是他道德地生活的过程。从这个意义上说，对个人权利的认可、维护和保障，也是一个社会道德

---

① 夏吟兰：《离婚自由与限制论》，中国政法大学出版社 2007 年版，第 223 页。

② 王志刚、贾中海：《公平的正义理论及其权利依据》，载《伦理学》2005 年第 7 期。

③ 同上。

④ 同上。

生活健康发展的重要条件”[1]。对离婚损害予以赔偿，则是权利平等的另一方面。即“对于他人权利的认肯和尊重是最低限度的道德要求，任何侵犯个人权利的行为或行为准则都是不正当的、不道德的，他人的权利构成了对个体或群体行动的约束。权利的道德边际约束表明了他人权利的神圣不可侵犯性。因而，权利概念蕴含着特定的道德性质和道德规定”[2]。故离婚损害赔偿，是对人的权利的关注，是对人的人格尊严与人格自由的尊重。

综上，离婚救济的制度设计与司法适用，在于维护离婚当事人的离婚救济请求权。该权利在“本质上是个体主体对特定价值（包括利益）的自主要求，它在现实性上表现为个人与他人、个人与社会之间的制度性的权利认肯或权利保障的关系。‘权利的道德边际约束’体现为对这种制度性认肯或制度性保障的一种正义要求，而社会制度的正义是道德人格平等的体制保障”[3]。

（3）离婚救济是承担社会责任的伦理性的制度选择。离婚救济责任的承担，不仅缘于法律的制度设计，也缘于伦理的道义坚守。即在离婚救济领域，“要用制度来强化德性，用德性来支撑制度，以实现两者的协调互动”[4]。正如费希特所述：“良心总会认可的东西，就是职责，只要我们注意良心的呼声，良心就决不会出错。”[5]基于德性与良心的要求，离婚救济的伦理功能表现在两方面：一是他人优位的价值取向。“万物是平等的，根本不存在价值高低的差别，也不存在重要与否的疑问。”[6]因而，离婚救济体现的是对他人价值和需要的实现和满足。二是人文主义的价值关怀。“己所不欲，勿施于人”[7]；“己欲立而立人，己欲达而达人”[8]。离婚救济既是人本主义的道义担当，也是“人类对于道德价值和应当的建构和把握，来源于实践，具有客观的事实依据，是对社会生活发展的必然规律、实然经验和解决矛盾的必然途径的概括和反映，以一定的规范和相应的制度作为价值载体，体现为确定性的

① 寇东亮：《自由、权利与德性》，载《伦理学》2008 年第 10 期。
② 同上。
③ 同上。
④ 沈晓阳：《责任的伦理学分析》，载《伦理学》2005 年第 7 期。
⑤ 〔德〕费希特：《伦理学体系》，梁志学译，中国社会科学出版社 1995 年版，第 208 页。
⑥ 许建良：《老子道家“慈”论》，载《伦理学》2011 年第 5 期。
⑦ 《论语·颜渊》。
⑧ 《论语·雍也》。

要求”[①]。因而，离婚救济制度的价值，在于彰显人格、提升尊严、肯定价值，在于感悟与实践“道德价值比所有其他价值更根本，因为道德价值所触及的不仅仅是我们做什么、体验什么或具有什么，而且触及到我们‘是什么’”[②]。

（二）性别平等：功能建构的基础

离婚救济，无论是从制度设计的宗旨看，还是从制度实施的目的看，均属中性立法。即该制度平等地适用于男女两性，且具有追求社会性别平等的倾向。“性别平等的公理，说得直接一点，就是缘于平等原则的公理，是为平等原则所涵盖的下属概念。”[③]然而，离婚救济制度的司法实践，却显现出隐藏在中性立法背后的隐蔽性别——社会性别的歧视。为此，实现社会性别的平等，才能保障离婚救济的功能发挥。

（1）超越公与私的二元对立格局。婚姻关系中的性别平等，是平等的应有之义。因为，“公正地组成的家庭将是自由美德的真正学校。”[④]然而，公与私的划分与性别分工，将男女两性截然划分在两个被界定为不同价值的领域中，家庭和工作成为不同性别的活动场所。即男性在公共领域里的价值被承认，适用于公平原则；女性在家庭领域里的价值被否认，不适用公平原则。于是，私人领域与法律发生了分离，私人领域中的不平等被认为是私人关系的结果，而非国家的责任。“法律对私人领域放弃的结果是：第一，由于缺少法律救济和制裁，导致妇女在家庭中的地位低下；第二，它向社会传递了这样一个信号，妇女不值得法律规定，这种信号间接地贬低了妇女的社会地位；第三，它进一步掩盖了妇女所受到的不平等待遇。性别不平等就这样被掩盖和合法化了。”[⑤]要实现性别平等，就须消除在私人领域中的性别歧视，救助女性的权益，包括救济女性的婚姻家庭权益，进而使女性的离婚权益得到救济。

（2）超越以性别为基础的社会建构。女性之所以成为请求离婚救济的

---

① 杨伟涛：《道德的价值本性和应然表征》，载《伦理学》2008年第10期。

② 〔美〕查尔斯·L.坎默尔：《基督教伦理学》，王苏平译，中国社会科学出版社1994年版，第9页。

③ 周安平：《性别与法律——性别平等的法律进路》，法律出版社2007年版，第69页。

④ 〔英〕约翰·斯图尔特·穆勒：《妇女的屈从地位》，汪溪译，商务印书馆1995年版，第296页。

⑤ 周安平：《性别与法律——性别平等的法律进路》，法律出版社2007年版，第104页。

主体性别，是因为性别歧视。依据德国法理学家伯恩·魏德士的理论，歧视分为“原本的歧视”和“派生的歧视”，而性别歧视就是一种基于价值区别的原本歧视。[①] 价值区别歧视，使男女两性之间出现了男强女弱、男主女从的性别分野和价值判断。于是，基于男女两性的自然分工而引发的价值判断，在男权文化的土壤中，不断被制度化、合理化、公理化。同时，“男性统治的法律理论也不断地极尽其‘科学’想象之能事，掩盖社会性别，为法律披上了性别公正与性别中立的外衣，从而使性别等级的社会性别模式不断得以强化”[②]。在性别歧视的背景下，女性的社会资源遭遇了掠夺与排挤，导致女性在文化、政治、教育、劳动、就业、医疗、休闲等领域处于弱势地位。女性的弱势地位，必将引发女性婚姻家庭权益的弱化，进而引发女性离婚权益的弱化和离婚女性的贫困化。因为，贫困的“关键并不在于社会财富绝对量的不足，而在于社会财富分配出了问题；要克服社会贫困现象当然不能不创造财富，但是，发展本身必须以自由为目的，自由既是发展的目的，又是发展的手段”[③]。因而，在社会生活中，必须超越以性别为基础的社会建构，构建和谐的两性关系，实现性别正义的追求。即在社会公共生活领域，必须剔除性别歧视政策、纠正性别中性政策、矫正积极差别政策，推进性别平等政策、建构性别敏感政策，加速社会性别主流化的进程。这是因为，“社会性别主流化的理想，就是在政治、经济、文化等社会的各个领域达成性别间的、主流和边缘间的、强势和弱势群体间的平等与和谐，而其最关键的实现途径是将性别意识引入社会发展以及政策主流。其包括三层意思：第一，政府要担负起促进女性与社会协调发展的责任。要营造公平的社会环境，为社会成员提供平等的发展条件。第二，政府和其他行动者应该推行一种积极醒目的公共政策，把性别意识纳入所有政策和方案的主流。第三，建立国家及地方一级的性别平等机制，保证性别意识的政策和方案得到切实实施和有效监督。”[④]

---

① 参见〔德〕波恩·魏德士：《法理学》，丁小春、吴越译，法律出版社 2003 年版，第 165 页。

② 周安平：《性别与法律——性别平等的法律进路》，法律出版社 2007 年版，第 56 页。

③ 高兆明：《分配正义的两个考察维度》，载《南京师大学报(社会科学版)》2010 年第 1 期。

④ 参见李慧英主编：《社会性别与公共政策》，当代中国出版社 2002 年版，第 296—297 页。

只有超越以性别为基础的社会建构，才能为离婚救济制度的功能建构提供性别平等的保障。

（三）制度完善：功能建构的保障

离婚救济制度的低适用、低救济、低功效，是一个必须予以改观的问题。在对离婚救济系统内的欠缺予以反思的前提下，我们须对制度完善作出应有的努力。因为，制度完善是离婚救济制度功能建构的前提和基础；也只有制度完善，才能使那些处于社会底层的离婚贫困者的自由生活能力得以提高，并在双重意义上为社会经济持续发展提供不竭的动力："一方面，贫困者从分配正义中感受到社会基本结构及其制度性安排的正义性，激发起劳动积极性与创造性，进而为自己、同时也是为社会创造更多财富；另一方面，贫困者因自身自有能力的提高所带来的支付能力提高，会使社会有效需求扩大。"[①]为此，离婚救济的制度完善，应从以下环节着手：

（1）完善家务贡献补偿制度的适用基础。针对家务贡献补偿制度的适用局限，其制度建构应做如下延展：首先，家务贡献补偿应延展适用于夫妻共同财产制。"补偿的方法，可参考夫妻双方的收入差与婚姻关系存续时间以及相应贡献等因素。"[②]因为，在双职工家庭中，"家务贡献较大的一方，因家务劳动挤压了其自身发展的时间和精力，减少了职业投入和经济收入，导致离婚后谋生能力较低、生活水平下降"[③]。"而配偶他方，则基于对方的奉献和牺牲从中获得巨大的利益，如学业的进步、事业的发展以及经济地位的提高等。"[④]"倘婚姻关系继续存续，家务贡献较多的一方可以从婚姻生活中获得相应的回报；倘婚姻关系解除，家务贡献较多的一方则无法再从婚姻生活中获得相应的回报，进而引发权利与义务的失衡、贡献与补偿的失衡。"[⑤]其次，在分别财产制下，家务贡献补偿应适用剩余分配制。"所谓剩余财产之分配额，即为家事劳动之评价额。剩余财产非夫一人所得而成，而含有妻之协力之下的产物，因此，夫妻各自有平均分配之权利。"[⑥]再次，家务贡献补

① 高兆明：《支付能力的正义向度》，载《伦理学》2011年第5期。
② 王歌雅：《家务贡献补偿：适用冲突与制度反思》，载《求是学刊》2011年第5期。
③ 同上。
④ 夏吟兰：《离婚自由与限制论》，中国政法大学出版社2007年版，第223页。
⑤ 王歌雅：《家务贡献补偿：适用冲突与制度反思》，载《求是学刊》2011年第5期。
⑥ 林秀雄：《夫妻财产制之研究》，中国政法大学出版社2001年版。

偿应适用于婚姻关系存续期间。参照《瑞士民法典·亲属篇》第164、165条之规定,在婚姻关系存续期间,对家务贡献予以合理的补偿,不仅有助于家庭的和睦,也有助于女性家庭地位与社会地位的提升。最后,家务贡献补偿应适用法定与约定相结合的原则。"具体约定家务贡献补偿价值时,应参考相关因素:婚姻关系存续期间的长短,家务劳动的时间、强度与技能,从事家务劳动一方的逸失利益,补偿方的经济收入、预期经济效益和人力成本的增值等因素。"①

(2) 完善经济帮助制度的适用基础。针对经济帮助制度的适用局限,应拓宽经济帮助的适用条件:该适用条件,"不仅应包括离婚后不能维持当地基本生活水平的情形,更应包括基于离婚前与离婚后的生活水平落差而引起的生活水平下降的情形。为此,拓宽生活困难的含义,既有助于放宽经济帮助的适用标准,救济离婚当事人;也有助于保障当事人在离婚后生活水平不下降,补偿离婚当事人,贯彻离婚自由原则"②。

(3) 完善离婚损害赔偿制度的适用基础。针对离婚损害赔偿制度的适用局限,该制度应作适当延展:首先,应拓宽离婚损害赔偿的适用情形。即将通奸、姘居、卖淫、嫖娼等有违夫妻忠实义务的行为纳入离婚损害赔偿的请求范围。其次,加大对过错行为的认定力度。即人民法院在审理离婚损害赔偿案件时,对无过错方的举证要求要从宽,对法院调查取证的范围要放宽,以解决离婚损害赔偿取证难的问题。最后,提高离婚精神损害赔偿金的数额。"从司法实践看,大凡准予离婚损害赔偿的案件,精神损害赔偿金的给付数额相对较低。为体现惩罚和抚慰相结合的原则,在过错方的经济承受能力范围内,可适当提高精神损害赔偿金的数额。"③

总之,"一切正义都是具体、历史的"④,离婚救济的制度正义也如此。离婚救济"首先就不是一个纯粹的经济给付能力问题,而是一个关于社会基本结构以及由这种基本结构所决定的权利—义务关系、社会财富分配的政治正义问题;社会财富分配正义问题,就不仅仅是一个不同社会成员间的权

---

① 王歌雅:《家务贡献补偿:适用冲突与制度反思》,载《求是学刊》2011年第5期。
② 王歌雅:《离婚救济制度:实践与反思》,载《法学论坛》2011年第2期。
③ 同上。
④ 高兆明:《支付能力的正义向度》,载《伦理学》2011年第5期。

利—义务关系调整问题,同时亦是作为社会财富的真实实现问题”[①]。“如果不改变作为交换正义的背景性安排的社会结构及其制度,社会贫困阶层的财富占有状况及其有效支付能力,不可能在市场交换中有根本改变。”[②]为此,离婚救济的制度完善,是其功能建构的保障。

---

① 高兆明:《支付能力的正义向度》,载《伦理学》2011 年第 5 期。

② 同上。

主要参考文献

(一) 著作类

[1] 曹贤信:《亲属法的伦理价值取向及其立法对策》,群众出版社 2012 年版。
[2] 陈朝璧:《罗马法原理》,法律出版社 2006 年版。
[3] 陈独秀:《独秀文存》(卷一),安徽人民出版社 1987 年版。
[4] 陈明侠、夏吟兰、李明舜、薛宁兰主编:《家庭暴力防治法基础性建构研究》,中国社会科学文献出版社 2005 年版。
[5] 陈棋炎、黄宗乐、郭振恭:《民法亲属新论》(修订五版),台湾三民书局 2006 年版。
[6] 陈棋炎:《亲属、继承法基本问题》,台湾三民书局 1980 年版。
[7] 陈苇:《中国婚姻家庭法立法研究》,群众出版社 2000 年版。
[8] 陈苇主编:《婚姻家庭继承法学》,群众出版社 2005 年版。
[9] 陈苇主编:《外国婚姻家庭法比较研究》,群众出版社 2006 年版。
[10] 慈继伟:《正义的两面》,生活·读书·新知三联书店 2001 年版。
[11] 戴东雄、戴瑀如:《婚姻法与夫妻财产制》,台湾三民书局 2009 年版。
[12] 戴东雄:《亲属法论文集》,台湾东大图书公司 1988 年版。
[13] 费孝通:《乡土中国·生育制度》,北京大学出版社 1998 年版。
[14] 高兆明:《制度公正论:变革时期道德失范研究》,上海文艺出版社 2001 年版。
[15] 葛洪义主编:《法理学》,中国政法大学出版社 1999 年版。
[16] 顾鉴塘、顾鸣塘:《中国历代婚姻与家庭》,商务印书馆 1996 年版。
[17]《家庭法》,徐妮娜译,武汉大学出版社 2004 年版,第 11—13 页。
[18] 蒋月:《夫妻的权利与义务》,法律出版社 2001 年版。
[19] 瞿同祖:《中国法律与中国社会》,中华书局 1981 年版。
[20] 李慧英主编:《社会性别与公共政策》,当代中国出版社 2002 年版。
[21] 李俊:《离婚救济制度研究》,法律出版社 2008 年版。

[22] 李霞:《民法典成年保护制度》,山东大学出版社 2007 年版。
[23] 李永军:《民法总论》,法律出版社 2006 年版。
[24] 李志敏主编:《比较家庭法》,北京大学出版社 1988 年版。
[25] 梁慧星:《民法》,四川人民出版社 1989 年版。
[26] 梁慧星:《为民法典而斗争》,法律出版社 2002 年版。
[27] 梁慧星主编:《中国民法典草案建议稿附理由·亲属编》,法律出版社 2006 年版。
[28] 廖雅慈:《人工生育及其法律道德问题研究》,赵淑慧、何家弘译,中国法制出版社 1995 年版。
[29] 林菊枝:《日本婚姻法上之内缘关系》,台湾五南图书出版有限公司 1997 年版。
[30] 林秀雄:《夫妻财产制之研究》,中国政法大学出版社 2001 年版。
[31] 林秀雄:《婚姻家庭法之研究》,中国政法大学出版社 2001 年版。
[32] 刘军宁:《共和·民主·宪政——自由主义思想研究》,上海三联书店 1998 年版。
[33] 刘士国:《现代侵权损害赔偿研究》,法律出版社 1998 年版。
[34] 马起:《中国革命与婚姻家庭》,辽宁人民出版社 1959 年版。
[35] 裴桦:《夫妻共同财产制研究》,法律出版社 2009 年版。
[36] 全国人大常委会法制工作委员会民法室编著:《〈中华人民共和国婚姻法〉释解》,群众出版社 2001 年版。
[37]《日本民法》,曹为、王书江译,法律出版社 1986 年版。
[38] 沈奕斐:《被建构的女性:当代社会性别理论》,上海人民出版社 2005 年版。
[39] 施慧玲:《家庭、法律、福利国家》,台湾元照出版公司 2001 年版。
[40] 史尚宽:《亲属法论》,中国政法大学出版社 2000 年版。
[41] 苏力:《法治及其本土资源》,中国政法大学出版社 1996 年版。
[42] 唐君毅:《文化意识与道德理性》,广西师范大学出版社 2005 年版。
[43] 童恩正:《文化人类学》,上海人民出版社 1989 年版。
[44] 王歌雅:《中国婚姻伦理嬗变研究》,中国社会科学出版社 2008 年版。
[45] 王海明:《人性论》,商务印书馆 2005 年版。
[46] 王洪:《婚姻家庭法》,法律出版社 2003 年版。
[47] 王洪:《婚姻家庭法热点问题研究》,重庆大学出版社 2000 年版。
[48] 王礼仁:《婚姻诉讼前沿理论与审判实务》,人民法院出版社 2009 年版。
[49] 王丽萍:《婚姻家庭法律制度研究》,山东人民出版社 2004 年版。
[50] 王丽萍:《亲子法研究》,法律出版社 2004 年版。
[51] 王利明:《侵权行为法研究》(上卷),中国人民大学出版社 2004 年版。
[52] 王利明主编:《民法》(第 5 版),中国人民大学出版社 2010 年版。
[53] 王利明主编:《中国民法典学者建议稿及立法理由:人格权编·婚姻家庭编·继承

编》,法律出版社 2005 年版。
[54] 王森波:《同性婚姻法律问题研究》,中国法制出版社 2012 年版。
[55] 王廷珍、胡春学、张作财主编:《优生优育学》,人民军医出版社 1989 年版。
[56] 王泽鉴:《民法概要》,中国政法大学出版社 2003 年版。
[57] 王泽鉴:《民法学说与判例研究》(第一册),中国政法大学出版社 2005 年版。
[58] 王竹青、杨科:《监护制度比较研究》,知识产权出版社 2010 年版。
[59] 巫昌祯:《我与婚姻法》,法律出版社 2001 年版。
[60] 巫昌祯、夏吟兰主编:《婚姻家庭法学》,中国政法大学出版社 2007 年版。
[61] 巫昌祯主编:《婚姻家庭法新论——比较研究与展望》,中国政法大学出版社 2002 年版。
[62] 夏吟兰、蒋月、薛宁兰:《21 世纪婚姻家庭关系新规制:新婚姻法解说与研究》,中国检察出版社 2001 年版。
[63] 夏吟兰:《离婚自由与限制论》,中国政法大学出版社 2007 年版。
[64] 夏吟兰、龙翼飞主编:《家事法研究》(2011 年卷),社会科学文献出版社 2011 年版。
[65] 夏吟兰:《美国现代婚姻家庭制度》,中国政法大学出版社 1999 年版。
[66] 夏吟兰主编:《婚姻家庭继承法》,高等教育出版社 2010 年版。
[67] 夏吟兰主编:《婚姻家庭继承法》,中国政法大学出版社 2012 年版。
[68] 谢怀栻:《外国民商法精要》,法律出版社 2002 年版。
[69] 谢怀栻:《谢怀栻法学文选》,中国法制出版社 2002 年版。
[70] 谢在全:《民法物权论》(上下册),中国政法大学出版社 1999 年版。
[71] 徐国栋编:《中国民法典起草思路论战》,中国政法大学出版社 2001 年版。
[72] 许莉:《〈中华民国民法·亲属〉研究》,法律出版社 2009 年版。
[73] 薛宁兰、金玉珍主编:《亲属与继承法》,社会科学文献出版社 2009 年版。
[74] 杨大文主编:《婚姻法学》,中国人民大学出版社 1987 年版。
[75] 杨大文主编:《婚姻家庭法》(第 3 版),中国人民大学出版社 2003 年版。
[76] 杨大文主编:《婚姻家庭法》,中国人民大学出版社 2001 年版。
[77] 杨大文主编:《亲属法》,法律出版社 1997 年版。
[78] 杨立新:《侵权法论》(第 3 版),人民法院出版社 2005 年版。
[79] 杨立新:《人身权法论》(第 3 版),人民法院出版社 2006 年版。
[80] 杨震主编:《民法学》,中国人民大学出版社 2009 年版。
[81] 尹田:《民法典总则之理论与立法研究》,法律出版社 2010 年版。
[82] 余延满:《亲属法原论》,法律出版社 2007 年版。
[83] 张怀承:《中国的家庭与伦理》,中国人民大学出版社 1993 年版。
[84] 张俊浩主编:《民法学原理》(修订第 3 版)(上下册),中国政法大学出版社 2000

年版。
[85] 张迎秀:《结婚制度研究》,山东大学出版社 2009 年版。
[86] 章国锋:《关于一个公正世界的"乌托邦"构想——解读哈贝马斯〈交往行为理论〉》,山东人民出版社 2001 年版。
[87] 赵万一:《民法的伦理分析》,法律出版社 2003 年版。
[88] 周安平:《性别与法律——性别平等的法律进路》,法律出版社 2007 年版。
[89] 周枏:《罗马法原论》,商务印书馆 1994 年版。
[90] 最高人民法院民事审判第一庭编著:《最高人民法院婚姻法司法解释(三)理解与适用》,人民法院出版社 2011 年版。
[91] 〔英〕伯特兰・罗素:《婚姻革命》,靳建国译,东方出版社 1988 年版。
[92] 〔日〕我妻荣・有泉亨:《日本民法・亲属法》,夏玉芝译,工商出版社 1996 年版。
[93] 〔加〕布莱恩・R. 柴芬斯:《公司法:理论、结构和运作》,林华伟、魏旻译,法律出版社 2001 年版。
[94] 〔英〕亚当・斯密:《国富论》,郭大力、王亚南译,商务印书馆 1972 年版。
[95] 〔古希腊〕亚里士多德:《尼各马可伦理学》,廖申白译注,商务印书馆 2003 年版。
[96] 〔古希腊〕亚里士多德:《政治学》,吴寿彭译,商务印书馆 1983 年版。
[97] 〔美〕约翰・菲尼斯:《自然法与自然权利》,董娇娇、杨奕、梁晓晖译,中国政法大学出版社 2005 年版。
[98] 〔美〕查尔斯・L. 坎默尔:《基督教伦理学》,王苏平译,中国社会科学出版社 1994 年版。
[99] 〔美〕约翰・罗尔斯:《万民法・公共理性观念新论》,张晓辉、李仁良、邵红丽、李鑫译,吉林人民出版社 2001 年版。
[100] 〔美〕约翰・罗尔斯:《正义论》,何怀宏、何包钢、廖申白译,中国社会科学出版社 1988 年版。
[101] 〔英〕约翰・斯图尔特・穆勒:《妇女的屈从地位》,汪溪译,商务印书馆 1995 年版。
[102] 〔日〕川岛武宜:《现代化与法》,王志安、渠涛、申政武、李旺译,中国政法大学出版社 1994 年版。
[103] 〔美〕D. 布迪、C. 莫里斯:《中华帝国的法律》,朱勇译,江苏人民出版社 1998 年版。
[104] 〔美〕丹尼尔・W. 布罗姆利:《经济利益与经济制度》,陈郁译,上海三联书店、上海人民出版社 1996 年版。
[105] 〔德〕迪特尔・梅迪库斯:《德国民法总论》,邵建东译,法律出版社 2000 年版。
[106] 〔德〕迪特尔・施瓦布:《德国家庭法》,王葆莳译,法律出版社 2010 年版。
[107] 〔芬兰〕E. A. 韦斯特马克:《人类婚姻史》(第一卷),李彬等译,商务印书馆 2002 年版。

[108]〔德〕斐迪南・滕尼斯:《共同体和社会:纯粹社会学的基本概念》,林荣远译,北京大学出版社 2010 年版。
[109]〔德〕费希特:《伦理学体系》,梁志学译,中国社会科学出版社 1995 年版。
[110]〔美〕富勒:《法律的道德性》,郑戈译,商务印书馆 2007 年版。
[111]〔德〕格奥尔格・西梅尔:《货币哲学》,于沛沛、林毅、张琪译,中国社会科学出版社 2007 年版。
[112]〔美〕哈里・D. 格劳斯、大卫・D. 梅耶:《美国家庭法精要》,陈苇等译,中国政法大学出版社 2010 年版。
[113]〔德〕海因・克茨:《欧洲合同法》,周忠海、李居迁、宫立云译,法律出版社 2001 年版。
[114]〔德〕黑格尔:《法哲学原理》,范扬、张企泰译,商务印书出版社 1961 年版。
[115]〔德〕K. 茨威格特、H. 克茨:《比较法总论》,潘汉典、米健、高鸿钧、贺卫方译,法律出版社 2004 年版。
[116]〔德〕卡尔・拉伦茨:《德国民法通论》(上下册),王晓晔、邵建东、程建英、徐国建、谢怀栻译,法律出版社 2003 年版。
[117]〔奥〕凯尔森:《纯粹法理论》,张书友译,中国法制出版社 2008 年版。
[118]〔德〕康德:《法的形而上学原理——权利的科学》,沈叔平译,商务印书馆 1991 年版。
[119]〔德〕克雷斯蒂安・冯・巴尔:《欧洲比较侵权行为法》(下),焦美华译,法律出版社 2001 年版。
[120]〔法〕勒内・达维德:《当代主要法律体系》,漆竹生译,上海译文出版社 1984 年版。
[121]〔法〕卢梭:《社会契约论》,何兆武译,商务印书馆 1980 年版。
[122]〔德〕罗伯特・霍恩、海因・科茨、汉斯・G. 莱塞:《德国民商法导论》,楚建译,中国大百科全书出版社 1996 年版。
[123]〔美〕罗纳德・德沃金:《自由的法:对美国宪法的道德解读》,刘丽君译,上海人民出版社 2001 年版。
[124]〔美〕罗斯科・庞德:《法理学》(第一卷),邓正来译,中国政法大学出版社 2004 年版。
[125]〔德〕马克西米利安・福克斯:《侵权行为法》,齐晓琨译,法律出版社 2006 年版。
[126]〔印度〕阿马蒂亚・森:《以自由看待发展》,任赜、于真译,中国人民大学出版社 2002 年版。
[127]〔美〕迈克尔・桑德尔:《公正:该如何做是好》,朱慧玲译,中信出版社 2011 年版。
[128]〔美〕瑞科雅・索琳歌尔:《妇女对法律的反抗:美国“罗伊”案判决前堕胎法的理论与实践》,徐平译,广西师范大学出版社 2003 年版。

[129] 〔德〕萨维尼:《当代罗马法体系Ⅰ》,朱虎译,中国法制出版社2010年版。
[130] 〔美〕彼得·海:《美国法概论》,许庆坤译,北京大学出版社2010年版。
[131] 〔苏联〕斯维尔特洛夫:《苏维埃婚姻—家庭法》,方成译,作家书屋1954年版。
[132] 〔保〕瓦西列夫:《情爱论》,赵永穆等译,当代世界出版社2003年版。
[133] 〔德〕波恩·魏德士:《法理学》,丁小春、吴越译,法律出版社2003年版。
[134] Bryan A. Garner, *Black's Law Dictionary* (8th edition), Thomason West, 2004.
[135] Elizabeth A. Martin, *Oxford Dictionary of Law* (5th edition), Oxford University Press, 2002.
[136] G. H. L. Fridman, *The Law of Agency* (2nd edition), Butterworths, 1966.
[137] Harry D. Krause, et al., *Family Law—Cases, Comments, and Questions* (6th edition), Thomson/West, 2007.
[138] Kate Standley, *Family Law*, Palgrave Macmillan, 2006.
[139] Sanford N. Katz, *Family Law in America*, Oxford University Press, 2003.

(二) 论文类

[1] 曹诗权:《裁判离婚标准的评价与选择》,载李银河、马忆南主编:《婚姻法修改论争》,光明日报出版社1999年版。
[2] 曹诗权:《中国婚姻家庭法的宏观定位》,载《法商研究》1999年第4期。
[3] 曹艳芝:《德国离婚法的改革》,载《当代法学》2000年第6期。
[4] 陈林林:《婚姻侵权及保护——以配偶权为基点》,载《学术交流》1999年第2期。
[5] 陈明侠:《亲子法基本问题研究》,载梁慧星主编:《民商法论丛》(第6卷),法律出版社1997年版。
[6] 陈绍禹:《关于中华人民共和国婚姻法起草经过和起草理由的报告》,载刘素萍主编:《婚姻法学参考资料》,中国人民大学出版社1989年版。
[7] 陈苇、高伟:《我国事实婚姻制度之重构——澳大利亚的〈事实伴侣关系法〉的启示》,载《法学杂志》2008年第2期。
[8] 陈苇、靳玉馨:《建立我国亲子关系推定与否认制度研究》,载梁慧星主编:《民商法论丛》(第27卷),金桥文化出版有限公司2003年版。
[9] 崔建远:《论共有人的优先购买权》,载《河北法学》2009年第5期。
[10] 邓丽:《论乡土社会的人民调解与现代都市的专业调解——以婚姻家庭争议的调解机制为例》,载《理论学刊》2008年第8期。
[11] 樊丽君:《生育权性质的法理分析及夫妻生育权冲突解决原则》,载《北京化工大学学报(社会科学版)》2005年第4期。

[12] 方文晖:《论婚姻在法学上的概念》,载《南京大学学报(哲学·人文科学·社会科学版)》2000年第5期。
[13] 甘绍平:《新人文主义及其启示》,载《伦理学》2011年第11期。
[14] 高兆明:《分配正义的两个考察维度》,载《南京师大学报(社会科学版)》2010年第1期。
[15] 高兆明:《支付能力的正义向度》,载《伦理学》2011年第5期。
[16] 韩珺:《父母离婚后亲权行使问题探讨》,载《湖南省政法管理干部学院学报》2001年第2期。
[17] 何俊萍:《论婚姻家庭领域道德调整与法律调整的关系——兼谈对婚外恋的道德调整和法律调整》,载《政法论坛》2000年第3期。
[18] 胡康生:《修改完善婚姻法需要研究的六大问题》,载《法制日报》2000年7月13日。
[19] 黄保勇、赵浩:《探视权的立法研究》,载《河北法学》2000年第4期。
[20] 江平:《制订民法典的几点宏观思考》,载《政法论坛(中国政法大学学报)》1997年第3期。
[21] 蒋月、韩珺:《论父母保护教养未成年子女的权利义务——兼论亲权与监护之争》,载《东南学术》2001年第2期。
[22] 蒋月:《配偶身份权的内涵和类型界定》,载《法商研究》1999年第4期。
[23] 寇东亮:《自由、权利与德性》,载《伦理学》2008年第10期。
[24] 李洪祥:《我国亲属法应当回归未来民法典》,载《吉林大学社会科学学报》2011年第2期。
[25] 李俊:《略论民法典中收养制度的设计》,载《甘肃政法学院学报》2006年第1期。
[26] 李文康:《生育权侵权及其法律救济》,载《湖南科技学院学报》2005年第7期。
[27] 李秀清:《新中国婚姻法的成长与苏联模式的影响》,载《法律科学:西北政法学院学报》2002年第4期。
[28] 李彦林:《论同性婚姻合法化之弊端》,载《社科纵横:新理论版》2010年第1期。
[29] 李永军:《论姓名权的性质与法律保护》,载《比较法研究》2012年第1期。
[30] 刘国生:《美国变性人立法和司法情况评议》,载《法律与医学杂志》2005年第1期。
[31] 龙翼飞:《我国〈物权法〉对家庭财产关系的影响》,载《浙江工商大学学报》2008年第6期。
[32] 罗思荣:《论配偶权的性质和内容》,载《黑龙江社会科学》2003年第5期。
[33] 马铭:《我国亲子关系法之检讨——以历史、社会伦理为视角》,载《桂林师范高等专科学校学报》2008年第3期。
[34] 马强:《配偶权研究》,载《法律适用》2000年第8期。

[35] 马忆南、邓丽:《当代英美家庭法的新发展与新思潮》,载《法学论坛》2011 年第 2 期。
[36] 马忆南:《二十世纪之中国婚姻家庭法学》,载《中外法学》1998 年第 2 期。
[37] 马忆南:《婚姻法第 32 条实证分析》,载《金陵法律评论》2006 年春季卷。
[38] 马忆南:《离婚住房分割的历史考察》,载《月旦民商法杂志》(台湾)2012 年第 37 期。
[39] 马忆南、杨朝:《日常家事代理权研究》,载《法学家》2000 年第 4 期。
[40] 马忆南:《中国法上判决离婚理由的理论与实践》,载《法政理论》(日本)2006 年第 39(1)期。
[41] 马永庆:《道德内在和谐论要》,载《伦理学》2011 年第 2 期。
[42] 孟令志:《论亲子关系的确定》,载夏吟兰、龙翼飞、郭兵、薛宁兰主编:《婚姻家庭法前沿——聚焦司法解释》,社会科学文献出版社 2010 年版。
[43] 孟令志:《事实婚姻质疑——兼论无效婚姻的法律后果问题》,载《法商研究》1999 年第 2 期。
[44] 裴桦:《亲权与监护功能之比较及我国立法之选择》,中国法学会婚姻家庭法学研究会 2002 年年会论文。
[45] 屈茂辉、许中缘:《论侵权责任法法典的体系》,载《社会科学》2009 年第 1 期。
[46] 邵世星:《简论配偶权》,载《广西政法管理干部学院学报》2000 年第 3 期。
[47] 邵世星:《浅谈男女间忠诚协议的性质和效力》,载夏吟兰、龙翼飞、郭兵、薛宁兰主编:《婚姻家庭法前沿——聚焦司法解释》,社会科学文献出版社 2010 年版。
[48] 沈晓阳:《责任的伦理学分析》,载《伦理学》2005 年第 7 期。
[49] 舒远招:《康德伦理学中的正义概念》,载《伦理学》2011 年第 2 期。
[50] 司丹:《我国法定离婚理由的社会性别分析》,载《学术交流》2011 年第 9 期。
[51] 孙科峰:《生育权范畴论析》,载《学术探索》2004 年第 2 期。
[52] 王葆莳:《德国婚姻法百年变革述评》,载《民商法学》2013 年第 4 期。
[53] 王晨、艾连北:《再论生育权》,载《当代法学》2003 年第 1 期。
[54] 王歌雅:《夫妻忠诚协议:价值认知与效力判断》,载夏吟兰、龙翼飞、郭兵、薛宁兰主编:《婚姻家庭法前沿——聚焦司法解释》,社会科学文献出版社 2010 年版。
[55] 王歌雅:《家务贡献补偿:适用冲突与制度反思》,载《求是学刊》2011 年第 5 期。
[56] 王歌雅:《离婚救济制度:实践与反思》,载《法学论坛》2011 年第 2 期。
[57] 王歌雅:《排挤与救济:女性的离婚权益》,载《学术交流》2011 年第 9 期。
[58] 王丽萍:《论家庭对未成年人的保护——以父母照顾权为中心》,载《法商研究》2005 年第 6 期。
[59] 王利明:《我国侵权责任法的体系构建——以救济法为中心的思考》,载《中国法

学》2008 年第 4 期。
[60] 王正平、刘玉:《利益兼顾:构建社会主义和谐社会的根本道德原则》,载《伦理学》2011 年第 12 期。
[61] 王志刚、贾中海:《公平的正义理论及其权利依据》,载《伦理学》2005 年第 7 期。
[62] 巫昌祯、李忠芳:《民法典婚姻家庭编通则一章的具体设计》,载《中华女子学院学报》2002 年第 4 期。
[63] 巫昌祯:《民法法典化与离婚制度的完善》,载《山东大学法律评论》2003 年第 1 辑。
[64] 巫若枝:《论中国婚姻法在法律体系中地位研究之误区——兼与婚姻法私法论商榷》,载《中华女子学院学报》2006 年第 10 期。
[65] 巫若枝:《三十年来中国婚姻法"回归民法"的反思——兼论保持与发展婚姻法独立部门法传统》,载《法制与社会发展》2009 年第 4 期。
[66] 吴洪等:《婚姻法与民法关系的梳理——婚姻法问题师生访谈录(一)》,载夏吟兰、龙翼飞主编:《家事法研究》(2011 年卷),社会科学文献出版社 2011 年版。
[67] 吴晓芳:《当前婚姻家庭案件中的若干新情况新问题》,载《民事审判指导与参考》2007 年第 2 集,法律出版社 2007 年版。
[68] 吴晓苹:《配偶权若干问题研究》,载《广州大学学报(社会科学版)》2004 年第 6 期。
[69] 夏吟兰、高蕾:《建立我国的亲权制度》,载《中华女子学院学报》2005 年第 4 期。
[70] 夏吟兰、何俊萍:《现代大陆法系亲属法之发展变革》,载《法学论坛》2011 年第 2 期。
[71] 夏吟兰:《离婚衡平机制研究》,载《中华女子学院学报》2004 年第 5 期。
[72] 夏吟兰、薛宁兰:《论夫妻共同财产的认定与分割——以三市离婚案件调查数据分析为路径》,载夏吟兰、龙翼飞主编:《家事法研究》(2011 年卷),社会科学文献出版社 2011 年版。
[73] 肖雪慧:《反对在"感情破裂"之外附加离婚条件》,载李银河、马忆南主编:《婚姻法修改论争》,光明日报出版社 1999 年版。
[74] 谢鸿飞:《现代民法中的"人"》,载《北大法律评论》第 3 卷第 2 辑,法律出版社 2001 年版。
[75] 邢玉霞:《现代婚姻家庭中生育权冲突之法律救济》,载《法学杂志》2009 年第 7 期。
[76] 熊金才:《民事伴侣的权利与义务——英国〈民事伴侣关系法〉述评》,载《太平洋学报》2006 年第 5 期。
[77] 许春彬:《分居认定标准研究——以 2009—2010 年河南省部分基层法院离婚纠纷案件判决书为样本》,载《中华女子学院学报》2012 年第 1 期。
[78] 许建良:《老子道家"慈"论》,载《伦理学》2011 年第 5 期。
[79] 薛宁兰、解燕芳:《亲子关系确认制度的反思与重构——基于婚姻法司法解释(三)

的讨论》，载《中华女子学院学报》2011 年第 2 期。
[80] 薛宁兰、许莉：《我国夫妻财产制立法若干问题探讨》，载《法学论坛》2011 年第 2 期。
[81] 薛在兴：《美国儿童福利政策的最新变革与评价》，载《中国青年研究》2009 年第 2 期。
[82] 阎军、吴坤：《修改婚姻法焦点问题诠释——全国人大常委会法工委副主任胡康生等答记者问》，载《吉林人大》2001 年第 7 期。
[83] 杨大文：《略论婚姻法及其适用的价值取向——兼析婚姻法司法解释（三）草案第六条》，载《中华女子学院学报》2011 年第 4 期。
[84] 杨大文、马忆南：《新中国婚姻家庭法学的发展及我们的思考》，载《中国法学》1998 年第 6 期。
[85] 杨大文：《民法的法典化与婚姻家庭法制的全面完善——关于民法婚姻家庭编的总体构想》，载《中华女子学院学报》2002 年第 4 期。
[86] 杨水泉：《论婚姻法正名为亲属法的必要性与迫切性》，载《社会科学研究》1998 年第 3 期。
[87] 杨伟涛：《道德的价值本性和应然表征》，载《伦理学》2008 年第 10 期。
[88] 余能斌、夏利芬：《试论亲属法的基本属性——兼谈亲属法应否从民法典中独立》，载《湖北社会科学》2007 年第 9 期。
[89] 张洪波：《事实婚姻的立法冲突及解决》，载《法学论坛》2009 年第 1 期。
[90] 张晖：《婚姻法修改再掀高潮》，载《民主与法制》2000 年第 17 期。
[91] 张思沛：《离婚理由的比较分析》，载《中国法学》1989 年第 1 期。
[92] 张卫明：《程序正义与制度公正——论罗尔斯“原初状态”的方法论意义》，载《伦理学》2011 年第 2 期。
[93] 张学军：《离婚损害赔偿制度辨析》，载《政治与法律》2008 年第 2 期。
[94] 张学军：《美国普通法婚姻的起源和兴衰》，载《法制与社会发展》2007 年第 4 期。
[95] 张翼杰：《浅谈夫妻忠诚协议的效力》，载夏吟兰、龙翼飞、郭兵、薛宁兰主编：《婚姻家庭法前沿——聚焦司法解释》，社会科学文献出版社 2010 年版。
[96] 张永华：《民法的自然法学基础》，西南政法大学 2005 年博士学位论文。
[97] 朱虎：《萨维尼法律关系理论研究——以私法体系方法作为观察重点》，中国政法大学 2008 年博士学位论文。
[98] 〔德〕迪特尔·施瓦布：《20 世纪德国婚姻家庭法改革综述》，王葆莳译，载夏吟兰、龙翼飞主编：《家事法研究》（2012 年卷），社会科学文献出版社 2012 年版。
[99] 〔德〕妮娜·德特洛夫：《21 世纪的亲子关系法——法律比较与未来展望》，樊丽君译，载《比较法研究》2011 年第 6 期。

[100] 〔日〕山口纯夫:《日常家事债务的连带责任》,载星野英一主编:《民法讲座七:亲属继承》,日本有斐阁 1984 年版。

[101] 〔日〕星野英一:《日本民法的 100 年》,渠涛译,载渠涛主编:《中日民商法研究》(第 1 卷),法律出版社 2003 年版。

[102] "Developments in the Law: The Law of Marriage and Family", 116 *Harvard Law Review* 2092(2003).

[103] Jacob Lippman, "the Breakdown of Consortium", 30(5) *Columbia Law Review* 659(1930).

[104] Lynn D. Wardle, "Autonomy, Protection, and Incremental Development in Family Law—A Review of Family Law in America by Sanford N. Katz", 39 *Family Law Quarterly* 810 (2005).

[105] Matthew R. Hall, "From Contract to Covenant: Beyond the Law and Economics of the Family", 3 *Journal of Law and Family Study* 110(2001).

后　　记

在完善我国社会主义法律体系的进程中，与民生、民情、民意密切相关的婚姻家庭立法、司法解释的变化无不牵动着民众的神经和社会的关注。“民法典体系中婚姻家庭法新架构研究”项目首先立足于制定一部完整统一的婚姻家庭法律，为现行婚姻家庭法律制度的修改与完善做好立法思想和立法理论上的准备，同时，在制定民法典的大背景下，也要为将来婚姻家庭法律制度回归民法、纳入民法典做好立法规划和立法技术上的论证。

民法典体系中的民法总则与婚姻家庭法及其他部门法之间的关系是共性与个性、一般与特殊的关系。民法总则是有关民法体系的共同规则，其所确立的基本原则及一般性规范在体例和内容上应当涵摄、包容婚姻家庭法领域，但婚姻家庭法的特殊属性又决定了它在民法体系中的相对独立地位。作为调整基于婚姻、血缘及法律拟制而产生的亲属身份关系和身份财产关系的法律，婚姻家庭法的特殊属性应当在民法典的体例架构和具体规定中得到充分肯定和尊重，与婚姻家庭法律关系相关的物权、债权、侵权行为均应在婚姻家庭法中考虑亲属身份关系的特点作出进一步明确具体的规定。当婚姻家庭法的规定与民法其他部门法的规定相冲突时，应当先适用婚姻家庭法，而不是民法其他部门法的一般规定。调整与处理婚姻家庭法律关系主体与其他公民、法人之间的民事法律关系，则可以适用民法的一般规范，并根据调整与处理事项的不同，分别适用民法通则、物权法、合同法、侵权责任法等相关法律。

我国民法典体系中的婚姻家庭立法应当坚持以人为本、权利平等、利益平衡、注重救济和保护措施的立法理念。在构建整个民法典的体例架构时应当充分考虑人法的重要性，考虑婚姻家庭法的特殊属性和地位，以权利主体为本位，彰显婚姻家庭法的身份法特点，将人法置于财产法之前，以总则、人格权法、婚姻家庭法、继承法，物权法、债法、侵权行为法、涉外民事关系法律适用为序。

我国 2001 年修订的《婚姻法》虽然取得了与时俱进的发展，但仍留下了许多重要的立法空白，婚姻家庭法律体系仍存在体系不完整、制度有缺失、内容不完善、缺乏可操作性等问题。现行《婚姻法》已经无法完成全面、系统、完整、准确地规范与调整婚姻家庭关系的使命，无法满足社会快速发展的世情、国情、民情、家情。再次修改《婚姻法》的窗口期已经到来，我们应当顺应历史的发展、社会的需求、民众的呼声，尽快启动对《婚姻法》的修改完善工作，制定一部体系完备、内容全面、逻辑严密，具有前瞻性、系统性、科学性，可操作性强，情理法相一致的《婚姻家庭法》。

首先，在婚姻家庭法的体例上应当纳入收养制度、监护制度，制定一部统一的调整婚姻家庭关系的法律。自 1950 年《婚姻法》以来，我国婚姻家庭关系一直分别由多部法律规定，其中，《婚姻法》规定我国婚姻家庭制度的基本原则、结婚制度、家庭关系（包括夫妻关系、亲子关系等）、离婚制度（包括离婚的条件、离婚效力等）；《收养法》规定收养制度的基本原则、收养关系的成立、收养的效力、收养关系的解除等；而涉及对家庭成员监督保护的监护制度则由《民法通则》规定。这就导致婚姻家庭法律体系长期处于体系不完整、结构不统一、内容不协调的状态，不能适应完善我国社会主义法律体系的要求，不能完成党和国家提出的弘扬家庭美德、强化家庭责任，建立健康文明、和谐有序的社会主义婚姻家庭核心价值观的要求。因此，应当将收养制度、监护制度纳入婚姻家庭法中，制定一部统一的调整婚姻家庭关系的《婚姻家庭法》，全面完善我国的婚姻家庭制度。

其次，修改完善婚姻家庭法必须要把握中国婚姻家庭法的价值定位、文化定位，关注婚姻家庭观念的发展变化，国际婚姻家庭立法理念的发展趋势。家庭是社会的缩影，是社会变革的重要一环。中国婚姻家庭法的发展变化与中国婚姻家庭观念的发展变化、与中国法文化的发展变化、与中国社会的发展变化密切相关，当然在全球化浪潮席卷之下，也与国际人权法的发展、各国婚姻家庭法律制度与理念的变革密切相关。

修改完善婚姻家庭法应当关注民法现代化进程中的私法公法化趋势，力求兼顾婚姻家庭法的私法属性与公法功能。婚姻家庭立法既要保障人格尊严、崇尚意思自治、保护公民个人的婚姻自由、完善婚姻家庭的权利体系,又要重视和维护婚姻家庭的伦理价值、弘扬家庭美德、强化家庭责任、维护婚姻秩序、促进社会公正,要以保障婚姻家庭关系中弱者的利益、维护婚姻家庭关系的稳定为立法宗旨。

修改完善婚姻家庭法应当充分肯认现代婚姻家庭观念的多元化格局,增设和完善相关法律制度,实现法律的公平正义。在建立一部统一的婚姻家庭法的理念之下,应当确立亲属制度的通则性规定,细化父母责任,强化对未成年人的保护,确保子女最佳利益的实现;应当对社会上普遍存在的同居关系、事实婚姻关系作出回应,设计并制定出"类婚姻"制度;应当完善无效婚姻制度、保护善意一方的利益,强化夫妻财产制度的规定、承认家务劳动的价值、平衡家庭成员的利益、保护夫妻共有财产所有权的实现,进一步规范离婚条件和离婚程序、完善离婚救济制度、保障夫妻离婚后弱势一方的利益。总之,婚姻家庭立法的修改与完善要坚持人本主义与民本主义的立法理念,反映和体现民众的需求与呼声。

修改完善婚姻家庭法应当关注国际趋同性与中华法文化的融合,体现婚姻家庭法对人权的保护。婚姻家庭权是与生存权、发展权密切相关的基本人权,"承认家庭是天然的和基本的社会单元,强调家庭的价值和作用"是现代国际人权公约的重要理念。性别平等原则、不歧视原则、儿童最佳利益原则已经成为各国婚姻家庭立法的基本原则和重要内容,并由此出现了婚姻家庭法的国际"趋同化"态势。中国的婚姻家庭法文化源远流长,构成了中国婚姻家庭法的法意识源泉和社会文化基础,修改与完善婚姻家庭法既要考虑婚姻家庭法的国际趋同性,追求性别关怀、实现儿童权利优先,也要在具体制度的设计与构建中,尊重中国传统的婚姻习俗与生活习惯,使婚姻家庭立法真正达到情理法的内在统一。

最后,应当注重程序正义,坚持多元化纠纷解决机制,在中国的法院系统建立家事法院或家事法庭。鉴于婚姻家庭纠纷当事人之间关系的特殊性,许多国家和地区都设立了家事法院,对家事案件实行专门化的审理。家事法院的法官除具有渊博的法学知识以外,还应当具有丰富的人生经验,擅长处理人际关系,并具备一定的社会学、心理学知识。家事法院不仅具有解决家庭纠纷的功能,还可以具有调整、修复和治疗家庭关系的功能,以期能够真正实现实质公平,做到案结事了。

稳定和谐的婚姻家庭关系是人生幸福与社会和谐的起点与终点，夫妻恩爱、家庭和睦、老有所养、幼有所育是中国梦的重要组成部分，而完善的婚姻家庭法律制度正是实现这些人生幸福与梦想的重要依靠与保障。

“民法典体系中婚姻家庭法新架构研究”作为国家社科基金项目，历时三年。经选题、立项、确定写作大纲及调查提纲，法院调研、研讨会、恳谈会、写作协调会种种环节，在课题组各位成员艰苦努力、不求回报的团队精神与辛苦耕耘下，终于在 2013 年 7 月按时完成，提交了课题评审材料。2014 年 3 月通过全国哲学社会科学规划办公室的项目评审，获得了鉴定等级为“良好”的结项证书。

《民法典之婚姻家庭编立法研究》一书是在课题结项成果基础上，根据评审专家提出的意见进行了体例及内容的修改后最终完成的。全书由夏吟兰和薛宁兰共同进行统稿、修改。衷心感谢所有项目成员的精诚合作以及辛苦付出！中国政法大学民商经济法学院、中国社会科学院法学研究所、北京大学法学院、黑龙江大学法学院、华东政法大学民商法学院的部分研究生、博士生参加了本项目的调研及材料收集整理等繁杂工作，在此一并表示衷心感谢！

本书的出版获得了北京市社科基金的出版资助，感谢北京大学出版社，感谢罗玲编辑的付出与努力！

夏吟兰

2016 年 3 月 20 日